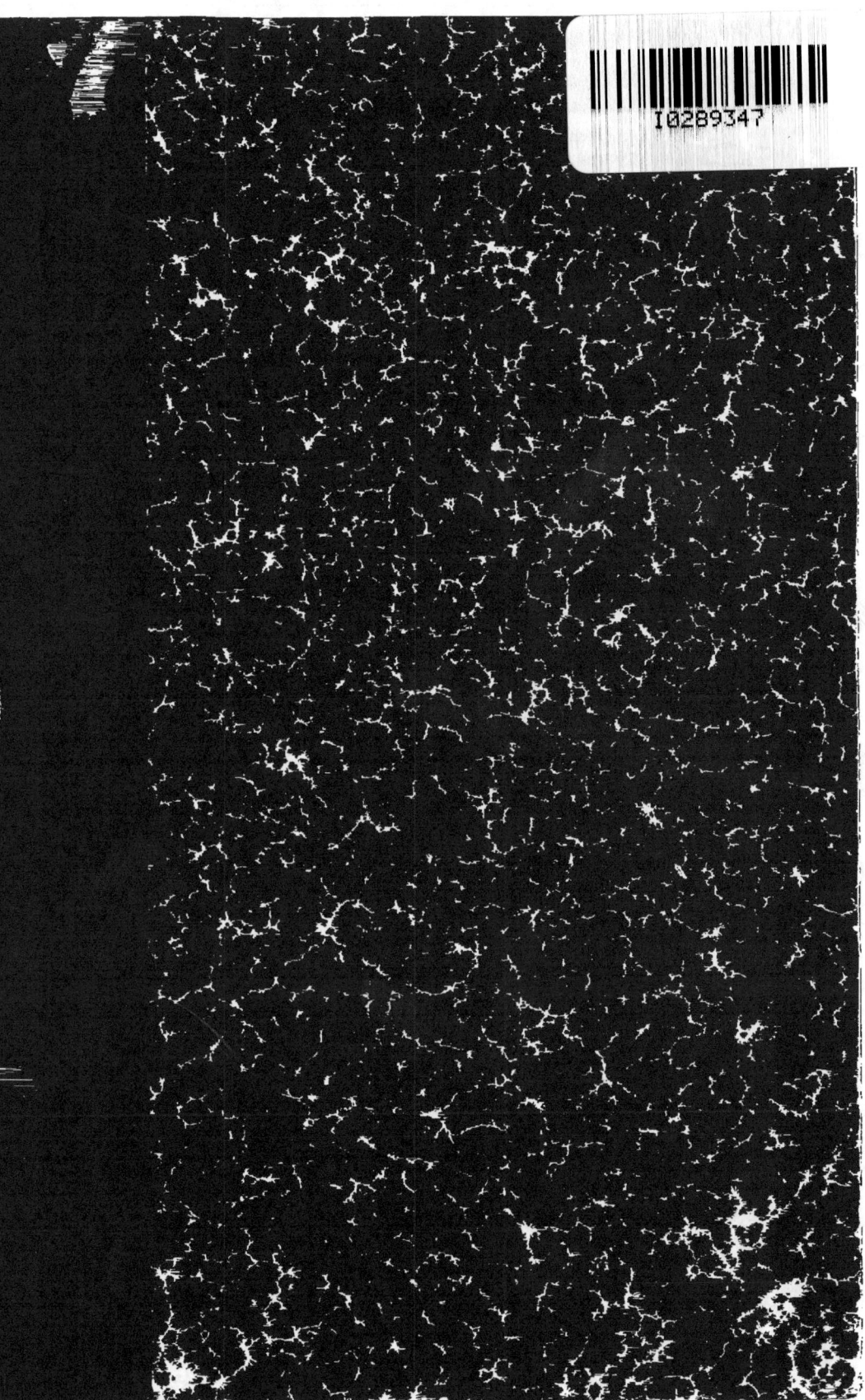

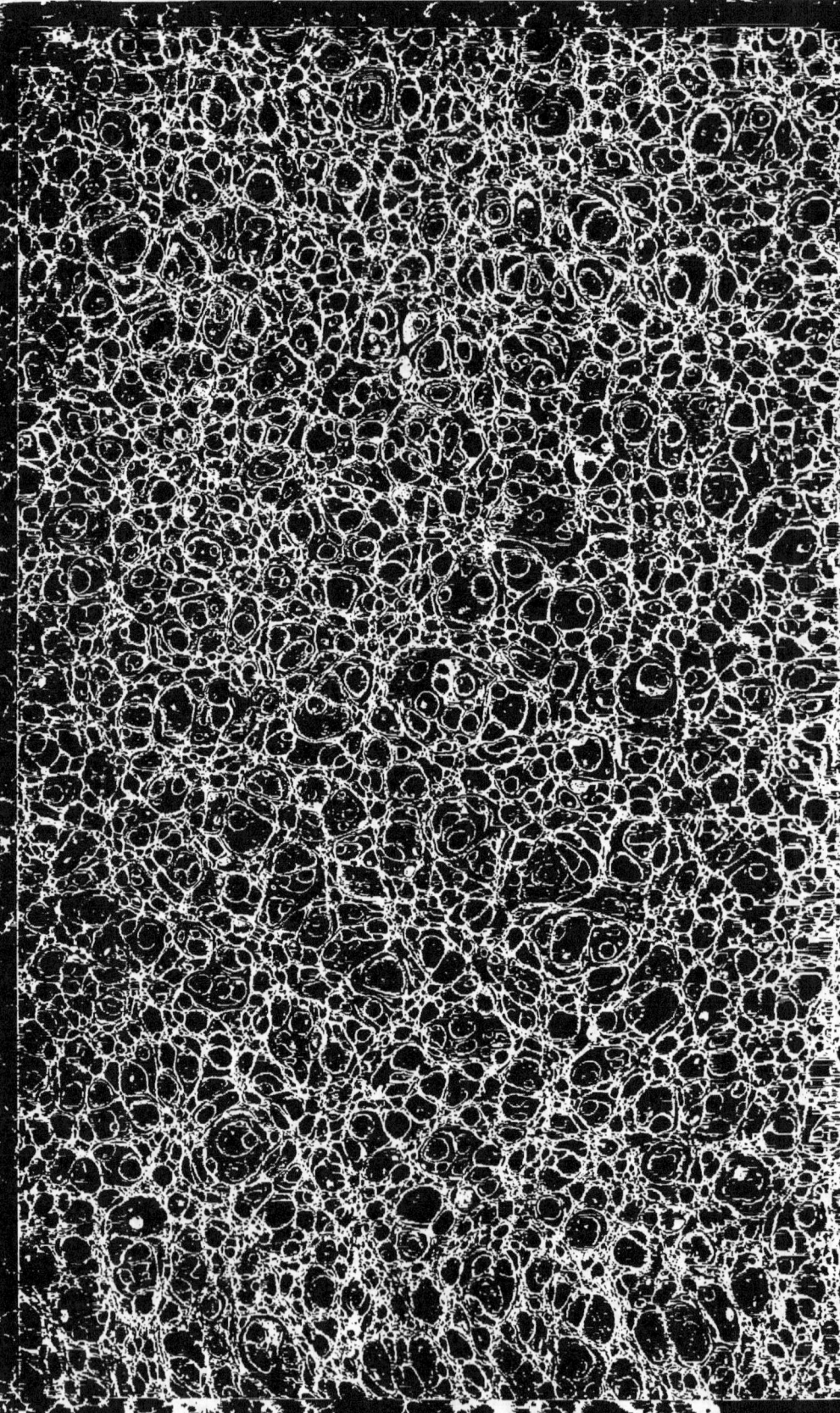

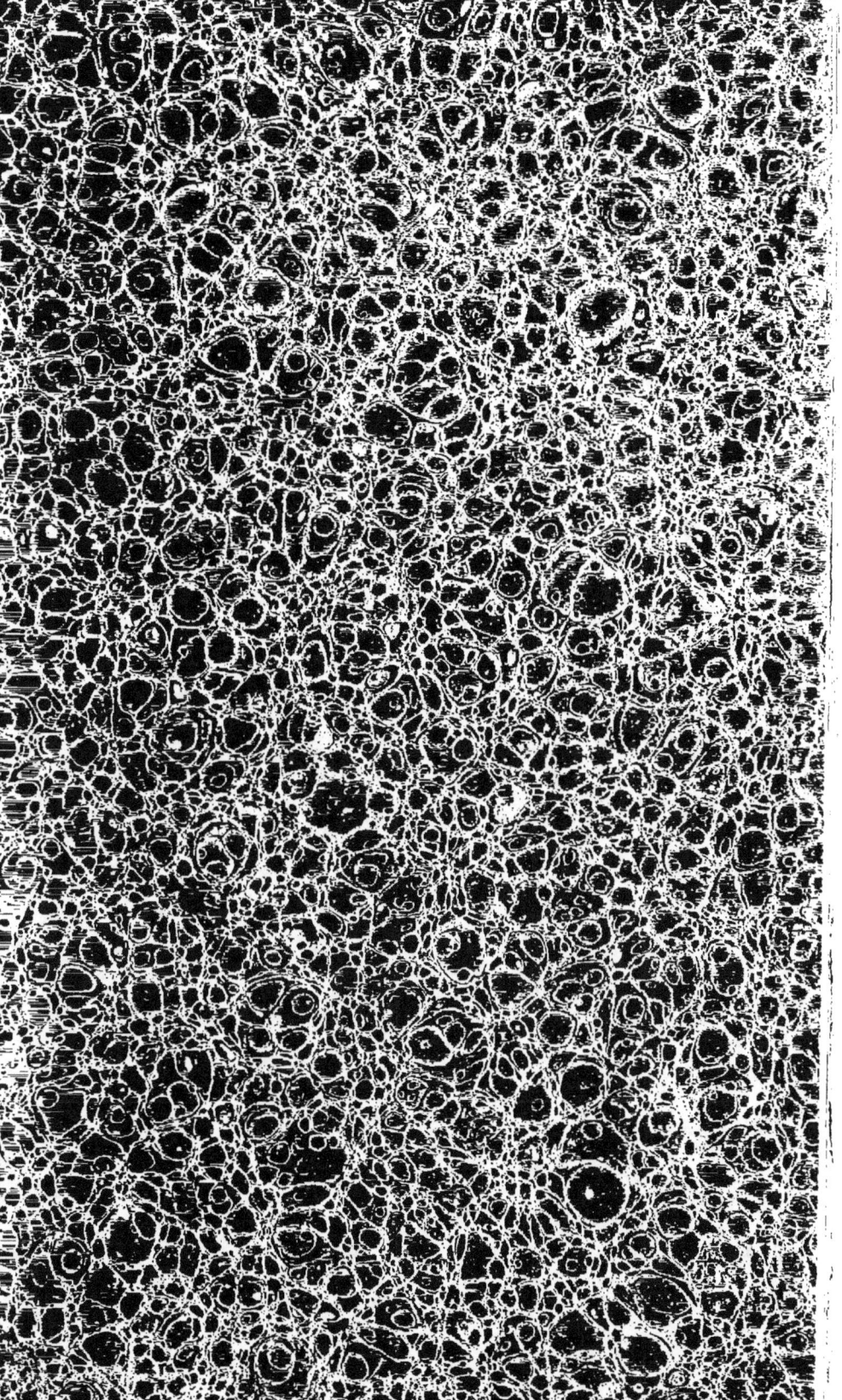

K

Histoire

de

Saint François

d'Assise.

IMPRIMERIE ET FONDERIE DE E.-J. BAILLY,
Place Sorbonne, 2.

Portrait peint par Giunta Pisano sur la porte de la Grande Sacristie d'Assise.

Histoire de Saint François d'Assise :

(1182 — 1226.)

par François Emile Chavin.

> Si quis videtur inter vos sapiens esse in hoc sæculo, stultus fiat ut sit sapiens.
> S. Paul, I. Corinth. III. 18.

PARIS.
DEBÉCOURT, LIBRAIRE-ÉDITEUR,
RUE DES SAINTS-PÈRES, 69.

M DCCC XLI.

Humblement prosterné
devant le tombeau de **S François d'Assise**
moi **Emile**
je prie **Dieu**
par
l'intercession de son glorieux serviteur
et par
l'entremise de mon ange **Etienne**
qui est remonté au ciel avant le soir
de
bénir ma bien aimée famille
et
j'offre ce livre
à
notre mère **Henriette Chavelet-Magdelaine**
à
Marie Chavin et à son **Etienne Fernand**
comme
un témoignage de ma reconnaissance
et
de mon amour

TABLE DES MATIÈRES.

Dédicace.
Introduction. IX
Chapitre premier. 1182-1206. — Naissance de François. — Sa Jeunesse. — Sa Conversion. 3
Chap. II. 1206. — François se dévoue au service des lépreux. — Les Lépreux dans le moyen âge. 17
Chap. III. 1206-1212. — François restaure les églises de Saint-Damian, de Saint-Pierre et de Sainte-Marie-des-Anges. — Son Mariage avec la sainte Pauvreté. — Séjour à Rivo-Torto. — Innocent III approuve la règle de François. — Détails sur ses premiers disciples. — Établissement à Sainte-Marie-des-Anges. 29
Chap. IV. 1212. — Saint François établit la Religion des Pauvres-Dames. — Sainte Claire. — Destinées du second Ordre. — Sainte Collette. 61
Chap. V. 1212-1215. — Douleurs de François et dans l'âme et dans le corps. — Son apostolat en Italie. — Prodigieux accroissement de son Ordre. — Ses instructions à Sainte-Marie-des-Anges. — Ses Lettres à tous les chrétiens. — Son voyage en Espagne. — Approbation solennelle de l'Ordre au quatrième concile de Latran. 84
Chap. VI. 1216-1219. — Premier chapitre général à Sainte-Marie-des-Anges. — Instructions de François. — Rencontre de saint François et de saint Dominique. — Union des deux Ordres. — Le cardinal Ugolini. — Second chapitre général. — Cinq mille Frères Mineurs y assistent. — Lettre d'Honorius III. — Lettres de François. 100
Chap. VII. 1219-1220. — Mission de saint François en Orient. — Son retour en Italie. — Ses Prédications. 118
Chap. VIII. 1220. — L'Ordre de saint François reçoit la couronne du martyre. — Martyrs de Maroc. — Sept autres Frères envoyés chez les Maures y sont martyrisés en 1221. 128
Chap. IX. 1221. — Saint Antoine de Padoue. — Détails sur sa vie et sur ses travaux. — L'Ordre de saint François reçoit la couronne de la science. — Alexandre de Halès. — Importance sociale de la prédication au treizième siècle. — Église et tombeau de saint Antoine à Padoue. 137
Chap. X. 1221. — Etablissement du Tiers-Ordre. — Ses Constitutions. Son Utilité politique au moyen âge. — Ses Destinées. — Détails sur quelques saints personnages. 161

TABLE DES MATIÈRES.

Chap. XI. 1221-1223. — Sainte-Marie-des-Anges. — Indulgence de la Porziuncula. 180

Chap. XII. 1208-1226. — Amour de saint François d'Assise pour la nature. 193

Chap. XIII. 1223. — Exposition de la Règle de saint François. — Propagation de l'Ordre. — Détails sur les premières fondations. — Frère Élie. — Destinées de l'Ordre. — Ses diverses Réformes. 223

Chap. XIV. 1224. — Le mont Alvernia. — Saint François reçoit les stigmates. — Ses hymnes d'amour. 260

Chap. XV. 1224-1226. — Dernières années de la vie de saint François. — Ses Souffrances. — Son Testament. — Sa Mort. — Ses Obsèques. 298

Chap. XVI. 1229. — Canonisation du bienheureux Patriarche. — Magnificence de l'église d'Assise. — L'art et la poésie rayonnent autour du tombeau de saint François. 312

APPENDICE.

NOTES ET MONUMENS HISTORIQUES.

Bibliographie. iij
Poesie. I. I cantici di san Francesco. xxxj
    II. Poesie del B. Jacopone da Todi. xlvj
    III. Dante. lviij
    IV. Lope de Vega. lxij
    V. Vie inédite de saint François, en vers français (XIIIe siècle). lxvij
    VI. Fragment d'une Légende en vers latins. xcvij
Liturgie. c
Italie. cj
Liturgies monastiques. cij
Allemagne. ciij
France. civ
Espagne. cv
Office de saint François. cvij
Office des Stigmates. cxx
Messe pour la fête des Stigmates. cxviij
Prose composée par Grégoire IX. cxix
Litaniæ et hymnus de Gaudiis sancti Francisci. cxx
Petit office de saint François. cxxj
Office de sainte Claire. cxxviij
Hymne et litanies de sainte Claire. cxxxix
Office de saint Antoine de Padoue. cxxxvj
Litaniæ et hymnus de Gaudiis sancti Antonii. cxlij

FIN DE LA TABLE.

NOTES

ET

MONUMENS HISTORIQUES.

Apparuit gratia Dei Salvatoris nostri diebus istis novissimis in servo suo
Francisco omnibus vere humilibus, et sanctæ paupertatis amicis, qui super
affluentem in eo Dei misericordiam venerantes, ipsius erudiuntur exemplo,
impietatem et secularia desideria funditus abnegare Christo conformiter vivere,
et ad beatam spem desiderio indefesso sitire. In ipsum namque ut vere pauper-
culum et contritum, tanta Deus excelsus benignitatis condescensione respexit,
quod non solum de mundialis conversationis pulvere suscitavit egenum, verum
etiam Evangelicæ perfectionis professorem, ducem, atque præconem effectum,
in lucem dedit credentium : ut testimonium perhibendo de lumine, viam lucis
et pacis ad corda fidelium Domino præpararet. Hic etenim quasi stella matutina
in medio nebulæ, claris vitæ micans et doctrinæ fulgoribus, sedentes in tenebris et umbra mortis irradiatione præfulgida direxit in lucem, et tanquam
arcus refulgens inter nebulas gloriæ signum in se Dominici fœderis repræsen-
tans, pacem et salutem evangelizavit hominibus, existens et ipse angelus veræ
pacis, secundum imitatoriam quoque similitudinem præcursoris destinatus à
Deo, ut viam parans in deserto altissimæ paupertatis, tam exemplo quam
verbo pœnitentiam prædicaret.... Hunc Dei nuntium, amabilem Christo, imi-
tabilem nobis, et admirabilem mundo, servum Dei fuisse Franciscum, indubi-
tabili fide colligimus, si culmen in eo eximiæ sanctitatis advertimus, qui inter
homines vivens imitator fuit puritatis angelicæ, qui et positus est perfectis
Christi sectatoribus in exemplum.
                              S. BONAVENTURA, *Prologus*.

Bibliographie.

La bibliographie est une véritable science. Les Allemands, depuis les Fabricius, ont cultivé cette science avec ardeur, et dans plusieurs parties ils lui ont fait faire d'immenses progrès. Les Italiens et les Espagnols ne sont pas restés en arrière ; les noms du P. Audiffredi, de Gamba, de Barbosa, sont devenus des noms classiques. La France a commencé par un pas de géant dans la *Bibliothèque historique* du P. Lelong, et depuis, elle a eu ses chefs-d'œuvre. Mais tout cela, soit pour les simples indications, soit pour les jugemens et les appréciations, ne constitue pas une science bibliographique chrétienne. Les grandes collections publiées en France sont remplies d'indications le plus souvent matériellement exactes, quelquefois tronquées, mais où toujours perce le mépris et le dédain de la littérature chrétienne. Pour tous ces hommes que l'on est convenu d'appeler savans, érudits, le moyen âge est encore une époque de ténèbres et de barbarie ; et ils l'étudient minutieusement comme une variété curieuse de l'esprit humain. Ainsi, pour ne citer qu'un exemple, l'*Histoire littéraire*, commencée dans le dix-huitième siècle, par les Bénédictins de Saint-Maur, qui n'avaient déjà plus cet antique esprit chrétien de Mabillon, et continuée par des hommes laborieux, mais imprégnés jusqu'à la moelle des os de ce qu'on a si bien appelé le *voltairianisme*, sera dans cinquante ans une collection entièrement à refaire, car la vérité historique et religieuse s'y trouve perpétuellement méconnue. L'Histoire littéraire, comme la véritable bibliographie chrétienne, se trouve dans ces nombreuses *bibliothèques monastiques*, inépuisables trésors de labeur grave et consciencieux, d'appréciations sages et justes, de piété sincère et affectueuse. Si, dès aujourd'hui, tout homme qui traite avec amour un sujet de l'histoire chrétienne, prenait la résolution de donner à la tête de son livre une indication judicieuse des sources historiques, de tous ces fragmens épars, il est vrai, mais soigneusement élaborés, il serait facile de construire une bibliographie du moyen âge.

En offrant cette notice des monumens de l'*Histoire de saint François d'Assise*, nous n'avons point la prétention de donner un modèle ; notre travail est trop incomplet : mais nous espérons que tous nos lecteurs y verront une marque du zèle infatigable, patient et judicieux que nous avons mis à suivre, dans les livres et les monumens de tous genres, les traces vénérées d'un grand homme ; et nos frères y verront de plus le témoignage authentique de notre foi, de notre amour pour l'Église de Jésus-Christ, et de la pieuse exactitude avec laquelle nous avons recueilli tous les vestiges laissés sur la terre par un grand serviteur de Dieu.

1. OPERA SANCTI PATRIS NOSTRI SERAPHICI FRANCISCI, édition donnée par le P. de la Haye, Franciscain. Paris, Charles Rouillard, 1641, in-folio. C'est l'édition dont je me suis habituellement servi. Elle est la plus récente et la plus correcte. Elle est divisée en quatre parties. La première contient : Docta et devota Nicolai de Lyra Contemplatio ; c'est une pieuse exposition de la vie de saint François dans les commentaires sur dix psaumes commençant par les dix lettres de son nom. Viennent ensuite les lettres, les exhortations, des prières et

le testament de saint François. La seconde partie contient : la première règle, la seconde règle, la première règle des religieuses de Sainte-Claire, la règle du Tiers-Ordre. La troisième partie contient : vingt-huit conférences monastiques, l'office de la Passion, des sentences et des paraboles, et les poésies de saint François, que nous avons fait imprimer entièrement dans cet appendice. Ces poèmes, qu'on pourrait appeler les *Poèmes de l'amour*, sont au nombre de trois. Le premier, *Canticum solis*, a été publié pour la première fois par Barthélemy de Pise, et ensuite par Marc de Lisbonne, dans sa chronique. Il a été traduit en latin par Jean de la Haye, et en espagnol par Cornejo, dans sa chronique de l'ordre séraphique, t. 1, p. 482. — Le second poème, *In foco l'amor mi mise!* a été imprimé pour la première fois dans les œuvres de saint Bernardin de Sienne, tom. IV. Il y est expressément attribué à saint François. Henri Chifellius d'Anvers l'a traduit en mauvais *latin héroïque*. — Le troisième poème, *Amor de caritate*, est tiré d'un manuscrit d'Assise, et des œuvres de saint Bernardin de Sienne, tom. IV, *ad sermonem feriæ sextæ parasceves*. Il a été imprimé aussi dans les œuvres de Beato Jacopone de Todi, à qui on l'attribuait. Le jésuite Lampugnano en a donné une assez ridicule traduction en vers élégiaques, anacréontiques, saphiques, etc. On peut voir une fort bonne appréciation des poèmes de saint François d'Assise, par M. Gœrres de Munich, dans la *Revue Européenne*. Ces antiques et sublimes poésies italiennes ont été entièrement méconnues en Italie, et encore, dans ce siècle, le P. Papini, dans son histoire de saint François, semble l'excuser du titre glorieux de poète, qui lui avait été décerné; et le dix-septième siècle, avec ses instincts païens, les appelle *les chants d'une âme frappée par le Cupidon céleste* (quos cœlestis Cupido ictus inflixit).—Mariana de Florence, dans sa chronique, fait mention d'un quatrième poème italien de saint François, adressé à sainte Claire et à ses sœurs. Il a été impossible de le retrouver. — L'appendice contient les opuscules douteux. — Les œuvres de saint François ont été imprimées plusieurs fois sans commentaires, à Milan, à Alexandrie, à Naples, à Lyon, et plus exactement à Salamanque, 1624, par les soins de frère Joannetin Niño. — Avec des commentaires à Anvers, chez Plantin, 1623, in-4°, par les soins de Luc Wadding.

— L'édition du P. de la Haye a été réimprimée à Lyon chez Pierre Rigaud, 1653, in-folio.

2. THOMAS DE CELANO est le premier historien de saint François, dont il avait été l'ami et le disciple. Il écrivit sa vie d'après l'ordre formel et sous les yeux du pape Grégoire IX, ce cardinal Ugolini, qui avait aimé et protégé François et Dominique. Les Bollandistes ont publié ce monument d'après un manuscrit de l'abbaye de Long-Pont. Déjà dom Martène en avait donné la préface dans le tom. I de son *Thesaurus anecdotorum*. Thomas y proteste qu'il restera dans les bornes de la simple vérité historique : *Actus et vitam beatissimi patris nostri Francisci pia devotione, veritate semper prævia et magistra, seriatim cupio enarrare.*

3. VITA A TRIBUS IPSIUS SANCTI SOCIIS. Crescentius de Jesi, général des Frères-Mineurs, ordonna, par des lettres circulaires, de réunir et de lui envoyer tout ce qu'on pouvait avoir vu ou appris touchant la sainteté et les miracles de saint François. Il s'adressa particulièrement à trois de ses douze premiers compagnons, Léon, son secrétaire et son confesseur, Angelo et Rufin. Ces trois religieux, d'un caractère si simple et si loyal, interrogèrent leurs propres souvenirs et les souvenirs des contemporains de saint François, surtout des frères Jean, visiteur des Pauvres-Dames, et Masseo de Marignan ; ils glanèrent dans la belle prairie de cette histoire des fleurs odoriférantes et douces qui avaient été oubliées par les premiers historiens. *Pauca de multis gestis ipsius quæ per nos vidimus, vel per alios sanctos fratres scire potuimus... velut de amœno prato quosdam flores, qui arbitrio nostro sunt pulchriores, excerpimus, relinquentes quæ in legendis sunt posita.* Cette admirable histoire, précieuse surtout pour la première partie de la vie de saint François, a été publiée par les Bollandistes sur un manuscrit du couvent des Frères-Mineurs de Louvain. D. Martène vit aussi un manuscrit de cette histoire dans la bibliothèque des chanoines réguliers de l'Agonie de Jésus-Christ, à Tongres. Il a fait imprimer dans son *Amplissima collectio*, tom. I, pag. 1298, la lettre que les trois compagnons adressèrent au général Crescentius ; cette édition est exactement conforme à celle des Bollandistes et à celle de Wadding, qui

avait vu et consulté les manuscrits de ces légendes primitives dans le couvent de Saint-Isidore à Rome.

4. S. BONAVENTURA. — LEGENDA MAJOR. — LEGENDA MINOR.
— La vie de saint François, écrite par saint Bonaventure, qui, dans son enfance, avait été miraculeusement guéri par le saint patriarche, et qu'il composa étant général de l'ordre, a été un des livres les plus populaires du moyen âge. Son authenticité est incontestable. Nous ne parlerons pas des nombreux manuscrits qui se trouvent dans les principales bibliothèques de l'Europe ; mais nous tâcherons d'offrir aux amis de l'antiquité chrétienne le catalogue des principales éditions de la vie de saint François par saint Bonaventure. Ce sera comme un petit bouquet bibliographique.

ÉDITIONS DU TEXTE ORIGINAL LATIN.

1507. Legenda major. Paris, in-4°.
1509. — Florence. Typis Philippi Juntæ. In-8°.
1553. — Papiæ per Jacobum de Burgo-Franco. In-12.
1574. — Dans le cinquième tome de la collection de Surius, imprimée à Cologne. In-folio.
1575. — Euburii. In-8°.
1596. — Dans le tome VII des œuvres complètes de saint Bonaventure, édition donnée au Vatican.
1597. Vita S. Francisci. Lib. I, ad veteres libros P. Henricus Sedulius, ord. min. recensuit et commentario illustravit. Anvers, Plantin. In-4°.
1597. — Anvers, per Joannem Moretum. In-8°.
1600. — Lyon. In-8°.
1618. — Dans le tome V de la collection de Surius, imprimée à Cologne. In-folio.
1633. — Édition Sedulius. Anvers, in-folio.
1641. — Paris. In-folio. A la tête des œuvres de saint François.
1646. — Paris. In-8°.
1710. Vita sancti Francisci, æneis figuris exornata. Romæ, apud Rochum Barnobejum. In-folio.

1710. Vita sancti Francisci. Romæ. In-4°.
1754. — Dans le tome v de l'édition des œuvres de saint Bonaventure, imprimée à Venise.
1768. — Dans le tome II du mois d'octobre de l'inappréciable collection des Bollandistes. Anvers. C'est dans ce volume, au 4 d'octobre, que se trouvent réunis les monumens authentiques de l'histoire de saint François d'Assise, avec les savantes dissertations du père Sollier.

TRADUCTIONS DANS LES LANGUES MODERNES.

Italien.

1477. Vita del Seraphico S. Francescho. Milan. Per magistro Antonio Zaroto di Parma. In-folio. (Très rare.)
1480. — Per Philippum de Lavagnia. In-folio.
1480. — Venise, con Fioretti di S. Francesco. In-folio.
1493. — Venise. In-4°.
1495. — Milan. Per Uldericum Scinzenzeler. In-4°.
1513. — Vita di S. Francesco e Legenda di S. Chiara. Venise. In-4°.
1522. — Venise. Per Gregorium de Gregoriis. In-4°.
1557. — Venise. Per Michaëlem Tramezinum. In-8°.
1588. — Venise. Per Altobellum Floravantium. In-8°.
1589. — Venise. Per Nicolaum Morettum. In-8°.
1589. — Venise. Sans nom de traducteur. In-8°. (Nicol. Haym in italica notitia, lib. rar., pag. 102.)
1593. — Venise. Per hæredes Galignanos. In-4°.
1597. — Venise. In-4°.
1598. Vita del Serafico S. Francesco scritta da S. Bonaventura, tradotta in volgare, e di nuova aggiuntevi le figure in Rame, che representano al viso con molta vaghezza, e divotione le attioni, e miracoli di questo glorioso santo. — In Venezia presso gli heredi di Simon Galignani. In-4°. — Goetze (in memorabili-

bus bibliothecæ Regiæ Dresdensis, vol. III, p. 135, in-4°, 1746) croit cette édition fort rare, et n'ayant pas vu le titre, il la rapporte à l'année 1580. Nous pensons que c'est la même indiquée par Lenglet-Dufresnoy. Voyez aussi Bibliotheca Colbertina, tome II, page 521. In-12.

1601. Vita del Serafico S. Francesco. Venise. Per Lucium Spinedam. In-8°.
1604. — Ibid.
1608. — Ibid.
1616. — Ibid. Per Zilettum. In-8°.
1711. — Rome. Per Rochum Bernabo. In-4°.
1719. — Venise. Per Joannem-Baptistam Recurtum. In-8°.
1728. — Florence. In-4°.

Allemand.

1511. Vita S. Francisci. Lingua germanica. In-4° parvo, avec de belles gravures sur bois.
1512. — Lingua germanica. Nuremberg. Per Hyeronymum Helzer.
1646. — Traducta in germanicum per Adamum Aniol, provinciæ Coloniensis definitorem. Coloniæ, apud Joannem Crythium.

Anglais.

1610. Vita S. Francisci a S. Bonaventura. Traduction anglaise. Douay, in-8°.
1635. — Réimpression de la même traduction. (Rob. Fysher, biblioth. Bodlejana, tom. I, p. 171.)

Flamand.

1598. Vita S. Francisci a S. Bonaventura, ex latinis Flandrica reddita per Cornelium Thielmann, Bruxellensis regul. observant. Louvain, typis Joannis Vanden-Boogardæ.

NOTES

Espagnol.

1526. Vita S. Francisci a S. Bonaventura, hispanicè traducta per P. Didacum de Cisneros. In-4°.

Il y a eu plusieurs traductions françaises. Nous ne les énumérerons pas, elles sont trop connues du public. Sur la vie et les ouvrages de saint Bonaventure, on pourra consulter utilement *Prodromus ad opera omnia S. Bonaventuræ, ord. min. Bassani* 1767. *In-folio.* Rare.

Saint Bonaventure exprime ainsi les vues qui l'ont dirigé dans la composition de la Vie de saint François : *Utpote qui per ipsius invocationem et merita in pueruli ætate a mortis faucibus erutus, si præconia laudis ejus tacuero, sceleris timeo argui ut ingratus..... Ut igitur vitæ ipsius veritas, ad posteros transmittenda, certiùs mihi constaret et clarius, adiens locum originis, conversationis et transitûs viri sancti, cum familiaribus ejus adhuc superviventibus collationem de iis habui frequentem ac diligentem, et maximè cum quibusdam qui sanctitatis ejus et conscii fuerunt et sectatores præcipui, quibus propter agnitam veritatem probatamque virtutem fides est indubitabilis adhibenda.* (Prologue.) Qui oserait donner un démenti et accuser de faiblesse et de crédulité puérile la plus grande intelligence du moyen âge ?

5. FIORETTI DI SAN FRANCESCO. Chronique très célèbre de la fin du treizième siècle. Il y en a eu un très grand nombre d'éditions. La plus ancienne est celle donnée en 1476, per Lunardo Longo, rector de la giesa de Sancto-Paulo de Vicenza. In-4° (Panzer, t. III, p. 510). — Les plus remarquables et les plus recherchées sont ensuite celles de Pérouse, 1481, in-4°, goth.; — de Venise, 1546, in-8°, publiée par *il Bindoni e il Pasini*; — de Rome, in-18, 1682, appresso Francesco Tizzoni; — de Vérone, 1822, par les soins de Gamba. — La Bibliothèque royale de Paris renferme deux manuscrits précieux de cette délicieuse chronique ; un nouvel éditeur pourrait en tirer parti. Le premier de ces manuscrits est sous le n° 7706, in-folio. Le second, n° 7714, in-4°, est joint à la relation ancienne d'un voyage en Orient.

6. Liber aureus, inscriptus Liber Conformitatum vitæ Beati ac Seraphici patris Francisci ad vitam Jesu Christi Domini nostri, auctore Bartholomeo de Pisis, ord. min. Bononiæ, 1590, in-folio. Cette édition, qui est la troisième, a été revue, corrigée et publiée par le franciscain Jeremia Bucchio.—La première édition, fort rare, est de Venise, sans date et sans nom d'imprimeur. La seconde édition, aussi très rare, est de Milan, 1510, in-folio, litteris quadratis, per Gotardum Ponticum.—La troisième édition est de Milan, in-folio, 1512, in Ædibus Zanotti Castilionei.—Cet ouvrage infiniment curieux a été encore réimprimé en 1620, in-folio, à Bologne. Philip. Bosquierus en a donné à Cologne une édition abrégée sous le titre d'*Antiquitates Franciscanæ*, 1623, in-8°. Il y a un fort beau manuscrit du Liber Aureus, dans la bibliothèque d'Angers.—Barthélemy de Pise, dont le nom de famille était de Albizi, naquit à Rivano dans la Toscane. Lorsqu'il présenta son beau livre, rempli des plus doux parfums de la poésie du moyen âge, et qui est presque en tout fondé sur des monumens historiques d'une inaltérable authenticité, au chapitre général assemblé à Assise en 1399, on lui vota des actions de grâces publiques, et on lui donna l'habit du saint patriarche. Pour marquer l'estime que les plus savans hommes font de ce livre, je rapporterai les propres paroles de Wadding : *Sub Bonifacio papa Nono, celebratum est capitulum generale Assisii : in eo decretum est, ut festum celebretur S. Josephi sponsi illibatæ Virginis : frater Bartholomæus Pisanus obtulit capitulo librum Conformitatum, et ipse recepit ab ipso Generali habitum sancti Francisci; dignum quippe judicaverunt, ut qui qualis fuerit Franciscus exacte descripsit, Francisci exuviis donaretur. Ita certe piis muneribus, vel religiosis honoribus, aut æquis subsidiis excitari oporteret, varia et nobilia ordinis ingenia ad honorificos subeundos labores, quibus summopere illustrari posset Religio. Calcaria namque addit virtuti spes præmii, et nullus est, quantumvis humilis, quem a labore non retrahat ingratitudo.*

7. Annales Minorum. P. Luca Wadding. Rome 1731 et années suivantes, in-folio, 18 vol., seconde édition donnée par les soins du P. Joseph-Marie de Fonseca d'Ebora. Cette immense collection est un chef-d'œuvre et la plus précieuse des *Annales monastiques*, qui

sont des trésors de science historique et de véritable littérature chrétienne. A la fin de chaque volume il y a un registre des bulles et autres monumens pontificaux. Lucas Wadding était Irlandais, mais à cause de ses travaux il habita l'Italie et mourut à Rome en 1655.

8. Marc de Lisbonne, frère mineur, de la province de Portugal et évêque de Porto; Chronicas da ordem dos Frades Menores di Seraphico padre sam Francisco; copilada e tomada dos antigos livros, e memoriaes da ordem; em Lisboa, na officina de Pedro Crasbeeck, 1615, in-folio, 3 vol. La première édition de cet ouvrage est de 1556. Le bienheureux Marc de Lisbonne fit de très longs voyages scientifiques, en Allemagne, en France et en Espagne; ce n'est qu'après toutes ces recherches consciencieuses qu'il a composé sa Chronique. Elle a été traduite en italien, par Horace Diola; en espagnol, par Diego de Navarre; en français, par Santeuil, in-4°, Paris 1600. L'année suivante on réimprima à Troyes, in-8°, 2 volumes, la première partie de cette traduction : *Croniques des Frères Mineurs*. C'est un livre écrit avec une grande naïveté et profondément chrétien. Le P. Blanconne a traduit la seconde partie, in-4°, Paris 1601, et la troisième partie, 1603. L'Italien Barrezzo-Barrezzi compléta cette chronique en y ajoutant une quatrième partie, qui a été aussi traduite par le P. Blanconne; Paris, in-4°, 1609.—Enfin, en 1623, on réimprima, avec quelques changemens, tout ce corps d'ouvrage, 4 vol. in-4°. Le bienheureux Marc, après une vie sainte et laborieuse, mourut en 1591 : on voyait son portrait dans la bibliothèque du monastère de Notre-Dame *de Saliceto*, avec cette inscription :

> Mas pareces de Francisco
> Su Marcos evangelista,
> Que su Marcos coronista.

9. Martyrologium Franciscanum, opus fidelissime excerptum, tum ex vetustis codicibus et antiquis mss. monimentis : tum ex probatis gravibusque authoribus, cura ac labore Arturi a monasterio Rothomagensis; Paris 1638, in-folio. Le P. Arthur du Monstier étudia les monumens historiques dans les bibliothèques de l'Italie et

de la France; il mourut en 1662. Tous les martyrologes et monologes des ordres religieux sont des livres rares; ce sont des musées remplis d'inappréciables antiquités chrétiennes du moyen âge. Le P. Arthur s'exprime ainsi dans la préface sur le titre de *Bienheureux*, ou de *Martyr*, qu'il donne aux illustres et pieux personnages dont il parle : *Itaque licet appellationem* Beati *vel* Martyris, *aut ejus modi subjunxerim, nequaquàm in stricta et propria acceptatione, fundata in approbatione canonica et ecclesiastica, quæ deservit ad communem cultum et invocationem, sumenda est : sed eam tantùm sanctitatem in his a nobis commendari sciant universi, quæ ex eorum virtute, et morum excellentia, seu miraculorum probata fama, proficiscitur.* Le P. Arthur est l'auteur de la bonne collection *Neustria Pia*, histoire complète de la Normandie, long-temps conservée manuscrite chez les Récollets de Rouen, et dont le troisième volume seulement a été publié en 1663, in-folio.

10. MENOLOGIUM, seu brevis et compendiosa illuminatio relucens in splendoribus sanctorum, beatorum, miraculosorum, incorruptorum, extaticorum, beneficorum trium ordinum S. Francisci, a Fortunato Huebero, ord. min. monachii, 1698, in-folio. Ce travail du savant frère mineur allemand, Fortunatus Huever, est fort estimé; il y a un très grand nombre de renseignemens biographiques qu'on ne trouve que là.

11. BIBLIOTHECA UNIVERSA FRANCISCANA, concinnata à P. Joanne a Sancto Antonio Salmantino; Madrid ex typographia causæ V. matris de Agreda, anno 1732, 3 vol. in-folio. Cet ouvrage est indispensable à tous ceux qui s'occupent de l'histoire monastique.

12. PRODIGIUM NATURÆ; PORTENTUM GRATIÆ : hoc est Seraphici patris nostri Francisci vitæ acta ad Christi D. N. vitam et mortem regulata et coaptata, a P. Petro de Alva; Madrid 1651, in-folio. Dans ce livre savant et précieux sont rangés, sous quarante-cinq titres, les *Conformités* de N.-S. Jésus-Christ et de saint-François. Les trente-cinq tables de l'*apparatus* contiennent des monumens historiques de la plus haute importance. Pierre de Alva était procureur-géné-

ral de la province du Pérou, à la cour romaine, pour travailler à la canonisation de saint François Solano.

13. Petrus Rodulphus Tossinianensis, Historiarum seraphicæ religionis libri tres seriem temporum continentes, quibus breve explicantur fundamenta, universique ordinis amplificatio, gradus et instituta; necnon viri scientia, virtutibus et fama præclari; Venise, apud Franciscum de Franciscis Senensem, 1586, in-folio. Ce livre, rare et précieux comme histoire, renferme des portraits authentiques gravés sur bois par Porrus; on y trouve des monumens inédits.

14. Le Poesie spirituali del B. Jacopone da Todi, frate minore, édition donnée par le chevalier Allessandro de Mortara in Lucca 1819, in-4°, per le stampe del Bertini. La première édition de ces Poésies a été donnée par Bonaccorsi; Florence 1490, in-4°. Les autres éditions les plus remarquables sont celles: de Rome, 1558, in-4°; de Naples, par les soins de Jean-Baptiste Modio, qui y joignit une vie du bienheureux poète; de Venise, 1617, in-4°, avec les commentaires de frère Jean Tresatti da Lugnano. Nous avons extrait quelques cantiques en l'honneur de saint François et de sainte Claire, et nous les avons fait imprimer dans cet appendice. Ces poésies admirables ont été traduites en portugais par Marc de Lisbonne, et publiées en 1571, in-8°. Il existe aussi une traduction espagnole, publiée à Lisbonne, 1576, in-8°, ex typographia Francisci Correa. On conservait dans la bibliothèque de l'église de Séville un manuscrit latin du B. Jacopone, qui commençait ainsi: *Incipiunt laudes, quas fecit sanctus frater Jacobus de Tuderto, ord. frat. min., ad utilitatem et consolationem omnium cupientium per viam salutis, crucis et virtutum Dominum imitari.* La Bibliothèque Royale de Paris conserve deux manuscrits précieux de ce poète précurseur et égal de Dante. Le premier, n° 7785, in-folio, commence par les mêmes paroles que le manuscrit de Séville; il paraît que c'était un texte canonique; il est terminé par une série de saintes maximes et de pieuses aspirations à notre Sauveur Jésus-Christ. Le second, n° 8146, in-8°, contient, outre les poésies, plusieurs petits traités spirituels en prose. Le premier de ces traités a pour titre: *Trattato del*

beato Jacopone da Todi ; *in chè modo l'uomo può tosto pervenire alla cognitione della verità et perfectamente la pace nell' anima possedere.* Ce manuscrit a appartenu à Luca di Simone de la Robbia, célèbre sculpteur du quatorzième siècle, qui a décoré de ses œuvres l'antique cathédrale et l'hospice de Pistoie. On trouve des détails très importans sur le B. Jacopone, dans Wadding et dans le *Viridarium sanctorum* du jésuite Raderus; Lyon 1627, in-8°. Jacopone est le premier poète qui ait composé des vers latins de douze syllabes, et rimés comme les vers de Racine; voici cette pièce latine sur la vanité du monde; je l'ai copiée sur un beau et antique manuscrit des Origines d'Isidore de Séville, qui appartenait à l'abbaye de Luxeuil, et qui est maintenant dans la riche bibliothèque de Vesoul (Haute-Saône). Cette pièce est publiée dans deux ou trois grandes collections.

> Cur mundus militat sub vana gloria
> Cujus prosperitas est transitoria ?
> Tam cito labitur ejus potentia
> Quam vasa figuli, quæ sunt fragilia.
> Plus crede litteris scriptis in glacie,
> Quàm mundi fragilis vanæ fallaciæ.
> Fallax in præmiis virtutis specie,
> Quæ nunquam habuit tempus fiduciæ.
> Magis credendum est viris fallacibus,
> Quam mundi miseris prosperitatibus,
> Falsis insomniis et voluptatibus,
> Falsis quoque studiis et vanitatibus.
> Dic ubi Salomon olim tam nobilis,
> Vel ubi Samson est dux invincibilis,
> Vel pulcher Absalom vultu mirabilis,
> Vel dulcis Jonathas multum amabilis ?
> Quo Cæsar abiit celsus imperio,
> Vel dives splendidus totus in prandio ?
> Dic ubi Tullius clarus eloquio,
> Vel Aristoteles summus ingenio ?
> Tot clari proceres, tot rerum spatia,
> Tot ora præsulum , tot regna fortia ,

Tot mundi principes, tanta potentia,
In ictu oculi clauduntur omnia.
Quam breve festum est hæc mundi gloria !
Ut umbra hominis, sic ejus gaudia.
Quæ semper subtrahunt æterna præmia,
Et ducunt hominem ad dura devia.
O esca vermium, o massa pulveris,
O ros, o vanitas, cur sic extolleris ?
Ignoras penitus utrum cras vixeris.
Fac bonum omnibus quandiu poteris.
Hæc mundi gloria quæ magni penditur,
Sacris in litteris flos feni dicitur.
Ut leve folium quod vento rapitur,
Sic vita hominum hac vita tollitur.
Nil tuum dixeris, quod potes perdere,
Quod mundus tribuit, intendit rapere.
Superna cogita, cor sit in æthere,
Fœlix qui potuit mundum contemnere !

Cet homme admirable mourut dans la nuit de Noël 1306; il fut enterré dans l'église des Clarisses de Todi, et on plaça cette inscription sur son tombeau; elle est l'abrégé de toute sa vie.

OSSA B. JACOPONI DE BENEDICTIS,
TUDERTINI, FR. ORDINIS MINORUM,
QUI STULTUS PROPTER CHRISTUM
NOVA MUNDUM ARTE DELUSIT,
ET CŒLUM RAPUIT.
OBDORMIVIT IN DOMINO
DIE XXV DECEMBRIS, ANNO MCCCVI.

15. EL CAVALLERO ASISIO, en el nacimiento vida y muerte del Seraphico padre Sanct Francisco, en octava rima, par Gabriel de Mata, frère mineur espagnol; Bilbao 1687, in-4°; espèce de poème épique divisé en trois parties. On y reconnaît le genre chevaleresque espagnol qui devait aboutir à Don Quichotte; pourtant dans ce poème tout est historique et vraiment pieux. Gabriel de

Mata a écrit aussi en vers les vies de sainte Claire, de saint Antoine de Padoue, de saint Bonaventure, de saint Bernardin de Sienne et de saint Louis évêque. On voit à la tête de chaque partie du *Cavallero Asisio*, une gravure en bois représentant saint François d'Assise monté sur un cheval de guerre magnifiquement caparaçonné; il porte l'étendard de la croix, et sur son écu sont peintes les cinq plaies sanglantes de Jésus-Christ.

16. Chronica seraphici montis Alvernæ, à P. Salvatore Vitale ord. min. Florentiæ, ex officina Zenobii Pignonii, 1630, in-4°. Cet ouvrage avait paru en italien en 1628. Le P. Vitale habitait le mont Alverne, il en recueillit tous les souvenirs, et il en forma comme un petit bouquet suave et odoriférant dans cette chronique, et dans un autre ouvrage intitulé *Floretum Alverninum*; Florence, 1628, in-8°. Cette chronique est infiniment curieuse, on y trouve un très grand nombre de détails et de fragmens d'auteurs oubliés, entre autres, d'un poëme épique latin intitulé *Franciscias*, par Maurus Spelli. Voici, pour donner une idée de sa manière, la description qu'il fait du brisement des rochers de l'Alverne au moment de la mort de Notre-Seigneur Jésus-Christ :

> Illic specus, hæc rupis disjecta cæca vorago,
> Atque immane patens, tum cum sol aureus orbi
> Subduxit lucem, lethum indignatus acerbum
> Auctoris rerum, et late sola vasta patentis
> Telluris gemuere cavis decussa sub antris:
> Mæniaque horrisono mundi convulsa tremore
> Implerunt trepidas gentes mugitibus atris
> Apparens primùm, vicinos undique pagos
> Spectatum accivit magnæ nova monstra ruinæ;
> Namque ferunt vasto tremeret cum pondere tellus
> Hæc saxa immanis pœnitus „ vi quassa tremoris
> Dissiluisse, atque ingenti deducta fragore
> Qua modo laxa patent, traxisse voraginis ora.
>
> (Lib. xi.)

Il y a bien d'autres poètes qui ont célébré saint François : dans le texte de notre histoire, nous citons les plus célèbres, ceux qui ont une valeur réelle; quant aux autres, il est inutile d'en parler. Cependant avec Spelli j'indiquerai encore l'*Arbor S. Francisci*, d'Angelus Bardi; son poëme est en langue italienne. Voici le passage correspondant à celui que nous venons de citer de la *Franciscias*:

> Son qui scoscese rupi
> Più degl' homini sensate
> Ch'ove questi al suo Dio
> Per odio il sen partiro,
> Queste sol per pietà di lui s'apriro.

On voit à la Bibliothèque Royale un grand volume rempli de planches gravées très exactement et représentant les différentes parties de la sainte montagne de l'Alverne.

17. ORBIS SERAPHICUS, historia de tribus ordinibus à Seraphico patriarcha S. Francisco institutis deque eorum progressibus et honoribus per quatuor mundi partes. Ce monument historique est de la plus grande rareté; il est partagé en cinq volumes. Le premier a été publié à Rome, 1682, in-folio, ex typographia Stephani Caballi; le second à Lyon, 1685, in-folio, per Joannem Posuel; le troisième à Rome, 1684, in-folio, apud Nicolaum Angelum Tinassium; le quatrième en 1685, à Rome, par le même imprimeur; le cinquième à Rome, 1689, in-folio, ex typographia Joan. Jac. Komarek Bohemi. La bibliothèque des Récollets de Paris possédait, avant la révolution, les tomes I, II, IV, V. La Bibliothèque Royale ne possède que les tomes I, III et IV. Chose singulière, au moment de la suppression des monastères, il ne s'est pas trouvé un bibliographe assez amateur des antiques monumens chrétiens pour compléter cet ouvrage rare et précieux!

Le plan du P. de Gubernatis était si vaste, qu'il n'a pu en réaliser qu'une partie; voici comment il l'expose au commencement du premier volume :

« Opus præ grande non attenta tenuitate mea, cum merito sanctæ obedientiæ assumpsi, quod *octodecim* integris voluminibus concludi posse non confido. Superest ergo ut tractationis seriem brevibus aperiam tres in partes repartitum opus (Deo dante) recipies. *In prima,* tomis quatuor comprehensa trium ordinum a Seraphico patriarcha institutorum esse physicum vel quasi physicum, quoad quatuor ejus causas naturales, et quoad esse politicum, nempe de causa efficiente, finali, materiali, atque formali, successibus omnibus, qui tum in ordine Minorum et Clarissarum monialium, tum in Tertio Ordine, qui de pœnitentia dicitur, a principio in hodiernum usque diem evenerunt : simul et de officiis ipsorum, deque omnibus, quæ ad ipsorum esse, aut complementum desiderari possunt ; etiam de capitulis, atque statutis generalibus ibidem editis a religionis exordio ad annum usque 1682, tractatus universum absolvitur.

« *In secunda parte*, per tomos plurimos distributa provincias ordinate in familia primo cismontana, deinde in ultramontana, conventus et monasteria, quæ singulis in ordinis nostri provinciis per Europam, Asiam, Africam et Americam vel fuerunt olim, vel impræsentiarum existunt a religionis initio usque nunc, tum ex antiquis scriptoribus, præsertim ab Wadingo, tum ex novissimis notitiis, seu chronicis, quæ jubente reverendissimo P. F. Joseph Ximenez Samaniego, ex-ministro generali, atque in cismontanis cooperante reverendissimo P. Antonio a S. Joanne, ex-commissario generali per singulas provincias, prævio diffinitorii juramento collecta, hùc transmissa sunt, integro, quantum fieri poterit, complemento describemus ; ubi fundatores, protectores, benefactores et religiosi, vel martyrio, vel sanctitate, vel fama pietatis, aut officiis insignibus, vel legationibus, aut alio ex considerabili titulo conspicui recensentur ; descriptis tandem provinciis per orbem universum : de missionibus itidem ad partes infidelium destinatis per integrum agetur.

« *In tertia parte,* quidquid vel ad titulum doctrinæ, vel sanctitatis, vel officiorum, tam intra, quam extra ordinem ; de honoribus tandem vel a romanis pontificibus, vel a regibus, deque favoribus singularibus a Deo ordini concessis plene tractabitur.

Le P. Dominicus de Gubernatis a publié entièrement la première partie et le premier volume de la seconde. Voici la division des volumes de la première partie qui sont à la Bibliothèque Royale ; le tome I est partagé en cinq livres. Le premier livre traite de l'institution des Frères-Mineurs, la vie du saint patriarche y est racontée, et on y fait voir la nécessité du renouvellement monastique par le privilége de la pauvreté. Le second livre traite du but de cette nouvelle institution religieuse. Le troisième livre est tout entier consacré à étudier le mécanisme matériel de l'administration hiérarchique de l'ordre des Frères-Mineurs. Le quatrième est sur la règle, qui est la formalité essentielle d'un ordre religieux (de essentiali formalitate ordinis Minorum). Enfin, le livre cinq expose l'histoire des différentes réformes de l'ordre, après avoir montré les causes du relâchement. Il est curieux de considérer ce vieux tronc franciscain communiquant la vie à dix-sept branches fortes et étendues. — Les tomes III et IV contiennent l'histoire des chapitres généraux depuis le premier réuni à Assise en 1216, jusqu'à celui de Tolède en 1673. Là sont exposés les réglemens et les constitutions qui ont développé la règle primitive et l'ont adaptée aux lieux et aux circonstances. Viennent ensuite les Bulles apostoliques, les décrets des congrégations de cardinaux, et les lettres encycliques des maîtres généraux de l'ordre; en un mot, tout ce qui concerne l'état politique et constitutionnel de l'ordre (statum politicum religionis). — Le P. de Gubernatis était non seulement un érudit consciencieux, mais encore un grand écrivain. Lisez cette page :

« Altissimam fratrum Minorum gloriam, vel hominum oblivio, vel edacis temporis malignitas silentio potuisset involvere, ni ex immortali rerum gestarum fama, sacrisque Vaticani registris, nomen eorum permaneret in laude. Quippe qui non inter cœnobiticas tantum augustias, sanctitatis merito et miraculorum gloria illustres, sed et ubique terrarum contra spiritales nequitias instructa acie pro suggestu declamantes, sacras litteras in cathedris edocentes, et in aliorum commodum atramento dilucidantes, in urbibus et in pagis, in quovis angulo terræ, populum catholicum sanctitatis exemplo, sacro divini Verbi, vel sacramentorum pabulo alere, defendere, a vitiis revocare, et ad perennem adducere triumphum sine intermissione contendunt. Verum forte inter infideles inglorii? Saracenos inter, et paganos, hæreticos, et schismaticos, et quovis titulo a veritate fidei aberrantes, incredibili labore vivendo, famem et nuditatem, opprobria et verbera, gravissima quævis vitæ incommoda, mortis pericula, mortemque ipsam non timendo, hæreses convellere, schismata, et errores universos confutare, Christi-Jesu crucem, et Evangelium, supremam Ecclesiæ romanæ venerationem, omnibus ingerere, et proprio sanguine constabilire non dubitarunt. Loquantur ad operum contestationem extrema totius Europæ regna, loquatur Aphrica, audiantur orbis antiqui partes universæ. Ego (inquit Europa) Serviam, Bulgariam, Rasciam, Russiam, Moldaviam, Walachiam, atque Bosniam vidi ab hæresi, ab inveterato schismate, ab idolatriæ cœcitate, per Minoritas, ab universis erroribus expurgatas, Christo et Ecclesiæ romanæ per integram errorum abjurationem sancte reconciliatas; Lithuaniam ab ipsis sancto lavacro regeneratam, Hungariam de Othomanici tyrannide vindicatam, per Germaniæ regna, per Angliam et Belgiam, per Galliam universam, et in omnibus Batavorum confiniis contra sectariorum novitates, Minoritas vidi usque ad effusionem sanguinis pro Christo decertantes, et gloriose triumphantes. Ego (clamat Aphrica) fœdissimis errorum monstris olim oppressa, ab Ægypto ad fretum Gaditanum Franciscanos habui, qui non modo sudoribus immensis, sed et sui cruoris rivulis memet expurgare, perque baptismi lavacrum Christo acceptabilem reddere studuerunt indefesso labore; ab Herculeis Columnis, per Atlanticum mare, Congum et Guineam excurrentes, Æthiopiam perlustrantes, insulas omnes in mediis fluctibus perquirentes, erecto ubique sanctæ Crucis vexillo, Catholicam Ecclesiæ romanæ fidem, mihi prædicaverunt, et capacem beatæ visionis effecerunt. Ego (inquit Asia) innumeris erroribus olim conspurcata, sed obstinatissimo præsertim schismate Christo, et Ecclesiæ usquequaque rebellis, hoc etiam Francisci filiis me debere profiteor, quod laboribus et ærumniis, injuriis, et morte ipsa contemptis, cessare noluerunt, donec prælatos et imperatores meos, abjurato schismate, sedi apostolicæ reconciliarint; atque ut de cæteris meis provinciis taceam, amplissima simul, et barbara Tartariæ regna ad extremum usque in Oriente Carthagum penetrantes, populos innumeros, reges, et imperatores per aquam baptismi christianæ mansuetudini subjecerunt; et novissime vastissima Indiarum regna Christo regenerare potuerunt. Universæ tum finitimæ, tum longinquæ regiones, et quæ etiam, nec solo quidem nomine nobis erant cognitæ, vocem tamen proclamantibus portentis ad nos protendere jam potuerunt; populos suos Minoritarum opera Christo renatos, principes, reges et imperatores sive per se, sive per legatos suos ad nostratium regum aula, ad œcumenica concilia, ad sacros romani pontificis pedes cum legitimis tabulis, ad juranda fidei, pacis, et obedientiæ fœdera invicto Minoritarum labore conductos, alte commemorant : tot inter patrata mirabilia ad animarum salutem per antiqui hujus mundi terminos; etiam novus ille Americanus orbis de Cimmeriis errorum, tenebris veritati, imo vitæ restitutus verè redivivus consurgere non dedignetur. Audivimus eum adeo dæmonum servituti mancipatum, ut viventes filios suos eis immolare non erubuerit; adeo præ nimia cæcitatis caligine suffocatum, ut disputari necesse fuerit, an humanæ rationis capax existeret : hanc ecce, quam Surius omnium fœditatum cloacam nominavit, jam Seraphim Assisias per filios suos ad humanæ vitæ regulas, imo ad eam sanctitudinis perfectionem adduxit ut primitivæ Ecclesiæ specimen, et exemplar ex integro quasi representare videntur.

Verum enim vero, ut paucis de communi loquar, sedis apostolicæ, Cæsarum item, et regum, etiam infidelium graviora negotia, aliquot Fratrum Minorum industriæ, sollicitudini, ac fidelitati commissa, nunc in humili cultu, simplici, et sincera conversatione, nunc pro rerum exigentia tota majestate, sed semper singulari sapientia, et authoritate, cito, secreto, fideliter, plerumque ultra exspectationem, etiam cum miraculis, gloriose peracta, vidit orbis universus; sedata inde principium bella, pacificatos popularium tumultus, atque per Minores ipsos extinctas omnium stupore tyrannides. Ad Ecclesiæ defensionem, ad fidei propugnationem quid non contulit Minoritarum diligentia? Sacra bella tum concilio, tum opere, miro fervore promota, in colligendis stipendiis, in adhortando, in scribendo, et in dirigendo milite magna felicitate tractavit et expedivit, adderem fidei catholicæ inter Turcas et omnis fere generis infideles purissimum cultum, nisi unum pro omnibus alte proclamaret sanctissimum Jesu-Christi sepulchrum, in ipsa Maumetica tyrannide omni reverentia, et devotione custoditum, et peregrinorum pietati reservatum, regna et imperia per fratres vili sacco contectos tam feliciter administrata, qui legendo miratur, admiretur potius, quod in omni tempore Ecclesias etiam metropolitanas, et patriarchales, sacram itidem eminentissimæ dignitatis purpuram, imo et supremas sedis apostolicæ claves per Fratres Minores omni sapientia et sanctitate gubernatas alte conspexit. Quid tandem potest esse in Ecclesia conspicuum, quid commendabile, quid exceptabile, quod ad ipsius amplitudinem et decorem indefesso labore, laboriosa vita, atramento et sanguine Minoritæ non promoverint? Hæc omnia, et alia id genus innumera ad sacræ Lateranensis Ecclesiæ sustentationem, et ampliationem præstitit, et per humiles filios suos, licet in habitu despicabiles, præstare non cessat sanctissimus pauperum patriarcha Franciscus. »

Et lorsque ces vieux moines chrétiens succombaient sous le poids du labeur, ils faisaient une halte dans la prière, et leur âme demandait à Dieu un peu de ce doux repos et de ce rafraîchissement éternel qu'il donne à tous ceux qui l'aiment. Le P. de Gubernatis finit la première partie de son travail par cette touchante prière à la reine des anges et des hommes, à la mère de la divine grâce :

Peroratio cum gratiarum actione.

« O divinæ atque incarnatæ Sapientiæ Mater, et Virgo semper immaculata, per quam reges regnant, et legum conditores justa decernunt, ecce speciali ex gratia æternæ illius sapientiæ, quæ attingit a fine usque ad finem fortiter, suaviterque disponit omnia, quam in utero tuo virginali carne nostra vestire meruisti, teque, o piissima mater, intercedente, Minoriticas leges, tertio et quarto hujus operis tui tomis comprehensas, mihi jam datum est absolvere Deo a quo omne datum optimum, et omne donum perfectum desursum est, universa non possum non accepta referre, quæ ad ejus laudem, ad animarum profectum ibi congesta leguntur. Negligentias vero, somnolentias, et defectus recognosco meos, quos in opere sancto ex naturali atque vitiata filiorum Adæ conditione interpositis non diffiteor. Si autem finis omnis legis est charitas, et plenitudo legis est dilectio; cum universa statutorum series, duobus hisce voluminibus digesta, nihil aliud intendat, quam regulæ illius expositionem, quæ est norma vitæ, et arrha gloriæ, quam ex intercessione tua, dictante incarnato Verbo Dei Filio tuo, tibi dilectissimus famulus, et Filii tui signifer S. Franciscus ad nostram instructionem exscripsit; tu, vera Mater pietatis charitatem veram, tu sinceram dilectionem infunde pectoribus nostris, quatenus a lege peccati sub qua eramus, liberati, sub suavissimo Christi Filii tui jugo, quod indicatur benedicto fune, quo præcingimur, exultemus in lege libertatis, ut post innumeros tibi devotissimos, et dilectissimos heroes, qui tibi hac ex lege summopere placuerunt, dilatetur cor nostrum ad currendam viam horum mandatorum; donec sub umbra alarum tuarum, ad eum pervenire mereamur, qui dixit Abrahæ : Ego sum merces tua magnanimis. Omnibus etenim, quæ in mundo sunt, alte pro Deo renuntians tuus ordo Minorum, nihil aliud quam Deum ipsum expostulat. Denique te suppliciter exoro, ut Unigenitum tuum, qui misit operarios in vineam suam, propitium facere digneris, quatenus ex infinita sua pietate qualescumque labores istos omnesque, qui exinde procedent, fructus benigne respicere, et saltem in dilectarum sibi specialiter, interius tamen in purgatorio igne languentium animarum levamen acceptare non dedignetur. Amen. » (A la fin du tome IV.)

C'est une chose à jamais déplorable que cette collection soit restée inachevée; elle était faite avec autant d'intelligence que de piété et dans un ordre tout-à-fait rationnel. Le P. de Gubernatis a fait imprimer à Rome, in-folio, 1689, un premier volume extrêmement rare, intitulé : *De Missionibus antiquis ordinis Minorum*, ouvrage important pour la grande histoire des missions monastiques. (Voir Lenglet-Dufresnoy, tome III, in-4°.)

18. JOANNES MARIA DE VERNON.—Annales generales Tertii Ordinis S. Francisci. — Paris, Chevillon, 1686, in-folio. La première partie traite en général de l'origine et des progrès du Tiers-Ordre; la seconde contient l'histoire des personnages illustres par leur sainteté, qui ont fleuri dans cet ordre pendant les treizième et quatorzième siècles; la troisième contient les quinzième, seizième et dix-septième siècles. Le P. de Vernon avait publié ce livre en français, 1667, trois volumes in-8°, et à part les vies de saint François,

de sainte Elisabeth de Hongrie, de sainte Marguerite de Cortone et du bienheureux Raymond Lulle.

19. Chronologia historico-legalis Seraphici Ordinis Minorum, a fratre Michaele Angelo a Neapoli. — Naples, 1650, in-folio. Le second volume n'a jamais paru ; mais on peut regarder comme un complément l'ouvrage publié sous le même titre à Venise, 1718, in-folio, par le P. Jules de Venise. Ces deux recueils, remplis de pièces importantes, forment une histoire assez complète des chapitres généraux.

20. Ubertinus de Ilia, Arbor vitæ crucifixi. — Venise, in-4°, 1485. Lett. goth. — Ubertin de Casal avait connu saint Bonaventure et les premiers disciples de saint François ; son livre est précieux comme tradition. Il a été écrit en 1306, sur le mont Alverne. — Il a été réimprimé à Venise, 1500, in-folio, per Andream de Bonettis, et en 1564, in-4°. — Frère Laurent de Tosano l'a traduit en italien. A la fin de cet ouvrage on trouve un petit traité mystique assez curieux : *Christus prolem multiplicans in Francisco*.

21. Mathias Grouwels, Récollet de la province de la basse Allemagne, Historia critica sacræ indulgentiæ beatæ Mariæ Angelorum, vulgo de Portiunculâ. Anvers, 1726, in-12, typis Hieronymi Verdussen. — C'est dans ce savant ouvrage qu'il faut chercher la vérité sur cette question tant controversée depuis le quinzième siècle.

22. Sur la règle de saint François, consulter : *Expositio in regulam sancti Francisci a patre Hieronymo a Politio*. Excellent traité, imprimé pour la première fois à Rome, 1587, in-4°, — et ensuite à Rome, 1593 ; — à Naples, 1605 ; — à Paris, 1615, in-8° ; — à Cologne, 1615, apud Joannem Kinchium ; — à Naples, 1626, in-8°, apud Carlinum. — *La règle du tiers ordre de la pénitence, traduite et expliquée* par le P. Claude Frassen ; Paris, 1671, in-12. — Dans le tome VII des œuvres de saint Bonaventure, édition de Rome, étudier les traités suivans : *Expositio in regulam Fratrum Minorum. Determinationes quæstionum circa regulam. — Quare Fratres Minores prædicent et confessiones audiant. — Alphabetum religiosorum.*

Saint Bonaventure résume ainsi tout cet alphabet des saints religieux :

> Ama paupertatem, sis vilibus contentus,
> Bonis semper actibus jugiter intentus.
> Cave multiloquium, studeas silere,
> Deum omni tempore præoculis habere.
> Esuriem amplectere, gulam refrenando,
> Fratrumque convivia segniter sectando.
> Gaudere cum gaudentibus, cum flentibus plorare,
> Humilibus consentiens, majores honorare.
> In omnibus obediens, prælatoque parebis,
> Karitatem insuper cum omnibus tenebis.
> Lumbos stringe lubricos Domini timore,
> Mundans cordis oculum casto cum pudore.
> Nihil servans proprium, nudum sequens Christum,
> Onus leve sufferens, mundum vincens istum,
> Passum Christum recole corde gemebundo.
> Quærens Dei gloriam nil aliud in mundo.
> Resistendo vitiis, orando ferventer,
> Sacramentum sumere debes reverenter.
> Tu motum mentis comprime, iram mitigando,
> Vanaque colloquia sollicite vitando.
> Christo frui cupiens, cellam frequentabis,
> Yesum super omnia sic dulciter amabis.
> Zelo Dei fervens charitatis igne,
> Et in te peccantibus ignoscas benigne.

Non nomen sed factum, non verbum sed adjectum facit beatum.

— *Collationes octo.* — *Speculum disciplinæ ad novitios.* — *De profectu religiosorum.* — *De institutione novitiorum.* — *Remedium defectuum religiosi.* — Et enfin l'admirable petit livre *De perfectione vitæ ad sorores,* où saint Bonaventure a versé tout son amour.

Qui nous traduira ces merveilleuses paroles aux filles de Claire ? « Audi Soror devotissima, altare Dei est cor tuum. In hoc altari debet semper ardere ignis fervidæ devotionis quem singulis diebus debes nutrire per ligna crucis Christi, et memoriam Passionis ipsius. Et hoc est quod dicit Isaias propheta : Haurietis aquas in gaudio, de fontibus salvatoris. Ac si diceret : Quicumque desiderat aquas gratiarum, aquas lacrymarum, iste hauriat de fontibus salvatoris, id est de vulneribus Jesu Christi. Accede ergo tu pedibus affectionum tuarum ad Jesum vulneratum, ad Jesum spinis coronatum, ad Jesum patibulo crucis affixum, et cum beato Thoma Apostolo, non solum intuere in manibus ejus fixuras clavorum, non solum mitte manum tuam in latus ejus, sed totaliter per ostium lateris ejus ingredere usque ad cor ipsius Jesu, ubique ardentissimo amore crucifixi in Christum transformata, clavis divini amoris affixa, lancea præcordialis dilectionis transfixa, intimæ contemplationis transverberata, nihil aliud quæras, nihil aliud desideres, in nullo alio velis consolari, quam ut cum Christo tu possis mori in cruce. (Cap. 6.) »

23. Sur la grande lutte du monde, des biens de la terre, avec les pauvres religieux de Jésus-Christ, il faut consulter les traités de mon dur et prosaïque compatriote Guillaume de Saint-Amour : *Concio de Publicano et Pharisæo;* — *De quantitate eleemosynæ;* — *De valido mendicante quæstiones;* — *Tractatus de periculis novissimorum temporum ex Scripturis sumptus.* — Ce dernier ouvrage fut aussitôt traduit en vers français (quanquam Anagniæ damnatus, nihilominus à petulante juventute in linguam gallicam, inque rhythmos vernaculos translatus est, ut facilius a populo intelligeretur. Egast. Bulæus, Hist. universitatis Parisiens., t. III, p. 348). Ces ouvrages, condamnés par l'autorité spirituelle et par les parlemens, sont devenus fort rares; à Paris, je n'en connais qu'un seul exemplaire dans la bibliothèque de Sainte-Geneviève; in-4°, Constance, 1632. — Albert-le-Grand, saint Bonaventure et saint Thomas soutinrent les droits de Dieu et du spiritualisme. — Saint Bonaventure répondit par cinq traités admirables; ils sont imprimés dans le tome VII de ses œuvres : *Libellus apologeticus in eos, qui ordini Fratrum Minorum adversantur.* — *De tribus quæstionibus ad magistrum innominatum.* — *De paupertate Christi.* — *Quod Christus, et apostoli, et discipuli ejus discalceati incesserunt.* — *Apologia Pauperum.* — Ces divers traités de saint Bonaventure ont été imprimés avec ceux de

saint Thomas sur le même sujet; Rome, in-8°, 1773, avec de très savantes notes du P. Benedictus Bonellius a Cavalesio Ord. Min. observant. — Et du P. Franciscus Bernardus-Maria de Rubeis. Ord. Præd. — De la Boulaye, dans son histoire de l'Université de Paris, a inséré des pièces fort importantes sur cette grande controverse.

24. LA VIE DE SAINT FRANÇOIS, par le P. Candide Chalippe, récollet. Paris, in-4°, 1728. C'est le seul travail un peu complet que nous ayons sur le saint patriarche. Les recherches y sont consciencieuses, et j'y ai puisé un grand nombre d'indications; mais l'auteur, quoique véritablement pieux, s'est beaucoup trop laissé entraîner aux préoccupations païennes de son siècle.

25. LA STORIA DI S. FRANCESCO DI ASSISI, opera critica di Fr. Nicola Papini. In-4°, 2 vol. Fuligno, 1825. Mauvaise œuvre critique faite dans le goût italico-païen, par un ancien général des Frères Mineurs conventuels.

26. DE INVENTO CORPORE DIVI FRANCISCI. Rome, 1819, in-4°, imprimerie de la Chambre apostolique. C'est un recueil des interrogatoires et des enquêtes faites par un tribunal formé exprès pour juger la vérité de la découverte du saint corps. — On peut y joindre un recueil de pièces officielles et judiciaires, intitulé : *Sententiæ dictæ a procuratoribus generalibus familiarium Franciscalium in causâ inventi corporis D. Francisci.* — Adnotationes subjecit Franciscus Guadagnius advocatus. In-4°; Rome, 1820, imprimerie de la Chambre apostolique.

27. COLLIS PARADISI AMŒNITATES, SEU SACRI CONVENTUS ASSISIENSIS HISTORIÆ, LIBRI II. — P. Angelo ..... In-4°, 1704; livre cité comme très précieux pour la partie artistique de l'histoire de saint François : il m'a été impossible d'en trouver un exemplaire.

28. LUMI SERAPHICI DI PORTIUNCULA, par Ottavio, évêque d'Assise. Venise, 1701.

29. ROLANDINI. — *De factis in Marchia Tarvisiana.* Dans la collection des écrivains d'Italie, par Muratori, tome VIII, in-folio. Pour

ET MONUMENS HISTORIQUES. xxix

connaître l'état de l'Italie à l'époque de saint François, il faut souvent recourir à cette immense collection.

30. Sur sainte Claire consulter le P. Joseph de Madrid : Vita S. matris Claræ. Lucæ, apud Sebastianum dominicum Capurri, 1727, in-4°. Cette vie a été traduite en italien et publiée à Rome, 1832, in-4°. Surius et les Bollandistes ont publié au 12 août la vie de sainte Claire, écrite quelque temps après sa mort par l'ordre du pape Alexandre IV. — Les Bollandistes ont complété l'édition de Surius avec deux anciens manuscrits : un de leur bibliothèque d'Anvers, l'autre des chanoines réguliers de Corsendonc.

31. Sur saint Antoine de Padoue consulter : Vita et miracula sancti Antonii Paduani : — publiée d'abord en espagnol par le père Michel Pacheco ; — ensuite en italien par le père François-Marie de Fano ; — en allemand par Jean-Baptiste Bircher, magistrat de Lucerne ; — en latin par les Frères Mineurs conventuels de Lucerne. Lucerne, 1658, in-12. — *Vita auctore anonymo valde antiquo.* Publiée par les Bollandistes au 13 juin, d'après Surius et plusieurs manuscrits fort anciens. — Le même volume contient, avec des notes et des dissertations savantes, *Liber de miraculis ad canonizationem productis,* tiré d'un manuscrit du couvent d'Ancône. A la fin se trouvent les Actes pontificaux de la canonisation, et encore *Legenda alia, seu liber miraculorum,* que Wadding avait publié dans ses Annales, d'après de très anciens manuscrits. — Voici l'éloge que Barthélemy de Trente fait de saint Antoine dans son *Liber epilogorum in gesta sanctorum*, Ms. de la bibliothèque Barberini, à Rome :

« Antonius *quem ipse vidi et cognovi,* Hispanus fuit genere, primo regulam Augustini amplectens, deinde ordinem Fratrum Minorum ingrediens, verbo et exemplo multos ab errore revocavit. Desiderabat etiam Saracenos prædicare, et ex his recipere martyris coronam. Sermone facundus fuit, et multos Christo attraxit. In quodam capitulo fratrum sermonem fecit; ubi eo sermocinante, sanctus Franciscus cuidam fratri apparuit, congregatis benedicens. Paduanos prædicavit, et multos usurarios ad restituendum induxit. Libros et sermones compilavit. Demum apud locum qui dicitur Cellas in

Domino quievit et inde ad Ecclesiam S. Mariæ virginis ubi Fratres Minores morantur, et ubi nobile monasterium sancto confessori est inchoatum, transfertur. In morte constitutus, *O gloriosa Domina!* etc., devote in ore habebat; et uni fratrum dixit : Video Dominum. Plura etiam post mortem miracula est operatus. » (Bolland., p. 703, juin, t. II.)

32. SANCTI ANTONII PADUANII ORD. MIN. OPERA OMNIA. Paris, 1641, in-folio. Édition donnée par le P. de la Haye, avec les œuvres de saint François d'Assise. Elle se compose de ses sermons, de ses expositions mystiques sur l'Écriture sainte, et de ses concordances morales de la Bible, publiées d'après un manuscrit du couvent d'*Ara-Cœli*, à Rome.

33. En Allemagne, MM. GUIDO GŒRRES de Munich et HURTER ont publié d'intéressantes et consciencieuses recherches sur saint François d'Assise. L'histoire d'Innocent III de M. Hurter, publiée en français par M. de St.-Chéron, est fort utile pour apprécier l'état du monde au treizième siècle.

Nous n'étendrons pas davantage cette notice bibliographique des ouvrages où nous avons puisé les matériaux de notre histoire de saint François d'Assise ; nous n'y avons inséré que ce qui nous a paru important après un sérieux et sévère examen. Après l'ordre de Saint-Benoît, c'est celui de Saint-François qui a été le plus répandu, par conséquent sur lequel on a le plus écrit, et une bibliographie franciscaine *complète* formerait plusieurs volumes in-folio. Pedro Alva, à la tête de son livre, énumère trois cent soixante-quatorze auteurs qui ont parlé *ex professo* de saint François d'Assise ; et les auteurs qui n'en ont parlé que par incident sont innombrables.

34. P. SBARALA. — BULLARIUM FRANCISCANUM. Rome, in-folio, 1759. Dans cette importante collection on trouve des détails curieux sur les premiers monastères de l'ordre des Mineurs.

Poésie.

I

I cantici di san Francesco.

I

Atissimo, omnipotente, bon Signore; tue son le laude, la gloria, lo honore, e ogni benedictione. A te solo se confano, e nullo homo e degno de nominarte.

Ludato sia Dio mio Signore, contute le creature, specialmente meser lo frate sole : il quale giorna, e illumina nui per lui, e ello è belo, e radiante con grande splendore : de te signore porta significatone.

Ludato sia mio Signore, per suor luna, e per le stelle : il quale in celo le hai formate chiare e belle.

Ludato sia mio Signore, per frate vento, e per laire, e nuvolo, e sceno, e ogni tempo, e per le quale dai a tute creature sustentamnto.

Ludato sia mio Signore, per suor aqua, la quale è molto utile, e hmile, e preciosa, e casta.

Laudato sia mio Signore, per fratre fuocho, per lo quale tu alumini la nocte, e ello è bello, e iocundo, e robustissimo, e forte.

Laudato sia mio Signore, per nostra madre terra, la quale ne sostenta, e governa, e produci diversi fructi, e coloriti fiori, e herbe.

Laudato sia mio Signore, per que li que perdonano per lo tuo amore, e sosteneno infirmitade, e tribulatione. Beati queli che sostegnerano in pace : che de altissimo seranno incoronati.

Laudato sia mio Signore, per suor nostra morte corporale : de la quale nullo homo vivente può scampare. Guai à queli che more in peccato mortale. Beati queli che se trovano ne le toe sanctissime voluntade, che la morte secunda non li pora far male.

Laudate e benedicete mio Signore, e regratiate, e servite à lui con grande humilitade.

II

In foco l'amor mi mise,
In foco l'amor mi mise.
In foco d'amor mi mise
Il mio sposo novello,
Quando l'anel mi mise
L'agnello amorosello,
Poiche in prigion mi mise,
Ferimmi d'un coltello,
Tutto il cor mi divise.
   In foco l'amor.

Divisemi lo core
E 'l corpo cadè in terra.
Quel quadrello del amore,
Che balestra disserra,
Percosse con ardore
Di pace fece guerra.
Moromi di dolçiore.
   In foco.

Moromi di dolciore.
Ne ven' maravigliate,
Che tai colpi mi son date
Da lancie innamorate,
E 'l ferre è lungo e lato
Cento braccia sappiate,
Che m' ha tutto passato.
   In foco.

Poi si fer le lancie spesse,
Che tutto m' agnonizaro;
All' hor presi un pavese,
Ei colpi piu spessaro
Che niente mi defese;
Tutto mi fracassaro
Con tal forza le stese.
   In foco.

Distesele si forte,
Ch' io diffidai scontarle
Onde campai da morte.
Ti movi contra ragione,
Gridando molto forte,
Un' trabucco rizzoe;
Che mi die de nuove sorte.
   In foco.

Le sorti che mandava,
Eran pietre piombate,
Che ciascheduna gravava
Mille libre pesate :
Si spesse le gittava,
Non le harei mai numerate,
Nu 'la mai mi fallava.
   In foco.

Non m' harebbe mai fallato,
Si ben tirarre sapeva :

In terra ero io sternato,
Aita non mi poteva;
Tutto ero fracassato,
Niente più mi sentiva,
Com 'huomo ch' era passato.
   In foco.

Passato non per morte,
Ma dà diletto ornato:
Poi rimessimi si forte
Dentro il corpo tornato,
Che segui quelle scorte,
Che haveano guidato
Nella superna corte.
   In foco.

Poi che tornato fui,
Tosto armato mi fui;
E a Christo feci guerra,
Cavalcai in sua terra
Scontrandomi con lui,
Tostamente l' afferro,
Mi vendico di lui.
   In foco.

Poi che fui vendicato,
Io feci con lui patto;
Perche prima era stato
L' amor molto verace
Di Christo innamorato:
Or' son fatto capace
Sempre lo cor formato
Di Christo consolato
Infra l'amor mi mise.
   In foco.

III

Amor de caritate
Perche m' ha si ferito?
Lo cor tutto partito,
Et arde per amore.
Arde, e incende,
Nullo trova loco :

Non pò fugir, perche l' è ligato;
Si se consuma, come la cera al foco,
Vivendo more, languisce stenperato,
Domanda poter fugire un poco,
Et in fornace trovase locato :
    Oime eo o sun menato.
    A si forté languire,
    Vivendo cosi morire,
    Tanto monta l'ardore.

Inanzi ch'io provasse, domandava
Amor a Christo pensando pur dolzura;
In pace di dolzezza star pensava,
For d'ogni pena, e poi sede in altura,
Provo tormento, qual non cogitava,
Chel cor me se fende per calura ;
    Non posso dar figura,
    De que sostegno semblanza,
    Ch'io moro in dolcetanza,
    Et vivo senza core.

Ho perduto core e senno tutto,
Voglia e placere, e tutto sentimento :
Ogni bellezza mi par fango brutto,
Delicie e richezze perdimento ;

Un arbore d'amor cun gran frutto
In cor plantato me da pascimento :
    Che fe tal mutamento,
    In mi senza demora,
    Iettando tutto fora,
    Voglia, e senno, e vigore.

Per comperar l'amore, tutto hò dato ;
Lo mondo, e mi ho tutto perbaratto :
Se tutto fosse mio quel ch' e creato,
Darialo per amor sanza ogni patto ;
Et trovome d'amor tutto ingannato
Che tutto ho dato, e non so o io son tratto :
    Per amor son desfatto,
    Pazzo si sun creduto :
    Ma perche io sun venduto :
    De mi non hò valore.

Credevame la gente revocare,
Amici che sono for de questa via ;
Ma chi e dato, plù non se pò dare,
Ne servo fare, che fuga signoria,
Inanzi la petra porriase mollare,
Che l'amore, che me ten in soa balia
    Tutta la voglia mia
    D' amor si e infocata,
    Unita, transformata,
    Che li torrà l'amore.

Foco ne ferro non la pò partire ;
Non si divide cosa tanto unita :
Pena ne morte iam non pò salire
A quella altezza, dvove sta rapita ;
Sotto si vede tutte cose zire,
E ella sopra tutte sta grandita.
    Anima com'ci salita,
    A posseder tal bene,

Christo da cui te venne,
Abbrazal cun dolzore.

Io non posso veder creatura.
Al creator grida tutta mente,
Celo ne terra non me dà dolzura,
Per Christo amore, tutto m' e fetente
Luce de sole sì me par oscura,
Veggendo quella fazza resplendente,
 Cherubin son niente
 Belli per enseguare,
 Seraphin per amare,
 Chi vede lo Signore.

Nullo donca mai me reprenda,
Se tal amore mi fa pazzo zire :
Jam non e core, che plù se defenda
D'amor si preso che possa fuggire :
Pensi zascun como cor non si fenda,
Co tal fornace como possa soffrire :
 S' eo potesse invenire
 Anima che me intendesse,
 De mi pietade havesse,
 Che me se stuzze 'l core.

Che celo e terra grida, e semper clama,
Et tutte cose ch'io dibbia amara,
Zascuna dice : Cun tutto core ama,
L'amore che n'ha fatto briga d'abbrazzare;
Che quel amore perzo che te brama,
Tutte nui hà fatte per ti a se trare,
 Vego tanto abundare,
 Bontade e cortesia,
 Da quella luce pia,
 Che se splande de fore.

Amor voglio plù, se plù podesse ;
Ma como plù à mi lo cor iam non trova,

Plù che me dare con cio che volesse,
Non posso, questo e certo senza prova:
Tutto l'hò dato, perch'io possedesse
Quel amatore, che tanto me renova.
    Bellezza antiqua, e nova,
    Dapoi che t'ho trovata.
    O luce smesurata
    De si dolce splendore.

Vegando tal bellezza, si sum tratto
For de mi, non sò ò sun portato;
Lo tor se strugge como ceta desfatto,
De Christo se retrova figurato;
Jam non se trovò mai tal baratto,
Per vestir Christo tutto, ò spoliato,
    Lo cor si transformato,
    Amor grida, che sente,
    ·Anegata e la mente,
    Tanto sente dolzore.

Ligata e la mente cum dolceza,
Tutta se destende ad abbrazzare;
E quanto plù resguarda a la beleza,
Tanto for de se plù fa zetare;
In Christo tutta posa cum riccheza,
De si memoria nulla pò servare;
    Ormai ad si plù dare,
    Altra cosa non cura,
    Ne pò perder valura,
    De si omne sentore.

In Christo transformata quasi e Christo,
Cum Dio unita tutta sta divina,
Sopra ogn'altura e si gran acquisto,
De Christo e tutto 'l suo, sta Regina.
Or dunca io potesse star plù tristo,
De colpa domandando medicina:

Nulla ce plù sentina,
Dove trovi peccato;
Lo vecchio ne mozato,
Purgato ogni fetore.

In Christo è nata nova creatura,
Spogliata homo vecchio, e fato novello;
Mà tanto l'amore monta cum ardura,
Lo cor par che se fenda cum coltello,
Mente cum senno tolle tal calura :
Christo se me tra tutto tanto bello,
  Abrazo me cum ello,
  Et per amor si clamo,
  Amor che tanto bramo,
  Fa me morir d'amore.

Per ti amor me consumo laguendo,
Et vò stridendo per ti abrazare :
Quando te parti, si moro vivendo,
Sospiro, e plango per ti ritrovare,
Et retornando el cor se va stendendo
Che in ti si possa tutto transformare :
  Donca plù non tardare,
  Amor or me soveni,
  Ligato si me tiene,
  Consumame lo core.

Resguarda dolce amore la pene mia,
Tanto calor non posso soffrire :
L'amor m'a preso, non sò o io me sia,
Que faza, o dica, non posso sentire,
Como smarito si vo per la via,
Spesso strangosso per forte languire,
  Non so como sostegnere
  Possa tal tormento,
  Lo qual cum passamento
  Da me fura lo core.

Cor me furato non posso vedere
Que diba fare, e que spesso faza,
Et chi me vede, dice vol sapere,
Se amor senza acto à ti Christo plaza:
Se non te place, que posso valere?
De tal mensura la mente malaccia:
  L'amor che si m'abraccia,
  Tolme l'operare,
  Voler, e operare,
  Perdo tutto sentore.

Sappi parlare, or sun fatto mutto :
Vedeva, e mo son ceco deventato :
Si grande abisso non fù mai veduto,
Tacendo parlo, fugo e son ligato,
Scendendo salgo, tengo e son tenuto,
De fora sun dentro, caccio e son cacciato :
  Amor smesurato
  Perche mi fai impazzire,
  Et in fornace morire
  De si forte calore Christo.

Ordena questo amore, tu che m'ami,
Non è virtù senza ordene trovata :
Poiche trovare tanto ma brami,
Sia la mente cum virtù renovata,
Ad mi amare, voglio che tu chiami,
La caritate qual sia ordenata :
  L'arbore si è provata,
  Per l'ordene del frutto,
  Lo qual demonstra tutto,
  Doni cosa el valore.

Tutte le cose che aio create,
Sun fatte cun numero e mensura,
Et al lor fin son tutte ordenate,
Conservase per orden tal valura,

E molto plù ancora caritate,
E ordenata in la sua natura :
  Donca com per calura,
  Anima tu se impazzita?
  Fora d'ordene tu se uscita,
  Non te infreno el fervore.
  Anima O Francesco.

Christo lo cor tu m'hai furato,
Et dici che adamare ordin la mente,
Como da poi che in ti sum mutato,
De mi po esser ramaso convenente?
Si come ferro, che tutto è infocato,
Et aere dal sol fatto relucente,
  De lor forma perdente
  Son per altra figura,
  Cosi la mente pura
  De ti e vestita amore.

Mà da che perde la sua qualitate,
Non po la cosa da si oprare,
Como è formata si ha potestate,
Opera cum frutto si puote fare :
Donca si è transformata in veritate,
In te sol Christo che se dolce amare,
  A ti si po imputare,
  Non à mi, quel ch'io fazo :
  Pero seo non te plazo,
  Tu n'à te non placi amore.

Io so ben questo che seo sum impazzito,
Tu summa sapienza me l'hai fatto,
Et questo fo da ch'io fui ferito,
Et quando cum l'amor feci baratto,
Che mi spogliando fui da te vestito,
A nova vita non so como fui tratto,
  De mi tutto disfatto ;

Or sun per amor forte,
Rotte son le porte,
Et iazo teco amore.

A tal fornace perche me menavi,
Se tu volevi che havesse temperanza,
Quando si smesurato me te davi,
Tollevi da me tutta mesuranza,
Poiche picciolello tu me bastavi,
Tenerti grande non aggio possanza :
　Onde ne ce fallanza,
　Amor l'e tua, non mia,
　Pero che questa via,
　Tu la facesti amore.

Tu dall'amor non te defendesti,
De celo in terra el te fe venire,
Amore a tal bassezza descendesti,
Com'homo despetto per lo mondo zire,
Ne casa ne terre non volesti,
Tal povertate per nui arricchire :
　In vita, e in morte,
　Mostrasti per certanza,
　Amor desmesuranza,
　Che ardeva in lo to core,

Com'ebrio per lo mondo spesso andavi,
Amor te menava com'homo venduto,
In tutte cose amor sempre mostravi,
De ti quasi niente perceputo.
Che stando in lo templo si gridavi,
A bever vegna chi hà sostegnuto,
　Sete d'amor havuto,
　Chel gli sera donato.
　Amor smesurato,
　Che pasce con dolzore.

Con sapienza non te contenesti,

Che el tuo amore spesso non versasse :
D'amor, non de carne tu nascesti
Humanato amor, che ne salvasse :
Per abbracciarne en croce si corresti,
Io credo, che pero tu non parlasti,
 Ne te amor scusasti,
 Davanti à Pilato,
 Per compir̃ tal mercato,
 In croce dell'amore.

La sapienza vego, che se celava,
Et solo amor si podea vedere,
Et la potenza iam non si monstrava,
Che l'era la virtute in dispiacere.
Grande era quell'amore che se versava,
Altro che amore non potendo havere,
 Nel visò ne il volere,
 Amor sempre legando,
 Et in croce abbracciando,
 L'homo cum tanto amore.

Donca Jesu sio son si innamorato,
Inebriato per si gran dolcezza,
Che me reprende, sio vo impazzato,
Et in mi perdo senno, et ogni fortezza ?
Poiche l'amore t'hà si ligato,
Quasi privato d'ogni tua grandezza,
 Come saria mai fortezza,
 In me di contradire,
 Ch'io non voglio impazzire
 Per abbracciar te amore ?

Et quel'amor, chi mi fa impazzire,
Pari che à ti tolessi sapientia,
E quell'amor che si me fa languire,
A te per me si tolse la potentia.
Non voglio ormai, ne posso sofferire,

D'amor son preso, non fazzo re,
    Datame la sententia,
    Che d'amor io sia morto.
    Jam non volgo conforto,
    Se non morir d'amore.

Amor amore, che si m'hai ferito,
Altro ch'amor non posso cridare:
Amor amore si forte m'hai rapito,
Lo core sempre spande per amore,
    Per te voglio sparmare.
    Amor che eo reconoscera.
    Amor per cortesia
    Fame me morir d'amore.

Amor amore Jesu son zonto à parto,
Amor amore Jesu dammi conforto:
Amor amore Jesu si m'ha infiammato,
Amor amore Jesu io son morto:
Fami star amor sempre abbrazato,
    Cum teco transformato
In caritate, e in somma veritate.
    Amor, amor, amor,
    Ogni cosa clama Amore:
    Amor tanto ci profundo,
    Che più t'abbraccia,
    Tanto più ti brama.

Amor, amor, tu ei cerchio rotundo
Con tutto el core, che tencia sempre t'ama,
Che tu sei strame, e trama per vestire,
E cosi dolce, che sempre crida amor, amor, amor,
Quanto tu mi fai amor, nol posso fare:
    Amor, amor tanto amo de ti;
    Amor, amore, ben credo morire;
    Amor tanto preso m'hai,
    Amor, amor, fammi in te transire.

Amor dolze languire.
Amor mio desioso,
Morir si dilettoso,
Amor mio dilectoso,
Anegami in amor.

Amor, amor, lo cor mio se spezza ;
Amor, amor, tal sente ferita :
Amor Jesu, tramme a la tua belezza :
Amor, amor, per te sonto rapita :
Amor, amor viva, non me despreggia :
Amor, amor, l'anima teco unita,
 Amor, tu sei sua vita ;
 Jam non se pò partire,
 Perche la fai languire,
 Tanto strugendo amor.

Amor, amor, de Jesu desideroso,
 Amor, voglio morire,
 Te abrazando,
Amor dolce Jesu meo sposo,
Amor, amor, la morte te domando,
Amor, amor, Jesu si pietoso ;
Tu me te dai in te transformato,
Pensa che eo vo' spasemando :
 Non so ò io me sia,
 Jesu speranza mia,
 Ormai và, dormi in amore.

II

Poesie del B. Jacopone da Todi.

I

Dolce amor di povertade
Quanto ti degiamo amare!

Povertade poverella
Umiltade è tua sorella:
Ben ti basta una scudella
Et al bere e al mangiare.

Povertade questo vole
Pan e acqua e erbe sole,
Se le viene alcun di fore,
Si vi aggiunge un po di sale.

Povertade va sicura,
Che non ha nulla rancura,
De' ladron non ha paura,
Che la possino rubbare.

Povertà batte alla porta,
E non ha sacca nè borsa;
Nulla cosa seco porta,
Se non quanto ha mangiare.

Povertade non ha letto,
Non ha casa, c'haggia tetto;
Non mantile ha pur nè desco,
Siede in terra a manducare.

Povertade muore in pace,
Nullo testamento face;
Ne parenti nè cognate
Non si senton litigare.

Povertade amor giocondo,
Che disprezza tutto il mondo;
Nullo amico le va 'ntorno
Per aver ereditade.

Povertade poverina,
Ma del cielo cittadina,
Nulla cosa, che è terrena
Tu non puoi disiderare.

Povertade, che va trista,
Che disidera richezza,
Sempre mai ne vive afflitta,
Non si puo mai consolare.

Povertà fai l'huom perfetto,
Vivi sempre con diletto:
Tutto quel ti fai sogetto,
Che ti piace disprezzare.

Povertade non guadagna;
D'ogni tempo è tanto larga;
Nulla cosa non sparagna
Per la sera o pe 'l dimane.

Povertade va leggera;
Vive alegra e non altera;
E per tutto forastera;
Nulla cosa vuol portare.

Povertà, che non è falza
Fa ben sempre per usanza;
E nel cielo aspetta stanza,
Che 'l de' aver pe' redetare.

Povertà, gran monarchia,
Tutto l' mondo hai 'n tua balia;
Quant' hai alta signoria
D'ogni cosa, ch' hai sprezzata.

Povertà, alto sapere;
Disprezzando possedere;

ET MONUMENS HISTORIQUES.

Quanto auvilia il suo volere,
Tanto sale in libertade.

Al ver povero professo
L'alto regno vien promesso :
Questo dice Christo istesso,
Che già mai non puo fallare.

Povertà alta perfettione
Tanto cresce tua ragione,
C'hai già in possessione
Somma vita eternale.

Povertade graziosa,
Sempre allegra e abondosa,
Chi puo dir sia indegna cosa
Amar sempre povertade?

Povertade chi ben t'ama,
Com' più t' assaggia più n' affama,
Che tu se' quella fontana,
Che già mai non può scemare.

Povertade va gridando,
A gran voce predicando;
Le richezze mette in bando,
Che si deggiano lassare.

Disprezzando le richezze
E gli onori e l'alterezze,
Dice; ove son le richezze
Di color, che son passati?

Povertade chi la vuole
Lassa il mondo e le sue fole;
Et si dentro come fore
Se medesmo ha da sprezzare.

Povertade è nulla havere,
Nulla cosa possedere;
Se medesmo vil tenere,
E con Christo poi regnare.

Libro II, cantic. IV.

II

O Francesco poverello
Patriarca novello,
Porti novo vessillo
De la croce segnato.

Di croce troviam sette
Figure dimostrate,
Come troviamo scritte
Per ordine contate.
Haggiole abbreviate,
Per poterle contare;
Ch' incresce l' ascoltare,
Dove lungo è 'l trattato.

La prima nel principio
Di tua conversione :
Palazo in artificio
Vedesti in visione,

Et piena la magione
Di scuda cruciate;
L'armi in ciò dimostrate
Del popol, che tè dato.

Stando in oratione,
Di Christo meditando,
Tale infocatione
Ti fu infusa pensando,
Che ciò poi rimembrando,
Sempre ne lagrimavi.
Christo ti ricordavi
Nella croce levato.

Christo ti disse allhora;
Se vuoi po' me venire,
La croce alta decora
Prendi con gran desire :

Cura di annichilire,
Se vuoi me seguitare,
Et te medesmo odiare,
Il tuo prossimo amato.

Stando la terza volta
A guardar tu a la croce,
Christo ti disse; ascolta
(Con gran suono di voce
Per nome chiamo el doce
Francesco tre fiata)
La Chiesa è disviata,
Ripara lo suo stato.

Poi la quarta fiata
Vidde frate Silvestro
Una croce inaurata
Fulgente nel tuo petto.
Il Draco maladetto,
Ch' Asisi circondava,
La voce tua fugava
Di tutto quel Ducato.

O portento mirifico,
La Croce di due spate
Vidde in te fra Pacifico
Cosi ensemora attate,
Che in traverso scontrate;
Una dal capo a i piedi;
L'altra alle braccia vedi,
Se in Croce il fai spiegato.

Viddeti in aere stare
Beato fra Monaldo,
Ov' era a predicare
Santo Antonio tra tanto:
En Croce te mostrando
Frati benedicevi;
Poi li disparevi,
Como trovam contato.

La settima, a Laverna
Stando in oratione,
Ne la parte superna
Con gran divotione,

Mirabil visione
Seraphin apparuto,
Crucifisso è veduto
Con sei ale mostrato.

Incorporotti stimmate
A lato piedi e mano;
Duro gia fora a credere,
Se nol contiam di piano;
Stacndo vivo e sano
Molti si l'han mirate,
L'ha morte dichiarate.
Da molti fu palpato.

Fra gli altri santa Chiara
Si gli appiccò co i denti
Di tal tesauro avara
Essa con la sua gente.
Ma non valse niente;
Che quel chiovo di carne
Trovo qual ferro starne
Ben duro e annervato.

La sua carne bianchissima
Pareva puerile;
Avanti era brunissima
Per li freddi nevili.
La fe amor si gentile,
Parea glorificata,
Da ogni gente ammirata
Del mirabil ornato.

La piega laterale
Rosa parea vermiglia.
Il pianto ci era tale,
Quale la maraviglia;
In vederla, simiglia
Di Christo crucifisso.
Lo cor era in abisso,
Vedendo tal specchiato.

O pianto gaudioso
Ripieno d'ammiranza!
O pianto dilettoso
Pieno di consolanza!

Lacrime in abondanza
Ci furo allor gettate,
Veder tal novitate,
Christo novo piagato.

Fin giuso a le calcagna
Da gli occhi trahe l'umore
Questa veduta magna
D'esto infocato ardore.
A i santi stette in core;
A lui di fuor è uscito
Il balsamo polito,
Che 'l corpo ha penetrato.

Dell' altissima palma,
Do' salisti Francesco,
Il frutto pigliò l'alma
Di Christo crocifisso,
Fosti in lui sì trasfisso,
Che mai non ti mutasti :
Com ti ci trasformasti
Nel corpo è miniato.

L'amore ha questo officio,
Unir due in una forma.
Francesco nel supplicio
Di Christo lo trasforma;
Imprese quella norma
Di Christo, c' havea in core :
La mostra fe l'amore
Vestito d'un vergato.

L'amor divino altissimo
Con Christo l'abbracciòe;
L'affetto ardentissimo
Sì lo c' incorporòe.
Lo cor li stemperòe
Come cera a sigillo;
Et impresseci quello,
Ov' era trasformato.

Parlar di tal figura
Con la mia lingua taccio :

Mysteria sì oscura
D'intendere soiaccio :
Confesso, che non saccio
Spiegar tanta abondanza,
La smisurata amanza
Del cor tanto infocato.

Quanto fosse quel foco
Non lo potiam sapere;
Il corpo suo tal gioco
Non potè contenere.
In cinque parti aprire
Lo fece la fortura,
Per far dimostratura,
Che in lui era albergato.

Nullo troviamo santo,
Che tai segni portasse.
Mysterio alto cotanto
Se Dio non rivelasse,
Buono è, che io lo passe :
Non ne saccio parlare.
Il potran quei trattare,
Che l' averan gustato.

O stimmate ammirate,
Fabricate divine!
Gran cosa dimostrate,
Che a tai segni conviene;
Saperassi alla fine,
Quando sarà la giostra,
Che si farà la mostra
Del popolo crociato.

O secca anima mia,
Che non puoi lacrimare,
Surgi, vientene via
D'esto fonte a potare,
Quì puoiti inebriare,
Et non te ne partire.
Lassatici morire
Al fonte innamorato.

  Libro III, cantic. XXIII.

NOTES

III

A SANTA CHIARA.

O vergin Clara luce,
Che da la santa croce,
Avanti che sij nata,
Fusti prenunciata
A tua divota madre,
Che saresti a tue squadre alto splendore.

Mostrasti Clara luce
Nella terra Asisana
Specchio e fontana d'aspra penitenza.

Dopo Francesco Duce
A la gente christiana
In frutto e grana di gran patienza.

Con istretta astinenza
E ferma obedienza
Il tuo corpo affligendo
Crocifigendo ogni tua volontade
Di lume di vertade dai candore.

Avevi l'arra in core
Di Dio gran reditate;
Di spirto e veritate t'ha dotata.

Che tu fugivi onore,
E fama di bontate;
In tale umilitate t'ha fondata.

Quella untion beata
Ti have ammaestrata,
A ricever vittoria,
E la carne e demonia conculcare,
E disprezzare il mondo ingannatore.

Essendo picciolella,
Tua forte vestitura
Sotto ricca ornatura tu celavi.

La carne tenerella
Per conservarti pura
Con astinenza dura maceravi.

Tua parte non mangiavi,
Più tosto la mandavi
Al pover bisognoso,
E pregavi en ascoso il divin Padre,
Ch' in puritate ti servasse il core.

Non volesti marito
Del mondo fraudolente;
A Dio vivente ti sei disponsata.

Aveati il cor empito
Di Christo onnipotente
Francesco ardente, e'n castità fermata.

Ti aveva spesse fiata
Fortemente enfiammata,
Di darti a penitenza,
E star ad obedenza e'n provertade,
Servando castitade con amore.

Per l'ammonitione,
Che da Francesco avesti
Ti disponesti a star en povertate.

Tal rinovatione
Al tuo cor ne sentesti,
Che mai temesti nulla avversitate.

Lassasti ereditate,
Fugesti libertate,
Con santa compagnia
Gisti a santa Maria en foresta parte,
Per desponsarte a Christo Redentore.

Poi ch' egli t'ha tondata,
Vil toneca l'ammanta,
E ti dismanta la robba pomposa.

Di Dio t'ha 'ndottrinata,
E maestra ti pianta
Di nova santa vita religiosa.
  Teco star non ricusa
  La santa e gratiosa
  Agnese tua sorella;
Gente novella Christo t'ha mandata
Seguitata da lor a tutte l'ore.

  Da poi che t'è commessa
  La cura principale,
In tale umilita ti mantenesti,
  Che non parei badessa;
  Ma lor servitiale;
Cotanto uguale a tutte lor servesti.
  En povertà vivesti;
  Fede si gli tenesti,
  Poiche te gli obligasti,
Che al Papa renunciasti il suo offerire,
Per non intepedire il tuo fervore.

  Tu povertate santa
  Tue sore soccorresti,
E non patesti aver necessitade.
  Frati e soro cinquanta
  D'un sol pane pascesti,
E l'olio desti di tua largitade.
  O santa castitade,
  Per cui asperitade
  Nulla gia ti era dura.
Domar la carne pura in astinenza
Di penitenza non ti era dolore.

  In terra o in sarmenti
  Spesso tu ti colcavi
E un legno t'acconciavi per piumaccio.
  Corio di scrofe pungenti
  A la carne portavi,
E cilicio celavi sotto, e laccio.

  La pena t'è sollaccio.
  Per trarti vaccio
  En contemplatione,

Te in tal divotione Christo ha presa;
Che sempre stavi accesa in suo calore.

  Piangei la passione
  Di Christo crocifisso,
E tu con esso parei vulnerata.
  Con tal compassione
  Ti rimembravi d'esso,
Che parei spesso del mondo migrata.
  O anima beata,
  Cotanto hai gustata
  De la sua dolcezza
Che ti era suavezza infermitade,
E davi sanitade a le tue sore.
  Assisi dall'assedio
  Con tua prece aiutasti :
L'oste fugasti dell'imperadore.
  Scampasti 'l monasterio,
  Quando a Christo parlasti,
E all' uscio ti parasti col Signore.
  Tal lor desti timore,
  Che caderono fore
Quei, che stavan su 'l chiostro :
Et abassasti tosto lor l'orgoglio;
Né passò dentro al soglio altro rumore.

  Quaranta anni eri stata
  En tanta asperitade
Che in debilitade eri venuta,
  E Christo t'ha invitata
  A la tua claritade,
Che l'arra en sanitade n' avei auta.
  Madonna t'è apparuta;
  Con sante c'è venuta
  A incoronarti,
E d'un pallio ammantarti alla finita;
Fosti con lor vestita d'un colore.

  Piangean le donne smorte
  E Agnese tua sorella,
A cui da picciolella fusti madre,
  Dapoi che voli a morte
  E la lassi orfanella,

Dar fin vuol essa ancora all'ore ladre.
 Tu poi salita al Padre
 De le celesti squadre
 Come gli profetasti,
Te la menasti a la superna vita,
Teco absorbita in eternal dolciore.

 Poiche le tue figliole
 Rimasen desolate,
Le hai consolate come promettesti.

 Che, come 'l signor vuole,
 Gente d'assai contrate
Da ogni infermitate le guaresti.

 O quanto a Dio piacesti,
 Quando tra nui vivesti
 Dal Papa visitata
Fosti, e officiata a la tua morte
Tutta corte di Roma ti fe onore.

 O vergin Clara stella
 De la superna curia
Haggi memoria di noi peccatori.
 E tu Agnese polzella
 Ottien dal Re di gloria,
C' haggiam vittoria de 'tre osti duri.

 Sentiam di quell'amore
 Al qual pieno d'ardore
 Francesco n' ha chiamati
E invitati a le nozze dell'Agnello,
Che a gustare, quello sani ogni languore.

Libro III, cant. xxvii

IV

Del tuo bacio amore
Degnami di baciare.

Dhe baciami dolcezza
Di contrizione,
Et dolce soavezza
Di compunzione;
O santa allegrezza
Di devozione
Per nulla stagione
Non m'abandonare.

Poi chel baccio sento,
Bevo a le mammille;
C'hanno odore d'unguento
Pur le tue scintille.
A bever non so lento
Con le mie maxille;
Più che volte mille
Vò me inebriare.

Olio diffuso

Lo sposo è chiamato.
Tutto amor pietoso,
Che ci ha ricomperato.
Ogni tenebroso
Ha ralluminato;
Che nullo peccato
Ci possa ingannare.

Ben t'hanno amato
Li giovincelli;
C'hai lo cor baciato
A li tenerelli.
Ben gli hai rinovati
Come gli arboscelli,
Con li fiori novelli,
Che gioiosi appare.

Dove ti metterai,
I ne verrò all'odore.
Con li tuoi unguenti m'hai
Inebriato el core.

Tanto odor mi dai
'Che io moio d'amore.
Per Dio al fervore
Amor non ti noiare.

Messa m'hai amoroso
En cella di vino;
Bevo e sto gioioso
A mio bel domino.
Exulto e oso
Dell'amore divino.
Con ardore m'inchino
A lui ringratiare.

O smisuranza
Dell'amore superno;
Che morì per pietanza,
Per trarne dello 'nferno.
Dopo tanta allegranza
Serbarci un regno eterno!
Si che in sempiterno
Mi faccia allegrare.

Dico bene so nera,
Ma so formosa.
Per lo peccato io era
Tutta tenebrosa;
Ma poi per una spera
Christo mi fe gioiosa.
Si che io più nascosa
Non mi vo mostrare.

Mostramisi 'l diletto
Dell'anima mia:
Dicemi con effetto,
Dove elli pasceria.
Et quale è lo letto,
In che si poseria.
Ove comenzaria
Tosto ad esvaijare.

O sposa intendi,
Et conosci lo sposo;
Li suoi atti attendi,
Che viene di nascoso:

Molto onor gli rendi,
Perche elli è geloso.
E disdegnoso;
Guarda nol fraudare.

Di mirra un fastello
I terròlli nel petto.
Cioè un coltello
D'ogni mio difetto,
Al mio sposo bello
Porgerò l'affetto.
Allora bene stretto
Porrollo abbracciare.

Lo sposo ha la gola
Bianca e rubiconda.
Come del sol la rota
Di splendore abonda.
Fatta mi ha devota;
Or non mi si nasconda,
Tutto lo cor m'inonda
Pur di suspirare.

Dicemi l'amore;
O amica bella,
L'occhi tuoi e 'l core,
Come di colombella.
Fiume d'uno ardore
Ha la sua favella.
E pur con lui en cella
Mi vo ritrovare.

Sposo mio novello,
Sposo dolce fiorito;
Sposo mio bello
Lo cor m'hai envaghito,
Il nostro letticello
E di rose aulito,
Li tu sposo e marito
T'hai da riposare.

Di fiori e frutti.
M'è fornito il core.
Di amorosi lutti,
Et d'ardore si more,

Li miei sensi tutti
Languono in fervore
Temperisi l'amore
Ch'io nol posso portare.

L'ordinato amore
Con sua maestria
Viene con gran fervore,
Et poi si va via.
Con un splendore
Mostrami la via;
Et com'è la dia
Fallo iubilare.

Dopo il paretello
Stàmi l'amoroso;
Et per lo cancello
Guarda el diletoso;
Per lo fenestrello
Mostrasi nascoso.
O me angoscioso?
Nol so ritrovare.

Sensualitade
Turbami el vedere;
Et carnalitade
Nol mi lassa avere:
Ma sua gran bontade
Si se fa ben sentire.
Si che io vo pur morire
Per poterlo amare.

Perche tu sei morta,
Tu così se' chiamata,
Vieni o sposa accorta,
Vieni innamorata.
Tu se' in Dio absorta
Colomba mia formata,
Io t'ho riscaldata
Pur col mio guardare.

Appaiono li fiori
Coloriti en terra.
Ogn'huomo 'nnamori
Non più odio o guerra.
D'amorosi sentori
Lo cor mi si diserra.
Christo si mi sferra;
Volmi pace dare.

O immacolata
Tutta rilucente,
Vieni infiammata
Dell' amore ardente.
In cielo sei montata
Di libano ascendente.
Et l'onnipotente
Ti vuole incoronare.

O sposa gioiosa
Tu sei tanto bella,
Favo e mel gratiosa
Sei alla favella.
Di latte uberosa
Dolce amorosella.
Tutta dolcetella.
Dio ti vuol pigliare.

Alle tue vestimenta
Tu hai tanti odori,
Pur che altri ti senta
Tosto tu l'innamori.
Le tuoe portamenta
Son coltelli d'amori,
A movere li cori
Di Dio rimembrare.

Orto sei concluso
Fortemente segnato,
Che hai Dio rinchiuso
Com'arbore melato.
Da cui è infuso
Ogni buono gustato.
Chi l'ha assaporato,
Quello ne può parlare.
Lib. VI, cantic. 1.

V

SPOSA.

Moro d'amore
Per te Redentore,
Or dammiti amore,
Et non far dimoranza.

Jesu fino ardore
Dolcezza del core,
Sopr'ogn'altro amore
E la tua bella manza.

Il tuo amore
M'ha si preso il core,
D'ogn'altro amore
Vo far refutanza.

Ogn'altra dolcezza
Mi par amarezza;
Sol tua vaghezza
Mi dà consolanza.

Inebriami lo core
Di te dolce amore?
Ogn'altro sapore
Mi fa conturbanza.

In ogni lato
Jesu sei trovato;
Ma più incielato
Ti dai ad amanza.

Veder il tuo viso
Jesu paradiso,
Tu se' gioco e riso,
Et gran delettanza.

Sopr'ogni vaghezza
E veder tua bellezza,
Per quella allegrezza,
Che dura innamoranza.

Jesu gaudioso
Amor sollazzoso
Per te sto in riposo,
Et sto en allegranza.

Per te o amore
Languisco nel core;
Or vientene amore,
Et non far dimoranza.

Amor gratioso
Di te sto geloso;
Se mi stai nascoso
Morrò en doloranza.

La tua gelozia
Mi tien tuttavia;
Terrò mala via,
Se non m'hai pietanza.

Tanta pena io haggio
Amor, se non t'haggio;
Che ben moreraggio,
Se fai dimoranza.

Non posso posare,
Ne loco trovare.
E cio per pensare
Di te bella manza.

O dolce riparo,
Jesu nostra caro,
Non mi esser avaro
Di tua consolanza.

Son fatta sfacciata,
Et vo svergongnata;
Si m'ha 'nnamorata
La tua delettanza.

Per te son schernita,
Et mostrata a dita;

Sì m'hai envaghita
Jesu vaga manza.

Or damiti amore,
Et satiami 'l core,
Et tiemmi en amore
Jesu mia intendanza.

CHRISTO.

Vogliormiti dare,
Non vo più tardare;
Che 'l tuo lamentare
Mi move a pietanza.

Or, se mi ti dai,
Non voglio altro mai;
Che ben sentiarai
Il mio cor d'allegranza.

O sposa prudente
Con lampada ardente,
Verrò fermamente,
Non haver dubitanza.

SPOSA.

Or vienteno amore,
Allegra il mio core;
Et stiamo in amore
Con gran delettanza.

CHRISTO.

O sposa amorosa,
Che al mondo stai chiusa;
In te vo far posa
Con gran consolanza.

SPOSA.

Amor non tardare
Di me consolare;

Chel troppo aspettare
Mi fa conturbanza.

CHRISTO.

Non star suspetta
O sposa diletta:
Per fermo m'aspetta;
Non fo dimoranza.

POETA.

Aspetta la sposa,
Et stasi nascosa;
Et guarda sommosa,
Se vien la sua manza.

Venuto l'amore
A la sposa nel core,
Tienla in amore,
E'n gran iubilanza.

Nel cor suo fa letto
La sposa al diletto:
Abraccialo stretto
Con gran sicuranza.

Tanto è 'l dolciore,
Qual ella ha nel core;
Che more in amore,
Et grida moranza.

Jesu Redentore
Letitia del core,
Nel tuo amore
Mi da consumanza.

Fermami el core
Jesu mio signore;
Che io nel tuo amore
Sempre haggia duranza.

Lib. VI, cantic. XXI.

VI

DANZA DI SPIRITO.

Nol mi pensai giamai
Di danzar alla danza;
Ma la tua innamoranza
Jesu lo mi fe fare.

Non lo m'auria pensato,
Che avvenir mi potesse,
D'esser così infiammato,
Che io mi ci apprendesse :
Ma l'amor del beato
Si mi sforzò, e disse;
Ch'io non mi sottraesse
Di danzar alla danza :
Jesu in sua innamoranza
Ci farà giocondare.

Non vi meravigliati
Se a la danza danzai,
Con 12. miei frati
Si mi mossi, e andai :
Poi dissi; Namorati
Non danzate oramai.
Gia non mi ricordai
S'io fui tratto a la danza;
Tanta sentij allegranza;
Non si potria contare.

D'amor vi fui sì preso
In tal danza danzando,
Arra di paradiso
Nel mio cor giubilando
Di quel dolce convito
L'anima assaporando,
Al mondo vo dar bando
Ne la sua vilanza.

Di Christo far festanza
Vo' in suo dolce danzare.
Contar non si potria
Il diletto di mente,
Chel figlio di Maria
Da a chi lo lauda ardente.
Homo non ne saria
Senza saggio credente.
Et però tutta gente
Pregar voglio per Dio,
Che col dolce amor mio
Si mi lassi danzare.

O voi che riprendete
Di danzar alla danza,
Per Dio meglio prendete
In cor di sua pensanza :
Et puoi assaggiarete
Quanta è l'amorosanza
Che vien da Christo amanza.
Quell'amoroso gioco
Accende tal un foco,
Che tutti fa enfiammare.

O Christo mio cortese
Tu sei gioia compita :
Da le gravose offese
Tu ne scampa e aita :
Che vegnamo a le prese
De la superna vita.
Dove si trova unita
Danza per li beati,
Tanto sono infiammati;
Lingua nol puo cantare.

Lib. VII, cantic. VIII.

III

Dante.

O insensata cura de' mortali,
Quanto son difettivi sillogismi
Quei, che ti fanno in basso batter l'ali!
   Chi dietro a *jura*, e chi ad anforismi
Sen' giva, e chi seguendo sacerdozio,
E chi regnar per forza, e per sofismi :
   E chi rubare, e chi civil negozio,
Chi nel diletto della carne involto
S'affaticava, e chi si dava all' ozio :
   Quando da tutte queste cose sciolto
Con Beatrice m'era suso in cielo
Cotanto gloriosamente accolto.
   Poichè ciascuno fu tornato ne lo
Punto del cerchio, in che avanti s'era,
Fermossi, come a candelier candelo :
   Ed io senti dentro a quella lumiera,
Che pria m'avea parlato, sorridendo
Incominciar facendosi più mera ;
   Così, com'io del suo raggio m'accendo,
Si riguardando nella luce eterna,
Li tuo' pensieri, onde cagioni, apprendo
   Tu dubbi, ed hai voler, che si ricerna
In sì aperta e sì distesa lingua
Lo dicer mio, ch'al tuo sentir si sterna :
   Ove dinanzi dissi : u' ben s'impingua,
E là u' dissi : non surse il secondo :
E qui è uopo che ben si distingua.
   La Providenza, che governa 'l mondo

Con quel consiglio, nel quale ogni aspetto
Creato è vinto, pria che vada al fondo,
  Perocchè andasse ver lo suo diletto
La sposa di colui, ch' ad alte grida
Disposò lei col sangue benedetto,
  In se sicura e anche a lui più fida :
Duo principi ordinò in suo favore,
Che quinci e quindi le fosser per guida.
  L'un fu tutto Serafico in ardore,
L'altro per sapienzia in terra fue
Di Cherubica luce uno splendore.
  Dell'un dirò, perocchè d'amendue
Si dice, l'un pregiando, qual ch'uom prende,
Perchè ad un fine fur l'opere sue.
  Intra Tupino e l'acqua, che discende
Del colle eletto dal beato Ubaldo,
Fertile costa d'alto monte pende,
  Onde Perugia sente freddo e caldo
Da Porta Sole, e dirietro le piange
Per greve giogo Nocera con Gualdo.
  Di quella costa là, dov' ella frange
Più sua rattezza, nacque al mondo un sole,
Come fa questo talvolta di Gange.
  Però chi d'esso loco fa parole
Non dica Ascesi, che direbbe corto,
Ma Oriente, se proprio dir vuole.
  Non era ancor molto lontan dall' orto,
Ch'è comminciò a far sentir la terra
Della sua gran virtude alcun conforto.
  Che per tal donna giovinetto in guerra
Del padre corse, a cui, com' alla morte,
La porta del piacer nessun disserra :
  E dinanzi alla sua spirital corte,
Et coram patre le si fece unito,
Poscia di dì in dì l'amò più forte.
  Questa, privata del primo marito,

Mille e cent' anni e più dispetta e scura
Fino a costui si stette senza invito :
   Nè valse udir, che la trovò sicura
Con Amiclate al suon della sua voce
Colui, ch' a tutto 'l mondo fe' paura :
   Nè valse esser costante, nè feroce,
Sì che dove Maria rimase giuso,
Ella con Christo salse in su la croce.
   Ma perch'io non proceda troppo chiuso,
Francesco e Povertà per questi amanti
Prendi oramai del mio parlar diffuso.
   La lor concordia, e i lor lieti sembianti
Amore e maraviglia, e dolce sguardo
Faceano esser cagion de' pensier santi :
   Tanto che 'l venerabile Bernardo
Si scalzò prima, e dietro a tanta pace
Corse, e correndo gli parv'esser tardo.
   O ignota richezza, o ben verace !
Scalzasi Egidio, e scalzasi Silvestro
Dietro allo sposo, sì la sposa piace.
   Indi sen' va quel padre, e quel maestro
Con la sua donna, e con quella famiglia,
Che già legava l'umile capestro :
   Nè gli gravò viltà di cor le ciglia,
Per esser fi' di Pietro Bernardone,
Nè per parer dispetto a maraviglia.
   Ma regalmente sua dura intenzione
Ad Innocenzio aperse, e da lui ebbe
Primo sigillo a sua religione.
   Poi che la gente poverella crebbe
Dietro a costui, la cui mirabil vita
Meglio in gloria del ciel si canterebbe ;
   Di seconda corona redimita
Fu per Onorio dall'eterno spiro
La santa voglia d'esto archimandrita :
   E poi che per la sete del martiro

Nella presenza del Soldan superba
Predicò Christo, e gli altri, che 'l seguiro;
   E per trovare a conversione acerba
Troppo la gente, e per non stare indarno,
Reddissi al frutto dell'Italica erba.
   Nel crudo sasso intra Tevere ed Arno
Da Cristo prese l'ultimo sigillo,
Che le sue membra du' anni portarno.
   Quando a colui, ch'a tanto ben sortillo,
Piacque di trarlo suso alla mercede,
Ch'egli acquistò nel suo farsi pusillo;
   A i frati suoi, si com' a giuste erede:
Raccomandò la sua donna più cara,
E comandò che l'amassero a fede:
   E del suo grembo l'anima preclara
Muover si volle tornando al suo regno:
E al suo corpo non volle altra bara.
   Pensa oramai qual fu colui, che degno
Collega fu a mantener la barca
Di Pietro in alto mar per dritto segno:
   E questi fu il nostro Patriarca:
Perchè qual segue lui, com'ei comanda,
Discerner puoi, che buona merce carca,
   Ma il suo peculio di nuova vivanda
E' fatto ghiotto sì, ch'esser non puote,
Che per diversi salti non si spanda:
   E quanto le sue pecore rimote,
E vagabonde più da esso vanno,
Più tornano all'ovil di latte vote.
   Ben son di quelle, che temono 'l danno,
E stringonsi al pastor; ma son sì poche,
Che le cappe fornisce poco panno.
   Or se le mie parole non son fioche,
Se la tua audienza è stata attenta,
Se ciò, ch'ho detto, alla mente rivoche,
   In parte fia la tua voglia contenta :

Perchè vedrai la pianta ove si scheggia,
E vedrà il corregger, ch'argomenta
  Du' ben s'impingua, se non si vaneggia.

Il Paradiso, canto XI.

IV

Lope de Vega.

ROMANCE AL SERAPHICO PADRE SAN FRANCISCO.

Un mancebo mercader
  Quiso casarse en su tierra.
Dos casamientos lo trahen
  De dos hermosas doncellas.
Humildad llaman la una,
  La otra llaman Pobreza;
Damas que Dios quiso tanto,
  Que nació y murió con ellas.
La Humildad le ha prometido
  La silla, que por sobervia
Perdió en el cielo Luzbel,
  Para que se assiente en ella.
La Pobreza le promete
  En dote la vida eterna,
Que despues de darse Dios,
  No tiene mayor riqueza.
Con entrambas se desposa,
  Haviendo sido tercera
Del dichoso casamiento
  La castidad que professa.
Christo viene a ser padrino,
  Dando a Francisco por prenda

Del dote sus cinco llagas,
   Que es quanto ganó en la tierra.
Hacense las escrituras,
   Y escribe Dios de su letra
   En sus pies costado y manos
   Lo que ha de haver de su hacienda.
O qué rico mercader,
   Pues Christo mesmo confiessa
   Con cinco firmas de sangre
   Que está pagada la deuda.
A la boda, a la boda
   Virtudes bellas,
   Que se casa Francisco,
   Y hay grandes fiestas.

A LAS LLAGAS.

Al tiempo que el Alva llora
   Sobre azuzenas y lirios,
   Y con letras de diamantes
   Hojas escribe en jacintos :
En las montanas que Alverna
   Corona de asperos riscos,
   Que para llegar al cielo
   Forman de nieve obeliscos ;
Dando silencio las aves
   Ya en las ramas, ya en los nidos,
   Que para aprender amores
   Suspenden sus dulces silvos :
Enmudeciendo las fuentes
   Aquel sonoro ruído,
   Porque impedir los amantes
   Nunca fue de pechos limpios :
Francisco a Christo pedia
   Enamorado de Christo,

Que le dé sus mismas penas,
Como es de quien ama oficio:
Quando rompiendo los ayres
    Un Seraphin cruzifixo
    Llegó a su pecho seis alas
    Aunque eran sus llagas cinco.
Francisco dejando el suelo
    Todo en extasis divino,
    A cinco flechas de amor
    Rinde los cinco sentidos.
A las tres de los tres clavos
    Dar sus tres potencias quiso,
    Que para el costado el alma
    Le parece proprio sitio.
Entonces con fuego ardiente
    El Seraphin encendido
    Haciendose todo un sello,
    Con ser su ser infinito,
Imprimióle como estampa,
    Viendole papel tan limpio,
    En el cuerpo a Christo muerto,
    Y en el alma a Christo vivo.
Tal suele obediente cera
    Mostrar el blason antiguo
    Sobre la nema a su dueño
    En un instante esculpido.
Quedó Francisco sagrado
    Como aquel lienzo divino,
    Que si allí imprimió su sangre,
    Aqui sus dolores mismos.
Y para mayor favor
    Mas honrado en el martyrio,
    Pues le dió el hombre las llagas,
    Y el mismo Dios a Francisco.
O Seraphin soberano,
    Glorioso aun estando vivo,

Pues la llaga del costado
    Se la dieron muerto a Christo.
Si vivo las cinco muestra,
    Es quando glorioso vino
    Ya triumphador de la muerte
    Con los despojos del limbo.
Si la silla, que en el cielo
    Perdió Luzbel por altivo,
    Por humildad ocupastes,
    Luz sois en el cielo empyreo,
Vos os hicistes menor,
    Pero Dios tan grande os hizo,
    Que el sol pisado de vos
    Piensa que le pisa Christo.
Ajustado Dios con vos,
    Como Elias con el niño,
    Resuscitó la humildad,
    Que professan vuestros hijos.
Qué exemplo un Buenaventura,
    Un Antonio, un Bernardino,
    Un Diego, un Julian, y tantos
    Pontifices y Arzobispos!
Cielo es vuestra Religion,
    Y como sol haveis sido,
    Quereis que haya luna Clara
    Mas que su mismo apellido.
Pues infinitas estrellas,
    Son martyres infinitos,
    Como las llagas parece
    Que el Imperio haveis partido.
Y por esso tantos Reyes
    Sobre sus brocados ricos
    Pusieron vuestro sayal
    Por mas precioso vestido.
Vuestro Cordon es la escala
    De Iacob., pues hemos visto

Por los nudos de sus passos
Subir sobre el cielo empyreo.
No gigantes, sino humildes,
Porque su brazo divino
Levanta rendidos pechos,
Y humilla pechos altivos.

SONETOS AL SERAPHICO PADRE S. FRANCISCO.

Si de piel asperissima vestido,
El cabello revuelto y erizado,
Al grand Bautista en el Jordan sagrado,
Si es Christo, le preguntan, prometido:
A vos, aunque tambien con piel ceñido,
Pero en manos, costado y pies llagado,
En Christo por amores transformado,
Y a Christo en cuerpo y sangre parecido:
Cómo os llamára, si Israel os viera?
Y porque la humildad vuestra se arguya,
Qué digerades vos despues de visto?
Quién duda que Francisco respondiera,
No soy yo Christo, soy estampa suya,
Ni vivo como yo, vive en mi Christo?
Cayga el hermoso como cedro y palma,
Cayga el Cherub, que fue su nacimiento
Con el Aurora, y tuvo atrevimiento
Donde todo poder se humilla y calma.
Cayga, perdiendo la victoria y palma,
Del monte del excelso Testamento,
Y suba la humildad al mismo assiento,
A vos, Francisco humilde, en cuerpo y alma
Si al crucifixo Seraphin divino
Volveis los rayos, sois espejo claro
Tan parecido, quando en vos se mira,

Que ya sois Seraphin y al justo vino,
Subiendo a ser del que cayó reparo,
Angel no es mucho, mas llagada admira.

V

Vie de saint François en vers français.

Les précieux fragmens que nous donnons ici sont tirés d'une vie manuscrite de saint François d'Assise, écrite au treizième siècle, peu d'années après sa mort, par un Frère Mineur français. C'est une traduction de l'histoire latine de Thomas de Celano, composée par l'ordre de Grégoire IX, contemporain, ami et protecteur de saint François; le vieux poète français proteste qu'il est scrupuleusement resté dans la vérité :

> Seignor, ce n'est pas fable
> Que je vos ai conté
> Ainz est chose créable
> Escrit d'autorité,
> n'i a couple dotable
> Ne soit de vérité.

Ainsi ce récit épique, si l'on peut se servir de cette pompeuse expression, doit être considéré comme AUTORITÉ, d'abord parce qu'il est contemporain, ensuite parce qu'il est toujours d'accord avec les autres historiens. Ces fragmens du treizième siècle, un peu antérieurs à Joinville, ne pourraient-ils pas offrir quelque intérêt aux amateurs de notre vieille langue française?

Mon bien excellent ami M. Géraud, connu dans le monde savant par son travail sur les *livres dans l'antiquité*, et qui publie maintenant une édition nouvelle de *Guillaume de Nangis*, n'a pas dédaigné, au milieu de son sérieux labeur, de consacrer quelques jours au dépouillement consciencieux de cette histoire. Elle est contenue dans le manuscrit de la Bibliothèque royale, BALUZE, 7956 ² (in-4°, sur vélin), avec deux traités théologiques aussi écrits en vers français. D. Bernard de Montfaucon, dans sa *Bibliotheca bibliothecarum manuscriptorum*, tome II, pag. 1271, parle d'un manuscrit exactement semblable, qui était conservé à l'abbaye de Saint-Evroult, en Normandie. Il contenait :

Le *Manuel des péchés*, ou la *Manière de se bien confesser;* un *Traité des sacremens; Vie et miracles de saint François, fondateur des Mineurs.* — Tout cela était écrit en vers français. Ce serait une curieuse étude que celle de la division du travail des écrivains dans les monastères, et comment presque toujours les manuscrits contenant les mêmes matériaux sortaient des mêmes monastères, comme plus tard les principales villes savantes de l'Europe ont eu leur spécialité typographique.

Prologue.
A la loenge et à l'onor
De Jhesuchrist nostre seignor,
Et de sa glorieuse mère,
Et de saint François nostre père ;
Et de noz frères la requeste
Qui de ce faire m'amoneste ;
Qui me commandent en priant
Et me prient en commandant,
Se Dex grâce me viaut doner,
De saint François voil translater
La sainte vie, au plus briemant
Que je porrai, veraiemant,
Sanz riens oster et sanz riens mestre,
Se je puis, fors ce qu'an la letre
Ai trouvé escrit en l'estoire
Que conforme pape Grégoire.
. . . .

Première prédication.
Lors commança à preeschier
Et as péchaors anuncier
Les paroles de pénitence ;
Qu'il venissient à repantence.
Simples estoient ses paroles ;

Mas n'i èrent ne vainnes ne foles.
Ainçois parloit si ardanmant
De Deu, et si ataingnamnant
Que trop de li se merveloient
Trestuit icil qui l'esgardoient
Qu'il n'estoit pas granmant lassé.
Mas Dex l'avoit bien espiré,
Si com il fit le péchaor
De qui il fit preeschaor.
Ses paroles furent ardanz,
Perçarent les cœurs des oianz.
Dex tele grace li dona
Que à preeschier commança
En la cité où il fu nez,
Et où ses sainz cors fu posez.
Là où aprist là enseigna.
Là où commança là fina.
Chascune foiz qu'il preeschoit
Et a aucun home parloit,
Primes disoit : « Dex nos doint pes ! »
Et por ceste costume après
Nostre doz sain père, tenom
Totes les foiz que nos parlom.
Pes ama et pes preescha,
Les descordanz à pes torna.
. . . .

Première instruction de Francois à ses disciples. Ils se dispersent. Ils se réunissent.
Tout après ce issins avint
Que j. autres hons o li vint
Et si randi ; adonc viij furent.
Ainsi par la grace Deu crurent.
Lors les a François apelez ;
Doucemant les a confortez,
Et lor a demostré commant
Il doivent ententivemant
Le regne de ciel devisier,
Et lor cors de tout avillier,
Et le monde avor en despit

Et tout le corporel délit.
Donc les envoia preeschier
Et le regne Deu anoncier,
Pénitance et confession,
A touz ces qui se repantoient
Et qui pénitance feroient.
Il reçurent benignemant
Dou père l'amonestemant,
Et à lui trestuit s'anclinarent,
Et à Deu s'entrecommandarent.
Quant il touz laisiez les avoit,
Ceste parole lor disoit :
« Gitiez en Dieu tout vostre ceur
« Et vos n'aurez garde a nul feur,
« Que il vos aidera si bien
« Que vous n'auroiz garde de rien. »
Por ij et ij les envoia
Et avec .j. d'aux en ala.
Dui alarent vers Oriant,
Li autre devers Occidant,
Li dui vers l'eusor s'avalarent,
Li autre vers le nor tornarent.
Noz frères si départi sunt :
Com noviau chevalier, s'an vont,
Qui vont por tornéemant querre
Par le païs et par la terre ;
Il n'ont garde de nul estor :
Jhesucriz est lor guiaor.
Ne passa pas dou tens granmant
Que li douz François ot talant,
Comme cil qui mout ert pieux,
Débonaire et religieus,
De vaor ses frères ensamble :
Donc pria celi qui ensamble
Les esparpilliez, qu'il deignat
Preeschier et lor commandat
Ses frères, se il li plaut,

Ensamble vaor les peut.
Dex l'oï; si les assambla,
Touz en .j. leu les envia.
Il se mervellarent assez
Commant furent si assamblez.
Ne fu pas mervoille s'il firent
Grant joie com il s'entrevirent.
Por la vaue de lor père
Grant joie faisoient li frère,
Et il por ses fiz ausimant.
Si lor conta confaitemant
Nostre Seignor l'avoit oï,
Et tout son voloir accompli.
Cil ausimant à li contoient
Les granz biens que auz avoient,
Por la grace nostre Seignor,
Et s'acusent qu'an lor labor
Orent esté trop négligent,
Et trop pareceux et trop lent.
Il meismes si escusoient,
Au bon père rien ne celoient,
Cogitacion ne pansée.
La fu bone exemple donée.
Tout après aux se ajostarent
Quatre prodome, qui ièrent
Convenable et de bon estre.
Ainsi fit li pastors celestre
Faire tout ce que bon li samble.
Or sunt xij frères ensamble.
Adonques crut la renommée
De la glorieuse assamblée,
Et de la douce compaignie
Que Dex ot ensamble coillie.
La joie des frères cressoit
Quant avec aus hons se metoit,
Riches hons, ou povres, ou saiges
Ou jeines, ou de viel aaige;

lxxij   NOTES

     Difference pas ne faisoient.
     Béguinement tout recevoient ;
     Quar Dex ne viaut nul refuser
     Qui a li se voille acorder.
     Or voit François et aperçoit
     Que dame Deux l'ordre cressoit,
     La rigle lor escrit briemant.
     Les paroles nommeemant
     Des Evengiles i a mises,
     Et aucunes d'autres assises
     Qui cuidat que mestier aussent,
     Et qui besoingnables i fussent ;
     Touz iert non porquant son désir
     A l'Evangile acomplir.
     . . . .

François et ses Vers Epoleite vont errant,
disciples revien- Et si vont ansamble parlant
nent de Rome
par la vallée de Commant lor rigle maintanront,
Spolète.   Et plenieremant garderont.
     Assez vodroient profoitier
     Se a Deu plaust tout premier.
     Folemant pert qui soi oblie
     Que por exemple de lor vie
     Fussient li autre amandé
     Et en dame Deu conforté.
     Ne veut pas Dex que soit mucié
     Li trésors qu'il lor a baillié ;
     Ainz veut que il le mouteplient,
     Et aus touz à ce estudient
     Que faire puissent nuit et jor
     La volenté nostre Seignor.
     Comme il aloient si parlant
     Li jorz fu bien alez avant ;
     Atant en .j. désert entrarent ;
     Ne homme ne femme ne trovarent,
     Quar nule gent près ne manoit.
     Et il ancor yvers estoit.

Et si estoient mout lassé,
De travail et de faim grevé.
.j. home pain lor et aporta
Bailla lor et aporta,
Qui ne savoient d'où il vint,
Ne où ala, ne qu'il devint;
Quar nul home près ne manoit :
Mas chascuns bien aparcevoit
Que Dex les avoit visitez.
Si en furent mout confortez ;
Randirent graces et megèrent.
A la voie avant en alarent.
. . . , ...

Chevalerie nou- Atant les chevaliers noviaux
velle [1]. Vont par citez et par chastiaux,
Par bois, par vile preeschant,
Et pénitance anuncent
Dom il avoit confermemant...
Et plus herdiement parloit
En préeschant nul n'espargnoit.
Rien ne sot de losaingerie.
Nul ne vot norrir en folie,
Et il meismes tex estoit
Enli que repranre n'avoit.
Hardiemant pot cil parler
Que nus ne set de riens blamer.
Si parloit glorieusemant
Li haut mestre, meisememant
Grant reverence li portoient,
Et de li mout se merveilloient.
O li prenoit cele science ;
Mas cil qui ert de sapience
Fontainne et commancemanz
Li habundoit plenierement.

[1] Ici il y a une lacune due à l'inattention du copiste. Le nom de saint François devait s'y trouver et servir de sujet aux verbes qui suivent.

Totes les genz si acoroient ;
Povres et riches i venoient,
Jeines et viauz, petiz et granz,
Hommes et femes et anfanz.
Tel joie orent de li oïr !
Chascuns quidoit à tard venir,
Quant de li oient la novale.
François, comme estoile novale,
Par bones ores si luisoit,
Que la clartez replendissoit
Deli par tote la contrée,
Que tote en ert enluminée,
Que li plus des genz guerpissoient
Folie, et à li se tenoient.
. . . .

Ils sont appelés MINEURS. De cel ordre dirai qu'il tint,
Commant primes cis noms li vint
Que des Frères Menors est diz.
En lor rigle est ainsis escrit :
« Menors soient. » Quant ce oï
François, qui ce mot entendi,
Il dist : « Nostre religion
« Voil por vor que ainsis ait non :
« C'est l'ordre des Frères Menors. »
Ainsis avint-il, biau seignors,
Que ceste ordre fu si nommée,
Et est ancor si apelée.
Por vérité menor estoient
Cil qui totes aises fuioient.
La grace Deu li habundoit.
François ses frères confortoit ;
Ce qui lor enseigna et dit
Il meismes premerains fit.
Ce doivent bien précheors faire
Por cest exemple autres traire ;
Quar s'il ne fait ce que il dit
Il meismes se contredit.

François bone exemple dona
Et ses frères bien conforta

. . . .

Ils quittent Rivo-Torto, et vont habiter à Sainte-Marie-des-Anges.

Un jor par illeuque passoit
Uns hons qui un asne menoit ;
En la maison voloit entrer,
Quar las estoit, por reposer.
A son asne dit : « Enz antrons
« A cet leu ; ancor bien ferons. »
Quant François la novale oï,
Mout l'en pesa, si entandi
Que l'ome quidat qu'il vossissent
Enz herbergier, et la faïssent
Acun grant edefiement ;
Mas il n'an avoient talant
Comme cil qui en vérité
Voloient tenir povreté.
De ce leu donc se remuarent
Et a Porcioncule alarent,
Où l'église Sainte-Marie
Ert por saint François estaublie,
Si com vos ai conté avant,
Et illeuc furent séjornant.

. . . .

Vision d'un frère pendant la prédication de saint Antoine de Padoue.

Frère Antoinnes à chapitre vint ;
Antoinnes, qui Dex honora
Tant, que ou ciel coroné l'a.
Si com cil frères preeschoit,
Entor les autres .j. frère ot
Qui Monal estoit apelez ;
Cil avoit le vis regardez
De la meson où il estoit,
Et la parole Deu ooit.
Lors a apertemant vaü
Saint François en larc estendu ;
Bien haut en une croiz estoit
Et les bras estenduz avoit

NOTES

Ausis com s'il fut clos fichié.
Mes qu'a le frère mout hétié,
Qui dona sa beneiçon
A ces qui èrent au sarmon?
Et touz ses frères ausimant?
Tel joie leur vint en présant
A touz, que chascuns bien creoit
Ce que frères Monal disoit,
Qui l'avision lor conta;
Et chascuns dame Deu loa.
Que les coraiges de la gent
Saust cil sainz apertemant,
Par frère Richier le savons,
Ce que li avint vos dirons.
. . . .

Mortification de saint François.
La nuit a terre estoit son lit.
Au sor, quant il s'aloit couchier,
En sa cote, sanz despoillier,
Et sanz plus de dras, se gisoit.
Une pierre a son chief metoit
Ou .j. fut, en leu d'orelier.
Il n'avoit pas a son couchier
iiij. serjanz qu'el dechauçassent,
Et qui son lit li atornassent
De linciaux ne de covertor.
Avec li portot son ator;
Sa cote, coute et tapiz fu,
Si git com il aloit, vestu.
Sovant reposoit en séant,
Que il ne couchoit tant ne quant.
Tote la nuit pas ne dormoit;
Le plus en orisons estoit.
La chose donc avoit talant
Se refusoit ostréemant.
. . . .

Amour de saint
Li bon François de vie nete
Por la valée d'Epoleite

François pour la nature.

Od ses frères .j. jor ala.
Ou chemin devant soi garda;
D'oisiaux vit une grant volée
Qui estoit illeuc assamblée,
Et près dou chastel descendue.
Maintenant com il l'ot vaue,
Cele part corut et guerpi
Ses frères, qu'il menoit od li.
Por l'amor de nostre Seignor,
De totes choses créator,
Totes créatures amoit.
La corut plus tôt qu'il pooit;
Si n'estoit-il pas mout isniax.
Diverses menières d'oisiax
J avoit; il les salua
Bonemant, et araisona
Autresin comme s'il aussent
Raison, et entendre saussent
Les paroles que il disoit.
Quant vit que nus ne se movoit
Por li, n'aloient çà ne la,
Plus pres et parmi aus ala;
Ne onques por ce nus ne se mut.
François mout liez entre aus estut
Donc dit que enprès se tenissent
Et la parole Deu oïssent.
Lors commança à sarmoner
Aux oisiaux, et de Deu parler.
Entre autre chose que il dit
Tele anoncion lor i fist:
« Frères oisiaus, vos devez bien
« Nostre Seignor sor tote rien
« Amer, et servir, et loer.
« Eles don vos poez voler
« Là où vos volez vos dona
« A cèle ore qu'il vos forma.
« De plume mout bien vos vesti

« Et trestouz voz cors en covri.
« Mension en l'air vos assit
« Et, por sa grant douçor, vos fit
« Nobles en terre créatures;
« Quar vos estes touz dis sanz cures.
« Vos ne soiez, ne ne semez,
« Ne grainges ne greniers n'avez;
« Bien devez amer ce Seignor
« Qui si vos porvut sans labor. »
Li oisau trestuit l'esgardoient,
Les eles et lor cos levoient,
Od granz joies les bes ovroient,
D'entendre le samblant fesoient;
Là ou voloit, entre aux aloit
Et à sa cote les toichoit;
Onques .j. ne s'an remua
Devant ce que il les seigna,
Et commanda que à Deu alassent
Et là où vodroient volassent.
Les genz bien croire le devoient.
Quant li oisel le connoissoient.
Lors se conmança à blâmer
Et mout durement accuser,
Et dit que il avoit préchié
Aus oisiaus, qui si l'escoutoient
Et la parole Deu ooient.
Totes bestes amonestoit;
Frères et sœurs le apeloit,
Qu'il loassent nostre Seignor
Et amassent lor créator.
A François tuit abéissoient
Et son commandemant fesoient.
Por plusors les poons mostrer.
Il devoit .j. jor sarmoner
En Chastiaul-Orban, ce me samble.
Grant peuple ot coilli ensamble.
En cel leu ou parler devoit

Grant planté d'arondes avoit,
Qui illuec leur nif atornoient
Et grant noise i demenoient ;
Que por lor noise et por lor cri
Ne pooit François estre oï.
Vers les arondes regarda
Et en tel menière parla :
« Bèles sœurs arondes, assez
« Avez parlé, or me sofrez
« Que j'aie parlé une pose ;
« A tant chascune se repose.
« Escotez la parole Deu,
« Et ne vos movez de ce leu. »
Les arondes tantôt s'esturent,
Onques puis dou leu ne s'émurent
Jusqu'à tant que il ot parlé
Et qu'il ot son sarmon finé ;
Ainz escoutoient ausimant
Com s'aussent entandemant.
Quant les genz ce miracle virent
A dame Deu graces randirent,
Et saint François plus honorarent
Et tinrent plus chier et amarent ;
Et tuit cil grant joie faisoient
Qui ses dras atuichier pooient.
Tant a Chastiau-Grec sejorna,
Une foiz uns frère aporta
.j. lièvre vif entre ses braz,
Qui ot esté pris en .j. laz.
A saint François grant pitié prit
Quant vit le lièvre, si li dit :
« Frères lièvres, venez a moi ;
« Venez, si me dites por quoi
« Vos sofrites ainsi deçoivre,
« Les laz daussiez aparçoivre. »
Li frères lors qui le tenoit
Le mit jus, et il corut droit

Où sainz François fu, et vint là
Touz coiz, ne ne se remua.
Tout à segur illeuc gisoit.
Sainz François le prit, qui voloit
Qu'il s'an alast, le mit à terre;
Il recorut à li en erre,
Et il a terre le remist :
Ainsi plusors foies fist,
Tant qu'à .j. bois le fit porter
Près d'illeuc, le laissa aler.
Au conin avint ausimant
Joste Perreuse voiremant;
Si est-ce mout sauvaige beste;
Od gens pas volentiers n'areste.
Une fois en un laz estoit,
Dedanz le batel se gisoit.
Un pechaor ot prit poisson
Qui, en françois, teinche a non.
Tout vif à François le dona.
Il le prit, mas pas ne mega :
« Frère poisson, miauz vos gardez
« Des anginz que avant n'avez, »
Li douz François au poisson dit,
Et arriers en l'ève le mit;
Sa beneiçon li dona
Et nostre Seignor aora.
Tant com il fu en orison,
Joste le batel le poisson
Jut illeuc, et en pais touz dis
Là où sainz François l'avoit mis,
Ne d'illeuc ne se remua
Devant que congié li dona.
Trop seroit lonc à reconter,
Et à escrire, et à conter
La grant pitié, la grant douçor
Que, por l'amor nostre Seignor,
Ot à chascune créature

De ire ne d'orgeul n'avoit cure.
Issi tout son commandemant
Faisoient, non pas seulemant
Les choses vives, ainz faisoit
Ce qui sens ne vie n'avoit.
Issi vesqui li sainz maint an,
En l'ermitage saint Urban.
Une foiz mout malade estoit,
Et l'ève que boivre devoit
Dame Dex en vin li mua;
Et si tot com il en gouta,
Qui tant étoit amaladiz
Maintenant fu sainz et gariz;
Si com ce fu miracle apert.
Issi va qui bon Seignor sert;
Il ne peut perdre son servise,
Ne cil ne peut en nule guise
Bien avoir qui sert le mavais
N'à bon chief ne vanra jamais.
Totes créatures amoit;
Mas espécial amor oit
A celes qui plus simples ièrent,
Et qui plus pacience amarent,
Si com sont aigniaux et berbiz
Qu'il avoit oï es escriz
Ces bestes, por lor grant douçor,
Senefier nostre Seignor;
Por ce plus chières les avoit.
.j. jor avint, quant il erroit,
Per la Marche d'Ancone aloit
Et frère Pol od soi menoit,
Qui menistre provincial
De ce païs, home sanz mal.
.j. pastor el chemin estoit
Qui beus et chièvres i gardoit.
Illeuques, dejoste .j. potiz
Entre aux avoit une berbiz;

Entre les chièvres humblemant
Aloit pessant et simplemant.
Et quant François sole la vit
Ne fu mie dolanz petit.
Tel pitié de la berbiz ot,
Poi se failloit qu'il ne plorot.
En sopirant au frère dit :
« Biaux frère, ainsi fu Jhesucrist
« Li douz entre les Fariseex,
« Et entre les Juis cruex,
« Com ceste oaile obeissanz
« Est entre ces chièvres puanz.
« Biaux frère Pal, quar l'achetons,
« Et d'entre ces chièvres l'ostons. »
Il la voloit lors acheter,
Mas il n'i avoit que doner,
Reins fors les cotes; asimant
Celes valoient po d'argent,
Et miauz les voloient doner
Que la berbiz laissier ester
Entre ces chièvres plus avant.
Atant ez vos .j. marchaant
Qui errant par illeuc passa,
As frères vint les salua,
Puis lor demanda que avoient
Et por quoi si se demantoient.
François li dit ce qu'il pansoit.
Li marchaanz grant pitié ot :
« Frère, dit-il, se Dex me saut,
« Au pastor donrai ce que vaut
« Cele berbiz, mout volentiers
« Au pastor donrai ces deniers. »
L'oaile à saint François livra
Et son chemin avant ala.
Lors fu François joiauz et liez,
Sa berbiz enmena hetiez.
Chies l'évesque de la cité

A lores François amené,
Qui duremant se merveloit
Que sainz François berbiz menoit.
Sainz François grand sarmon en fit;
A l'évesque conta et dit
Com od les chièvres l'ot trovée,
Et commant il l'ot achetée.
L'évesque ot en son cœur leesce
De la pitié, de la saintèce,
De la charité qui veoit
Qui si grant en François estoit.
Mout en loa notre Seignor.
A landemain, sanz plus séjor,
Li frère d'illeuc s'an alarent
A une abaie tornarent
De nonains, joste le chemin;
L'église estoit de saint Sevrin.
Lor oaile as dames baillèrent
Et a lor dames la lessèrent.
Les dames mout bien la gardarent,
Quar le saint duremant amarent,
Et si longuemant la norrirent
Que de la laine léanz firent
Une cote, que eles donarent
A saint François et présentarent.
Il ne la prit pas à anuiz;
Grant feste fit de la berbiz.
La cote mout sovant besoit
Et par grant joie la mostroit.
Ai ce tens que aus oisiaus
Preescha, ala par chastiaux,
Per bors, per citez préechant,
Et la semance Deu semant. . . . .

Fête de Noël dans la forêt.

Une chose dom me recort,
Que le tierz an devant sa mort
Avint, ne voil pas oublier.
Mas des autres voil mout penser.

Nulle chose lessier ne vot
Que de Jhesucrist savor pot,
Que il ne feist son poor
De vaor et d'aparcevor.
De l'anfance nostre Seignor
Li vint en volonté .j. jor
Que il la represanteroit
Au premier Noël qui vendroit.
Ainsi vodroit vaor commant
Nostre sire jut humblemant
En Belleam, dedanz la creche.
Son propos maintenant adrèce,
(Quar Noël assez pres estoit.)
A .j. prodome qui manoit
En Chastiau-Grec lors envoia ;
Jehans ot non : si li manda
S'il voloit que à lui venist
Et son noël od lui tenist,
.J. asne et .j. beuf porchaçast
Et une creche aparelast ;
Que tout fut prest à sa venue.
Cil ot la parole entendue
Et sot bien que il voloit fère.
Tot aparelast son afère
Que tout fut pret devant Noël,
Ne ni faille asne ne cl.
Li hons saint François mout amoit
Et mout sovant le herberjoit ;
Il ama mout sa compaignie
Por ce qu'il ert de sainte vie ;
Et quant li Noëx aproicha,
François et ses frère vint là ;
Et plusor frère à li alarent,
De tout le pais assamblarent.
Plusors genz i vindrent la voille
De Noël à ceste mervoille :
Mout covetoient à savor,

Et à oir, et à vaor
Que sainz François faire voloit.
Touz li païs i acouroit ;
Quar de cèle feste honorer
Se voloit chacuns mout pener.
Et quant sainz François fu venu
Que tout vit pret, mout joianz fu.
Touz fu prez, li foins en la crèche;
Et commançarent à chanter,
Et li frère à celebrer
Joie de Belléam novale.
A François li ceurs estancèle
Que, devant la crèche en estant,
Sopire et a joie mout grant,
Et esgarde piteusemant
La creche, et moult devostemant ;
Quar de l'anfant le sevenoit
Jhesuchrist, qui jahu avoit
En tel leu od grand povreté.
Si chantarent mout hautemant
Matines, et mout doucemant
Après, fu la messe chantée,
Desus la croiche célébrée.
Li foins dedanz la croiche fut.
Sainz François l'évengile lut
Hautemant, quar diacres fu ;
Des festivaux dras revetuz,
Si com il afiert à tel jor.
Lors commança à grant doçor
Préeschier, au puiple parler.
Quant il voloit Jhesu nomer,
L'anfant de Belléam nomoit ;
Quar en son ceur li sovenoit
De la sainte nativité,
Et de la grant humilité
Que nostres Sires volt sofrir,
Entre l'ane et le beuf gésir

Si povremant, por nostre amor.
Mout ot en son ceur grant tendror
Que touz li puiples le veoit
Qui illeuc assemblez estoit.
.J. mout prodome qui là fu
Tel miracle i a vau :
En la chreche, ce li sambloit,
.J. anfes touz pasmez estoit.
Près de mort iert, ce li sambloit ;
Mes sainz François tout l'esvoilloit.
Ici ot grant sénefiance.
Tote ert de Jhesucrit l'anfance
Entre obliée et endormie,
Qui es ceurs des genz entevie,
Si que ne lor en sovenoit.
Sainz François esveillié l'avoit ;
Et l'anfant ce sénefia
Que enz la croiche esvoilla ;
Et ès ceurs des genz ramenée.
Quant ceste feste fu finée,
Les genz à joie s'an alarent
Et à lor maisons retournarent.
Nule beste n'ot maladie
Qui ne fust por le foin guérie
Qui en la creche avoit esté ;
Et il estoit mout bien gardé.
Se feme d'anfant travaillat,
Tout maintenant se delivrat
Se dou foin sor son ventre aust ;
A plusors gens grant bien faisoit
Cil foins que nul home n'avoit
Ne feme anfermeté si grant,
Qui ne fu gueriz maintenant
Quant dou foin pooient avor.
Et si li dient tout por vor
Que plusor genz guérir en virent.
Cil de païs après ce firent

En cel leu une bele église,
Ou la creche ot esté assise ;
Ou non Deu l'ont édefiéie
Et de saint François dédiéie..
. . . .

Espèce de divination par le livre des Evangiles.
Tout de novel vot commancier
Son cors pener et travailler.
Riens n'avoit fait, ce li sembloit ;
Tan covoitoit et desirroit
Avor parfaitemant l'amor
De la grace nostre Seignor.
De tant come il fu plus lonc tens
En ce desir, en ce porpens,
De tant cele amor plus cressoit.
.J. jor avint que il estoit
En son oratoire en silence ;
.J. livre à mout grant révérence
Et od grant devocion prist,
Et puis desus l'auter le mist.
Lors s'agenoilla humblemant
Et pria Deu devostemant
Que, quant il ovreroit le livre,
Enz poit vaor à délivre
Quex li plesirs de Deu estoit,
Et que deli fère vodroit ;
Apertemant li demostrat
Ce que de li faire deignat..
Et quant il ot ainsins oré
Et il fu d'oréson levé,
De la sainte croiz se seigna
Et puis à l'auter aproicha.
Le livre vit, si l'a overt ;
Si trova en croiz en apert
La passion nostre Seignor.
Ce fu signes de grant amor
Que nostres Sires li mostra ;
Mas il ne sot pas, ainz cuida

Que par aventure ainsi fut
Ouvrez, ne que il n'i aust
En ce nule sénefience.
N'i ot encore ne esperence.
Autre foiz le clot et ovri
Sor l'auter et puis se mit ;
Quant l'ovri, trova maintenant
La passion comme devant.
Tierce foiz le clot et ovri,
Et retrouva tout autresi.
. . . .

Mort et funérailles de saint François.
Li frère devant li chantoient,
Si com il avoit commandé ;
Il n'i ot cel, por vérité,
Qui n'aust talant de plorer,
E tanz plus que de chanter.
Il commança à versaillier
.J. saume qui est ou sautier :
Voce mea ad Dominum, voce mea
Ad Dominum deprecatus sum
Uns frères qui ilec estoit,
Quant vit que de tout s'an aloit,
Od grant deul dit et od dolor :
« Halaz ! douz père, douz signor,
« Biaux père, porquoi nos laissiez
« Orfelins et deconsoilliez ?
« Halas ! chétix, que ferons-nos ?
« Biaux douz père, soveigne-vos
« De nos, voz fiz, qui demoron.
« Vostre sainte beneiçon,
« Por amor de Deu, nos donez,
« Et nos pechiez nos pardonez,
« Et aus autres qui ne sont ci. »
Li douz pères li respondi :
» Biaux fiz, dit-il, sanz plus séjor
« M'an vois droit à nostre Seignor,
» Où m'apale soe merci.

« A touz mes frères qui sunt ci
« Et aillors, en quel leu que soit,
« Chascuns soit de De benooit.
« De strestoz lor péchiez pardon
« Lor fais et assolucion,
« Si com je puis, si lor di foiz
« De par moi les salveroiz.
« Ma beneicon lor envoi
« Et vos lor donez de par moi. »
« — Halas! nos remaindrons sanz père,
« Mout est la départie amère. »
Donc se fit l'Evengile lire
En tel leu ou fait nostre Sire
De la sainte mort mencion,
Et de la sainte passion ;
Et que l'ore venue estoit
Qu'à son Père monter devoit
Et de cet sigle departir.
Por ce vot sainz François oïr
L'Evengile illeuc endroit,
Que de ce siegle départoit.
Li menistre avoit prorpensé,
Ainz que il l'aust commandé
Ne fait mencion en aust,
Que ce meismes li laust;
Si com il le requet le fit.
Donc commanda qu'an le meit
Sus une aire et desus cendre,
Que il ne pooit plus atendre.
Il firent son commandemant,
Et il randi l'ame erraiemant;
Samblant fit que il se dormi.
Quant l'ame dou corps departi,
Li frère entor li esturent
Qui mout dolent et triste furent.
S'il firent deul n'et pas mervoile ;
Dolente peut estre l'oaille

Quant ele pert son bon pastor,
Que jamais n'aura tel nul jor.
Qui doncques les veist plorer
Et à grant dolor regrater
Le père que gésir veoient
Devant aux mort, et bien savoient
Que jamais n'auroient nul tel,
Si saint ne si esperitel,
Ne qui aust tant de savor,
Grant pitié en paust avor.
Necdan trestouz les conforta
Que .j. ses frères qui fu la
Qui mout estoit de sainte vie ;
Mas je ne le nomerai mie ;
Il ne vot mie estre nomé,
Que il ne li fut atorné
A la loenge, don il n'a cure.
Et cel vit l'ame nete et pure
De saint François monter tout droit,
Que apertemant la veoit,
En haut ou ciel clère et luisant
Com li solauz, de tel samblant
Com la lune; ce li sambloit
Que une nue la sorportoit
Sor mout d'eve blanche et clère.
De grant mérite fu cil frère,
Ce me samble, a qui Dex dona
Tel grace, et tel le conforta
Qu'apertemant vaor pooit
Com la sainte ame à Deu montoit.
Quant la novale fu saue
Et par la cité espandue
Que sainz François ert definé
Et de ce siegle trespassé,
Touz li puiples venoit corant,
Grant deul et joie grant fesant.
Grant deul faisoient por la mort

Dou saint home, mas grant confort
Encontre grant joie fesoient,
Por le saint cors que il veoient
Et que dame Dex honora
Tant la cité, que il degna
Aussi grant amor demostrer,
Que il lor baillat à garder
Ce saint trésor que tant amoient,
Et de qui durement doutoient
Que Dex aillors ne le meist,
Et por lor pechiez lor tossist.
Mas sor touz les autres, li frère
Qui avoient perdu lor père
Et comme orfelins demoroient,
Grant tristèce et grant joie avoient.
Mout tot chainga en ris, en plor,
Et en liesce lor dolor
Por le miracle qu'il veoient,
Donc devant ce riens ne savoient,
Ne onques mes tex ne fu trové.
Percié veoient son costé,
Et sanglant, et en .ij. les piez,
Et de .ij. clos parmi fichiez,
Et ses .ij. mains veraiement
Autresi, tout apertemant
Comme clos de fer trestot noir.
Il ne craussent pas, por voir,
Par nul home qui le deist,
S'apertemant ne le veist
Chascuns a l'eul ; quar ce ne fu
Onques mais oï ne vau
En nul siegle ne a nul jor,
Fors sans plus à nostre Seignor,
Quant por nos sofri passion
Et por nostre rédencion.
Mas sa char, qui devant estoit
Maigre et noire, replendissoit

Et comme noif estoit luisant,
Et tendre come d'un anfant
Si en avoient grant confort.
Ne sembloit pas que il fu mort,
Ainz sambloit que il se dormoit ;
Ses vis comme d'ange estoit
Clers et simples, n'ert pas nerciz
Comme de mort, ne anrediz
N'avoit nul membre, com devant
Voit avenir de mainte gent.
Grant biautez estoit de vaor,
Enmi cele blainchor, le noir·
Des clox es mains et puis es piéz,
Comme il estoient clofichiez :
Non les plaies tant solemant,
Mas li clo tout certènemant,
Que de la char creuz estoient,
Comme de fer i aparoient ;
Et sanglant le destre costé,
Com se de lance fut navré
Ce jor meismes, sanz dotence
Feru et navré d'une lance.
Li frère de joie ploroient,
Qui doucemant le rogardoient ;
Et besoient devostemant
Les signes, que apertemant
Li avoit Jhesucriz mostré
Es mains es piez et es costez.
Li citien qui là estoient
Ausimant de pitié ploroient,
Ne se tenissent a nul feur ;
Et mout aust cil dur le cœur
Fel et cruel qui ne plorat
De pitié, qui ce esgardat.
A mout grant don chascuns tenoit
Qui le saint cors vaor pooit,
Et plus qui i pooit tuichier

Et le preciex clo bésier.
Li frère hautemant chantarent,
Dame Deu hautemant loarent.
De cierges i ot grant planté
Que li puiples ot aporté
Que de totes pars i venoit ;
Tel chant tel clarté i fesoit
Que il sambloit que ange chantassent
Léanz, et joie démenassent,
Et loassent nostre Seignor.
Et landemain quant il fu jor
De toute part i vint mout gent ;
La commune nomécmant
D'Assise i est tote assamblée,
Et li clergié de la contrée
De totes parz i acoroient,
Si que mout grant presse i faisoient.
A tant levarent le saint cors
De cel leu, le portarent hors,
Et en la cité s'en alarent ;
Là od grant joie le portarent.
Li frère hautemant chantoient,
Les granz branches d'abres portoient,
Busines faisoient soner
Por le saint cors plus honorer.
A tout lo poor li fesoient
Tote l'honor que il pooient,
Et od mout grant dévocion
Firent cele procession.
Li frère le saint cors portoient
De lor père, que mout amoient,
A Saint-Domien arestarent,
Le cors à l'église aportarent.
Là est la douce compaignie
Des povres dames, que lor vie
Menent là en grant abstinance,
Et vivent en grant pénitance.

Sainz François l'ordre commança
Et les dames i assambla,
Com je dis au commancemant;
Si les ama mout tendremant.
Quant li cors fu léanz porté
Et il sorent de vérité
Que cil estoit morz sans dotance
En qui estoit la lor fiance,
Qui ert lor père et lor pastor,
Lors commança la grant dolor.
N'iert pas mervoille se deul firent.
Une fenestrale ovrirent
Petite, que ovrir soloient
Quant acommenier devoient
Au terme que tens en estoit.
La bière ou li sainz cors gisoit
Ovrarent donc et défermarent,
Que les dames qui tant l'amarent
Avoir en poissient vaue.
Don est dame Clère venue;
El estoit clère sanz doutance,
Et sans orguel, et sanz bobance,
Et de touz biens eluminée;
Sainte vie avoit demenée
Tous dis, et sofert mainte poine.
Sainz François l'ot fait soveroinne
De cele ordre, par sa bonté
Qu'an li savoit et l'onesté.
Ele et totes ses seurs ploroient,
Et si grant dolor demenoient
Et tel pitié, et tel sopir,
Que pitié ert de les oir,
Et vaor lor contenemant;
Et crioient communemant :
« Lasse ! lasses! que ferons-nos?
« Biaux père, à qui nos lessiez vos
« En garde? qui nos gardera ?

« Lasses ! qui nos consoillera,
« En nos granz tribulacions ?
« Quant nos vendra temptacions,
« A qui le porrons nos mostrer ?
« Vos nos soloiez conforter.
« Ja ne fussiens en tel tristor !
« Lasses ! marveismes le jor !
« James nul jor n'aurons leesce,
« Ce est li jor plains de tristece ;
« Ce est li jorz plains d'ocurté,
« Qui tot au monde sa clarté,
« Et li a empli ténébror ;
« Ce est li jorz plains de dolor,
« Que jamais nul jor ne faudra
« Tant com li mondes durera.
« N'iert cit domaiges ratorez.
« He ! douz François, père honorez,
« Porquoi avez-vos ci laissées
« Ces chaitives deconsoilliés,
« Dedanz ces murs ensevelies ?
« Lasses ! chaitives, mal baillies,
« En mout tres grant aise estions,
« Père, quant nos vos avoions.
« Nostre povreté nos plesoit ;
« Qu'à grant richece nos estoit
« Et grant confort ; votre doçor
« Mout nos confortoit, chier seignor.
« Or nos avons ainsi perdu !
« Mout nos est hui mal avenu ;
« Miauz nos vaussit, lasses ! chaitives,
« Que nos fussiens mortes que vives.
« Tote joie nos est faillie,
« Jhesu li douz, li fiz Marie,
« Porquoi ne vos sovient de nos ?
« Sire, porquoi nos avez-vos
« Tout nostre confort si toloit ?
« Ah ! douz Jhesucriz benaoit,

« Porquoi n'aussiez ainz tuées
« Les chétives mal aurées
« Qui vesquessient à tel dolor ?
« François, chier père, chier seignor,
« Qui conforter nos soloez,
« Biaux père, vos nos daussiez
« Avor envoiés devant,
« Donc aussiens nos joie grant
« Se devant vos fussions aléez,
« Et nos vies fussient finées.
« Père, miauz vosissons morir
« Que vaor vos ici gésir,
« Que od nos ne poez parler
« Ne ces chétives conforter,
« Si comme vos soloiez fère.
« François li douz, li débonaire,
« Ice deul tout nos déconforte ;
« Que des or est close la porte
« Que james ne sera overte ;
« Lasse ! nos avons ceste perte
« Deservie por noz pechiez.
« Ha ! douz père, vos nos lessiez
« Si que james ne revendroiz,
« Ne ne vos verrons autrefoiz.
« Ha ! lasse ! mout est doloreuse,
« Et forz, et dure, et engoisseuse
« A nos iceste départie.
« Ha ! tres douce virge Marie,
« Tant par avez or obliées
« Ces chetives emprisonées ;
« Li douz François ! li douz François !
« Porquoi ne morumes, ainçois
« Que en tel point nos veissiez,
« Qu'a nos parler ne poissiez.
« Plaindre nos devons de la mort
« Ele nos a fait trop grand tort ;
« Quant ele vos prit premerain :

« Morir daussiez au darrain,
« Et nos totes avant per droit. »
Touz li puiples que ce veoit,
Com les dames le mantenoient
Et quel dolor en demenoient,
D'èles mout grant pitié avoient;
Ensemble avec èles ploroient.
Eles ne pooient cesser
De plorer et de sopirer.
En demantiers que il ploroient,
Ses piez devostemant besoient
Et piteusement regardoient
Les sainz clos, que èles veoient.
Si en eirent mout confortées
En leur ceur et en lor pensées;
Et lor dolor mout abaissèrent.
Totes les dames donc baisèrent
Ses mains, et li frère levèrent
Le cors et avant le portèrent.
Les bones dames grant deul firent
Por le saint cors que puis ne virent.
Don fu portez en la cité
Et a grant honor enterré.
Seveli fu mout hautemant
La ou aprit premieremant,
Et la ou primes preescha,
Bien commança et bien fina.
Mout fu sainz ses commancemanz
Et mout plus ses definemanz.
A la fin doit-l'an tout loer;
Quar à la fin doit-l'an proier
Commant la chose soit loée,
Et s'ele est à droit terminée.
Jhesu nos doint per sa merci
Que nos puissons finer ainsi,
Que a li puissons pervenir
Et sa sainte parole oir :

« Fiz, venez seor a ma destre ! »
Ce nos creant li rois celestre
Qui vit et regne et regnera,
Liquex regne sans fin durra ;
Jssi l'otroit li rois de rois
Par la proiere saint François,
Et sainte Marie sa mère
Celi qui est et fiz et père,
Sainz esperiz en Trinité
Uns Dex *amen* par chérité.

VI

Fragment d'une Légende de saint François d'Assise,

ÉCRITE EN VERS LATINS VERS L'AN 1255,

conservée dans un manuscrit d'Italie.

Gesta sacri cantabo ducis, qui monstra domandi
Primus adinvenit, tribuitque minoribus artem,
Neve, quasi lucens aliis, sibimetque lucerna,
Deficiens proprio vibraret lumina dapno,
Carnem præceptis animæ frænavit, et hostem
Natibus internis pessumdedit, et pede nudo
Mundum calcavit. Veteres jam fama triumphos
Sevitiis partos et materialibus armis
Parcius extollat, plus emicuere moderni ;
Nam quid respectu Francisci Julius ? aut quid
Gessit Alexander memorabile ? Julius hostem
Vicit, Alexander mundum ; Franciscus utrumque
Nec solum vicit mundum Franciscus, et hostem,
Sed sese bello vincens et victus eodem

O Christi miles, qui solus stigmata vitæ,
Morte triumphantis, vivens in monte latenter,
Et moriens in carne palàm, Francisce, tulisti,
Vatis opus tibi sume tui, celsæque canendis
Militiæ titulis humilem dignare Minervam.
Et tu sancte pater, bone Pastor, nove Gregori,
Qui pro peccato gregis orans, qui gregis horis
Invigilans tanti mensuram nominis imples,
Da mihi te placidum, precor, oblatamque libenter
Suscipe libenter minimam rem, maxime rerum,
Francisci natale solum perfunditur hujus
Luce quasi solis, tantique refloret alupni
Illustrata novis fulgoribus urbs veterana
Assisium, quæ valle tenus protensa Spoleti
Pendet olivifere convexa cacumine rupis,
Tecta subalternans a summis usque deorsum.

Mater honesta fuit pueri, pater institor : illa
Simplex et clemens, hic subdolus et violentus, etc., etc.

Papini storia di S. Francesco d'Assisi,
T. I, in-4º, p. 175.

Liturgie.

Nous avons recueilli avec respect et avec amour ces belles liturgies franciscaines qui se distinguent par leur simplicité naïve et touchante. Les pieux et illustres personnages qui avaient connu et aimé saint François, saint Antoine, sainte Claire, chantèrent leur triomphe lorsqu'ils entendirent notre mère l'Église les proclamer ses enfans éternels. Saint Bonaventure nous assure positivement (cap. 13) que le pape Grégoire IX, et les cardinaux qui assistaient à Assise à la solennité de la canonisation, firent en l'honneur de François des hymnes et des antiennes qui formèrent une partie de son office. Ce témoignage est confirmé par tous les historiens, surtout par Nicolas de Lyra (Contemplatio de beati Francisci gestis, cap. 1) et Barthelemy de Pise (liber III Conformitatum). Dans les siècles suivans on rivalisa d'amour, et on l'exprima dans des chants merveilleux. Tous les offices franciscains composés en prose cadencée et rimée, sont une des richesses littéraires du treizième et du quatorzième siècle ; dans cet âge héroïque de l'ordre, l'humilité était du génie, comme la violette est un parfum, et à côté des noms illustres des princes de l'Église nous verrions les noms de pauvres moines, si la modestie n'avait jeté un voile impénétrable entre eux et la gloire. Le pape Grégoire IX composa et chanta l'hymne *Proles de cœlo prodiit*; l'antienne *Plange turba paupercula*; et la prose *Caput draconis ultimum*; on lui attribue aussi l'antienne *Sancte Francisce propera*. Thomas, prêtre-cardinal de Capoue, composa l'hymne *In cœlesti collegio* et l'antienne *Salve sancte pater*. Le cardinal Raynerius de Viterbe composa l'hymne *Plaude turba paupercula*, et l'antienne *Cœlorum candor splenduit*, que plusieurs attribuent au cardinal Etienne de Casanova. Le cardinal Otto Blancus composa l'hymne *Decus morum*, et le répons *De paupertatis horreo*. Frère Jean d'Alverne est l'auteur de la préface propre *Qui venerandum*, etc. Il mourut en 1322 : on voit sa tombe dans l'église de Sainte-Croix à Florence. Barthelemy de Pise (Conformit. lib. I, conf. 8, part. 2) attribue le sublime office des Stigmates au frère Gérard Odon, français, très illustre général des Mineurs.

L'Eglise célèbre généralement deux grandes fêtes de saint François : la solennité propre instituée par Grégoire IX pour le quatrième jour d'octobre et dilatée dans toutes les églises par Sixte IV en 1472. Pie V, dans sa réformation liturgique, laissa aux Mineurs leurs offices propres et fit composer les leçons qui se lisent maintenant dans le Bréviaire romain. La seconde fête est celle de l'Impression des stigmates (17 sept.), instituée par Nicolas III, et étendue à toutes les églises par Paul V, afin qu'elle servît à allumer dans les cœurs des fidèles l'amour de Jésus-Christ crucifié. (Voir Gavanti, *Thesaurus sacrorum rituum*, in-4°.) Les Frères-Mineurs célèbrent en outre une autre fête, au 5 mai, la Translation de saint François. Dans le dix-huitième siècle, les Franciscains des provinces de France, entraînés par le funeste exemple des évêques de ce royaume, foulèrent aux pieds ces fleurs si fraîches et si tendres de la dévotion de leurs aïeux, et élaborèrent péniblement dans leur esprit sec et sans l'onction de la foi des offices nouveaux. Ils reniaient leur glorieux passé et s'ennuyaient de leurs illustres ancêtres, lorsque la révolution éclata ; toutes les fautes furent lavées dans le sang des martyrs.

Italie. Deux rits se partagent l'Italie, le rit ambrosien et le rit romain. Dans le Bréviaire ambrosien imprimé à Milan en 1557, l'office de saint François est du commun ; mais il y a trois leçons particulières et quatre oraisons. Le Bréviaire romain, avant la réformation de Pie V, contenait l'office comme le disent encore les Frères-Mineurs, seulement il y avait quelquefois des différences et des parties propres suivant la dévotion des divers diocèses qui avaient adopté le rit romain. Voici ce que nous avons été à même d'observer.

Breviarium romanum ; Venise, 1478, in-folio. Office solennel de neuf leçons tirées de la légende de saint Bonaventure.

Missale romanum ; Venise, 1513 : marque dans la rubrique de l'office de saint François que dans les églises où l'on aura son image, on célébrera sa fête avec la même solennité que les fêtes de la sainte Vierge.

Breviarium romanum ; Venise, 1518. Office solennel.

Missale romanum ; Paris, 1526. Office propre solennel ; on remarque la belle prose suivante :

Gloria vivorum fratrum egenorum, Salve Francisce.	Stigmatum sacrorum signa mirandorum, Ostende Francisce.
Conserva tuorum statum filiorum, Pater Francisce.	Datori bonorum, ut gregi sanctorum Jungamur Francisce.
O fons professorum, vita perfectorum Nos jura Francisce.	In igneo cœlorum choro angelorum Concede Francisce.
Æstus vitiorum, virtus peccatorum, Dilue Francisce.	Amen.

Breviarium romanum ; Venise, 1528. Le même office que celui des Frères-Mineurs.

Breviarium romanum ; Lyon, 1548. Office double-mineur.

Missale romanum ; Paris, 1555 : contient plusieurs belles sequences.

Missale romanum ; Venise. — Junte, 1558 : contient une belle prose pour la messe de la fête de saint François et pendant l'Octave.

Les LITURGIES MONASTIQUES ont toujours célébré avec une grande solennité la fête du saint patriarche d'une de leurs plus illustres familles.

Missale Carmelitarum. Venise. — Junte, 1509. Office double au commun des confesseurs avec trois oraisons propres.

Breviarium antiquum juxta ordinem gloriosæ Virginis de Monte-Carmelo, Venise, 1579. Office double de six leçons.

Breviarium secundum ritum Sixene monasterii ordinis S. Joannis Ierosolymitani. Saragosse, 1547. Contient l'office du Bréviaire des Mineurs. Aux laudes on récite l'oraison suivante, qui est curieuse, puisque la fête des Stigmates n'était pas encore instituée pour toute l'Eglise.

Accendatur in nobis, quæsumus Domine Jesu-Christe, per beati Francisci merita, pro tua fide desiderium moriendi cujus menti passionis tuæ impressis vestigiis corpus ejus mirabiliter ac singulariter consignasti. Qui vivis, etc.

Breviarium Celestinorum. Paris, 1546. Office double, douze leçons. L'oraison seule est propre.

Breviarium ad usum monasterii Sancti-Melanii prope Redonis; office de douze leçons, huit sont tirées de la légende de saint Bonaventure.

Breviarium Deodicarum-Virginum ordinis Fontebraldensis. Paris, 1545. Office double de douze leçons, les huit premières sont tirées de saint Bonaventure, les autres sont composées de l'homélie de saint Augustin sur l'Evangile : Confiteor tibi, Pater domine cœli et terræ, quia abscondisti hæc a sapientibus et prudentibus, et revelasti ea parvulis.

Breviarium monasticæ congregationis casalis Benedicti. Paris, 1553. Office double de douze leçons, les huit premières sont tirées du commencement de la légende de saint Bonaventure.

Breviarium monasticum pro omnibus sub regulâ S. Benedicti militantibus. Venise, 1728, in-4°. Office double.

Breviarium Cartusiensium; in Cartusia Papiæ 1540. Office double de douze leçons. Il n'y a de propre que l'oraison.

Breviarium juxta ritum sacri ordinis Prædicatorum. Paris, 1620. Office double. Les leçons du second et du troisième nocturne sont tirées de saint Bonaventure, de saint Antonin et du Bréviaire romain.

L'Allemagne a adopté la liturgie romaine ; mais avant la réformation de S. Pie V, les anciennes églises avaient leurs offices propres, et dans plusieurs diocèses l'office de saint François était très solennel ; quelques uns suivaient l'office des Frères-Mineurs, d'autres composaient des offices qui exprimaient d'une façon toute particulière leurs sentimens d'amour envers le saint patriarche. Pour ne pas grossir outre mesure cet appendice, nous ne citerons ici que la séquence magnifique du missel d'Ausbourg, imprimé à Dilinghen en 1555.

Gaude cœlum, terra plaude : Flos novellus dignus laude, Jam floret per secula.	Hic creaturis imperat, Arcana suis reserat, Futura speculatur.
Cui congaudens melodia Nostri chori, hac in via Laudis fundit pocula.	Orbem exornat semine, Felix tandem in agmine Cœlesti collocatur.
Hic est novus legislator, Paupertatis renovator, Franciscus dux Minorum.	Cœcos, claudos, surdos, Mutos dat saluti restitutos Tumuli fragrantia.
Jesu passo compatiens Exponit crucem sitiens, Se genti paganorum.	O quam multis vita redit Lepra, pestis, dæmon cedit Virtutum frequentia.
Dum in cruce gloriatur Signum crucis radicatur In ejus corpusculo.	Ergo laudes voce cordis Det Francisco totus orbis. Sumens tot charismata.
Affluens cruorem latus. In volis plantis clavatus Clare lucet seculo.	Sed pro tuo, Pastor, grego Cum regina coram rege Semper offer stigmata.

En FRANCE, si l'on remonte dans les anciens rits gallicans, on trouve l'expression de la piété de nos aïeux envers le saint patriarche ; et même, au milieu de cette désolante abjection où est tombée la liturgie depuis un siècle, la fête de saint François est restée solennelle. Autrefois, quelques unes des anciennes églises avaient un office particulier.

Breviarium Lugdunense, 1522. Office double.

Breviarium Senonense. Paris, 1475 et 1528. Office de neuf leçons tirées de saint Bonaventure.

Breviarium ecclesiæ Valencianæ. Lyon, 1526. Office de neuf leçons tirées des homélies des saints Pères.

Breviarium Bisuntinum. Paris, 1531. Office double de neuf leçons tirées de saint Bonaventure.

Breviarium Remense, 1648. Jussu archiepiscopi Leonorii Destampes. Office double *de cinq cierges.*

Breviarium Ruthenense. Lyon, 1543. L'office propre des Frères-Mineurs comme dans l'ancien romain.

Espagne. — Nous nous étendrons davantage sur les liturgies du royaume très catholique, d'abord parce qu'il s'est distingué entre tous les autres par un culte de prédilection pour saint François d'Assise, ensuite parce que les liturgies des églises particulières d'Espagne sont très peu connues. Je dois pourtant prévenir que le fond de tous ces rits est le rit romain, qui y avait été introduit au douzième siècle, époque de l'abolition du rit gothique ou mozarabe. C'est par conséquent peu d'années après la canonisation de saint François d'Assise que les différentes églises espagnoles ont ajouté leurs offices propres au Bréviaire romain qu'elles avaient adopté.

Breviarium sanctæ matris ecclesiæ Toletanæ, 1506. Fait double l'office de saint François. L'édition du même Bréviaire, donnée en 1563 par l'archevêque Pierre Gonsalve de Mendoza, contient neuf leçons. — Le Missel de Tolède, imprimé en 1551, à Lyon, où se faisaient alors toutes les grandes publications liturgiques, marque double l'office de saint François (officium sexti toni).

Font également l'office double avec neuf leçons les Bréviaires suivans :

Breviarium Burgense, 1538.

Breviarium ecclesiæ Hispalensis, imprimé en 1521 par ordre de l'archevêque Diego a Daza.

Breviarium Granatense, jussu P. P. Pauli III, editum 1544.

Breviarium Tudense, 1564. Jussu episcopi D. Joannis Emiliani.

Breviarium Salamanticense, 1504.

Breviarium Yllerdense.

Breviarium Abulense, 1551.

Breviarium Cordabense, jussu Joannis de Toledo editum.

Breviarium Vicense. Lyon, 1557.

Contiennent l'office de saint François avec six leçons :

Breviarium Detursense, 1547. Episcopus Hieronymus Requescius.
Breviarium Pampilonense (imprimé avant 1550).
Breviarium Legionense.
Breviarium ecclesiæ Genensis (Jaen).
Breviarium Bracharense, 1634, contient aussi l'office double des Stigmates.
Breviarium Segoviense. Jussu episcopi Jacobi de Rivera.
Breviarium ordinis militaris S. Jacobi. Leon, 1532.

Contiennent l'office de saint François avec trois leçons, quoique double :

Breviarium Pacense, 1529. Jussu episcopi Petri Gundinsalvi Manso.
Breviarium Cauriense, 1559. Jussu epicopi Didaci Henriquez de Almanza.
Breviarium Siguntinum, 1561. Jussu episcopi Petri a Gasca.

Contiennent l'office à une seule leçon :

Breviarium Valentinum, 1533.
Breviarium Oxomense.
Breviarium Cæsaraugustanum, 1554, 1556, 1541.

Dans les Bréviaires suivans, l'office est exactement le même que dans le Bréviaire romain des Frères-Mineurs :

Breviarium Calagurritanum et Calciatense. Jussu epicopi Antonii Ramirez de Aro.
Breviarium ecclesiæ Auriensis, 1501.
Breviarium ecclesiæ Civitatensis (cujus episcopum quatriduanum sanctus Franciscus suscitavit). Impressum, 1555, jussu episcopi Petri Ponce de Leon. Contient un office propre, mais imprégné du classicisme de la renaissance.

Nous aurions pu étendre nos recherches; mais ce que nous en avons présenté dans cet appendice suffira pour prouver combien grande était la dévotion des peuples de l'Europe envers saint François d'Assise. Les églises formaient alors différens chœurs confondant dans une seule harmonie les hymnes de leur amour. Voici le magnifique office que célèbrent les Frères-Mineurs :

OFFICE DE SAINT FRANÇOIS.

AD VESPERAS.

Antiphona.—Franciscus, vir catholicus et totus apostolicus, Ecclesiæ teneri fidem romanæ docuit : presbyterosque monuit præ cunctis revereri.

Psalm. — Dixit Dominus. — Confiteor. — Beatus vir. — Laudate pueri. — Laudate Dominum omnes gentes.

Ant. — Cœpit sub Innocentio, cursumque sub Honorio perfecit gloriosum : succedens his Gregorius, magnificavit amplius miraculis famosum.

Ant. — Hunc sanctus præelegerat in Patrem, quando præerat ecclesiæ minori : hunc spiritu prophetico prævisum, apostolico prædixerat honori.

Ant. — Franciscus Evangelicum nec apicem vel unicum transgreditur, nec iota; nil jugo Christi suavius hoc onere nil levius, in hujus vitæ rota.

Ant. — Hic creaturis imperat, qui nutui subjecerat se totum Creatoris, quidquid in rebus reperit delectamenti regerit in gloriam factoris.

Capitulum.

Fratres, mihi autem absit gloriari, nisi in cruce Domini nostri Jesu Christi : per quem mihi mundus crucifixus est, et ego mundo (Galat. 6).

Hymnus.

Proles de cœlo prodiit,
Novis utens prodigiis,
Cœlum cæcis aperuit,
Siccis mare vestigiis.

Spoliatis Ægyptiis
Transit dives sed pauperis

Nec rem, nec nomen perdidit,
Factus felix pro miseris.

Assumptus cum apostolis,
In montem novi luminis,
In paupertatis prædiis
Christo Franciscus intulit.

Fac tria tabernacula	Dum reparat virtutibus
Votum secutus Simonis	Hospes triplex hospitium
Quem hujus non deseruit	Et beatarum mentium
Numen vel omen nominis.	Dum templum Christo consecrat.
Legi, prophetæ, gratiæ	Domum, portam et tumulum
Gratum gerens obsequium,	Pater Francisce visita
Trinitatis officium	Et Evæ prolem miseram
Festo solemni celebrat.	A somno mortis excita. Amen.

ỳ. Ora pro nobis, sancte Francisce,
ɴ̃. Ut digni efficiamur promissionibus Christi.

Ad Magnificat. *Antiphona.* — O stupor et gaudium, o judex homo mentium, tu nostræ militiæ currus et auriga; ignea præsentibus transfiguratum fratribus in solari specie vexit te quadriga; in te signis radians, in te ventura nuntians, requievit spiritus duplex prophetarum; tuis adsta posteris, pater Francisce, miseris, nam increscunt gemitus ovium tuarum.

Oratio.

Deus, qui Ecclesiam tuam beati Francisci meritis fœtu novæ prolis amplificas: tribue nobis, ex ejus imitatione terrena despicere, et cœlestium donorum semper participatione gaudere. Per.

AD MATUTINUM.

Invitat. — Regi, quæ fecit opera Christo confiteantur, cujus in sancto vulnera Francisco renovantur. Venite exultemus, etc.

Hymnus.

In cœlesti collegio,	Metit de sparso semine
Novus collega colitur,	Plenæ messis manipulum,
In sanctorum rosario	Fallens sub terræ tegmine,
Novellus flos producitur.	Nostræ salutis æmulum.
Franciscus florens gratia,	Hic carnis supercilium,
Forma factus humilium,	Legi subjecit spiritus,
Lætus potitur gloria	Mundum vicit et vitium
Sortis consors sublimium.	Se victo victor inclytus.

Linguæ manus preambula,
Verbo paravit semitam
Et amplectuntur secula
Doctrinam facto proditam.

In paupertatis prædio,
Minorum plantans vineam
Ostendit magisterio
Vitæ vivendi lineam.

Ad æternas divitias,
Turbam allexit pauperum
Quos ad cœli delicias,
Lingua vocavit operum.

Vita, doctrina splenduit,
Resplendet et miraculis:
Sic præfuit, quod profuit,
Viva lucerna populis.

Summi regis palatio
Doctor loca discipulos,
Salutis privilegio
Christi præmuni famulos.

De tenebris miseriæ,
Sequaces stellæ previæ,
Quæramus patrem gratiæ,
Consortes tandem gloriæ. Amen.

IN PRIMO NOCTURNO.

Ant. — Hic vir in vanitatibus nutritus indecenter, divinis charismatibus preventus est clementer.

Psalm. — De confessore non pontifice.

Ant. — Excelsi dextræ gratia mirificè mutatus, dat lapsis spem de venia cum Christo jam beatus.

Ant. — Mansuescit sed non penitus in primis per languores qui captis armis cœlitus, ad plenum mutat mores.

Les leçons sont composées par saint Bonaventure, qui abrégea sa Légende pour l'office de la fête et de l'octave. Au second nocturne nous mettrons les leçons du Bréviaire romain. Voici les beaux et poétiques Répons qui se trouvent après chaque leçon.

Lectio j. — ℟. Franciscus ut in publicum cessat negotiari, in agrum mox dominicum secedit meditari; inventum evangelicum thesaurum vult mercari. ℣. Deum quid agat unicum consultans, audit cœlicum insigne sibi dari. Inventum.

Lectio ij. — ℟. In Dei fervens opere statim ut sua vendidit, pauperibus impendere, pecuniam intendit. Quæ gravi suo pondere cor liberum offendit. ℣. Quam formidante paupere presbytero recipere, abjectam vilipendit. Quæ.

Lectio iij. — ℟. Dum pater hunc persequitur, latens dat locum iræ constanter post aggreditur in publicum prodire. Squallenti vultu cernitur, putatur insanire. ℣. Luto, saxis impetitur, sed patiens vir nititur ut surdus pertransire. Squallenti.

IN SECUNDO NOCTURNO.

Ant. — Pertractum domi verberat plus cunctis furens pater, objurgans vincit, carcerat, quem furtim solvit mater.

Ant. — Jam liber patris furiæ non cedit effrenati, clamans se voluntarie pro Christo mala pati.

Ant. — Ductus ad loci præsulem sua patri resignat; nudusque manens, exulem in mundo se designat.

Lectio iiij. — (Ex Breviario romano) Franciscus Assisii, in Umbria natus, patris exemplum secutus a prima ætate mercaturam fecit. Qui quodam die pauperem pro Christi amore flagitantem pecuniam, cum præter consuetudinem repulisset repente eo facto commotus, large ei misericordiam impertivit; et ex eo die Deo promisit se nemini unquam poscenti eleemosynam negaturum. Cum vero post in gravem morbum incidisset, ex eo aliquando confirmatus, cœpit ardentius colere officia charitatis. Qua in exercitatione tantum profecit, ut evangelicæ perfectionis cupidus, quidquid haberet pauperibus, largiretur. Quod ferens iniquius pater, eum ad Assisinatem episcopum duxit, ut coram illo bonis cederet paternis : qui rejectis etiam vestibus, patri concessit omnia, illud subjungens, sibi in posterum majorem facultatem fore dicendi : *Pater noster, qui es in cœlis.* — ℟. Dum seminudo corpore laudes decantat Gallice zelator novæ legis, latronibus in nemore, respondet sic prophetice : præco sum magni regis. ℣. Audiit in nivis frigore projectus : jace rustice, futurus pastor gregis. Respondet.

Lectio v. — Cum autem illud ex Evangelio audisset : Nolite possidere aurum, neque argentum, neque pecuniam in zonis vestris, non peram in via, neque duas tunicas, neque calceamenta; sibi eam regulam servandam proposuit. Itaque detractis calceis, et una contextus tunica, cum duodecim socios adhibuisset, ordinem Minorum instituit. Quare Romam venit anno salutis millesimo ducentesimo nono, ut sui ordinis regula ab apostolicâ sede confirmaretur. Quem cum accedentem ad se summus Pontifex Innocentius Tertius rejecisset; quod in somnis postea sibi ille quem repulerat, collabentem Lateranensem basilicam suis humeris sustinere visus esset, conquisitum accersiri jussit : benigneque accipiens, omnem ejus institutorum rationem confirmavit. Franciscus igitur dimissis in omnes orbis terræ partes fratribus ad prædicandum Christi Evangelium, ipse cupiens sibi aliquam dari martyrii occasionem, navigavit in Syriam, ubi a rege Soldanò liberalissime tractatus, cum nihil proficeret rediit in Italiam. — ℟. Amicum quærit pristinum, qui spretum in cœnobio tunicula contexit, contemptu gaudens hominum. In leprosis fit obsequio quos antea despexit. ℣. Sub typo trium ordinum, tres nutu Dei prævio ecclesias erexit. Leprosis.

Lectio vj. — Multis igitur extructis suæ familiæ domiciliis se in solitudinem montis Alverni contulit : ubi quadraginta dierum propter honorem sancti Michaëlis archangeli jejunio inchoato, festo die Exaltationis sanctæ Crucis ei seraphim crucifixi effigiem inter alas continens apparuit : qui ejus et manibus, et pedibus, et lateri vestigia clavorum impressit : quæ sanctus Bonaventura, cum Alexandri Quarti summi pontificis prædicationi interesset, narrasse Pontificem a se visu esse, litteris commendavit. His insignibus summi in eum Christi amoris, maximam habebat omnium admirationem. Ac biennio post graviter ægrotans, deferri voluit in ecclesiam Sanctæ-Mariæ-Angelorum, ut ubi gratiæ spiritum a Deo acceperat, ibi spiritum vitæ redderet. Eo in loco fratres ad paupertatem ac patientiam, et sanctæ romanæ Ecclesiæ fidem servandam cohortatus, psalmum illum pronuntians : *Voce mea ad Dominum clamavi*, in eo versiculo : *Me expectant justi donec retribuas mihi*, efflavit animam, quarto nonas octobris; quem miraculis clarum Gregorius Nonus pontifex maximus in sanctorum numerum scripsit. — ℟. Audit in Evangelio quæ suis Christus loquitur ad prædicandum missis : Hoc, inquit, est quod cupio, lætanter his innititur, memoriæ commissis. — ℣. Non utens virga, calceo, nec pera, fune cingitur, duplicibus dimissis. Lætanter.

IN TERTIO NOCTURNO.

Ant. — Cor verbis novæ gratiæ sollicitus apponit, verbumque pœnitentiæ simpliciter proponit.

Ant. — Pacem, salutem nunciat in spiritus virtute, veræque paci sociat longinquos a salute.

Ant. — Ut novis sancti merita remunerantur natis, his nova tradit monita, viam simplicitatis.

Dans le Bréviaire romain, les leçons de ce nocturne sont tirées de l'homélie de saint Augustin (*Serm.* 10 *de Verbis Domini*) sur l'Evangile de saint Mathieu : *Confiteor tibi Pater*. — Dans l'office propre des Franciscains, les leçons sont de la légende. Voici les Répons :

Lectio vij. — ℟. Carnis spicam contemptus area Franciscus frangens, terens terrea, granum purum excussa palea, summi regis intrat in horrea. — ℣. Vivo pani morte junctus, vita vivit, vita functus. Granum.

Lectio viij. — ℟. De paupertatis horreo sanctus Franciscus satiat turbam Christi famelicam, in via ne deficiat. Iter pandit ad gloriam, et vitæ viam ampliat. Pro paupertatis copia, regnat dives in patria reges sibi substituens, quos hic ditat inopia. Iter.

Lectio ix. — ℟. Sex fratrum pater, septimus absortus luce cœlitus futura contemplatur inter minores minimus. Quis parvi gregis exitus præclare speculatur.

℣. Quadrans quoque novissimus culparum sibi cœlitus dimitti revelatur. Quis.

℟. Arcana suis reserans, octavum tandem recepit, et ad diversas gentes binos mittendos fœderans : humiliari præcipit, et esse patiens.

℣. Grex procidit obtemperans; pastor erectos suscipit ad oscula gaudentes. Humiliari.

℟. Euntes, inquit, in eum, qui enutrit vos, Dominum jactate cogitatum : sic fratribus erroneum. Præcludit et in terminum calem cupiditatum.

℣. Sic curis cor extraneum non providet in crastinum in zonis es ligatum. Præcludit.

℟. Regressus, quos emiserat completo bissenario Fratrum tunc confirmando normam sancto quam scripserat. Jussa dat Innocentius papa de prædicando.

℣. In mna Franciscus fenerat quem dari monet ratio de lucro reponendo. Jussa. — *Te Deum* non dicitur.

AD LAUDES.

Antiphonæ 1. Sanctus Franciscus præviis orationum studiis, quid faciat instructus : non sibi soli vivere, sed aliis proficere vult Dei zelo ductus.

2. Hic prædicando circuit et quem non homo docuit, fit doctis in stuporem, virtutum verba loquitur, novumque nova sequitur militia ductorem.

3. Tres ordines hic ordinat : primumque fratrum nominat Minorum, pauperumque fit dominarum medius, sed pœnitentium tertius, sexum capit utrumque.

4. Doctus doctrice gratia, doctus experientia, quæ sunt perfectionis hæc fratres docet omnia, tam factis quam frequentia mellifluí sermonis.

5. Laudans laudare monuit, laus illi semper adfuit, laus, inquam, Salvatoris, invitat aves, bestias et creaturas ad laudem Conditoris.

Hymnus.

Plaude turba paupercula,
Patre ditata paupere ;
Laudis propina pocula,
Sacro depressa ubere.

Hic simplex, rectus, humilis,
Pacis cultor amabilis,
Lumen in vase fictili,
Ardens, lucens in fragili.

Vili contectus tegmine,
Sancto calescens flamine ;
Vicit algorem caumata,
Christi dum gestat stigmata.

Carnem mundumque conterens,
Hostes malignos proterens

Auream victor meruit,
Aureolam, dum docuit.

Pauper, nudus egreditur,
Cœlum dives ingreditur,
Spargit virtutum munera,
Ægris profligat vulnera.

Verorum pater pauperum,
Nos pauperes fac spiritu :
Consortes redde superum,
Ereptos ab interitu.

Patri, Nato, Paraclito,
Decus, honor et gloria :
Sancti sint hujus merito,
Nobis æterna gaudia. Amen.

Ad Benedictus. — *Ant.* — O martyr desiderio, Francisce, quanto studio, compatiens hunc sequeris quem passum libro reperis quem aperuisti, tu contuens in aere Seraphin in cruce positum, ex tunc in palmis latere et pedibus effigiem fers plagarum Christi, tu gregi tuo provide, qui post felicem transitum, diræ prius et lividæ, glorificatæ speciem carnis prætendisti.

AD VESPERAS.

Comme aux premières vêpres, — excepté :

Hymnus.

Decus morum, dux minorum,
Franciscus tenens bravium
In to vice datur vitæ
Christe redemptor omnium.

Plaudat frater, regnat pater,
Concivis cœli civibus
Cedat fletus, psallat cœtus,
Exultet cœlum laudibus.

Demptum solo, datum polo,
Signorum probant opera
Ergo vivit, nam adivit
Æterna Christi munera.

Pro terrenis votis plenis
Reportat dona gloriæ
Quem decoras, quem honoras,
Summæ Deus clementiæ.

Hunc sequantur, huic jungantur
Qui ex Ægypto exeunt,
In quo duce, clara luce,
Vexilla Regis prodeunt.

Regis signum, ducem dignum
Insignit manu, latere.
Lux accedit, nox recedit
Jam lucis orto sidere.

Est dux fidus, clarum sidus
Ducit, relucet, devia
Devitando, demonstrando,
Beata nobis gaudia.

Mina gregem dux ad Regem
Collisor hostis callidi
Nos conducas et inducas
Ad cœnam Agni providi. Amen.

Ad Magnificat. — *Ant.* — O virum mirabilem in signis et prodigiis, languores cum demoniis quoslibet pellentem ! dat aurem suis avium prædicans sylvestrium verbis intendentem. O vitam laudabilem qua fidem sic magnificat, sed et multos vivificat mortuos defunctus, Francisce, nos cœlestium fac consortes civium quibus es conjunctus.

Pendant l'octave on récite le même office solennel ; il n'y a de changé que ce qui suit :

Ad Benedictus. — *Ant.* — Sancte Francisce propera, veni Pater, accelera ad populum qui premitur et teritur sub onere, paleâ, luto, latere, et sepulto Egypto sub sabulo, nos libera carnis extincto vitio.

Ad Magnificat. — *Ant.* — Salve sancte pater, patriæ lux, forma Minorum, virtutis speculum, recti via, regula morum, carnis ab exilio duc nos ad regna polorum.

Plange turba paupercula, ad patrem clama pauperum, hoc lugubre suspirium, pater Francisce suspice, et prode Christo stigmata lateris, pedum, manuum, ut nobis reddat orphanis tanti patris vicarium.

Les leçons sont ainsi divisées ; le second jour : *De institutione religionis et efficacia prædicandi.*

Le troisième jour : *De prærogativa virtutum.*

Le quatrième jour : *De studio orationis et spiritu prophetiæ.*

Le cinquième jour : *De obedientia creaturarum et de condescentione divina.*

Le sixième jour : *De sacris stigmatibus.*

Le septième jour : *De transitu mortis*, et enfin le jour de l'octave on fait l'office de la solennité.

IN FESTO STIGMATUM BEATI FRANCISCI (17 sept.).

IN I. VESPERIS.

Antiphonæ. — Crucis vox hunc alloquitur. — Comme à Laudes ci-après. — *Psalm.* — Dixit Dominus. — Confiteor. — Beatus vir. — Laudate pueri. — Laudate Dominum omnes gentes.

Hymnus.

Crucis Christi mons Alverne recenset mysteria,
Ubi salutis eternæ dantur privilegia,
Dum Franciscus dat lucernæ crucis sua studia.

Hoc in monte vir devotus specu solitaria
Pauper a mundo semotus condensat jejunia
Vigil, nudus, ardens totus, crebra dat suspiria.

Solus ergo clausus orans, mente sursum agitur,
Super gestis crucis plorans, mœrore conficitur,
Crucisque fructum implorans, animo resolvitur.

Ad quem venit Rex e cœlo amictu seraphico
Sex alarum tectus velo, aspectu pacifico
Affixusque crucis telo, portento mirifico.

Cernit servus Redemptorem, passum impassibilem
Sæclorum imperatorem, tam pium tam humilem
Verborum audit tenorem, viro non effabilem.

Vertex montis inflammatur vicinis cernentibus,
Cor Francisci transformatur, amoris ardoribus,
Corpus vero mox ornatur, mirandis stigmatibus.

Collaudetur crucifixus tollens mundi scelera,
Quem laudat concrucifixus, crucis ferens vulnera
Franciscus prorsus innixus super mundi fœdera. Amen.

℣. Signasti, Domine, servum tuum Franciscum,
℟. Signis redemptionis nostræ.

Ad Magnificat. — *Ant.* — Cœlorum candor splenduit, novum sidus emicuit, sacer Franciscus claruit, cui seraph apparuit, signans eum caractere, in volis, plantis, latere, dum formam crucis gerere vult corde, ore, opere.

AD MATUTINUM.

Hymnus.

Crucis arma fulgentia
Vidit Franciscus dormiens,
Christum dicentem audiens:
Tua erunt hæc omnia.

Crucis vis et refugium
Hæc crucis arma præbuit

Quibus Franciscum induit
Adversus adversarium.

Crucis sacrata lectio
Ter Francisco se præbuit,
Dum ter librum aperuit,
Pro virtutis indicio.

Crucis Christi devotio,
Francisci traxit studia
Cunctaque cordis gaudia
Cum omni desiderio.

Crucis ut ad supplicia
Christum Franciscus positum
Videt, et audit monitum :
Hæc sequere vestigia.

Crucis hærens vestigiis
Crucis fructum consequitur
Quo corde, carne pungitur,
Et signatur indiciis.

Crucis virtus et gratia
Nos consignet in frontibus
In membris et in sensibus
Pro perenni custodia. Amen.

In primo nocturno. — Lectiones de Epistola B. Pauli ad Galatas, cap. 5 et 6.

In secundo nocturno. — S. Bonaventura in legenda S. Francisci, cap. 13.

In tertio nocturno. — Homilia S. Gregorii papæ in Evangelium : Si quis vult post me venire, — *ut in communi unius martyris.*

AD LAUDES.

Antiphonæ 1. Crucis vox hunc alloquitur ter dicens : Tu te præpara, vade Francisce, repara domum meam quæ labitur.

2. Crucis verbum proponitur fratribus per Antonium, et Franciscus ad ostium in crucis modum cernitur.

3. Crucis arbor eximia per os Francisci surgere apparens, cogit fugere draconem et dæmonia.

4. Crucis signum Tau littera fronti Francisci scribitur : quæ variè distinguitur miranda lucis opera.

5. Crucis magnum mysterium super Francisco claruit : dum signatus apparuit cruce duorum ensium.

Hymnus.

Plaude turba paupercula, etc.

AD VESPERAS.

Hymnus.

Decus morum, etc.

Ad Magnificat. — *Ant.* — Crucis apparet hostia, tensis in cruce brachiis, sex alis tecta variis cum vultus elegantia, quæ Francisci cor attrahit, augens ei charismata, suaque sacra stigmata, in ejus carne protrahit.

MESSE POUR LA FÊTE DES STIGMATES (17 septembre).

INTROITUS.

Mihi autem absit gloriari, nisi in cruce Domini nostri Jesu Christi, per quem mihi mundus crucifixus est et ego mundo (Galat. 6). — Psalm. 141. Voce mea ad Dominum clamavi : voce mea ad Dominum deprecatus sum. ℣. Gloria Patri.

ORATIO.

Domine Jesu Christe, qui frigescente mundo, ad inflammanda corda nostra tui amoris igne in carne beatissimi Patris nostri Francisci Passionis tuæ sacra stigmata renovasti : concede propitius, ut ejus meritis et precibus crucem jugiter feramus et dignos fructus pœnitentiæ faciamus. Qui vivis et regnas.

Epistola B. Pauli ad Galatas (cap. 6).

GRADUALE.

Hic Franciscus, pauper et humilis, cœlum dives ingreditur, hymnis cœlestibus honoratur. Alleluia.

SEQUENTIA.

Tunc ex alto vir Ierarcha
Venit, ecce rex monarcha,
Pavet iste patriarcha
Visione territus.

Defert ille signa Christi
Cicatricem confert isti,
Dum miratur corde tristi
Passionem tacitus.

Sacrum corpus consignatur,
Dextrum latus perforatur,

Cor amore inflammatur,
Cruentatum sanguine.

Verba miscent arcanorum,
Multa clarent futurorum,
Videt sanctus vim dictorum
Mystico spiramine.

Patent statim miri clavi
Nigri foris intus flavi,
Pungit dolor pœna gravi
Cruciant aculei.

Cessat artis armatura	Signa crucis quæ portasti
In membrorum apertura,	Unde mundo triumphasti,
Non impressit hos natura	Carnem hostem superasti
Non tortura mallei.	Inclyta victoria.

(Ex missali Roman., Lyon, 1526.)

Sanctum Evangelium secundum Matthæum (cap. 16).

SECRETA.

Adsit nobis, quæsumus Domine Jesu Christe, beatissimi Patris nostri Francisci pia, humilis, et devota supplicatio : in cujus carne, prærogativa mirabili, passionis tuæ sacra stigmata renovasti, et præsta ut virtute præsentis oblationis tuæ passionis circa nos beneficia jugiter sentiamus.

PRÆFATIO.

Vere dignum et justum est, æquum et salutare, nos tibi semper et ubique gratias agere : Domine sancte Pater omnipotens, æterne Deus : qui venerandum confessorem famulum tuum beatum FRANCISCUM, tua Deus altissima bonitate et clementia, sanctorum tuorum meritis et virtutibus sublimasti ; mentemque ipsius, Sancti Spiritus operatione, amor ille seraphicus ardentissime incendit interius ; suumque corpus sacris stigmatibus insignivit exterius, signo crucifixi Jesu Christi Domini nostri. Per quem majestatem tuam laudant angeli, adorant dominationes, tremunt potestates. Cœli cœlorumque virtutes, ac beata seraphim, socia exultatione concelebrant, cum quibus et nostras voces, ut admitti jubeas deprecamur, supplici confessione dicentes.

POSTCOMMUNIO.

Ecclesiam tuam, quæsumus Domine, gratia cœlestis amplificet : quam beati Francisci illuminare voluisti gloriosis meritis et exemplis.

PROSE COMPOSÉE ET CHANTÉE PAR LE PAPE GRÉGOIRE IX LE JOUR DE LA CANONISATION.

Caput draconis ultimum	Contra cœlum erigitur,
Ultorum ferens gladium,	Et mittitur attrahere
Excitabat vellum septimum.	Maximam partem siderum

Ad damnatorum numerum.
Verum de Christi latere
Novus legatus mittitur :
In cujus sacro corpore,
Vexillum crucis cernitur.
Franciscus princeps inclytus,
Signum regale baiulat,
Et celebrat concilia

Per cuncta mundi climata.
Contra draconis schismata
Acies trinas ordinat
Expeditorum militum
Ad fugandum exercitum,
Et his catervas dæmonum,
Quas draco super roborat.

LITANIES DE SAINT FRANÇOIS D'ASSISE.

Kyrie eleison, etc.
S. Francisce, pater amabilis.
S. Francisce, pater admirabilis.
S. Francisce, pater benigne.
S. Francisce, pater venerabilis.
S. Francisce, vexillifer Jesu Christi.
Eques crucifixi.
Imitator Filii Dei.
Seraphim ardens.
Fornax charitatis.
Arca sanctitatis.
Vas puritatis.
Forma perfectionis.
Norma justitiæ.
Speculum pudicitiæ.
Regula pœnitentiæ.
Prodigiorum mirabilis.
Magister obedientiæ.
Exemplum virtutum.
Patriarcha pauperum.
Cultor pacis.
Profligator criminum.
Lumen tuæ patriæ.
Decus morum.

Expugnator dæmonum.
Vivificator mortuorum.
Salvator famelicorum.
Obsequium leprosorum.
Præco magni regis.
Forma humilitatis.
Victor vitiorum.
Planta minorum.
Lucerna populorum.
Martyr desiderio.
Prædicator silvestrium.
Portans dona gloriæ.
Auriga militiæ nostræ.
Novis utens prodigiis.
Cœlum cæcis aperiens.
Gratum gerens obsequium.
Templum Christo consecrans.
Hostes malignos proterens.
Spargens virtutum munera.
Tenens vitæ brabeum.
Spargens virtutum munera.
Ad gloriam iter amplians, ora pro nobis.
(Prodigium naturæ. Tabula XI.)

HYMNUS DE GAUDIIS SANCTI FRANCISCI.

Gaude fulgens Christi signis,
Francisce pater insignis
Plagis salutiferis.

Gaude tibi, quod illatus,
Corde amor rupit latus
Instar Christi vulneris.

Gaude, quia dextram manum
Signat non opus humanum
Plaga signi fœderis.

Gaude sauciatus leba,
Qua nos Pater sursum leva,
Ac de domo carceris.

Gaude, quod in via amoris
Crucifixum vi amoris
Dextro pede sequeris.

Gaude, quod pedem secundum
Christus sigillat, secundum
Formam sui vulneris.

Igitur Christo conformis
Plagis, et virtutum formis
Adsta pater pueris.

Atque miles summi ducis
Arma ferens, hic caducis
Opem feras mireris.

(Flos campi, p. 822, par Nicolas de Montmorency.)

PETIT OFFICE DE SAINT FRANÇOIS.

Cet office est attribué à saint Bonaventure. Certainement il n'a pas été composé par le saint docteur; mais il est néanmoins si beau et si pieux, que nous le mettons ici comme un témoignage de la dévotion affectueuse de nos pères.

AD MATUTINUM.

Invitat. — Jesum Christum mortem passum venite adoremus. Et Franciscum huic compassum devote collaudamus. — Venite exultemus.

Hymnus.

Jesu, puer dulcissime,
O amans amantissime,
Qui natus in præsepio,
Mundum replesti gaudio.

Franciscus post te clamitat
Bethleem puer ingeminat
Liquore mellis dulcius

Sonat Mariæ filius.

A quorum pari stabulo
Carnis in hoc ergastulo,
Tam sanctum mater filium
Parit de spinis lilium.

Gloria tibi, Domine, etc. Amen.

Antiphona. — Quasi stella matutina, quam decora lux divina, perfusus novo lumine, mundi, carnis et serpentis, pro salute nostræ gentis, victor superno numine.

Psalm. Misericordias Domini in æternum cantabo, etc.

℣. Iste puer magnus coram Domino,

℟. Nam et manus ejus cum ipso est. Pater noster.

Absolutio. — Precibus et meritis B. Francisci, et omnium sanctorum perducat nos Dominus ad regna cœlorum. Amen.

Jube Domine benedicere.

Francisci sacra lectio hæc nostra sit protectio.

Lectio j. — Sancte Francisce pater dulcissime, nostræ militiæ ductor fidelissime, ora pro nobis Mariæ Filium; ut per te det nobis refrigerium, qui te nobis misit in sæculum. Tu autem Domine miserere nostri.

℟. Candida sidereum speculantur corda tonantem indicium candor virginitatis habet. — ℣. Dum tua seraphico signantur lumine membra. — Indicium.

Lectio ij. — Sol oriens mundo in tenebris, amator castitatis, perfectus evangelicæ zelator paupertatis, purus angelicæ obedientiæ sectator, qui gregis es seraphici dux, Pastor, Christo gratus, Minorum splendor gloriæ, cum seraphin beatus, ora pro nobis æterni Filium Patris, ut nos ducat ad gaudia supernæ civitatis.

℟. Inclyta Seraphici resonent miracula patris, cujus in exstincto corpore frondet amor. — ℣. Clarus Evangelicæ semper novitatis amator. — Cujus.

Lectio iij. — O martyr desiderio seraphici ardoris, Francisce, cultor gloriæ angelici decoris, in passione Domini aquas rigans mœroris, cum Christo passo gladio confixus es doloris; conversus cor in speciem tu cerci liquoris, impressam fers imaginem sic nostri redemptoris.

℟. Sanguine adhuc tepido (quis credere posset?). Odore nectaris etherei stigmata quinque virent. ℣. Sanctaque sacrati pia vulnera corporis undas gurgite adhuc vivo sanguinis eliciunt. — Odore. — *Te Deum laudamus*, etc.

AD LAUDES.

Ant. — Hoc tibi seraphico signavit lumine corpus, tempore quo doluit Jesus amantis amans.

Psal. — Deus Deus meus, ad te de luce vigilo.

Capit. — Quasi terebinthus extendi ramos meos, et quasi vitis fructificavi flores odoris et honestatis.

Hymnus.

Aurea cœli sidera micant,	Callidus ipse fugiat hostis.
Lucifer alto lumine fulget,	Lumine claro cernite verum
Aeris atræ fugite nubes,	Seraphim senis clarior alis
Falsaque mundi gaudia cessent.	Imprimit sacro stigmata viro.
Ferrei luxus spernite sœcli,	Inclyta summo gloria regi. Amen.

℣. Signatus sum signo Dei vivi,
℟. In domo eorum qui me diligebant.

Oratio.

Omnipotens sempiterne Deus qui unigeniti Filii tui gloriosa nativitate mundum visitans humano generi remedia contulisti, quique hunc iterum a via veritatis errantem per beatum Franciscum confessorem tuum ad lumen justitiæ revocare dignatus es, da quæsumus ut qui ex iniquitate nostra relabimur, pietatis tuæ gratia sublevemur. Per.

AD PRIMAM.

De vocatione et conversione S. Francisci pro salute mundi.

Hymnus.

Ab ortu solis volitat	Franciscus orbis speculum
Ascendens alter angelus,	Luce perfundens sæculum
Tam clara voce clamitat	Signo fulgens mirifico
Splendore miro fulgidus.	Decoreque seraphico. Amen.

Ant. — Bina repercussis jam lucent sidera flammis,
Sidera divino juncta calore simul,
Ignibus in mediis liquido cum corpore corpus
Empyreum fixi signa gerens Domini.
Psal. — Benedicam Dominum in omni tempore.
Capit. — Beatus vir qui legit, et audit verba prophetiæ hujus, et servat ea quæ in eâ scripta sunt : tempus enim prope est.

℣. Lux orta est justo,
℟. Rectis corde lætitia.

Oratio.

Deus qui per beatum Franciscum confessorem tuum, labentem Ecclesiam reparare disponens, seraphicam religionem plantare voluisti; da ut per ejus exempla ad te gradientes liberis tibi mentibus servire mereamur. Per.

AD TERTIAM.

De institutione ordinis et regulæ beati Francisci.

Hymnus.

O civis cœli curiæ,
Supernæ pater patriæ,
Ad laudem Jesu nominis
Confer medelam languidis.

Vas plenum bonis omnibus,
Cunctis olens virtutibus

Odoris miri lilium
Dei sequendo Filium.

Post Patrem tantæ gloriæ
Tantæ ducem victoriæ
Post hanc columnam luminis
Crucem portemus humeris. Amen.

Ant. — Tres ordines hic ordinat, primumque fratrum nominat Minorum, pauperumque fit Dominarum medius, sed pœnitentum tertius sexum capit utrumque.

Psal. — Cœli enarrant gloriam Dei.

Capit. — Et quicumque hanc regulam secuti fuerint, pax super illos, et misericordia, et super Israël Dei.

℣. Justus ut palma florebit,
℟. Sicut cedrus Libani multiplicabitur.

Oratio.

Deus qui populum tuum per Moysem ducem de manu Pharaonis, ac Egypti ergastulo liberare dignatus es, da nobis famulis tuis, ut quem in terris militiæ nostræ ducem cognovimus, ipsum quoque ad cœlestem gloriam sequi mereamur. Per.

AD SEXTAM.

De studio orationis sancti Francisci, ac spiritu prophetiæ.

Hymnus.

Summa Deus Trinitas,	Mixtumque fletu gaudium
O mera Christi charitas,	Sit nobis refrigerium.
Francisci contemplatio,	Devotæ mentis oculo
Sit nostra meditatio.	Ploremus in hoc sæculo
Seraphicis ardoribus	Amara Christi passio
Solvamur in mœroribus	Hæc nostra sit compassio. Amen.

Ant. — Multum amat quem inflammat amor ille seraphicus : in quo duplex requievit spiritus propheticus.

Psalm. — Quemadmodum desiderat cervus ad fontes aquarum, etc.

Capit. — De omni corde suo laudavit Deum, et dilexit eum qui fecit illum, et exaudita est oratio ejus.

℣. Esto fidelis usque ad mortem,

℟. Et dabo tibi coronam vitæ.

Oratio.

Adsit nobis, quæsumus Domine Jesu Christe, beatissimi Patris nostri pia, humilis, et devota supplicatio, in cujus carne prærogativa mirabili, passionis tuæ sacra stigmata renovasti, et præsta ut passionis tuæ circa nos beneficia jugiter sentiamus. Per.

AD NONAM.

De obedientia creaturarum ad beatum Franciscum.

Hymnus.

Septem diurnis laudibus	Ferarum cadit feritas
Colatur vir seraphicus,	Et avium velocitas;
Supernæ civis patriæ	Qui creaturis imperat,
Sanctæque dux militiæ.	Se totum Christo consecrat.

Æterno regi gloria,
Per quem reguntur omnia

Francisci piis precibus,
Fruamur nos cœlestibus. Amen.

Ant. — Quidquid in rebus reperit delectamenti, regerit in gloria factoris.

Psalm. — Quid est homo quod memor es ejus? — etc.

Capit. — Posuit Dominus timorem illius super omnem carnem, et dominatus est bestiis terræ, et volatilibus cœli.

℣. Gloria et honore coronasti eum Domine.

℟. Et constituisti eum super opera manuum tuarum.

Oratio.

Ecclesiam tuam, quæsumus Domine, benignus illustra, quam beati Francisci meritis et doctrinis illuminare voluisti, ut ad dona perveniat sempiterna. Per.

AD VESPERAS.

De impressione sacrorum stigmatum B. Francisci.

Ant. — Crucis magnum mysterium super Francisco claruit, dum signatus apparuit cruce duorum ensium.

Psalm. — Laudate Dominum omnes gentes. — etc.

Capit. — Ecce ego Joannes vidi alterum angelum, ascendentem ab ortu solis, habentem signum Dei vivi.

Hymnus.

O lux de luce prodiens,
Francisci corpus feriens,
Cœlumque replens gaudio
In majestatis solio.

Paternæ splendor gloriæ
Signum gerens victoriæ,
Spes, amor et protectio,
Jesu nostra redemptio.

Hoc novæ lucis radio
Confixus est ut gladio

Honore fulgens regio
In cœlesti collegio.

In volis, plantis, latere
Signatur hoc caractere,
Quo felix jam per sæcula
Plaude turba paupercula.

Uni trinoque Domino
Sit gloria sine termino,
Te nostra laudent carmina,
O gloriosa domina. Amen.

℣. Signasti Domine servum tuum Franciscum,
℟. Signis redemptionis nostræ.

Ad Magnificat. — Ant. — O cui sacratas licuit contingere plagas; Cæsaris empyrei dulcis amator, ave.

Oratio.

Omnipotens sempiterne Deus, qui frigescente mundo, etc.

AD COMPLETORIUM.

De transitu B. Francisci, et de portatione ad cœlum.

Ant. — O decus angelicum, pater ingens ordinis almi
Seraphici semper gloria nostra, vale.
Fer, pater, auxilium nobis faveasque precamur :
Qui tua nobiscum stigmata sacra colunt.
Me quoque mendicum solita pietate guberna
Qui tibi pro meritis munera parva fero.

Psalm. — Voce mea ad Dominum clamavi, etc.

Hymnus.

Supernæ vocis jubilo	Supernæ sedis præmia
Sanctorumque tripudio,	Francisci tenet gloria,
Seraphicis clamoribus	Triumphum post mirificum
Exultet cœlum laudibus.	Chorum scandit seraphicum.
Cœlorum portas pandite,	Ad laudem regis gloriæ,
Minorum decus canite:	Franciscique memoriæ
Vexilla regis gloriæ	Hos finis post principium
Portat miles victoriæ.	Convertat ad initium. Amen.

Capit. — Valde speciosus es in splendore tuo, gyrasti cœlum in circuitu gloriæ tuæ, dextera Excelsi coronavit te.

℣. Gloriosus apparuisti in conspectu Domini.
℟. Propterea decorem induit te Dominus.

Oratio.

Deus qui sanctissimam animam beatissimi patris nostri Francisci, confessoris tui, fracto sacri corporis alabastro seraphicis spiritibus sociare dignatus es : Da nobis famulis tuis, ut ejus meritis et intercessione, ad æterna polorum regna, te adjuvante pervenire mereamur. Per.

Ex thesauro precum et litaniarum Guillelmi Gazet.
Arras, 1602.

OFFICIUM SANCTÆ CLARÆ (12 august.).

AD VESPERAS.

Antiphonæ 1. — Jam sanctæ Claræ claritas splendore mundi cardines mirifice complevit, cujus perfecta sanctitas in devotas propagines velocius excrevit.

2. — Mundi totius gloriam ut Christum lucrifaceret vile quid arbitrata; finibilem lætitiam, ne infinitam perderet, semper est aspernata.

3. — Hæc in paternis laribus puella sacris moribus agebat cœlibatum quam prædocebat unctio, sine magistro medio cor Christo dare gratum.

4. — Sacra spirat infantia magni regis connubia virtute promereri moxque Francisci studia sectatur et in gratia conatur exerceri.

5. — Hanc et papa Gregorius fovit et Innocentius patrum more piorum quam Alexander inclytus adscripsit motus cœlitus catalogo sanctorum.

Hymnus.

Concinat plebs fidelium
Virginale præconium,
Matris Christi vestigium,
Et novitatis gaudium.

Pauperum primogenita,
Dono cœlesti prædita,
Obtinet supra merita
Præmia vitæ reddita.

Novum sidus emicuit
Candor lucis apparuit;
Nam lux quæ lucem influit
Claram clarere voluit.

Claris orta natalibus.
Necdum relictis omnibus
Vacat plenis affectibus
Pietatis operibus.

Sub paupertatis regula
Patris Francisci ferula
Clara Christi discipula
Luce respersit sæcula.

Mundus et caro vincitur
Matri Christi connectitur
Christo prorsùs innititur
Pauperem pauper sequitur.

Spretis nativo genere
Carnis et mundi fœdere
Clauditur velut carcere
Dives superno munere.

Clauditur velut tumulo
Nequam subducta sæculo
Patet in hoc ergastulo,
Solum Dei spectaculo.

Tegmina carnis vilia
Urgens famis inedia
Arcta quoque jejunia
Præstant orandi spatia.

Virginis hujus merito
Laus Patri vel Ingenito
Gloria Unigenito
Virtus summa Paraclito. Amen.

Ad Magnificat. *Ant.* — Duce cœlesti numine, matre favente virgine, Clara re, Clara nomine, spreto nativo sanguine, est in sanctorum lumine, ac beatorum agmine, gloria tibi Domine.

Oratio.

Famulos tuos, quæsumus Domine, beatæ virginis tuæ Claræ votiva natalitia recensentes cœlestium gaudiorum sua facias interventione participes et tui Unigeniti coheredes. Per.

AD MATUTINUM.

Invitat. — Regi qui carnem induit, sit laus cordis et oris, cujus in Clara claruit perfecti vis amoris. Venite exultemus.

Hymnus.

Generat virgo filias,
Mentis maternæ conscias,
Christi sponsas et socias,
Corruptionis inscias.

Clarum nomen effunditur,
Sanctum nomen extenditur,
Facto doctrina proditur,
Virtus divina panditur.

Construuntur cœnobia
Vasti per orbis spatia,

Crescit sororum copia,
Claret matris notitia.

Deficit virtus corporis
Morbo prolixi temporis
Sumit augmentum roboris
Virtus sacrati pectoris.

Tandem languore premitur,
Læta nimis egreditur,
Dies extrema clauditur,
Spiritus cœlo redditur.

NOTES

Te prosequentes laudibus
Piis faveto precibus,
Adesto postulantibus
Tuis, virgo, supplicibus.

Virginis hujus merito,
Laus Patri sit Ingenito
Gloria Unigenito
Virtus summa Paraclito. Amen.

IN PRIMO NOCTURNO.

Antiphonæ. — 1. Hæc una de prudentibus, præfulsit virgo prudens in annis puellaribus, Christo placere studens.

2. Excelsi servus virginem Franciscus incitavit, amare Deum hominem, quem amor humanavit.

3. Cuncta pro Christi nomine contemnens, crine tonso coram altari Domini nubit æterno sponso.

Nous mettrons seulement au second nocturne les leçons du Bréviaire romain, celles qui sont dans l'office propre des Franciscains n'étant qu'un fragment de légende. Voici les répons si pleins d'une touchante poésie.

Lectio j. — ℟. Francisci pia plantula mire fructificavit in orbe, cum discipula Clara quam informavit. Castitatis per sæcula cultum multiplicavit. ℣. Virgo sub sacra regula multarum jam præambula se Deo consecravit. — Castitatis.

Lectio ij. — ℟. In via pœnitentiæ glebas terit membrorum, semen serit justitiæ, lucem diffundit morum. Lucratur sic quotidie thesauros meritorum. ℣. Cujus ferventes hodie gressus devotæ filiæ sequuntur exemplorum. — Lucratur.

Lectio iij. — ℟. Hæc paupertatis titulo pollens, intitulata, post Christum sine sacculo currit exonerata. Relicto foris sæculo, mens intus est ditata. ℣. In paupertatis nidulo, nostri præsepis parvulo pauperi conformata. — Relicto.

IN SECUNDO NOCTURNO.

Antiphonæ. — 1. Oblata per Gregorium refutat possidere, nihilque transitorium cum Christo vult habere.

2. Parat magistra vasculum ut oleum quæratur, mox vero per miraculum vas plenum cœlo datur.

3. Hortatur hæc, ut pauperes pauperis matris natæ, nequaquam sint degeneres a matris paupertate.

Lectio iiij. — Clara nobilis virgo Assisii nata in Umbria, sanctum Franciscum concivem suum imitata, cuncta sua bona in eleemosynas et pauperum subsidia distribuit, et convertit. De sæculi strepitu fugiens, in campestrem declinavit ecclesiam, ibique ab eodem beato Francisco recepta tonsura, consanguineis ipsam reducere conantibus fortiter resistit. Et denique ad ecclesiam Sancti-Damiani fuit per eumdem adducta, ubi ei Dominus plures socias aggregavit, et sic ipsa sacrarum sororum collegium instituit, quarum regimen nimia sancti Francisci devicta importunitate, recepit. Suum monasterium sollicite ac prudenter in timore Domini, ac plena ordinis observantia annis quadraginta duobus mirabiliter gubernavit : ejus enim vita erat aliis eruditio et doctrina, unde ceteræ vivendi regulam didicerunt.

℟. A civibus obsidio removetur ob lacrymas et preces sanctæ Claræ. Dum cinere et cilicio, jubet sorores optimas ad Deum exclamare. ℣. Orationum prælio meretur gentes pessimas de claustro deturbare. — Dum cinere.

Lectio v. — Ut carne depressa, spiritu convalesceret, nudam humum et interdum sarmenta pro lecto habebat, et pro pulvinari sub capite durum lignum. Una tunica cum mantello de vili et hispido panno utebatur, aspero cilicio nonnunquam adhibito juxta carnem; tanta se frænabat abstinentia, ut longo tempore, tribus in hebdomada diebus nihil pœnitus pro sui corporis alimento gustaverit ; reliquis autem diebus tali se ciborum parvitate restringens, ut aliæ quomodo subsistere poterat, mirarentur. Binas quot annis (antequam ægrotaret) quadragesimas solo pane et aqua refecta jejunabat. Vigiliis insuper, et orationibus assidue dedita, in his præcipue dies noctesque expendebat. Diutinis perplexa languoribus, cum ad exercitium corporale non posset surgere per seipsam, sororum suffragio levabatur, et fulcimentis ad tergum appositis, laborabat propriis manibus, ne in suis etiam esset infirmitatibus otiosa. Amatrix præcipua paupertatis, ab ea pro nulla unquam necessitate discessit, et possessiones pro sororum sustentatione a Gregorio Nono oblatas constantissime recusavit.

℞. Amica crucis plangere Crucifixum novitias docet quem ipsa plangit. Crux ei digno pondere, majores dat delicias quo major dolor angit. ℣. Hæc Christi sui munere, morbos atque molestias fugat, dum crucem tangit. — Crux.

Lectio vj. — Multis et variis miraculis virtus ejus sanctitatis effulsit. Cuidam de sororibus sui monasterii loquelam restituit expeditam; alteri aurem surdam aperuit; laborantem febre, tumentem hydropisi, plagatam fistula, aliasque aliis oppressas languoribus liberavit. Fratrem de ordine Minorum ab insaniæ passione sanavit. Cum oleum in monasterio totaliter defecisset, Clara accepit urceum, atque lavit, et inventus est oleo, beneficio divinæ largitatis impletus. Unius panis medietatem adeo multiplicavit, ut sororibus quinquaginta suffecerit. Sarracenis Assisium obsidentibus, et Claræ monasterium invadere conantibus, ægra se ad portam afferri voluit, unaque vas in quo sanctissimum Eucharistiæ sacramentum erat inclusum, ibique oravit : Ne tradas, Domine, bestiis animas confitentes tibi, et custodi famulas quas pretioso sanguine redemisti. In cujus oratione ea vox audita est : Ego vos semper custodiam. Sarraceni autem partim se fugæ mandarunt ; partim, qui murum ascenderant, capti oculis præcipites ceciderunt. Ipsa denique virgo, cum in extremis ageret, a candido beatarum virginum cœtu (inter quas una eminentior ac fulgidior apparebat) visitata, ac sacra Eucharistia sumpta, et peccatorum indulgentia ab Innocentio quarto ditata, Pridie Idus Augusti animam Deo reddidit. Post obitum vero quam plurimis miraculis resplendentem Alexander Quartus inter sanctas virgines retulit.

℞. Vivens in mundo labili, sponso conjuncta nobili, sursum deliciatur clausaque carne fragili, tanquam in vase fictili Thesauro gloriatur. ℣. Hæc in rota versatili, fulta virtute stabili, cum Christo delectatur. Thesauro.

IN TERTIO NOCTURNO.

Antiphonæ.—1. Cor verbis sapientiæ medullitus apponit cum prædicator gratiæ verba vitæ proponit.

2. Trahit de testa nucleum, de littera saporem, de petra sugens oleum, de spina legens florem.

3. Format Clara discipulas, cœlesti disciplina, cujus est ad juvenculas convictus pro doctrina.

Lectio vij. — ℟. Carnis templo soluto spiritus cœlos scandit, et patet aditus. Benedictus sit talis exitus, multo magis talis introitus. ℣. Vivo pani morte juncta, vita vivit vita sancta. — Benedictus.

Lectio viij. — ℟. De pane pascit unico turbam sororum pauperum, claret signo mirifico, virtus signorum veterum. Dum cibat ex tam modico, magni conventus numerum. ℣. Pro tenui viatico, mensa lætatur superum, regno beatur cœlico, pro vilitate cinerum. — Dum.

Lectio ix. — Te Deum laudamus.

AD LAUDES.

Antiphonæ. — 1. Post vitæ claræ terminum, Clara cum turba virginum ad cœlos evolavit, suum complexa Dominum, regnat in regno luminum, quo Dominus regnavit.

2. Agnes ad Agni nuptias et æternas delicias post Claram evocatur, ubi per Sion filias, post transitas miserias æterne jubilatur.

3. Sicut sorore prævia Christi passi vestigia sectatur gaudens cruce : sic, dum hæc signis rutilat, Agnes post ipsam vigilat Deus ad te de luce.

4. Honorat Christi dextera, per sanitatum munera, virginis mausoleum, sanat morbos et vulnera, ut benedicant opera quæ fecit Deus, Deum.

5. Laudans laudare studeat, in laudem semper prodeat plebs ista salvatoris : quam tanta ditat sanctitas, non cesset ipsa civitas a laude Conditoris.

Hymnus.

O Clara luce clarior,
Lucis æternæ filia,
Dies ista solemnior
Tua colit solemnia.

Vitæ labentis gaudia
Spernendo Christum sequeris,
Pascentem inter lilia :
Tuque cum Christo pasceris,

Custos sacrarum virginum,
Omni virtute prævia,
Ducis ad sponsum Dominum
Puellarum collegia.

Francisco duce militans
Evincis trina prælia,
Carnem namque suppeditans,
Mundum atque dæmonia.

Jamjam in regno luminum
Patri conregnas filia;
Da te sequentum agminum
Recta fore vestigia.

Sit Patri, Nato, Flamini,
Decus, honor et gloria,
Nosque commendent numini
Sanctæ Claræ suffragia. Amen.

Ad Benedictus. *Ant.* Novum sidus emicuit, candor lucis apparuit, lux claritatis adfuit, cœli splendor enituit : nam lux quæ lucem influit, Claram clarere voluit.

AD VESPERAS.

Hymnus.

En præclara virgo Clara
Regnat in regno luminum,
Quam amasti, desponsasti,
Jesu corona virginum.

Mundo spreto, corde læto,
Francisci magisterio,
Carnem terit et te quærit,
Jesu, nostra redemptio.

Per te solem parit prolem
Sanctarum gregem pauperum
Quem tu ditas et maritas
Conditor alme siderum.

Paupertate, pietate
Mater et ejus agmina
Te sectantur, imitantur,
O gloriosa domina.

Finit cursum, scandit sursum,
Claret multo prodigio,
Comprobatur, annotatur
In cœlesti collegio.

Virgo pura nostri cura
Fac tibi sit in curia,
Sint optata per te data
Beata nobis gaudia. Amen.

Ad Magnificat. *Ant.* Candor polorum micuit, nova stella enituit, nam Clara clare claruit cui fulgens apparuit cœlestis chorus virginum, inter quas mater luminum solamen præstat gloriæ, jam morienti Filio.

LITANIES DE SAINTE CLAIRE.

Kyrie eleison, etc.
Sancta Clara virgo, et mater Virginum.
Clara virgo nobilis.
Clara virgo pulcherrima.
Clara virgo et vas munditiæ.
Clara virgo prudentissima.
Clara virgo ferventissima.
Clara virgo amabilis.

Clara virgo admirabilis.
Clara æternæ lucis filia.
Clara sponsa Christi dilectissima.
Clara discipula Christi pauperrima.
Clara sancti Spiritus cella aromatica.
Clara mater pedissequa.
Clara angelorum socia.
Clara apostolorum filia.
Clara Francisci plantula.

Clara stella clarissima.
Clara lux meridiana.
Clara nostra lux et semita.
Clara turtur pudicissima.
Clara pauperum primogenita.
Clara nardus præelecta.
Clara viola humillima.
Clara rosa fragrantissima.
Clara rosa suavissima.
Clara rosa purpurea.
Clara rosa aurea.
Clara rosa candidissima.

Clara rosa cœlica.
Clara cedrus exaltata.
Clara columba deargentata.
Clara columba mitissima.
Clara columba fecundissima.
Clara columba purissima.
Clara columba simplicissima.
Clara margarita pretiosissima.
Clara mater lætitiæ.
Clara gloria matris.
Clara honor et refrigerium nostrum,
ora pro nobis.

Ex litaniis Sanctorum. Anvers, Plantin, 1621.

L'hymne suivante est comme un abrégé de la merveilleuse histoire des Clarisses et du Tiers-Ordre.

Salve Christi sponsa, Clara,
Salve virgo Deo chara,
Salve mater pauperum.

Tu mundi cuncta aspernata,
Franciscum es imitata,
Per apostolicam normam.

Cum Agnete sorore
Recepisti Jesu rorem,
Plantans multa cœnobia.

Currit mater post filias
Ad æterni sponsi nuptias,
Cum Beatrice filia.

Amata mox et Balbina
Tuæ neptes, hac ruina
Mundi huius agnita.

Pariterque properant
Ad te almam: refutant
Omnia lutulenta.

Ordo statim diffunditur,
Rumor hinc mox egreditur,
Per cuncta mundi climata.

Succenduntur juvenculæ
Exemplo suo Christum sequi
Per viam pauperculam.

Agnes Boemorum filia
Regia et imperatoria
Quæque spernens, fit discipula.

Filia Rodulphi Imperatoris
Summi Christi capta amore,
Parvi pendit imperia.

Isabel regis filia
Francorum inter lilia
Degit Parisiis.

Zingua quoque Hungarorum
Regis nata, supernorum
Mercedem considerat.

Cum Salome Poloniæ
Ex regali orto sanguine
Tuam normam profitentur.

Sanctia item regina
Vestem sumit cilicinam
Spernens tria regna.

Blanca prima regis Franciæ,
Refutans regnum Galliæ,
Tuæ regulæ subjecit.

Constantia Aragonæ
Regnum contemnit, et honorem,
Tua esse volens filia.

Eleonora regnum calcat
Portugalliæ, atque amat
Magis regi sub clausura.

Joanna Navarræ regis
Ex æstu divinæ legis
Cuncta regia abjicit.

Duæ regis Petri filiæ
Regnum videntes Siciliæ
Pauperculam vitam vovent.

Duæ regis Dalmatiæ
Philippi sequuntur aliæ,
Tuam voventes normam.

Aliaque Conimbriæ,
Alteraque Ulisponæ
Requiescunt reginæ.

Ambæ cum habitu Claræ
Ostendentes conculcare
Mundanam pompam.

Multæ aliæ nobiles
Te secutæ sunt dominæ,
Congregantes divitias.

Sed tu cuncta supergressa
Gloriam tandem ingressa
Comitativa virginum.

Ubi magnam obtines gloriam,
Tecumque habent magna spolia
Ablata Lucifero.

Quæ potes secure gaudere,
Cum nec mors valet nocere;
Ergo nostri miserere. Amen.

Ex Petro Rodulphio, *Hist. Seraph.*, p. 144.

OFFICIUM SANCTI ANTONII DE PADUA (13 junii).

AD VESPERAS.

Antiphonæ. — 1. Gaudeat Ecclesia quam in defunctorum sponsus ornat gloria matrem filiorum.

Psalm. Dixit Dominus. — Confiteor. — Beatus vir. — Laudate pueri. — Laudate Dominum omnes gentes.

2. Sapiente filio pater gloriatur, hoc et in Antonio digne commendatur.

3. Qui dum sapientiam sæculi calcavit, prudens summi gloriam patris exaltavit.

4. Augustini primitus regulæ subjectus, sub Francisco pœnitus mundo fit abjectus.

5. Quorum vitam moribus hic profitebatur, gloriosis patribus jam congloriatur.

Capitul. — Optavi et datus est mihi sensus, invocavi et venit in me spiritus sapientiæ, et præposui illam regnis, et sedibus et divitias nihil esse duxi in comparatione illius.

Hymnus.

En gratulemur hodie
Christo regi jucundius,
In cujus aula gloriæ
Jam jubilat Antonius.

Francisci patris æmulus,
Sic illi se contemperat,
Ut fonte manans rivulus,
Aquas vitæ circumferat.

Longe, lateque diffluit,
Sitique mortis aridos
Verbo salutis imbuit,
Dans rore sacro vividos.

Hic stigmatum qui bajulo
Patri natus innititur

Dum prædicat de titulo;
Confixus ille cernitur.

Sub tanto duce militans,
Vincendo se non vincitur,
Duci miles cohabitans
Jam bello non concutitur.

Nos in campo certaminis,
Patrum zelantes gloriam,
Hic sub re nostri nominis,
Vincamus ignominiam.

Præstet hoc Nati Genitor,
Hoc genitoris genitus,
Ac par utrique conditor
Paraclitus hoc Spiritus. Amen.

Ad Magnificat. Ant. — O proles Hispaniæ, pavor infidelium, nova lux Italiæ, nobile depositum urbis Paduanæ, fer, Antoni, gratiæ Christi patrocinium, ne prolapsis veniæ tempus breve creditum defluat inane.

Oratio.

Ecclesiam tuam, Deus, beati Antonii confessoris tui solemnitas votiva lætificet : ut spiritualibus semper muniatur auxiliis, et gaudiis perfrui mereatur æternis. — Per.

AD MATUTINUM.

Invitat. — Jam Christum chorus humilis alacrius in jubilo collaudet. In quo sacerdos nobilis Antonius de veritate gaudet. — Venite exultemus, etc.

Hymnus.

Laus regi plena gaudio,
Qui merces militantium
Seipsum dat Antonio
Militiæ stipendium.

Antoni vir egregie,
Qui tuæ, quam prænoveras
Hic vivens arrhas gloriæ
Christum videns acceperas.

Pro te digna, dum moreris,
Natorum fit commotio,
Margaritæ, non funeris,
Cujus fias possessio.

Hujus honorem gloriæ
Prædixeras in Padua,
Quæ tantis in te gratiæ
Manet donis irrigua.

Per te Pater cum Filio
Consolatorque Spiritus
A criminis contagio
Nos hic emundet funditus. Amen.

IN PRIMO NOCTURNO.

Antiphonæ.—1. Quasi secus alveum rivuli plantatus fructum temporaneum, dedit hic beatus.

2. Monte Sion prædicat Domini præceptum et talentum duplicat, cœlitus acceptum.

3. Conterit miraculis peccatorum dentes, sponsam Christi patulis rictibus mordentes.

Lectio j. — ℟. Funditur insontium sanguis a profanis; fitque morientium merces vitæ panis. Rumor ad Antonium volat non inanis. ℣. In Minores gladium fratres dat, in odium Christi, rex immanis. — Rumor.

Lectio ij. — ℟. Optans fore socius gloriæ victorum, quos occidit impius rex Marrochiorum, sequitur Antonius viam defunctorum. ℣. Felix quem non gladius terret, sed in melius mutat iniquorum. — Sequitur.

Lectio iij. — ℟. Fervet ad martyrium: dum rex terræ sævit; sed hoc desiderium suum non implevit, de quo rex regnantium aliud decrevit. ℣. Tandem in simplicium cœtu per indicium fama viri crevit. — De quo.

IN SECUNDO NOCTURNO.

Antiphonæ.—1. Grave cor quærentium nugas, vanitatem discit per Antonium vitæ veritatem.

2. Contra virum sanguinum clamat et dolosum, quod hoc genus hominum Deo sit exosum.

3. Laus perfecta profluit ex lactentis ore ; in quo Christus destruit hostem cum ultore.

Lectio iiij. — ℟. Dono sapientiæ plenus, arrogantiæ fastum qui timebat : sub indocti facie, tantum divinæ gratiæ lumen abscondebat. ℣. A se pondus gloriæ sibi temerarie sumere nolebat. — Tantum.

Lectio v. — ℟. Pauperum collegio, pauper in principio spiritu, probatus verbi ministerio. Non injectu proprio datus, sed vocatus. — ℣. A quo sit hæc datio, fiunt testimonio mors et incolatus. — Non.

Lectio vj. — ℟. In doctrinæ poculis justus sua singulis reddens affluebat; loquens magnis, parvulis veritatis jaculis æque feriebat. — ℣. Potior miraculis virtus hæc in oculis omnium clarebat. — Veritatis.

IN TERTIO NOCTURNO.

Antiphonæ. — 1. Gaude quondam sæculi transiens viator, summi tabernaculi nunc inhabitator.

2. Nobis fac propitium, a quo recepisti cordis desiderium, vitam quam petisti.

3. Duc in montem Domini; ora nos, Antoni, junctos Deo homini loco sancto poni.

Nous donnons ici les leçons du Bréviaire romain.

Lectio vij. — Antonius, Ulyssipone in Lusitania honestis ortus parentibus, et ab iis pie educatus, adolescens institutum canonicorum regularium suscepit. Sed cum corpora beatorum quinque martyrum Fratrum Minorum Conimbriam transferrentur, qui paulo ante apud Marrochium pro Christi fide passi erant, martyrii desiderio incensus, ad Franciscanum ordinem transivit. Mox eodem ardore impulsus ad Saracenos ire perrexit; sed adversa valetudine afflictus, et redire coactus, cum navi ad Hispaniæ littora tenderet, ventorum vi in Siciliam delatus est.

℟. Vitam probant vilitas, simplex innocentia, cura disciplinæ.

Zelo juncta charitas, veritas, modestia, testes sunt doctrinæ. — ℣. Sed signorum claritas, probat hæc probantia, multiplex in fine. — Zelo.

Lectio viij. — Assisium è Sicilia ad capitulum generale venit; inde in eremum montis Pauli in Æmilia secessit, ubi divinis contemplationibus, jejuniis et vigiliis diu vacavit. Postea sacris ordinibus initiatus et ad prædicandum Evangelium missus, dicendi sapientia et copia tantum profecit, tantamque sui admirationem commovit, ut cum summus pontifex aliquando concionantem audiens, arcum testamenti appellarit. In primis vero hæreses summa vi profligavit, ideoque perpetuus hæreticorum malleus est vocatus.

℟. Si quæris miracula : mors, error, calamitas, dæmon, lepra, fugiunt : ægri surgunt sani. Cedunt mare, vincula, membra; resque perditas petunt, et accipiunt juvenes et cani. — ℣. Pereunt pericula, cessat et necessitas, narrent hi qui sentiunt, dicant Paduani. — Cedunt.

Lectio ix. — Primus ex suo ordine ob doctrinæ præstantiam Bononiæ et alibi sacras litteras est interpretatus, fratrumque suorum studiis præfuit. Multis vero peragratis provinciis, anno ante obitum Patavium venit, ubi illustria sanctitatis suæ monimenta reliquit. Denique magnis laboribus pro gloria Dei perfunctus, meritis et miraculis clarus obdormivit in Domino idibus junii, anno salutis millesimo ducentesimo trigesimo primo : quem Gregorius Nonus pontifex maximus sanctorum confessorum numero adscripsit.

℟. Sanctus hic de titulo crucis et suppliciis dulcis Jesu modulo dulci prædicabat cum pater in aere, se Franciscus filiis absens novo genere signi præsentabat. — ℣. Tanquam in patibulo crucis ipse brachiis tensus, hoc signaculo crucis consignabat. — *Te Deum.*

AD LAUDES.

Antiphonæ. — 1. Domus ab Antonio supra petram Dominum posita perstabit, quam maris elatio, fluctus, seu vox fluminum ultra non turbabit.

2. Lætus tuo jubilat in conspectu Domine quo jam introivit, lumen, quod es similat hunc tibi, qui lumine fruitur, quo vivit.

3. Totus in te sitiens, Deus, ad te vigilans extitit de luce; tu fons indeficiens, tu lux illi rutilans, qui sitis in cruce.

4. Cœli, terræ, marium, benedicant Dominum cunctæ creaturæ qui tot per Antonium signis auget hominum vitæ spem futuræ.

5. Sono tubæ, tympano, cithara, psalterio, cymbalisque Deum, choro, chordis, organo, laudet in Antonio mystice cor meum.

Hymnus.

Jesu lux vera mentium,
Nos illustra diluculo,
Tot signis per Antonium,
Opaco fulgens sæculo.

Hic nautis in naufragio
Signo salutis adfuit,
Quibus sub lucis radio
Vitæ ducatum præbuit.

Hereticum lux fidei
Signo purgat dum jacitur

Ab alto vasis vitrei
Fragilitas non frangitur.

Irrisor lucis gratiæ
Signorum languet clericus:
Post votum surgens gloriæ
Sancti fit testis publicus.

Per hunc nos Pater luminum
Signet et lux de lumine
Illustratoris hominum,
Cum Spiritus munimine. Amen.

Ad Benedictus. *Ant.* — Gaude felix Padua quæ thesaurum possides, cujus in altario dignum fore loculum visio monstravit, tu signis irrigua, tot in tuo provides miseris Antonio, serva rei titulum, quæ sic te ditavit, sed tu nos ad ardua, pater, his qui præsides, quorum es possessio transfer quos hic vinculum mortis inclinavit.

AD VESPERAS.

Comme aux premières vêpres, excepté :

Hymnus.

Chori nostri præconium,
Laudes resultet Domino,
Mirando per Antonium,
More patranti pristino.

Yberi potu fluminis,
Ægra sanavit pectora,
Superni virtus numinis
Per idem sanans corpora.

Alumno fœlix inclyto
Congaudeat Hispania
Ex cujus tota merito
Fit celebris Italia.

Sed Paduana potius
In laudem surgo civitas
Per hunc instructa plenius
Rectas tenere semitas.

Qui tuo quondam populo
Vitæ fundebat pocula,
Qui sit insignis titulo,
Declarat per miracula.

Membris ejus mirificis
Ditata Dei munere
Rebus elabi lubricis
Magistro disce paupere.

Pauper natus de virgine,
Christus dilector pauperum

Egentes sine crimine
Ditat hic et in posterum.

In tua laude sedulis,
Antoni beatissime,
Tuis acquire famulis
Dei pacem hic ultime.

Præsta, beata Trinitas,
Quod postulamus supplices
In domo quam inhabitas
Da nobis stolas duplices. Amen.

Ad Magnificat. *Ant.* — O Jesu perpetua lux, tot in Antonio signis dans splendorem, de quo non incongrua nobis gloriatio tibi dat honorem : gratia per hunc tua nos in vase proprio ferre da liquorem, lampade non vacua lumen det opinio, charitas ardorem, frustra virgo fatua glorians in alio, quæret venditorem.

LITANIÆ SANCTI ANTONII DE PADUA.

Kyrie eleison, etc.
Sancte Antoni imago Dei.
Signaculum Christi.
Lapis sanctuarii.
Sanctuarium venerandum.
Holocaustum amoris.
Mansuetissima ovis.
Columba simplicissima.
Mitis animo.
Humilis corde.
Oliva speciosa.
Germinans lilium.
Vitis speciosa.
Vas catholicum.
Præco justitiæ.
Hostis vitiorum.
Charitate fervide.
Circumspecte prudentia.
Fulcite temperantia.

Justitia munite.
Fortitudine constans.
Humilitate perfecte.
Contemplatione sublimis.
Actione utilis.
Sanctitate clarissime.
Gloria Jerusalem.
Lætitia Israël.
Honorificentia populi.
Fili lucis.
Angelorum spectaculum.
Prophetis compar.
Apostolus linguarum dono.
Evangelii tuba.
Martyr desiderio.
Confessorum gemma.
Castitatis exemplum.
Heres æterni regni.
Coheres Christi, ora pro nobis.

HYMNUS DE GAUDIIS S. ANTONII.

Sancti Antonii Paduensis
Celebremus gaudia,
Qui ætate juvenili
Cœli scandit palatia.

Gaude Antoni serve Christi,
Quod ætate tenera
Plenus gratia fuisti,
Ut ires ad æthera.

Gaude quod martyrium
Tanto ardore flagitasti,
Et regulam tuam mutasti
Ut ires ad supplicium.

Gaude quod in sapientia
Eras tanti momenti,
Ut à Papa dicereris
Arca novi Testamenti.

Gaude quod zelo succensus
Justitiæ, redarguebas
Omnes, et propter hoc eras
Multis vitiosis offensus.

Gaude quod miraculorum
Fulges virtute præcelsa :
Hoc testantur conversorum
Corda per te conversa.

Gaude quod prophetizandi
Dona plene possedisti,
Et futura prædixisti
Dono Spiritus prægrandi.

Gaude quod à Deo sublatus
Tandem ad sublimia,
Apud Christum laureatus
Sedebis in sæcula. Amen.

Ex litaniis Sanctorum, Anvers, officina Plantiniana,
1621, in-12.

FIN DES NOTES ET MONUMENS HISTORIQUES.

> *Renovabitur ut aquilæ juventus tua!*
> PSALM. 102.
>
> Cieco era il mondo; tu failo visare :
> Lebroso; hailo mondato :
> Morto; l'hai suscitato :
> Sceso ad inferno; failo al ciel montare.
> GUITTONE D'AREZZO, Canzone à S. Francesco.

Ce livre est un livre de science et de piété. L'auteur, qui prépare depuis dix années une Histoire complète des Institutions monastiques, a détaché de cet arbre immense et divin une des fleurs les plus suaves, qu'il offre à tous ses frères dans le Christ. Il leur demande en retour le soutien de leurs prières et de leurs bons conseils.

Ce livre, je le sais, est étranger aux préoccupations politiques et commerciales de notre époque; beaucoup de lecteurs le rejetteront à cause de son seul titre. Pourtant, je l'espère, il y a dans la foule quelques hommes intelligens qui comprendront et sauront apprécier tout ce qu'il y a de grave et d'élevé dans la contemplation de ces grandes figures chrétiennes. Il faut le dire aussi, la réforme catholique de l'histoire a fait d'immenses progrès, et l'école protestante, qui a en Europe de si éloquens organes, n'y a pas peu contribué. Nous sommes devenus justes; nous avons mieux vu les choses. Cette disposition sincère vient, chez les uns, d'une bonne foi consciencieuse ; chez les autres, d'une rancune secrète contre la renaissance et le dix-huitième siècle, dont nous avons été si long-temps les dupes. On veut par-dessus tout des faits, une exactitude morale dans l'histoire ; on se moque de Gibbon, et on rira de bien d'autres. A ces causes, il faut joindre la tristesse vague et profonde de toutes les âmes dans cette heure solennelle où tout change dans le monde, où tout ce qui est humain croule et s'abîme. Les grands de la terre, immobiles comme les statues des tombeaux antiques, pleurent sur de royales infortunes ; la classe industrielle est desséchée par l'égoïsme ; le peuple, toujours victime, parce qu'il n'a plus la foi, est balloté dans des révolutions périodiques, ou reste assis à l'ombre de la mort. Et pourtant, ô mon Dieu ! vous avez fait toutes les nations guérissables !

Un jour, en lisant un de ces pieux livres, remplis jusqu'aux bords des plus doux parfums de la poésie catholique, j'ai trouvé ces lignes, qui expriment bien les motifs de mon travail : « Ce qu'ayant toujours désiré, veoir du temps de cette mienne briève et pénible pérégrination terrestre, et craignant d'estre reprins et punis de nostre Dieu, comme étant serviteur inutile, paresseux, et non fidèle dispensateur de ce qu'il lui a pleu me communiquer de ses dons, grâces et talens, j'ay toujours tasché, par son ayde et bonté, cheminant selon ma vocation, lisant, enseignant et écrivant, d'avancer à mon petit pouvoir icelle tant nécessaire restauration de la science historique. » (Fleurs des Saints.) Voilà tout ce que je me suis proposé en étudiant une des existences les plus radieuses et les plus populaires du moyen âge ; et c'est avec amour que je viens aujourd'hui en raconter les merveilles à mes frères. Qu'on ne s'attende pas à trouver dans ce livre des pensées délicates, un raisonnement suivi, et le talent d'un écrivain; il n'y a qu'une grande simplicité, des recherches consciencieuses, une complète indépendance de caractère, et par-dessus tout un dévouement sans bornes au vicaire de Jésus-Christ.

Avant d'entrer dans les détails, j'ai dû poser ces deux grandes questions, qui me paraissent être les prolégomènes nécessaires de tout travail historique : Quelle a été la mission de François dans l'Église? — Comment les contemporains ont-ils jugé cette mission?

« Le monde, avec la sagesse humaine, n'ayant pas connu Dieu par les ouvrages de sa sagesse, il a plu à Dieu de sauver, par la folie de la prédication, ceux qui croiraient en lui [1]. » Dieu, indigné contre la raison humaine, qui ne l'avait pas voulu connaître par les ouvrages de sa sagesse, ne veut plus désormais qu'il y ait de salut pour elle que par la folie. Ainsi deux desseins, deux ouvrages de Dieu forment toute la suite de son œuvre dans le monde, et apparaissent diamétralement opposés entre eux : l'ouvrage de la sagesse, l'ouvrage de la folie. La création primitive était l'ouvrage de la sagesse. Dieu se contenta de se montrer; la proportion infinie de la mesure, du nombre et du poids [2] était une image de sa beauté immortelle. Mais voilà que la raison humaine méconnaît son auteur, et, dès les premiers jours, l'irrévocable dessein de Dieu fut de perdre la sagesse des sages [3]. Pour reconquérir l'âme humaine, pour

---

[1] In Dei sapientia non cognovit mundus per sapientiam Deum; placuit Deo per stultitiam prædicationis salvos facere credentes. S. Paul, I. Corinth., I, 21.

[2] Omnia in numero, pondere et mensura. Sap. xi.

[3] Perdam sapientiam sapientium. I. Corinth., I, 19.

la racheter, toute mesure est brisée ; il faut que l'Infini descende au Fini, il faut que le Créateur s'unisse à la créature. Alors Dieu nous apparaît dans son histoire éternelle, s'avançant par des démarches insensées ; il saute les montagnes et les collines, du ciel à la crèche, de la crèche, par divers bonds, sur la croix, de la croix au tombeau et au fond des enfers, et de là au plus haut des cieux. Tout est sans ordre, tout est sans mesure. Aussi, dès les premiers jours du christianisme, la société des fidèles mettait toute sa gloire à aimer celui que ses docteurs lui présentaient comme impudent de la bonne sorte et heureusement insensé..., le Christ Jésus [1] !

Pour accomplir l'œuvre de la rédemption, il faut que, par les mêmes démarches que l'Infini s'est joint au Fini, le Fini s'élève à l'Infini. Le Fini doit se libérer et s'affranchir de toutes les règles de prudence qui le resserrent en lui-même, afin de se perdre dans l'Infini [2]. Et cette imitation, cette conformité des saints, de tout homme qui veut être sauvé, avec Jésus-Christ paraît un égarement et une folie. « C'est pour cela que s'il y a quelqu'un parmi vous qui paraisse sage selon le siècle, qu'il devienne fou afin d'être sage. » Malheur à celui qui veut être trop sage, et qui détruit selon son pouvoir le déshonneur nécessaire de notre foi [3] ! Eh bien ! voilà ce que François est venu rappeler aux hommes par sa vie conforme à celle du Sauveur. Ayant considéré ces grands et vastes chemins du monde qui mènent à la perdition, il s'attacha avec amour à cette illustre, cette généreuse, cette sage et triomphante folie du christianisme. Il a été,

---

[1] Bene impudentem et feliciter stultum. Tertul.
[2] Bossuet.
[3] Necessarium dedecus fidei. Tertul., de Carne Christi, n° 5.

au treizième siècle, un Évangile vivant. Il a été donné en scandale à l'univers; car l'Évangile écrit dans les livres, et celui que le Saint-Esprit daigne écrire dans l'âme des saints, déplaisent également à la fausse prudence du monde.

Mais la mission toute spéciale de saint François a été de faire triompher la Pauvreté. La nature, ou, pour parler plus chrétiennement, Dieu, le Père commun des hommes, a donné, dès l'origine des choses, un droit égal à tous ses enfans sur tout ce dont ils ont besoin pour la conservation de leur vie. Aucun de nous ne se peut vanter d'être plus avantagé que les autres par la nature; mais l'insatiable désir d'amasser n'a pas permis que cette belle fraternité pût durer long-temps dans le monde. Il a fallu venir au partage et à la propriété, qui a produit toutes les querelles et tous les procès. De là aussi cette grande diversité de conditions : les uns vivant dans l'affluence de toutes choses, les autres languissant dans une extrême indigence. Ce n'est qu'après le péché qu'on entendit retentir dans le monde cette parole froide et mortelle : LE MIEN, LE TIEN [1]. Alors on inventa ce mot PAUVRETÉ pour exprimer, non point un mal particulier, mais un abîme de tous les maux, et l'assemblage de toutes les misères qui affligent la vie humaine. La pauvreté est un mal général, parce que les richesses ayant tiré de leur côté la joie, l'affluence, l'applaudissement, la faveur, il ne reste à la pauvreté que la tristesse et le désespoir, le mépris et la servitude; comme un soldat armé, elle entre dans l'âme de l'homme pour ravager sa vie entière [2]. Le

---

[1] Voir saint Jean Chrysost., Homil. de S. Philog., n° 1, t. I, p. 493. — Bossuet.

[2] Paupories quasi vir armatus. Proverb. VI.

pauvre est le rebut du monde, qui, ne trouvant pas de quoi soulager sa misère, s'écrie : « O Seigneur ! on vous abandonne le pauvre [1] ! » Et Dieu, dans son infinie miséricorde, a pris la Pauvreté pour la pierre angulaire de l'édifice du monde : « Bienheureux les pauvres, c'est à eux qu'appartient le royaume de Dieu ! » Et les disciples bien-aimés du Sauveur ne se fiant point aux richesses, ont pratiqué les conseils de la pauvreté évangélique. Ce détachement des biens de la terre est le fondement de la vie des saints. Mais ce n'était point encore assez : Jésus-Christ n'avait pas encore une armée de pauvres entièrement dévouée à son service. C'est au treizième siècle qu'il était réservé de voir cette merveille; c'est François d'Assise qui inaugura cette chevalerie dans l'Église. Le succès de cette généreuse entreprise fut vraiment prodigieux. Au chapitre général de 1219, dix ans après la réunion de ses douze premiers disciples, plus de cinq mille Frères Mineurs des différentes provinces vinrent camper dans la vallée de Spolète. Ramener les esprits à la simplicité de la foi par la folie de la prédication, placer la Pauvreté sur un trône et la saluer dame et maîtresse du monde, telle a été la mission de François.

Voilà ce que les historiens, même les plus distingués, n'ont pas pu comprendre. Écoutez Gibbon : « Ce fut à Rome, le 15 octobre 1763, qu'étant assis et rêvant au milieu des ruines du Capitole, tandis que des moines déchaussés chantaient vêpres dans le temple de Jupiter, je me sentis frappé pour la première fois de l'idée d'écrire l'histoire de la décadence et de la chute de cette ville (Mémoires). » La Pauvreté écrasant la tête de l'orgueil antique fut un scandale pour cet illustre Anglais; cela

---

[1] Tibi derelictus est pauper. Psalm. ix.

l'empêcha tout une nuit de dormir, et dota le dix-huitième siècle d'une histoire dont les formes sont graves et grandioses, mais qui n'est au fond qu'un éloquent mensonge. Ecoutons maintenant les témoignages du moyen âge sur la mission de François.

« François, par la plénitude des dons spirituels, a fait briller la lumière de l'Évangile, dissipé les erreurs, éclairé les sages du monde, et rempli toute la terre de biens célestes [1]. » « François et Dominique sont les deux oliviers et les deux chandeliers qui sont en la présence du Seigneur; en eux se trouve l'onction de la charité et du dévouement; ils éclairent le monde par leur doctrine; ce sont les deux chérubins remplis de sagesse qui couvrent le Propitiatoire, les deux séraphins brûlans d'amour qui se crient l'un à l'autre : Saint, Saint, Saint est le Seigneur, le Dieu des armées, et remplissent de sa gloire toute la terre par leurs prédications et par leurs exemples [2]. » « Les Frères Mineurs, qui sont en effet, par le mépris du monde, par le dépouillement et par l'habit, les plus petits et les plus humbles de tous les religieux de ce temps, s'efforcent de ramener la pauvreté et l'humilité de la primitive Eglise. Ils puisent avec tant d'ardeur dans la source de l'Evangile, qu'ils en accomplissent non seulement les préceptes, mais encore les conseils, et imitent parfaitement la vie des apôtres. Ils renoncent à leurs biens, et ne possèdent quoi que ce soit; en sorte qu'il n'y a ni maison, ni église, ni terres, ni bestiaux, ni aucune autre chose, pas même de lieu où reposer sa tête, dont on puisse dire que cela leur appartient. Nus, ils suivent Jésus-Christ nu, renoncent à eux-mêmes, por-

[1] Luc Tud. adv. Albig., lib. II, cap. II.
[2] S. Antonin, Chron., part. III, tit. XXIII, cap. I.

tent leur croix, veillent exactement sur leur propre conduite, et ne cessent point d'avancer dans le chemin de la perfection. On les envoie prêcher deux à deux, et dans leurs voyages, ils ne portent ni sac, ni pain, ni argent, ni chaussures. Si on les invite à manger, ils mangent ce qu'ils trouvent ; si on leur donne quelque chose pour aumône, ils n'en gardent rien pour le lendemain. Leur prédication, et encore plus leur exemple, inspire le mépris du monde. Les riches, laissant leurs villes, leurs terres et tous leurs biens, se réduisent à l'habit de Frère Mineur, c'est-à-dire à une pauvre tunique et à une corde pour ceinture. Ils se sont tellement multipliés en peu de temps, qu'il n'y a point de province en la chrétienté où ils n'aient de leurs frères qui représentent au monde, comme dans un miroir très pur, le mépris de ses vanités. Ils ne refusent l'entrée de leur Ordre à personne : ils reçoivent d'autant plus facilement qu'ils se reposent sur la Providence divine du soin de leur subsistance. Le Seigneur donne à ses serviteurs en ce monde le centuple d'une manière si sensible, que ceux-là s'estiment heureux dont ils veulent bien recevoir l'hospitalité et les aumônes. Les Sarrasins mêmes admirent leur humilité et leur perfection, les reçoivent avec joie et leur fournissent les choses nécessaires, quand ils vont chez eux prêcher l'Évangile avec intrépidité [1]. »

« Il y eut beaucoup d'hommes qui, touchés de componction, renoncèrent à toutes les vanités du siècle, et imitèrent François par un désir ardent d'acquérir la perfection que Jésus-Christ a enseignée ; et l'Ordre prenait de jour en jour de tels accroissemens, qu'il s'étendit jusqu'aux extrémités du monde. La pauvreté, qu'ils por-

---

[1] Jac. de Vitry, Hist. Occident., cap. XXXII.

taient comme le seul fonds de leurs dépenses, les mettait en état d'obéir promptement, d'entreprendre toutes sortes de voyages, et de supporter les fatigues. Comme ils ne possédaient rien sur la terre, il n'y avait rien de terrestre non plus qui les attachât et qu'ils appréhendassent de perdre. En assurance partout, exempts de crainte et de soins, ils vivaient dans une grande paix intérieure. Le matin, ils attendaient tranquillement le gîte du soir, et ne s'inquiétaient pas pour le lendemain. A la vérité, ils avaient souvent à souffrir des mépris et des outrages; mais l'amour de Jésus-Christ et de son Évangile les avait rendus si patiens, qu'ils se plaisaient mieux où on les maltraitait que dans les lieux où l'éclat de leur vertu les faisait aimer et honorer. La disette pour eux était comme l'abondance [1]. » Je pourrais facilement agrandir ce tableau avec les traits magnifiques épars dans les divers historiens [2]; mais je préfère résumer par cet admirable chant de Guittone d'Arezzo : « O François! le monde « était aveugle, et tu lui as rendu la lumière; il était lé- « preux, tu l'as purifié; il était mort, tu l'as ressuscité; « il était descendu au fond de l'abîme, et tu l'as élevé « dans le ciel, ô François! »

C'est un des plus beaux spectacles que l'homme puisse contempler ici-bas que celui de l'Église de Jésus-Christ, renouvelant sa jeunesse comme celle de l'aigle. Éternel comme Dieu même, le Christianisme est la voie, la vé-

---

[1] S. Bonaventura, cap. IV.
[2] Chronique de l'abbé d'Ursperg. Carolus de Tapia napolitanus, de Religionis Rebus, cap. LIV. — Mathieu de Westminster, in Floribus historiæ. — Le moine de Sainte-Justine de Padoue, dans Muratori, etc. — Quelle immense différence entre ces témoignages et ces paroles de Bayle : « François d'Assise, qui a donné tant de marques d'extravagance pendant sa vie! »

rité et la vie; il conserve et répand parmi les hommes comme un héritage sacré ces nobles et impérissables croyances qui, même à ne les considérer que rationnellement, sont le principe générateur de tout bien. C'est l'histoire d'un des renouvellemens de la jeunesse éternelle de l'Église que je présente aujourd'hui à mes frères, pour les consoler et les encourager. Voilà le but social que doit se proposer tout écrivain catholique [1].

L'historien a de plus, dans ce siècle, une importante tâche : c'est de rendre aux événemens leur couleur véritable; c'est de débarrasser la science de cette superfétation impure dont les derniers siècles l'ont souillée; et de toutes les parties de la science historique, l'Hagiographie (les vies des saints) est assurément celle qui nous a été transmise plus outragée et plus méconnaissable. Il est curieux de jeter un coup d'œil rapide, mais sincère, sur les destinées de cette branche de l'histoire catholique ou universelle.

Dès les premiers âges du monde, Dieu suscite dans le peuple d'Israël des hommes qu'il remplit de son esprit et qui écrivent sous son inspiration divine les souffrances et les triomphes des premiers justes. Job nous raconte ses douleurs, les Machabées leurs combats : voilà le Testament par lequel le vieux monde nous a légué le trésor des actes de ceux qui se sont sanctifiés dans la foi au Christ à venir. ET LE VERBE S'EST FAIT CHAIR ET IL A HABITÉ AU MILIEU DE NOUS. Le Bœuf, le Lion, l'Aigle et l'Ange,

---

[1] Sanctorum vita probis fulcta operibus, et doctrina fructuosa, signis comprobata, cum militantis ecclesiæ filios illustrent limpidius, dirigant rectius in agendis, ædificent efficacius, animum placidius demulceant, et inducant ad mundi contemptum, ac omni virtute, et efficacia Christum prosequendum præ omnibus clament, incitent, et impellant. Barthel. de Pise, Prologus.

qui avaient pu le contempler dans la plénitude de sa grâce et de sa vérité, ont annoncé à toutes créatures le Testament nouveau; et les martyrs ont versé leur sang pour rendre témoignage à ce testament. Nous possédons leurs actes authentiques. Les Pères de l'Église ont recueilli et proclamé la vie des saints qu'ils avaient connus. Chaque ville, chaque monastère, chaque solitude, eut son hagiographe qui recueillit avec amour jusqu'aux plus petites traditions sur les saints. Plus tard, parurent les collecteurs, depuis Jean Mosch, avec son Pré spirituel des légendes, jusqu'à Surius, Baronius, dom Mabillon et les Bollandistes, derniers représentans de la science et de la piété chrétiennes. Mais voilà qu'au dix-septième siècle quelques hommes, s'élevant dans leur orgueil, déclarèrent que le monde s'était trompé; qu'ils allaient, eux, réformer l'histoire du Christianisme, et surtout l'Hagiographie. Je respecte trop le sujet que je traite pour mettre leurs noms dans mon récit [1]. Il n'y eut pour eux rien de certain dans l'antiquité chrétienne; ils dirent :

Du vivant même des évangélistes, l'histoire de Jésus-Christ, qu'ils avaient écrite, fut altérée par les Ébionites et les Nazaréens; et après la mort des apôtres, l'Église primitive fut inondée de faux évangiles. Ainsi, rien de certain sur la personne de Jésus-Christ [2].

Les imposteurs des premiers siècles donnèrent divers ouvrages également remplis de fables puériles sur la

---

[1] J'imite ce M. Baillet. Il dit : « Je me suis abstenu beaucoup plus encore d'employer et de nommer même des auteurs décriés, tels que Métaphraste et Nicéphore, chez les Grecs. » Avertissem., p. XIV.

[2] Baillet, Discours sur la vie des Saints, t. I, in-folio, n° 2.

naissance, la famille, l'enfance, les actions, les dernières années et la mort de la sainte Vierge. Ainsi, rien de certain sur la personne de la sainte Vierge [1].

On fit aussi une grande quantité de fausses histoires des apôtres; non seulement les hérétiques, mais les catholiques, par zèle, inventèrent des faussetés et des rêveries touchant des faits et des sentimens qu'ils attribuaient aux hommes apostoliques. Ainsi, rien de certain sur les apôtres, qui, au reste, dans ce qu'ils ont écrit sous l'inspiration divine, n'ont point prévu les difficultés de la critique [2].

Les vrais et les faux actes des martyrs se multiplièrent dans l'Église jusqu'au temps de la cruelle persécution de Dioclétien; mais, par une suite de l'édit de ce tyran contre les Ecritures saintes et les autres monumens de la religion chrétienne (303), la plupart de ces actes furent consumés par le même incendie. Il est certain que depuis la paix de l'Église, Eusèbe de Césarée, sous Constantin, fit un corps considérable des vrais actes des anciens martyrs, autant qu'il en avait pu recueillir ou qui furent sauvés de la persécution par le zèle et la diligence de l'illustre martyr saint Pamphile, prêtre de Césarée en Palestine, ou que cet historien célèbre tira de la bibliothèque de saint Alexandre de Jérusalem. Il ne nous reste que quelques extraits de cet ouvrage, que le pape saint Grégoire-le-Grand fit chercher en vain dans Rome, dans Alexandrie et ailleurs. Les églises particulières, à l'exemple d'Eusèbe, travaillèrent à recouvrer les actes de leurs martyrs. On s'appliqua ensuite à rétablir les actes perdus,

---

[1] Baillet, n° 3.
[2] Baillet, n° 4. — Lami, Traité historique de l'ancienne Pâque, p. 300.

avec le secours des traditions populaires. Ainsi, rien de certain sur les actes des martyrs [1].

Les Pères de l'Église n'ont rien pu nous transmettre de certain. « Nous ne devons pas croire si facilement l'autorité des saints Pères lorsqu'il s'agit de faits qui regardent simplement la critique..... ; car la plupart des Pères n'étaient pas accoutumés à une certaine étude de la critique, qui est absolument nécessaire..... ; et leurs emplois ne leur permettaient pas d'approfondir cette matière..... dans les siècles où la barbarie régnait [2]. »

L'autorité des conciles est nulle pour ces grands docteurs des derniers siècles, et ils avouent avec ingénuité que, si les conciles ont eu le droit de redresser ceux qui ont été tenus auparavant, il ne faut pas s'étonner si les savans corrigent dans les matières critiques les conciles des siècles passés [3].

Le moyen âge, pour tout ce troupeau d'hommes, était une noire et affreuse barbarie, où les moines fabriquaient de faux actes, de fausses légendes des saints, et jetaient l'histoire dans un chaos impénétrable. Il faut entendre les déclamations de deux siècles contre ces institutions monastiques qui ont civilisé l'Europe, et qui ont conservé tous les trésors de la littérature antique. Sans rappeler ici les grandes écoles, les travaux de tout genre exécutés par les moines, je citerai trois faits qui prouvent combien savans et judicieux ils étaient réputés par

---

[1] Baillet, nos 8, 9, 10. — Dupin, Bibliothèque ecclés., t. IV. — Fleury, Hist. Ecclés., t. XIII, préface.

[2] Simon, Hist. critique du vieux Testament, préface; liv. II, chap. II; liv. III, chap. IX.

[3] Non mirum quod concilia..., viri hujus sæculi doctissimi emendent in rebus criticis. Nat. Alexandre, Hist. Eccles., sæcul. I, tom. III, dissert. 20.

leurs contemporains. En 1088, Lanfranc, moine et archevêque de Cantorbéry, s'appliquait à corriger les livres de l'Écriture aussi bien que les écrits des Pères [1]. Etienne III, abbé de Cîteaux, fit corriger la Bible avec un soin tout particulier. Cet exemplaire, ainsi collationné sur une foule de manuscrits et de versions, se conservait à Cîteaux avant cette glorieuse révolution française qui nous a débarrassé de toute superstition, de toute ignorance et de tous nos monumens [2]. En 1200, l'archevêque de Lyon fait demander aux moines de Cîteaux la Passion de Jésus-Christ corrigée de leurs mains, et l'on voit ces moines, savans et humbles, aller consulter à ce sujet leurs confrères de Cluny [3]. Je sais que les hommes éclairés du dix-neuvième siècle ont abandonné ces sottes opinions sur le moyen âge; mais elles se trouvent encore dans Hallam, par exemple, et elles ont une influence marquée sur des travaux récents. Voilà quel était le point de départ de ces écrivains soi-disant catholiques; et s'ils n'ont pas été dans leurs travaux aussi logiques que Strauss, ce n'est pas leur faute assurément. Voilà les résultats obtenus par le rationalisme, et la prétention orgueilleuse de réduire la raison éternelle de Dieu, les œuvres du Christianisme divin aux proportions étroites de la raison humaine, aux limites de ce qui paraît naturel et facile.

[1] Cave, pag. 533.
[2] Mabillon, Études monastiques, part. I, chap. x. — Je ne puis m'empêcher de citer les paroles graves et tristes de D. Mabillon à ces calomniateurs insensés : « Adeone, absque ullo veterum testimonio, id in totius ordinis monastici probrum affirmare licet? Næ illa tam atrox accusatio non caret præcipiti censura. » De Re diplomatica, lib. III, cap. III.
[3] Simon, préface de l'Histoire critique des versions du Nouveau-Testament.

Cependant, le protestantisme, qui a pour base le mépris de l'antiquité, travaillait aussi à élever le monument de l'histoire chrétienne d'après les principes de la saine raison et de la véritable critique ; il est curieux de voir comment on s'y prit. En 1520, naquit à Albon en Esclavonie, d'une famille illustre, Matthias Flaccus Francowits, surnommé plus tard Illyricus, à cause du nom latin de sa patrie. Il fit ses études à Venise, et à l'âge de dix-sept ans il s'en vint à Bâle pour y apprendre la théologie. Bâle était alors la grande officine des esprits indépendans. Les théologiens de la réforme projetaient depuis long-temps la construction d'une histoire rationnelle de l'Église : ils choisirent Illyricus pour en être l'architecte, et lui adjoignirent Jean Wigand de Mansfeld, Matthieu Judes et Basile Faber, tous hommes très savans et d'une intelligence peu commune. Ils se dispersèrent en Europe pour visiter les bibliothèques et transcrire les manuscrits. Illyricus, afin d'avoir un accès plus facile dans les riches trésors scientifiques des monastères d'Allemagne et d'Italie, se déguisa en moine, et, avec une bonne foi vraiment admirable, il enlevait tous les originaux qu'il pouvait emporter commodément [1]. On peut présumer, sans crime, qu'il eut des imitateurs parmi ses confrères. Le travail préparé à Magdebourg parut sous les auspices d'Élisabeth d'Angleterre, grande-prêtresse de l'orgueil, de la tyrannie et de la révolte.

Les Centuries de Magdebourg sont un des plus grands monumens de l'érudition de la renaissance, et aussi de la

---

[1] Assumpto monachi habitu et persona celebriores aliquot in Germania monasteriorum bibliothecas perlustravit, et quos (codices) commode posset historicos clam secum abstulit. — Voir la préface (p. 30) de l'Histoire Littéraire du protestant Cave.

haine contre l'Eglise de Jésus-Christ. Il n'y a pas vestige de foi ; à chaque page, à côté d'un blasphème, on retrouve les froids calculs du doute et de la faiblesse orgueilleuse. Le protestantisme fut effrayé de son œuvre ; il déclara Illyricus arien et manichéen [1], et les savans se récrièrent contre l'injustice de sa critique [2]. C'est pourtant aux centuriateurs que nous devons Baronius. Cet homme, pieux et illustre, n'aurait pas osé entreprendre les Annales complètes de l'Eglise, sans les indications et les énormes travaux des centuriateurs ; mais il y a entre les Annales et les Centuries toute la distance qu'il y a entre la foi et le doute. La grandeur de la défense répond à l'ardeur de l'attaque ; et depuis ce moment, on ne trouve rien à comparer aux travaux de la science et de l'érudition catholiques.

Les bornes restreintes d'une introduction ne nous permettent pas de nous étendre sur l'histoire de l'Hagiographie : ce qui serait le sujet d'un beau livre de science et d'art ; mais nous ne pouvons passer sous silence quatre recueils qui ont été déchirés par nos savans critiques avec un acharnement tout spécial : les Ménées Grecs, Métaphraste, la Légende Dorée et Surius.

Les Ménées Grecs sont comme des vases remplis des plus doux parfums de la science et de la poésie de l'Orient. Ils sont divisés par mois et par jours ; on y trouve la messe du saint, son office et un abrégé de sa vie. Ils ont dans l'Eglise grecque la même valeur, la même auto-

---

[1] Voir le Catalogue des Hérétiques du luthérien Schluselburgius.

[2] Inesse labes et nævos, multa omissa, peccata multa, deprehendi etiam quandoque in ipsis conditoribus nimiam affectuum indulgentiam, nec negari potest, nec dissimulari. Cave, præfat., p. 30.

rité que les Bréviaires et les Missels dans l'Eglise latine. Ecoutez le jugement du dix-septième siècle : « Les Ménées et les Ménologes n'ont été compilés que sur de fort mauvais modèles, en ce qui regarde la vie des saints. Les fables les plus insipides y sont employées sans choix et sans ménagement; ce qui fait qu'on ne peut s'y fier, lorsqu'on ne trouve point ailleurs ce qu'ils contiennent... On y remarque aussi diverses choses contre les bonnes mœurs, contre la pureté et la sainteté de la religion même : les équivoques et les mensonges que l'on y met dans la bouche des saints font trop voir que le génie grec y règne plus que l'amour de la vérité [1]. »

Siméon Métaphraste vivait à Constantinople au commencement du dixième siècle. Il fut revêtu des premières charges de l'empire; maître de tous les offices de la cour et de la maison de l'empereur, et enfin logothète ou chancelier [2]. Homme de talent et de science, il travailla à renouveler les études dans un siècle malheureux; il consacra tous les instans que lui laissaient les affaires publiques à étudier les antiquités de l'Église; il recueillit avec un soin tout particulier les vies des saints, il les revit, changea dans la forme ce qui aurait pu paraître trop étrange, sans rien changer dans le fond, et les publia dans un ordre nouveau [3]. Il serait difficile d'ajouter quelque chose aux éloges que la Grèce a donnés à Méta-

---

[1] Baillet, t. I, p. 15.
[2] Hankius, de Scriptoribus byzantinis, p. 436.
[3] Vir ad bonas litteras infelici sæculo promovendas natus, ipse præstanti ingenio omnique politiori litteratura ornatus..., vitas sanctorum ante sua tempora scriptas undique conquisivit, conquisitas recensuit : elegantiores tanquam lectorum conspectu dignas calculo suo approbavit neque ulla in re mutatas divulgavit. — Cave, Hist. Littér., p. 492. — Leo Allatius, de Simeonum scriptis.

phraste; sa mémoire y est honorée d'un culte public, et même en Occident, Surius lui donne le titre de saint en rapportant le beau panégyrique écrit par Psellus (27 novembre). Le sixième concile de Constantinople (in Trullo), qui s'occupa spécialement de la conservation des monumens historiques, rend de solennelles actions de grâces au bienheureux Métaphraste, qui, par de longs et pénibles travaux, a rétabli les actes des martyrs et des autres saints dans leur sincérité [1].

Voilà le jugement de la science catholique et protestante sur Métaphraste. Écoutez maintenant les modernes faiseurs de vies des saints : « On peut assurer que c'est pour avoir su trop bien mentir que quelques hérétiques ont regardé Métaphraste comme un imposteur et un faussaire, né pour produire des monstres, outré au-delà de ce que la Grèce païenne a imaginé de fables en faveur de ses dieux [2]. » Nous avions cru et nous croyons encore, d'après l'autorité des grammairiens, que Métaphrase (μετάφρασις) signifiait le changement en un autre genre de discours, interprétation, traducteur. Nous nous trompons : « Métaphrase signifie quelque chose de plus que paraphrase et traduction; ce mot comprend les deux autres. Ainsi Métaphraste veut dire tout à la fois traducteur, glossateur et interpolateur [3]. » Il y a trois sortes de vies des saints données par Métaphraste : celles qu'il a composées, celles qu'il a retouchées, celles qu'il a conservées; et encore faut-il distinguer ce qui est réellement de lui de ce qui porte faussement son nom. Dans les diffé-

---

[1] Χάρις τοίνυν τῷ μακαρίτῃ Μεταφραστῇ τῷ τὰ μαρτυρικὰ ὡσεὶ τῆς ἀληθείας σκάμματα πολλοῖς πόνοις καὶ ἱδρῶσι κατακαλλύναντι. Balsamon, in canon. LXIII.

[2] Baillet, Discours sur la Vie des Saints, p. 59.

[3] Ibid., p. 58.

rens recueils manuscrits et dans ce qui a été publié, Leo Allatius a reconnu cent vingt-deux vies de Métaphraste, et cinq cent trente-neuf qui appartiennent à différens auteurs. L'exemple le plus persuasif que nous ayons des falsifications de Métaphraste, celui qui a fait le plus de bruit chez les faiseurs de vies des saints, est tiré de la vie de saint Euple, diacre et martyr en Sicile, dont l'Église célèbre la fête le douzième jour d'août. Les actes légitimes de sa vie ont été publiés par Cotelier [1], et en comparant les uns avec les autres, on trouve de notables différences. La victoire paraissait assurée; mais voilà que les Bollandistes, avec toute l'autorité de la science, déclarent que la vie de saint Euple publiée par Lipoman et par Surius n'est point de Métaphraste [2]. Pour convaincre ce pieux auteur de falsifications et d'impostures, il serait nécessaire d'établir les raisons qu'on en donne sur des principes solides : il faudrait donc examiner les monumens anciens qui nous restent, et les comparer avec les copies faites par Métaphraste, et qui sont certainement de lui ; et par ce moyen on pourrait se convaincre que ses paraphrases sont très peu considérables, supposé qu'elles ne viennent pas d'une main étrangère ; car, ayant passé par les mains des copistes et des auteurs plus récens, elles ont pu être altérées, sans que Métaphraste soit en rien coupable [3]. Au reste, l'expérience a été faite pour la vie de saint Nicéphore, martyr. On a conféré un très ancien manuscrit de la Bibliothèque du Roi avec le texte de Métaphraste, et on a trouvé que ses additions si monstrueuses se réduisaient à dix-sept lignes dont les

---

[1] Monumenta Ecclesiæ græcæ.
[2] Acta SS., t. I, maii, p. 37.
[3] Wangnevek, Pietas Mariana Græcorum. Prolegom., n° 28.

mots seulement avaient été changés [1]. Pour moi, je dépasserai toutes les bornes, et je défie de montrer que Métaphraste ait forgé de nouveaux miracles dans sa collection des vies des saints, suivant l'insolente expression des prétendus savans des trois derniers siècles; et même, l'aurait-il fait, il serait infiniment moins blâmable que ces ennemis de Dieu et de l'Église qui ont pris à tâche de retrancher de l'histoire tout ce qui peut contribuer à faire éclater davantage le mérite des saints et la grâce de Jésus-Christ [2]. Gloire et reconnaissance à Siméon Métaphraste qui a conservé à l'Église et à la science un grand nombre de monumens anciens dont elle aurait été privée pour toujours! Honte éternelle à tous ces menteurs qui ont tellement embrouillé l'histoire qu'elle est devenue comme une vaste conspiration contre la vérité! De sorte que l'on peut dire avant tout examen : Ces hommes ont avancé tel fait, donc il est dénaturé; ils ont méprisé cet auteur, donc cet auteur est vénérable et sincère; ils ont dit : Cela n'est pas, donc cela est.

Au treizième siècle, peu de temps après la glorieuse apparition dans le monde de Dominique et de François d'Assise, un Frère Prêcheur, illustre par sa science et par ses vertus, fit un recueil de vies des saints, pour être le sujet de la lecture spirituelle dans les monastères. Ce livre fut accepté avec une si grande faveur que la voix du peuple le nomma excellemment la Légende d'Or.

---

[1] Honoré de Sainte-Marie, Réflexions sur les Règles et l'Usage de la Critique, t. I, p. 225.

[2] « Je me suis gardé, dit le janséniste Arnauld d'Andilly, de rien ajouter dans aucune de ces vies, mais j'ai abrégé divers endroits dont la longueur n'aurait pas été moins inutile qu'ennuyeuse; et j'en ai retranché d'autres qui étaient entièrement superflus, du nombre desquels sont plusieurs miracles. » Vies de plusieurs Saints.

Jacques de Voragine était né à Voraggio, petite ville de la côte de Ligurie, entre Gênes et Savone. Ses contemporains eurent pour lui une si grande vénération qu'ils l'ont toujours qualifié de bienheureux. Saint Antonin parle de lui avec éloge [1]. Il fut archevêque de Gênes et un des plus célèbres prédicateurs de son temps. L'Université de Paris avait pour le bienheureux Jacques un si profond respect qu'elle condamna le docteur Claude Despence qui avait eu l'audace de prêcher contre la Légende d'Or [2]; et cela même lui fit perdre le chapeau de cardinal qui lui était destiné [3]. Les protestans attaquèrent ce livre avec une incroyable mauvaise foi : les préventions allèrent si loin que le très pieux cardinal Baronius n'ose pas nommer une seule fois Jacques de Voragine dans les notes du martyrologe, mais cite toujours Claude de La Roue, Frère Prêcheur lyonnais, qui a révisé et édité la Légende d'Or sous les règnes de Louis XII et de François Ier [4]. Mais au dix-septième siècle, l'attaque, au lieu d'être négative, prit une position injurieuse et aggressive, et ces auteurs soi-disant catholiques, ramassant les calomnies mensongères des écrivains de la réforme luthérienne, déclarèrent « que la Légende d'Or n'a été écrite que par un homme qui avait une bouche de fer et un cœur de plomb, et au lieu de l'appeler une légende dorée, on doit tout simplement la nommer une légende ferrée de mensonges [5]. » Les Hagiographes modernes joignent ici la noblesse et l'à-propos de l'expression à la force du raisonnement et de la science.

[1] Chronicon, tit. XXIII, cap. xi.
[2] Tillemont, Hist. Ecclés., t. II, p. 517.
[3] Voyez l'Histoire du président de Thou.
[4] Echard, Bibliotheca ord. Prædicator.
[5] Baillet, Discours sur la Vie des Saints, n° 32 et suiv.

XXII

L'admirable recueil de Surius n'a pas plus trouvé grâce que les trois livres dont nous venons d'indiquer le mérite, et cependant saint Pie V lui adressa ce bref de louanges et d'actions de grâces :

« Pie V, pape, à son cher fils frère Laurent, chartreux, salut et bénédiction apostolique.

« Nous avons reçu avec une grande joie le livre de la Vie des saints Pères que vous avez récemment publié, et que vous nous avez envoyé. Il nous a été d'autant plus agréable qu'il contient un travail que toujours nous avions désiré, et qui est très utile pour repousser les mensonges calomnieux que les hérétiques ne cessent de répandre sur les vies des saints. Nous louons du fond de notre âme votre pieux labeur, et nous vous recommandons à Dieu, vous qui, ne voulant pas paraître les mains vides en sa présence, avez travaillé dans sa maison et lui avez offert tout ce qui vous a été élargi ; souvenez-vous de rapporter toute la gloire de votre travail à jamais louable à celui de qui vous avez reçu le vouloir et le faire. Ainsi vous mériterez encore plus de louanges de notre part et de celle de tous les pieux et fervens catholiques. Nous vous exhortons à continuer ce travail, pour bien mériter de l'Église et du Dieu tout-puissant, assuré que vous êtes de recevoir du Christ rédempteur le centuple de votre peine.

« Donné à Rome, sous l'anneau du pêcheur 2 juin 1570 [1]. »

Nous ne pouvons pas nous étendre davantage ; nous signalons seulement l'importance de ces restaurations historiques ; la nécessité, pour ceux qui veulent étudier

---

[1] Mosander, t. VII ; de Surius.

l'histoire du Christianisme et des glorieux saints, de faire table rase de tous les Hagiographes en sous-œuvre des deux derniers siècles, de tous ces Velly, ces Mézeray, ces Anquetil de l'histoire chrétienne, dont le seul amour était la négation froide et haineuse ; et de remonter aux sources, aux originaux. Sans doute tous les Hagiographes modernes ne sont point partis des mêmes principes, n'avaient pas les désastreuses intentions que nous avons constatées ; mais la plupart sont d'une sécheresse, d'une froideur, d'une nullité extrêmes ; ils ont eu le talent de dénaturer leur caractère pieux et leur esprit plein de savoir. Le mal a été universel : l'Espagne a oublié les délicieux récits de Ribadeneyra ; l'Italie, la noble et douce Italie, où tout chrétien aime à aller effeuiller le plus frais rameau de ses jours ; cette nation qui, suivant l'expression grave et forte de Machiavel, paraît née pour conserver la vie aux choses mortes [1], a été envahie et tuée par le criticisme : la science y apparaît à sa surface pédantesque et païenne ; mais au fond du peuple se sont perpétuées les saines traditions, et il y a encore de la sympathie pour des Hagiographes admirables comme Jacobelli, don Silvano Razzi et Brocchi [2]. La France, dépeuplée de ses monastères, où avaient vécu tant de saints, a été par là privée de guides et de modèles, et dans le clergé, qui en général est d'une grande vertu et d'une grande distinction d'esprit, règnent encore ces malheureuses Hagiographies écrites sous l'influence glaciale de l'Angleterre. Nous avons pourtant de grandes ressources :

[1] Questa provincia pare nata a risuscitare le cose morte. — Arte della guerra, lib. VIII.
[2] Le premier a donné les vies des saints de l'Ombrie ; les deux autres, les vie des saints de Toscane.

c'est nous qui possédons les plus riches arsenaux de l'érudition chrétienne; c'est dans le doux jardin de la France que s'épanouissait il y a quelques jours cette fleur de sainte Élisabeth de Hongrie; c'est dans notre langue qu'un Prêcheur incomparable a raconté la vie intime de saint Dominique, et qu'un enfant, sorti des camps d'Israël, a chanté la merveilleuse épopée de saint Bernard.

Écrire la vie d'un saint est une chose difficile; la science ne suffit pas. Certes, elle ne manquait pas aux hommes dont nous avons signalé les déplorables erreurs. Il faut s'associer, par une sympathie forte et profonde, aux pensées, aux espérances, à la foi ardente et dévouée de générations depuis long-temps éteintes; il faut respirer l'atmosphère de poésie chrétienne au sein de laquelle elles ont vécu; car il faut toujours juger une époque d'après les idées qui lui étaient propres, c'est le seul moyen de la comprendre et de l'apprécier avec exactitude. Il faut tâcher, par la prière, par la pratique persévérante de l'humilité, d'obtenir du ciel un reflet de sainteté. Un homme qui ne connaîtrait pas pratiquement les voies de la vie spirituelle ne peut pas écrire la vie d'un saint; il lui manque un Sens : c'est comme si l'aveugle voulait juger les effets de la lumière. Voyez dans nos auteurs modernes les plus distingués sous tous les rapports, combien mal ils jugent la vie des saints : c'est pour eux une folie sublime, un rêve, une poésie; ils n'y voient jamais la miraculeuse action de Dieu.

Nous ne prétendons pas le moins du monde qu'il faille admettre inconsidérément tout ce qui se trouve dans les vies des saints, et par cela seul que cela s'y trouve; mais nous disons que les faits se prouvent par le témoignage, et non par le raisonnement. La tâche de l'historien est donc de discuter les témoignages, et il doit le faire avec simplicité, avec science et dans une entière soumission à l'autorité de l'Église : voilà les règles de la véritable critique historique. Nous n'en avons pas suivi d'autres dans ces longues recherches faites avec un amour filial dans les monumens et les livres ; et pour cela, vous savez tout ce que j'ai souffert, ô mon Dieu !... Pourtant ces années sont les deux plus heureuses de ma vie. Mes immenses lectures évoquaient en moi de saints personnages avec lesquels je m'entretenais ; j'assistais au grand drame de leur existence, je les retrouvais dans mes prières, et c'était eux qui les offraient à Jésus-Christ dans le ciel ; je les retrouvais dans les longues galeries des cloîtres de l'Apennin, dans les humbles chapelles de la montagne, dans les solitudes des forêts ; eux toujours ! eux partout !... Ah ! je l'avoue, douloureux est à mon cœur le moment où j'écris ces lignes ; car il m'avertit qu'il faut quitter ces hommes admirables qui, pendant deux ans, ont été les compagnons assidus de ma vie pauvre et obscure, et je pleure en disant à mon livre un dernier adieu !...

Ainsi donc je déclare hautement que si l'on peut détruire et nier un seul fait de cette histoire de saint François d'Assise, moi, j'accorderai que le saint patriarche n'a jamais existé ; car je n'ai pas d'autres témoignages pour prouver son existence naturelle que ceux qui prouvent les faits miraculeux. Jésus-Christ a dit : « En vérité, en vérité, je vous le dis, celui qui croit en moi fera les œuvres que je fais ; il en fera même de plus grandes, parce que je vais à mon Père, et tout ce que vous lui demanderez en mon nom, je le ferai. Ceux qui croiront, voici les miracles qu'ils feront ensuite : ils chasseront les démons en mon nom, ils parleront de nouvelles langues ; s'ils prennent quelque breuvage mortel, ils n'en ressentiront aucun mal ; ils mettront les mains sur les malades, et les malades seront guéris [1]. » Et n'allez pas croire que cette promesse ne regardait que le temps des apôtres, et que les miracles n'ont été nécessaires que pour l'établissement de la foi. Quel droit avez-vous de restreindre les paroles du Fils de Dieu? Croyez-vous entendre l'Écriture mieux que les docteurs de l'Église? Comment prouverez-vous que depuis le temps des apôtres il ne se soit jamais trouvé de conjonctures où le bien de la religion ait demandé qu'il se fît des miracles? Ils étaient nécessaires pour les infidèles, chez qui l'Evangile a été prêché en différens siècles, comme pour les idolâtres grecs et romains, à qui il fut d'abord annoncé. L'Eglise en a eu besoin pour confondre les hérétiques successivement soulevés contre ses dogmes, et pour affermir la foi de ses enfans; toujours ils ont été nécessaires pour manifester l'éminence de la vertu, pour faire glorifier Dieu, convertir les pécheurs, ranimer la piété, nourrir et fortifier l'espérance des biens éternels. Quelques personnes, même pieuses, répondent assez inconsidérément : Ces miracles ne sont point des articles de foi; l'Eglise n'oblige pas à les croire. A la vérité, il faut distinguer la foi dans les mystères, qui sont fondés sur l'autorité divine, à laquelle il faut se soumettre, et la foi dans les miracles des vies des saints qui sont appuyés sur des témoignages humains; mais nous soutenons que la foi dans les mystères conduit nécessairement à la foi dans les miracles prouvés de la vie des saints. En effet, si nous croyons avec une foi ferme et inébranlable ce que Dieu, par sa bonté infinie, a voulu faire pour le salut de tous les hommes et ce qu'il continue tous les jours dans l'eucharistie, ne nous persuaderons-nous pas aisément qu'il

---

[1] S. Jean, chap. xiv. — S. Marc, chap. xvi.

aura des marques extraordinaires de sa bienveillance pour ses plus fidèles serviteurs? Et, du reste, est-ce qu'on ne croit dans le monde que ce qui est de foi? En niant les miracles, vous niez ce que les Pères attestent comme l'ayant vu, ou en étant bien informés. Ainsi vous devez nécessairement conclure qu'ils avaient une faible crédulité, ou qu'ils trompaient le peuple; refuser de croire des merveilles transmises jusqu'à nous par une tradition constante et universellement reçue, c'est donner atteinte à toute la tradition. Que peut-on penser des saints, si l'on traite de chimères les grâces miraculeuses qu'ils certifient que Dieu leur a faites, si on attribue au hasard l'accomplissement de leurs prédictions? Que deviennent même leurs vertus héroïques? quel jugement formera-t-on de leurs actes? Paraîtront-ils plus croyables sur un point que sur l'autre? Quand on prononce qu'il n'y a point eu de miracles depuis le temps des apôtres, il faut donc dire, par une suite inévitable, que l'Eglise, qui fonde la canonisation sur les miracles, emploie des faussetés dans un acte religieux si solennel, et que le culte public n'est qu'une idolâtrie incertaine. Or, entre cela et l'hérésie, je ne vois pas de distance; car de grands principes de religion nous apprennent qu'en ces occasions l'Eglise reçoit du Saint-Esprit une assistance particulière qui fait qu'elle ne se trompe point et ne peut se tromper [1]. Combien je plains ces hommes que Bossuet stigmatise par ces sévères paroles : « Ils sont contens pourvu qu'ils se montrent plus déliés observateurs que les autres, et ils trouvent de meilleur sens de ne pas

---

[1] Melchior Canus, de Locis theologicis, lib. V, quæst. v. Louvain, 1564. — Le P. Chalippe a sur ce sujet d'excellentes réflexions.

croire tant de merveilles [1]. » Cette aversion du merveilleux, qui vient de la faiblesse d'un esprit appesanti par le péché, est une maladie grave qui peut avoir des suites funestes.

L'amour du merveilleux est un reste de notre grandeur originaire. L'homme était fait pour contempler les merveilles de la divinité, et jusqu'à ce qu'il les voie, il se porte par un mouvement intime à tout ce qui semble en être des traces. Ainsi, à côté de la poésie qu'on appelle primitive, et qui est vraiment la poésie populaire, car elle chante ce qui est au fond de toutes les âmes, ce qui erre sur toutes les lèvres, on trouve toujours un récit naïf qui porte le même caractère traditionnel, et qui s'adresse à toutes les intelligences simples du peuple. Dans l'antiquité classique, nous trouvons Homère et Hérodote; Niebuhr rattache les premiers récits de Tite-Live à quelques chants populaires perdus, auxquels il donne le nom de SAGA, prenant cette expression scandinave dans un sens général [2]. Au moyen âge, les préoccupations toutes religieuses ont donné un autre sujet à l'insatiable amour du merveilleux; les bornes positives de l'histoire n'ont pu le contenir : il a débordé de toutes parts, il a formé autour de la véritable histoire des saints comme une auréole poétique. Le Christianisme a eu ses Sagas, qu'on est convenu d'appeler légendes, poésies légendaires. La légende a toujours un fond vrai, une donnée historique, et ce serait une maladresse bien grande à un historien de les rejeter sans une sérieuse étude; car là est la vie intime du moyen âge, là est une

---

[1] Première instruction sur le Nouveau-Testament de Trévoux, p. 21.
[2] Hist. Romaine, t. I.

grande partie de la symbolique de l'art. Ainsi distinguer le vrai du faux, la lumière de ses rayons et de son reflet, discuter les autorités, voilà la tâche de l'historien, voilà ce qui constitue la science du moyen âge. Tout admettre sans examen serait plus coupable encore que de tout rejeter.

Mais par-dessus tout défions-nous de ces hommes qui font au catholicisme l'honneur de vouloir bien s'intéresser à lui; c'est une des cinq plaies de notre époque. Le voile du sanctuaire a été déchiré, et les profanes y ont fait invasion sans s'être purifiés, selon la loi; on a brisé la haie qui entourait la vigne du Seigneur, et voilà qu'elle est vendangée par tous ceux qui passent dans le chemin de la vie[1]. Ces mains sacriléges qui touchent l'arche sainte, ces hommes qui ne savent pas le catéchisme des petits enfans et qui jugent les mystères, voilà ce qui devrait nous remplir d'indignation, de zèle et de courage.... Chassons les barbares!...

Après deux siècles de ravages impies, assis au milieu des ruines, dans cette vaste solitude qu'étendent autour de nous la tristesse et le malheur, chantons les cantiques de la patrie et préparons les matériaux pour reconstruire l'édifice de la science catholique; que chacun, dans l'ordre où la Providence l'a placé, travaille à la restauration de la science. L'étude sérieuse, calme et dévouée à la gloire de Dieu, ne s'ouvre-t-elle pas devant nous comme un refuge et une espérance? Avec elle, on traverse les mauvais jours, sans en sentir le poids; on sert l'Église de Jésus-Christ, on use saintement sa vie.

---

[1] Ut quid destruxisti maceriam ejus et vindemiant omnes qui prætergrediantur eam! Psalm. 79.

XXX

Ce noble exemple, donné au monde par les véritables chrétiens, combattra l'affaissement moral, qui est la maladie de la génération actuelle ; il ramènera dans le chemin de la foi quelqu'une de ces âmes énervées qui s'en vont le matin demander à toutes ces doctrines d'un jour la force et la consolation, et qui le soir retombent, flétries et languissantes, dans l'abattement du désespoir ; car notre pitié ne doit pas être seulement pour ceux qui ont souffert, qui ont pleuré : elle doit être aussi pour ceux qui souffrent, pour ceux qui pleurent. Quand, sous nos yeux, les vivans gémissent, nos larmes ne doivent point aller baigner la cendre des morts. Entre les regrets du passé et les espérances d'un avenir meilleur, remplis de confiance en Celui qui a fait toutes les nations guérissables, nous tournerons nos regards vers l'Orient, nous chercherons dans les vieux âges des enseignemens utiles, nous demanderons aux saints nos aïeux la résignation et la force. Voilà ce qui élève la science terrestre ; autrement, elle serait bien petite : elle serait comme une peine d'enfance.

Nous le disons du fond de notre cœur, la croix de Jésus-Christ est notre espérance unique ; comme une idée éternelle qui traverse le temps, elle est placée entre le ciel et la terre pour la ruine ou pour la résurrection des sociétés et des individus, ainsi que le chantait dans ses extases prophétiques le sacrificateur Siméon, ce dernier représentant de tout l'ancien monde. La croix a sauvé les générations qui ont prié et pleuré avant nous dans les durs sentiers de la vie ; elle nous sauvera si nous avons confiance !

1841, 2 août, fête de Notre-Dame-des-Anges, à la Porziuncula.

AVIS IMPORTANT.

Pour compléter notre œuvre, voici ce que nous proposons aux amis de l'art chrétien. Nous avons recueilli, et dans un prochain voyage en Italie, accompagné de jeunes artistes aussi habiles que pieux, nous continuerons à recueillir tous les monumens que les arts du dessin ont élevés en l'honneur de saint François; et, certes, ils sont nombreux. Sans énumérer ici les grands édifices de l'architecture, les grands morceaux de sculpture, les terres cuites émaillées d'Andrea della Robbia, les vues pittoresques et grandioses des couvens, les merveilleuses verrières d'Assise, faites d'après les dessins de Cimabue et de Giotto, toutes choses qui seront une grande et curieuse partie de notre publication, nous présentons simplement ici les noms des peintres dont nous connaissons les œuvres, et dont nous avons déjà plusieurs dessins, faits sur les lieux avec une rare exactitude et un amour filial.

Giunta Pisano,
Margaritone,
Cimabue,
Giotto,
Bonaventura Berlinghieri,
Taddeo Gaddi,
Beato Angelico de Fiesole,
Pesellino,
Benozzo Gozzoli,
Domenico et Ridolpho Ghirlandajo,
Giovanni Bellini,
Sinibaldo Ibi,
Francesco Morone,
Vincenzio Catena,
Ercolo Grandi,
Sebastiano Florigorio d'Udine,
Francesco Francia,
Giovanni Carotto,
Alessandro Bonvicini,
F. Mino da Turrita, franciscain,
Adone Doni d'Assise,
Cesare Sermei d'Assise,
Lodovico Cardi da Cigoli,
Bartolome esteban Murillo,
Vincenzio Carducho,
Bartolomeo Carducho,
Augustino del Castelli,
Juan delle Castillo,
Vincenzio Joannes.

Ainsi voilà vingt-neuf peintres de l'école catholique, bien peu connus en France, sur lesquels on aurait des détails et des études sérieuses.

L'importance matérielle d'une si grande publication nous oblige à ne la commencer que lorsque nous aurons CENT souscripteurs inscrits chez M. Debécourt, éditeur.

Cette collection, qui ne ressemble à aucune autre du même genre pour l'exécution artistique, formera seize livraisons. Chaque livraison sera composée d'une feuille de texte in-folio, qui contiendra, avec la description des monumens publiés, des détails sur les artistes, détails puisés à des sources à peu près inconnues en France, et de DEUX planches.

Le prix de la livraison sera de 5 fr. On ne paye rien d'avance.

L'exécution de ce projet aura, nous en sommes sûrs, une très grande influence sur l'étude chrétienne des arts. Ce n'est point de notre part une spéculation : c'est amour et dévouement. Nous demandons seulement que les frais matériels, assez considérables, soient assurés.

Pour paraître prochainement :

HISTOIRE DE SAINT BRUNO

ET

DE L'ORDRE DES CHARTREUX.

1 vol. in-8°.

Après avoir représenté, dans la *Vie de Saint François d'Assise*, l'influence sociale des Institutions Monastiques, la vie extérieure des religieux du moyen âge. Retiré à la grande Chartreuse, où dans la prière et dans la solitude je m'initie à la vie intérieure des moines, j'en raconterai à mes frères toutes les merveilles. L'Ordre des Chartreux, considéré du point de vue littéraire, a eu deux siècles de gloire incomparable. L'appréciation de ces travaux tiendra une grande place dans notre livre : ce sera le dernier fragment de l'*Histoire des Institutions monastiques* que nous détacherons de l'ensemble, à moins que notre Saint-Père le Pape ne désire nous voir étudier et écrire l'*Histoire de Saint Romuald et des Camaldules*, un des plus magnifiques épisodes de l'histoire bénédictine. Ce désir sera pour nous un ordre, et nous quitterons tout pour l'exécuter. — Le premier volume de l'HISTOIRE COMPLÈTE DES INSTITUTIONS MONASTIQUES, c'est-à-dire de l'histoire des hommes, des institutions et des doctrines monastiques en Orient, paraîtra avant la fin de 1842.

Histoire de Saint François d'Assise.

Franciscus et Dominicus sunt duæ olivæ pinguedine dilectionis et devotionis, et duo candelabra lucentia ante Dominum, orbem doctrina illustrantia. Hi duo Cherubin, sapientia plena, obumbrantia propitiatorium, necnon et duo Seraphin, charitate ardentia, clamantia : Sanctus, Sanctus, Sanctus Dominus Deus Sabaoth, implentes omnem terram gloria ejus documentis et exemplis.

S. Antonin.

Chapitre premier.

1182 — 1206.

Naissance de François. — Sa Jeunesse. — Sa Conversion.

> Honestum fecit illum Dominus, et custodivit eum ab inimicis, et a seductoribus tutavit illum... Justum deduxit Dominus per vias rectas, et ostendit illi regnum Dei.
> BRÉVIAIRE ROMAIN.

Or donc, vivaient simplement dans la cité d'Assise Pierre Bernardone Moriconi et sa femme Picca. Leur fortune consistait en un commerce étendu, surtout en France. Dieu dans sa miséricorde les avait choisis pour donner au monde l'être séraphique qui devait l'illuminer de sa sainteté et de sa gloire. Cet enfant de bénédiction naquit en 1182, sous le pontificat de Lucius III. Dieu se plut à annoncer sa naissance par des présages merveilleux et à la rendre conforme à la naissance de son Fils dans le temps.

Sainte Hildegarde avait vu en esprit l'Eglise de Jésus-Christ représentée par une très belle femme, dont le visage était triste et couvert de poussière. Elle disait à Dieu : Les renards ont leurs tanières et les oiseaux du ciel leurs nids, et moi je n'ai personne pour me consoler et me secourir ; je n'ai pas même un bâton sur lequel je puisse m'appuyer[1]. Aussitôt Dieu suscita le pauvre François pour soutenir son Eglise. Picca souffrait depuis plusieurs jours de grandes douleurs ; un pèlerin vint avertir qu'elle ne serait délivrée que dans une étable, et que son enfant devait naître sur la paille. Ce conseil parut étrange ; mais il fut suivi, et la mère accoucha heureusement[2]. Ce fut une fête dans le ciel et sur la terre : quelques âmes pieuses entendirent les anges chanter pendant la nuit des hymnes de paix et de joie sur une humble petite chapelle de la plaine au bord du grand chemin. Elle prit dès lors le nom de Notre-Dame-des-Anges, et devint plus tard un sanctuaire fort célèbre. Un homme du peuple fut son précurseur ; il parcourait les rues d'Assise en criant : La paix et le bien ! la paix et le bien ! Il se tut dans les premières années de François[3]. Au baptême, un inconnu se présenta pour le tenir sur les fonts ; il le pressait dans ses bras avec tendresse : c'était un ange envoyé de Dieu[4]. L'enfant reçut, selon le désir de sa mère, le nom de Jean, apôtre bien-aimé, qui, appuyé sur le cœur de Jésus, pénétra si avant dans les mystérieuses profondeurs de l'amour et de la grâce. Ce saint nom était un heureux présage. Pierre Bernardone, qui voyageait alors en France pour les affaires de

---

[1] Epist. S. Hildegard. Biblioth. Veterum Patrum, tome XV, page 657. Cologne, 1622, in-folio.

[2] Wadding. Annales Minorum. — Cette étable a été plus tard changée en chapelle qu'on appela *San Francesco il Piccolo*, Saint-François-le-Petit. — Sur la porte on lit cette inscription latine en caractères fort anciens :

> Hoc oratorium fuit bovis et asini stabulum,
> In quo natus est Franciscus mundi speculum.

« Cette chapelle a été l'étable du bœuf et de l'âne où est né François, le miroir du monde. »

[3] Præcursorem habuit hominem, scilicet qui ferventer per Assisium pergens, dicebat : Pax et bonum ! Pax et bonum ! Barthelemy de Pise. Liber Conformitatum. Fruct. X, part. 2.

[4] Cum seraphicus Franciscus baptizaretur, adfuit angelus vestitu et incessu gravis, qui ultro elevando, e sacro fonte infantulo se obtulit. Wadding. Annales Minorum, t. I.

son commerce, eut à son retour une grande joie, apprenant qu'un fils lui était né. Pour perpétuer le souvenir de ce voyage béni, il donna au petit Jean le surnom de *François*, nom qu'il a toujours porté depuis, qu'il a sanctifié et rendu éternellement glorieux. N'y aurait-il pas dans les noms quelque chose de secret, de divin; un mystère, une harmonie que nous comprendrons un jour?

Picca eut pour son François l'amour ineffable d'une jeune mère pour son premier-né; elle le nourrit elle-même; elle entoura son berceau de sa piété, de son dévouement, de ses affectueuses caresses; et tout ce qu'on remarqua plus tard de bon, de généreux dans saint François, il le tenait de sa mère. Nous n'avons pas de détails sur sa première jeunesse; elle fut toute cachée dans la maison paternelle. C'est que toutes les jeunesses se ressemblent : c'est dans la vie une époque de foi, d'espérance et d'amour; c'est cette candeur, cette simplicité, cette naïveté, toutes ces vertus douces et innocentes auxquelles il faut bien revenir plus tard pour être heureux. Le royaume du ciel est promis aux petits enfans et à ceux qui leur ressemblent.

Devenu un peu grand, sa mère le confia à de pieux ecclésiastiques de la paroisse de Saint-George, qui lui enseignèrent les élémens de la doctrine chrétienne et des sciences humaines. Mais bientôt il aida son père dans le commerce et s'adonna tout entier à ce genre d'occupation[1]. Pierre Bernardone était un homme dur, intéressé, avare; François était au contraire compatissant, très miséricordieux, et surtout prodigue à l'excès[2]. Tout ce qu'il gagnait, il le dépensait largement; il donnait de grands repas à ses amis, et le soir, au sortir de table, après avoir bien bu et bien mangé, tous par bandes parcouraient les rues paisibles d'Assise, chantant des chansons populaires qu'ils entrecou-

---

[1] Hic postquam fuit adultus, et subtilis ingenii factus, artem patris id est negociationem exercuit. Vita a Tribus Sociis, cap. I.

[2] Sed dissimiliter valde, quoniam ipse liberalior valde et hilarior. Tribus Sociis.

paient par des jeux et par de bruyantes vociférations [1]. François aimait les beaux vêtemens et tout ce qui était splendide et rare. Son père lui reprochait ses grandes dépenses, disant qu'on le prendrait plutôt pour le fils d'un prince que pour le fils d'un marchand [2]. Mais on ne le contraignait pas davantage, et pour de semblables choses on aurait craint de l'affliger [3]. L'amour le plus tendre inspirait sa mère, et Pierre Bernardone se consolait de cette prodigalité, d'abord parce qu'il était fort riche, et peut-être bien aussi par un secret orgueil de voir son fils le plus distingué des jeunes hommes d'Assise et leur patron; car la générosité de son caractère le portait partout où il y avait une gloire à acquérir, un exploit aventureux à tenter; et les habitans d'Assise, dans leur affectueuse admiration, l'avaient surnommé la Fleur de la jeunesse [4].

Les occasions de dévouement ne manquaient pas alors en Italie. Le morcellement de toutes ces petites républiques, dont quelques unes ont été si glorieuses et si puissantes, avait établi une grande divergence d'intérêts, et entretenait dans les âmes une incroyable activité. Assise et Pérouse étaient deux villes rivales et ennemies, souvent en querelle et en guerre. La jeunesse de ces deux villes se plaisait surtout à faire des courses armées et à se surprendre réciproquement. C'est dans une de ces sorties que François fut fait prisonnier avec quelques uns de ses concitoyens. Son courage ne fut point abattu par ce revers, et, dans sa captivité, il conserva la force et la joie de son âme. Un jour que ses compagnons étaient accablés de tristesse, l'un d'eux lui

[1] Deditus jocis et cantibus, civitatem Assisii die noctuque circumiens, sibi similibus est associatus. A Tribus Sociis.

[2] Ut non eorum filius, sed cujusdam magni principis videretur. A Tribus Sociis.

[3] Quia tamen divites erant parentes ejus, et ipsum tenerrime diligebant, tolerabant eum, in talibus ipsum turbare nolentes. A Tribus Sociis.

[4] Seraphicus Franciscus a primis annis maxime fuit dilectus... Unde cives Assisiates eum vocabant juvenum Florem. Wadding. Annales Minorum. tome I.

reprocha sa gaîté et son contentement dans la prison. Que pensez-vous de moi? leur dit-il; un jour vous me verrez honoré de toute la terre [1]. Un des soldats qui étaient avec eux insulta un des jeunes Assisiens; aussi tous l'abandonnèrent; François seul continua à lui parler, et exhorta ses amis au pardon. Enfin, après une année, la paix s'étant rétablie, nos prisonniers revinrent à Assise.

Dieu alors dans sa miséricorde envoya une maladie à François, qui, sans cela, se serait peut-être laissé emporter à la violence et à l'impétuosité de ses passions. Les maladies sont presque toujours des préparations à la grâce : l'âme peut alors reprendre tout son empire sur le corps affaibli. Nous nous réjouissions dans l'espérance des folles joies de la terre, de ses plaisirs, de ses richesses, et voilà que Dieu ferme devant nous le chemin avec une haie d'épines, élève entre le monde et notre âme un mur, et nous ne pouvons plus reconnaître les sentiers du crime et du péché [2]. Dans sa convalescence, dès qu'il put marcher appuyé sur un bâton, il sortit dans la campagne pour reprendre un peu de force; mais il ne put trouver aucun plaisir ni aucune consolation dans la beauté et les charmes de la nature [3]. Dès ce jour, il devint petit à ses propres yeux; il sentit du dégoût pour les objets qu'il aimait le plus; il méprisa ce qu'il estimait, et sa conduite passée lui parut une folie [4]. Mais peu à peu des projets de grandeur et de gloire remplirent de nouveau son

---

[1] Propter quod unus de sociis suis reprehendit eum tanquam insanum, quia scilicet lætabatur in carcere constitutus. Ad quem Franciscus viva voce respondit: Quod putatis de me? adhuc adorabor per totum mundum. A Tribus Sociis.

[2] Ecce ego sepiam viam tuam spinis, et sepiam eam maceria, et semitas suas non inveniet. Osée, cap. II.

[3] Die quadam, baculo sustentatus, foras exivit, et circa adjacentem planitiem cœpit curiosius intueri : sed pulchritudo agrorum, amœnitas, et quidquid visu pulchrum est, in nullo potuit eum delectare. Thomas de Celano, lib. I, cap. I.

[4] Ab ea itaque die cœpit seipsum vilescere sibi, et in contemptu quodam habere, quæ prius in admiratione habuerat et amore. Thomas de Celano, lib. I, cap. I.

esprit; la vie aventureuse des armes avait surtout beaucoup d'attraits pour son âme élevée et énergique[1]. Il apprit qu'un chevalier pauvre en biens matériels, mais riche en dévouement et en courage, se disposait à aller dans le royaume de Naples pour servir et combattre sous la bannière de Gautier de Brienne, qui défendait vigoureusement contre l'empereur les droits d'Alberia, sa femme, fille aînée de Tancrède, roi de Sicile, mort depuis quelques années. Gautier avait de nombreuses et chaudes sympathies dans les villes italiennes; on l'appelait partout le *conte gentile*, pour marquer sa vaillance, sa loyauté, toutes les vertus de son âme. D'ailleurs son opposition à l'empire d'Allemagne donnait à sa cause une couleur tout-à-fait nationale. François fit tout ce qu'il put pour aider ce pauvre chevalier qui voulait se dévouer à un si généreux parti, et il conçut le vif désir de suivre aussi l'expédition[2]. Un songe mystérieux le confirma dans ce projet. Pendant son sommeil, il vit un grand palais rempli d'armes, et aux murs étaient suspendus des boucliers éclatans[3]. François, qui jusqu'alors n'avait vu dans la maison paternelle que d'immenses magasins de draps, fut transporté d'admiration. Il demanda : A qui sont ces armes et ce palais enchanté? Une voix lui répondit : Tout cela est destiné à toi et à tes soldats[4].

Le matin, il se leva tout joyeux; n'ayant pas encore l'intelligence de ces avertissemens secrets et symboliques, il prit à la lettre sa vision, se disposa sérieusement à partir, et faisant ses adieux à sa famille et à ses amis, il disait tout

---

[1] Inanis gloriæ vento inflatus... quia non modicum audax. Thomas de Celano, lib. I, cap. 1.

[2] Quo audito, Franciscus ad eundem cum illo aspirat, ut a quodam *comite gentili* miles fiat. A Tribus Sociis.

[3] In quoddam spatiosum et amœnum palatium, plenum militaribus armis, scilicet splendentibus clypeis, cæterisque apparatibus ad murum pendentibus, ad militiæ decorem spectantibus. A Tribus Sociis.

[4] Interrogavit cujus essent hæc arma, et palatium sic amœnum? et responsum est illi, hæc omnia cum palatio sua esse, militumque suorum. A Tribus Sociis.

triomphant : Je suis assuré de devenir un grand prince [1]. Mais obligé de s'arrêter à Spolète à cause d'une maladie, pendant une nuit de demi-sommeil, il entendit une voix qui lui demandait quel était son but et son ambition. François exposa franchement ses désirs. Cette voix, qui n'était autre que la voix de celui qui se tient toujours à la porte du cœur et qui frappe, reprit : « François, lequel des deux peut te faire plus de bien : le maître ou le serviteur? — Le maître, répondit-il aussitôt. — Eh bien donc, reprit la voix, pourquoi abandonnes-tu le maître pour le serviteur, le seigneur pour le vassal? — O mon Dieu! que voulez-vous que je fasse? s'écria François. — Retourne dans ta ville; là il te sera dit ce que tu dois faire; car il faut comprendre autrement la vision que tu as eue [2]. »

Dès le matin, il reprit avec joie le chemin d'Assise, pour y attendre tranquillement les ordres du Seigneur. Ses amis le choisirent de nouveau pour le maître de leur société et l'ordonnateur de leurs réjouissances [3]. Un jour, après un repas somptueux, toute la bande joyeuse parcourait la ville en chantant; François marchait un peu à l'écart, portant le bâton de roi de la fête [4]; ses compagnons s'aperçurent qu'il ne chantait pas, et que son esprit méditatif était loin du plaisir; ils lui demandèrent en riant le sujet d'une si profonde rêverie : « Pourquoi donc ne fais-tu pas comme nous? Sans doute tu penses à prendre femme? — Vous l'avez dit, répondit-il; je prendrai une femme si noble, si riche et si belle, qu'il n'y en aura point de semblable au monde [5]. » L'esprit

---

[1] Scio me magnum principem affuturum. A Tribus Sociis.

[2] Revertere, inquit, in terram tuam, et tibi dicetur, quid sis facturus; nam visionem, quam vidisti, oportet te aliter intelligere. A Tribus Sociis.

[3] A sociis suis eligitur in dominum, ut secundum voluntatem suam faceret expensas. A Tribus Sociis.

[4] Cumque refecti de domo exissent, sociique simul eum præcederent, euntes per civitatem cantando, ipse portans baculum quasi dominus, parum retroibat post illos. A Tribus Sociis.

[5] ... Forsitan uxorem accipere cogitasti? quibus ille viva voce respondit: Verum dixistis; quia nobiliorem ac ditiorem et pulchriorem sponsam, quam unquam videratis, accipere cogitavi. A Tribus Sociis.

de Dieu venait de se répandre en lui par une communication pleine de douceur, mais intime et forte. Il s'entretenait dès lors plus fréquemment avec Dieu dans l'oraison ; Jésus-Christ daigna se montrer à lui sur la croix. L'âme de François fut toute pénétrée d'amour, et sa charité pour les pauvres devint merveilleuse. Il aurait voulu employer à leur soulagement tout ce qu'il avait et sa propre personne ; il se dépouillait pour les revêtir ; il partageait entre eux ses vêtemens [1]. Cette miséricordieuse tendresse, cette compassion qu'il ressentait à la vue des pauvres et qu'il conserva toute sa vie, n'était pas seulement naturelle; dès sa jeunesse, la grâce y avait mêlé quelque chose de divin, qui s'augmenta tellement avec l'âge, qu'il semblait s'être tout transformé en amour. Si le père aime ses enfans, saint François était le père, le patriarche des pauvres, suivant l'expression de saint Bonaventure ; on eût dit qu'il les avait tous renfermés dans son cœur, ou que son cœur s'était épanché par l'amour dans tous les pauvres. Un jour que, selon sa coutume, pendant l'absence de son père, il faisait préparer sur la table une grande quantité de pains, car il avait pris la résolution de ne jamais refuser l'aumône à aucun pauvre, sa mère lui demanda pourquoi ces provisions : C'est, lui répondit-il, pour tous les pauvres qui sont dans mon cœur. Et la dame Picca le contemplait avec amour [2]. Mais toutes ces bonnes œuvres ne répondaient pas à l'idée qu'il s'était formée de la perfection. Il aurait voulu se retirer dans un pays lointain pour y pratiquer au grand jour la pauvreté volontaire, qu'il avait embrassée dans son cœur. C'est alors qu'il résolut d'aller à Rome visiter ces deux pauvres illustres qui ont vu les empereurs prosternés devant leurs tombeaux. Après avoir fait sa prière dans ce saint lieu, il remarqua que les uns offraient peu et que les autres ne

---

[1] Pauperibus etiam mendicantibus non solum sua, verum etiam seipsum cupiebat impendere, aliquando vestimenta exuens, aliquando dissuens, aliquando scindens ad largiendum eis. S. Bonaventura, cap. I.

[2] Ita nunc cor suum totum erat, ut pauperes videret, vel audiret, quibus eleemosynam elargiretur.... mater multum super his in corde suo admirans. A Tribus Sociis, cap. I.

donnaient rien du tout. Il dit : « Pourquoi les offrandes au prince des apôtres sont-elles si petites ? » et prenant dans son aumônière une poignée d'argent, il la jeta avec bruit par l'ouverture de l'autel [1]. Au sortir de l'église, il se joignit à une troupe de pauvres, et donna son habit au plus nécessiteux dont il prit les haillons, et il resta tout le jour sur les degrés du portique, demandant l'aumône en français [2]. « Ainsi, s'écrie notre grand Bossuet, il se mêle parmi les pauvres qu'il sait être les frères et les bien-aimés du Sauveur ; il fait son apprentissage de cette pauvreté généreuse à laquelle mon maître l'appelle ; il goûte à longs traits la honte et l'ignominie qui lui a été si agréable ; il se durcit le front contre cette lâche et molle pudeur du siècle, qui ne peut souffrir les opprobres, bien qu'ils aient été consacrés en la personne du Fils de Dieu. Ah ! qu'il commence bien à faire profession de la folie de la croix et de la pauvreté évangélique ! [3] »

De retour à Assise, François eut à soutenir ces assauts violens, que le démon livre toujours à une âme convertie à Dieu. Les plaisirs de ses premières années, cette vie libre et joyeuse de sa jeunesse, ses beaux vêtemens, son luxe, ses projets de grandeur, d'ambition, tous ces fantômes d'une imagination de vingt ans passaient et repassaient dans son esprit pour y laisser des souvenirs et des regrets [4] ; mais il resta inébranlable à ces séductions intérieures comme à celles du dehors ; il priait avec larmes et mortifiait ses sens avec une grande attention. Dieu, par des communica-

---

[1] Cum princeps apostolorum sit magnifice honorandus, cur isti tam parvas oblationes in ecclesia faciunt ubi corpus ejus quiescit ? Sicque cum magno favore manum ad bursam ponit, et plenam denariis traxit, eosque per fenestram altaris projiciens, tantum sonum fecit, quod de tam magnifica oblatione omnes astantes plurimum sunt mirati. A Tribus Sociis, cap. I.

[2] Atque stans in gradibus ecclesiæ cum aliis pauperibus, eleemosynam gallice postulabat. A Tribus Sociis, cap. I.

[3] Bossuet, panégyrique de S. François d'Assise.

[4] Cogitationes variæ sibi invicem succedebant, et ipsarum importunitas eum duriter perturbabat. Thomas de Celano, cap. I.

tions intimes, le consolait et le fortifiait. Un jour, François se promenait, en méditant, dans la campagne; car l'homme dans toutes ses douleurs a un besoin inné d'entrer en communication directe avec la nature; il se dirigea vers la vieille église de Saint-Damian pour y faire sa prière. Prosterné devant le crucifix, il prononça trois fois, avec une grande dévotion, ces belles paroles, que depuis il répéta souvent : « Grand Dieu, plein de gloire, et vous, mon Sei- « gneur Jésus-Christ, je vous prie de m'éclairer et de dissi- « per les ténèbres de mon esprit, de me donner une foi « pure, une ferme espérance et une parfaite charité. Faites, « ô mon Dieu, que je vous connaisse si bien, qu'en toutes « choses je n'agisse jamais que selon vos lumières et confor- « mément à votre sainte volonté [1]. » Et les yeux baignés de larmes, il regardait très amoureusement le crucifix. Alors il entendit par trois fois ces paroles prophétiques : « François, va, répare ma maison, que tu vois tomber tout en ruine [2]. » Il ne les comprit pas d'abord, et les prit dans le sens matériel. En sortant, il trouva Pierre, prêtre de cette église; il lui dit : « Je vous en prie, Maître, achetez de l'huile avec cet argent, et entretenez une lampe devant le crucifix [3]. » Il partit aussitôt pour aller vendre à Foligno plusieurs pièces d'étoffes; il vendit même son cheval, et apporta tout le produit de cet heureux négoce aux pieds du pauvre prêtre de Saint-Damian pour la restauration de son église [4]. Il se prosternait à ses pieds et baisait ses mains avec dévotion. Le prêtre ne pouvait en croire ses yeux sur un changement si subit, et, craignant d'être trompé, refusa de recevoir l'argent; mais il céda au désir que François lui témoignait de demeurer avec lui. Pierre Bernardone, appre-

---

[1] Chalippe, vie de S. François, liv. I.

[2] Corporeis audivit auribus ter dicentem : Francisce, vade, et repara domum meam, quæ, ut cernis, tota destruitur. S. Bonaventura, cap. II.

[3] Rogo te, Domine, ut emas oleum, et facias continue ardere lampadem coram illo crucifixo. A Tribus Sociis, cap. I.

[4] Ibique vendidis quæ portaverat, equum cui tunc insederat, felix mercator, assumpto pretio dereliquit. S. Bonaventura, cap. II.

nant cette résolution de son fils, et surtout regrettant au fond de son cœur l'argent que François voulait consacrer à la restauration de l'église, fut transporté d'une grande colère. Avec quelques uns de ses amis, il vint à Saint-Damian; mais François, nouveau chevalier encore peu aguerri au combat, s'enfuit et se cacha dans une caverne, qui n'était connue que d'un domestique, dont il recevait les choses nécessaires à la vie. Là il priait continuellement avec une grande abondance de larmes, pour obtenir la grâce d'être délivré de ceux qui le poursuivaient et d'accomplir ce que Dieu lui avait inspiré [1]. Ainsi il passa un mois; il fit réflexion que c'était en Dieu seul qu'il devait mettre son espérance, sans compter sur ses propres forces, et cette pensée le remplit d'un courage intérieur qui releva son âme abattue. Il bannit toute crainte et rentra dans sa ville d'Assise avec intrepidité [2]. Les habitans, le voyant tout changé et son visage maigre et défait, l'appelèrent fou; on le couvrit de boue; on lui jeta des pierres; on le poursuivit partout avec de grandes huées. Mais François était sourd et insensible à toutes ces injures, et dans son cœur il rendait à Dieu des actions de grâces, de porter ainsi devant les hommes les marques de la folie de la croix [3]. Cependant Bernardone, averti que son fils est l'objet de la risée publique, vient à lui comme un loup se jette sur une brebis, il ne garde plus aucune mesure, il le frappe rudement en lui faisant de vifs reproches, l'entraîne dans sa maison, et le renferme dans un endroit obscur [4]. Il chercha par ses discours et par ses menaces à détourner François de sa résolution; mais le généreux prison-

---

[1] Occulte orans jugiter lacrymarum imbre perfusus, ut Dominus liberaret eum a persecutione nociva, et ut pia vota ipsius benigno favore compleret. A Tribus Sociis, cap. II.

[2] Fovea relicta, iter arripuit versus Assisium, impiger, festinus et lætus. A Tribus Sociis, cap. II.

[3] Sed miles Christi his omnibus ut surdus pertransiens, nulla fractus aut mutatus injuria, Deo gratias referebat. A Tribus Sociis, cap. II.

[4] Nulla enim moderatione servata currit tanquam lupus ad ovem. A Tribus Sociis, cap. II.

nier resta inébranlable, et en devint même plus décidé et plus courageux. Les yeux de son âme étaient sans cesse ouverts sur ces paroles de l'Évangile : Heureux ceux qui souffrent persécution pour la justice, car le royaume des cieux leur appartient [1]. Sa pieuse et bonne mère souffrait de tous les mauvais traitemens faits à son fils chéri ; elle blâmait la dureté de son mari. Aussi, pendant qu'il était absent pour les affaires de son commerce, elle ouvrit la prison de François, et essaya par ses paroles, ses caresses et toutes ces merveilleuses ressources de l'amour, de le détourner du projet qu'il avait formé de quitter sa famille et le monde; mais, voyant tous ses efforts inutiles, elle le laissa aller en liberté [2]. François retourna à Saint-Damian en bénissant Dieu. Pierre Bernardone, à son retour, fit à sa femme de sanglans reproches, et alla rechercher son fils. Celui-ci, fortifié intérieurement et rempli d'un courage surhumain, se présenta bravement à son père, lui disant d'une voix assurée : « Je compte pour rien vos coups et votre prison ; c'est avec bonheur que je souffre pour le nom de Jésus-Christ. » Le père, voyant qu'il n'y avait

[1] S. Mathieu, chap. V.
[2] Mater ejus factum viri non approbans, et inflexibilem filii constantiam emolliri posse non sperans, à vinculis absolutum abire permisit. S. Bonaventura, cap. II.

    Un jor que estoit hors son père,
    Grant pitie ot de li sa mère ;
    Mout duremant le blandissoit
    Savor se èle le porroit
    Fére sa volonté changier.
      (Chronique Mss.)

Gabriel de Mata dans son *Cavaliere Assisio* met des plaintes fort touchantes dans la bouche de la dame Picca. Cant. IV, 1re part., p. 42. Enfin :

    La triste madre ya desesperada
    De poder ablandar tan duro pecho :
    Despues de auer el suyo alli arrojada
    En una mar de lagrimas desecho :
    Temiendo que la yra apassionada
    Del padre no le acaue con despecho :
    De la prision le saca libremente
    Porque quando alli buelua lehalle ausente.

rien à espérer, ne pensa plus qu'à se faire rendre l'argent de l'étoffe et du cheval. L'ayant trouvé sur la petite fenêtre où François l'avait jeté lors du refus du prêtre, sa colère s'apaisa un peu. Mais son avarice ne fut pas satisfaite; il soupçonna François d'avoir d'autres sommes en réserve, et porta officieusement ses plaintes aux magistrats de la ville. Il voulait d'ailleurs arracher à François une renonciation à tout ce qu'il pouvait espérer de son patrimoine. Cité devant les magistrats par un héraut, François répondit : « Grâce à Dieu, je suis entré dans la pleine liberté de ses serviteurs; je n'ai rien à traiter avec les magistrats [1]. » Ceux-ci respectèrent sa conversion et sa persévérance. D'ailleurs, les juridictions étaient très distinctes, et ils ne voulurent rien entreprendre sur les droits de l'évêque et de l'Église. Ils dirent au père : « Puisqu'il est entré au service de Dieu, il n'est plus sous notre pouvoir [2]. » Bernardone s'adressa alors à Vido Secundi, évêque d'Assise, homme discret et sage. Il fit appeler François, qui répondit : « J'irai trouver le seigneur évêque, qui est le père et le maître des âmes. » Et l'évêque le reçut avec une grande bonté. Il lui dit : « Votre père est grandement irrité contre vous; si vous voulez servir Dieu, rendez-lui l'argent que vous avez : peut-être a-t-il été injustement acquis; Dieu ne veut pas que vous employiez au profit de l'Église ce qui peut calmer la fureur de votre père. Mon fils, ayez confiance en Dieu, agissez franchement, ne craignez pas, il sera votre aide, et pour le bien de son Église il vous donnera tout ce qui est nécessaire. » Encouragé par ces paroles de l'évêque, et comme enivré de Dieu, François se leva et dit : « Maître, je lui rendrai tout ce qui est à lui, et même mes vêtemens. » Et il se déshabilla; puis, déposant tout devant l'évêque : « Ecoutez et comprenez, dit-il : jusqu'à présent, j'ai appelé Pierre Bernardone mon père; désormais, je puis

---

[1] Dixit se per Dei gratiam jam factum liberum, et consulibus amplius non teneri. A Tribus Sociis, cap. II.

[2] Ex quo servitium Dei est aggressus, de potestate nostra exivit. A Tribus Sociis.

dire hardiment : Notre Père, qui êtes aux cieux, en qui j'ai mis mon trésor et la foi de mon espérance¹. » Tous les assistans furent émus jusqu'aux larmes, et maudissaient dans leur cœur la rapacité impitoyable de Pierre Bernardone. L'évêque, ravi de la plus tendre admiration, ouvrit ses bras et son cœur à François; il le couvrit de son manteau. Il comprit que ce dépouillement renfermait un grand mystère; aussi il se montra toujours son protecteur et son ami le plus dévoué. François revêtit l'habit d'un serviteur de l'évêque. Or, il était dans sa vingt-sixième année, lorsqu'en 1206 il renonça ainsi publiquement à toutes les choses de la terre.

« Oh! la belle banqueroute que fait aujourd'hui ce mar-
« chand ! O homme, non tant incapable d'avoir des riches-
« ses, que digne de n'en avoir pas, digne d'être écrit dans
« le livre des pauvres évangéliques, et de vivre dorénavant
« sur le fonds de la Providence ! Enfin, il a rencontré cette
« pauvreté si ardemment désirée, en laquelle il avait mis son
« trésor; plus on lui ôte, plus on l'enrichit. Que l'on a bien
« fait de le dépouiller entièrement de ses biens, puisque aussi
« bien on voulait lui ravir ce qu'il estimait de plus beau dans
« toutes ses possessions, qui était le pouvoir de les répan-
« dre abondamment sur les pauvres. Il a trouvé un père qui
« ne l'empêchera pas de donner, ni ce qu'il gagnera par le
« travail de ses mains, ni ce qu'il pourra obtenir de la cha-
« rité des fidèles. Heureux de n'avoir plus rien dans le siècle,
« son habit même lui venant d'aumône ! Heureux de n'avoir
« d'autre bien que Dieu, de n'attendre rien que de lui, de
« ne recevoir rien que pour l'amour de lui ! ² »

---

¹ Insuper ex admirando fervore, spiritu ebrius, totus coram omnibus denudatur, dicens ad Patrem : Usque nunc vocavi te Patrem in terris, amodo autem secure dicere possum : Pater noster, qui es in cœlis, apud quem omnem thesaurum reposui et omnem spei fiduciam collocavi. S. Bonaventura, cap. II.

² Bossuet.

Chapitre ij.

1206.

François se dévoue au service des lépreux. — Les Lépreux dans le moyen âge.

>Celui-là est vraiment grand qui a une grande charité.
>
>IMITATION DE JÉSUS-CHRIST.

>Sancte Francisce leprosorum mundator,
>Sancte Francisce infirmorum consolator,
>Ora pro nobis !
>
>ANCIENNES LITANIES.

Dégagé de tous les liens qui le retenaient au monde, entré, selon son désir, dans la vraie liberté des enfans de Dieu, François alla tout d'abord dans la solitude pour y être plus près de son bien-aimé et écouter plus attentivement sa voix [1]. C'est le premier besoin qu'éprouve l'âme chrétienne en sortant des agitations de la vie mondaine et après les douleurs de l'enfantement spirituel. Il parcourait les bois et les montagnes chantant, en langue française, les louanges de Dieu et les jubilations de son cœur. Des voleurs lui demandèrent :

[1] Solutus exinde mundi contemptor, securus et liber secretum solitudinis petiit, ut solus et silens superne audiret allocutionis arcanum. S. Bonaventura, cap. II.

« Qui es-tu ? — Je suis le héraut du grand Roi, » leur répondit-il avec un accent prophétique [1]; mais ils le battirent rudement, et le jetèrent dans une fosse remplie de neige, lui disant avec moquerie : « Reste là maintenant, chétif héraut de Dieu. » Lorsqu'ils se furent éloignés, François sortit de la fosse, tout joyeux d'avoir souffert, et il recommença à chanter d'une voix plus haute. Il arriva ainsi à la porte d'un monastère, où il reçut l'aumône comme un mendiant; il y passa quelques jours employé aux plus vils offices de la cuisine. De là il vint à Gubbio, où un de ses anciens amis le reconnut; il lui donna l'hospitalité, une tunique courte, une ceinture de cuir, des souliers, un bâton; c'était le costume ordinaire des ermites. Sous cet habit de pénitence, ce pauvre du Christ, tout-à-fait amateur de l'humilité, se dévoua au service des lépreux. Cette dévotion était, comme nous le verrons, la dévotion particulière du moyen âge. François fit alors ses délices d'habiter les léproseries, servant avec soin les malades, allant au-devant de tous leurs désirs, leur témoignant la plus tendre compassion. Il lavait leurs pieds, pansait leurs plaies, en essuyait la pourriture et les baisait très amoureusement. Ainsi ce médecin évangélique donnait aux corps les soins que plus tard il devait donner, avec tant d'efficacité, aux âmes malades [2]. Dieu bénit cette charité. Un jour François rencontra sur son chemin un pauvre homme de la vallée de Spolète, dont la bouche et les joues étaient rongées d'un horrible chancre, et qui voulait baiser ses pieds par un humble respect. François l'en empêcha, le baisa au visage, et le malade fut guéri. « Je ne sais, dit saint Bonaventure, si l'on doit plus admirer la merveilleuse guérison ou la courageuse humilité du baiser [3]. » Déjà dans le monde il s'était exercé à ce genre de dévouement, malgré sa ré-

[1] ... Laudes Domino linguâ Francorum vir Dei Franciscus decantaret cum jubilo... prophetica voce respondit : Præco sum magni Regis. S. Bonaventura, cap. II.

[2] Lavabat ipsorum pedes, ligabat ulcera... osculabatur etiam ex miranda devotione... evangelicus medicus mox futurus. S. Bonaventura, cap. II.

[3] Nescio quod horum magis sit merito admirandum an humilitatis pro-

pugnance naturelle. Dieu, pour l'encourager dans ce saint exercice, lui avait dit : « François, si tu veux connaître ma volonté, il faut que tu méprises et que tu haïsses tout ce que tu as aimé et désiré selon la chair. Que ce nouveau sentier ne t'effraie point ; car si les choses qui te plaisaient doivent te devenir amères, celles qui te déplaisaient te paraîtront douces et agréables [1]. » Dans ses premières méditations sur la vie véritablement chrétienne, l'esprit de Dieu lui faisait comprendre que cette vie de l'âme sous l'idée d'un trafic commence par le mépris du monde, et sous l'idée d'une milice, par la victoire de soi-même. François mit en pratique ces divines leçons ; et la première victoire qu'il remporta sur lui-même fut de surmonter par la charité le dégoût profond que lui inspiraient les lépreux. Dieu l'en récompensa d'une façon tout-à-fait admirable. Comme il passait à cheval dans la plaine d'Assise, il aperçut un lépreux qui venait à lui. D'abord il en fut saisi d'horreur, mais se faisant violence, il descendit de cheval, et alla donner l'aumône au pauvre malade en lui baisant la main. Un instant après, il parcourut des yeux la plaine toute découverte : il ne vit plus personne [2]. Alors il bénit Dieu dans son cœur ; car il savait que souvent Notre Sauveur Jésus-Christ avait pris la forme d'un lépreux pour apparaître à ses saints sur la terre [3] ; et un peu avant sa mort, il déclara que dès ce jour ce qui lui avait paru le plus amer en servant les lépreux, s'était changé en douceur pour l'âme et pour le corps.

Lorsque les Frères Mineurs furent établis, le bienheureux patriarche voulait que ceux de ses enfans qui n'avaient point d'études, ni de talent pour la prédication, s'employassent à

---

funditas in osculo tam benigno, an virtutis præclaritas in miraculo tam stupendo. S. Bonaventura, cap. II.

[1] Vita a Tribus Sociis, cap. I.

[2] Statim autem equum ascendens, et se circumquaque convertens, cùm campus pateret undique liber leprosum illum minime vidit. S. Bonaventura, cap. I.

[3] Lisez les belles légendes de saint Julien, de saint Léon IX pape et celle de Martyrius, dans les homélies de saint Grégoire-le-Grand.

servir leurs frères, et allassent dans les hôpitaux rendre aux lépreux les plus vils offices, avec autant d'humilité que d'amour [1]. Lui-même leur donnait l'exemple, et devant eux faisait les lits et pansait les plaies. Quand on demandait à entrer dans son ordre, il ne manquait pas d'avertir qu'il faudrait soigner les lépreux, et il faisait subir une épreuve. Il renvoyait les postulans qui ne pouvaient se résoudre à faire de telles fonctions; et ceux qui s'y soumettaient volontiers, il les embrassait avec tendresse, disant : O mon frère, aimons et soignons les lépreux : ce sont les frères chrétiens par excellence [2]. Un de ses disciples, frère Jacques-le-Simple, du comté de Pérouse, se distingua entre tous les autres par son zèle dans cet exercice de charité : on l'appelait l'économe et le médecin des lépreux [3]. François lui avait recommandé d'une manière toute particulière un lépreux dont tout le corps n'était qu'une plaie. Jacques en prit tant de soin que les forces lui revinrent un peu, et croyant que l'air contribuerait à le guérir, il le mena un jour au couvent de Sainte-Marie-des-Anges. François trouva cette action indiscrète. « Vous ne devez pas, dit-il à Jacques, conduire ainsi les frères chrétiens : cela ne convient ni à eux, ni à vous; je souhaite bien que vous les serviez dans l'hôpital, mais je ne voudrais pas que vous les en fissiez sortir, il y a beaucoup de gens qui ne peuvent en supporter la vue. » Le lépreux, entendant ainsi réprimander son bienfaiteur, en eut une grande peine. François s'en aperçut; il se jeta aussitôt à ses pieds en lui demandant pardon. Il voulut, par pénitence, manger à la porte du couvent, dans la même écuelle que le lépreux; puis, l'ayant embrassé, il le renvoya content [4]. Il guérit dans l'hô-

---

[1] Ordinava che i frati del suo ordine andando, e stando per il mondo, servissero a' leprosi per amor di Christo. Fioretti di S. Francesco, cap. 24.

[2] Humiliter autem et caritative exercentes libenter amplectebatur, quibus, ut majorem adderet animum et gratiores redderet leprosos, FRATRES CHRISTIANOS eos vocabat. Wadding Annales Minorum, tom. I, pag. 142.

[3] Præ cæteris claruit in hoc ministerio Jacobus Simplex è comitatu Perusii, qui ob continuam circa leprosos curam vocabatur OEconomus et Medicus leprosorum. Wadding Annales Minorum, tom. I, pag. 142.

[4] Chalippe. — Vie de S. François, liv. V.

pital un lépreux si impatient et si emporté, qu'il chargeait d'injures et de coups les Frères Mineurs qui le servaient. Il allait même jusqu'à blasphémer contre Dieu et contre sa sainte Mère. Les frères ne purent supporter toutes ces horreurs, ils l'abandonnèrent. Saint François s'offrit au malade pour le servir. « Que Dieu vous donne la paix, ô mon frère, lui dit-il; prenez patience : les maladies sont envoyées de Dieu pour la santé de l'âme, et quand on les souffre avec résignation, elles ont une grande vertu. — Que puis-je recevoir de Dieu, qui m'a ôté la paix et tout bien? répondit le lépreux en murmurant. Comment puis-je supporter avec patience une douleur continuelle? Dieu m'a oublié, et les frères ne m'ont pas soigné comme ils devaient. » François, reconnaissant qu'il était agité par l'esprit du mal, se retira pour prier. Lorsqu'il revint, il trouva le malade un peu calmé; il lui demanda ce que l'on pourrait faire de plus agréable pour son service : « Je veux que tu me laves tout le corps, car je ne peux plus en supporter moi-même l'infection, » répondit le lépreux. François fit promptement chauffer de l'eau avec des herbes aromatiques; il le déshabilla et se mit à le laver, pendant qu'un autre frère versait l'eau. Où ce serviteur de Dieu mettait la main, la lèpre disparaissait; et en même temps que le corps se guérissait à l'extérieur, la grâce de Dieu agissait intérieurement, et les larmes, *cette eau du cœur*[1], lavaient son âme. Après quelque temps d'une rigoureuse pénitence, le lépreux mourut. Il apparut à François priant dans la forêt, et lui dit d'une voix douce et joyeuse : « Me reconnais-tu? je suis ce lépreux que notre Sauveur a guéri par tes mérites. Aujourd'hui je vais dans la gloire éternelle rendre grâces à Dieu; car un grand nombre d'âmes seront sauvées à cause de toi. » Il monta au ciel, et François resta rempli de consolation[2]. C'est ainsi que Dieu récompen-

---

[1] Expression de nos vieux romans de chevalerie.
[2] ... Dove toccava il Santo con le sue mani si partiva la lepra dall' infermo, e rimaneva la sua carne perfettamente sana... si che, mentre che il corpo si mondava di fuori dalla lepra, l'anima si mondava dal peccato

sait l'amour dévoué de saint François pour les pauvres frères chrétiens les lépreux.

La lèpre, après les croisades, avait pris un caractère sacré aux yeux de l'Église et des fidèles ; on la regardait généralement comme une marque toute spéciale de l'attention divine [1]. Cette maladie mystérieuse et inaccessible à la science humaine, était en vénération parmi les chrétiens du moyen âge [2]. Le Christ avait été annoncé au monde comme un lépreux frappé de Dieu et humilié [3], et nous voyons dans l'Évangile que quand sainte Marie-Madeleine vint répandre des parfums sur les pieds de Jésus, il avait un lépreux pour hôte : le lépreux Lazare était présenté comme le symbole de l'âme sainte. En un mot, le Christ avait tant aimé les lépreux, que les saints ont toujours travaillé à acquérir et à conserver au fond de leur cœur la même affection, à montrer dans leurs œuvres le même dévouement. Un ordre de chevalerie sortit tout armé de la charité catholique pour soigner les lépreux de Jérusalem et de l'Orient ; il avait un lépreux pour grand-maître. En Occident, nous pouvons recueillir de précieux et touchans exemples de l'amour pour les lépreux. La comtesse Sybille de Flandre, qui avait accompagné son mari Théodorik dans la Terre-Sainte, obtint comme une

---

dentro per la contrittione.... Mi riconosci tu ?... il leproso disse con soave et allegra voce : Io son quel leproso che fù sanato da Christo per li tuoi meriti, e hoggi me ne vado alla gloria di vita eterna, di che rendo gratie a Dio, ed a te ; perciocbe per te molte anime si salveranno nel mondo.... E dette queste parole se n'andò al cielo, e S. Francesco rimase molto consolato. Fioretti, cap. 24.

[1] Voyez l'excellent ouvrage allemand de M. Clément Brentano sur les sœurs de la Charité, et la gracieuse production de M. le comte Xavier de Maistre, intitulée : Le Lépreux de la cité d'Aoste.

[2] On trouve des considérations sur le symbolisme mystique de la lèpre dans le livre de Hraban Maur contre les Juifs, cap. LXVII et LXVIII, publié par D. Martène dans son trésor des Anecdotes.

On peut lire aussi un beau sermon de S. Bernard pour le temps de Pâques, tom. 1, p. 905, édition de Mabillon, et le Pauvre Henri, poème allemand du treizième siècle composé par Hartmann von der Aue.

[3] Et nos putavimus eum quasi Leprosum, percussum a Deo et humiliatum. Isaïe, chap. 53.

grâce de rester à Jérusalem dans l'hospice de Saint-Jean-l'Aumônier pour y soigner les lépreux. Notre saint Louis avait pour eux une amitié toute fraternelle, et le roi d'Angleterre, Henri III, visitait souvent leurs hôpitaux. Sainte Marie d'Oignies se consacra à leur service. Qui ne sait les beaux exemples de la charité de cette jeune Élisabeth de Hongrie, la franciscaine, humble sur le trône, patiente dans les afflictions, et n'ayant aimé de la grandeur que le pouvoir de soulager les pauvres? Qui ne sait aussi le sublime dévouement de sainte Catherine de Sienne? Elle fut atteinte de la lèpre en soignant et en ensevelissant une lépreuse; mais bientôt ses mains devinrent blanches et pures comme celles d'un nouveau-né. Et sainte Odile d'Alsace, sainte Judith de Pologne, saint Edmond de Cantorbéry n'ont-ils pas été des miracles d'amour pour les pauvres malades du bon Dieu? En un mot, l'Église se déclara toujours l'amie et la protectrice des lépreux; mais sa charité était prudente. Elle prit tout d'abord des moyens efficaces pour empêcher une contagion funeste. « Qu'on ait une très grande compassion pour
« les malheureux, disent les Pères du concile de Lavaur [1],
« qu'on les embrasse avec une charité fraternelle les infor-
« tunés qui, par l'ordre de Dieu, sont rongés de la lèpre;
« mais comme cette maladie est contagieuse, voulant pré-
« venir le danger, nous ordonnons que les lépreux soient
« séquestrés du reste des fidèles, qu'ils n'entrent dans au-
« cun lieu public, les églises, les marchés, les places, les
« hôtelleries; que leur vêtement soit uni, leur barbe et leurs
« cheveux rasés; ils auront une sépulture particulière, et
« porteront toujours un signal auquel on puisse les recon-
« naître. »

Le soin des lépreux était spécialement confié aux évêques [2]. Le pape Grégoire II ordonne à saint Boniface de ne pas priver les fidèles lépreux de la divine Eucharistie [3]. On

---

[1] Concilium Vaurense, can. 21.

[2] IIIe Concile de Lyon, ann. 583, canon 6. — Voir pour les conciles et les lettres des papes, la magnifique collection du P. Labbe, jésuite.

[3] Epist. XIII, cap. 10. Le concile de Worms, ann. 868, canon 51, prescrit

ne voulait pas leur ôter même les consolations humaines ; un lépreux n'était pas séparé de sa femme ; ce lien intime du mariage qui de deux corps n'en fait qu'un était regardé comme aussi indissoluble que l'union sacrée et mystique du Christ et de l'Eglise [1].

Le cérémonial de la séparation des lépreux était une des plus touchantes liturgies ecclésiastiques. Le prêtre, après avoir célébré la messe pour les infirmes [2], mettait un surplis et une étole, donnait de l'eau bénite au lépreux ; puis il le conduisait à la léproserie. Il l'exhortait en bonne patience et charité, en l'exemple de Jésus-Christ et des Saints :
« Mon frère, cher pauvre du bon Dieu, pour avoir à
« souffrir moult tristesse, tribulation, maladie, meselerie
« et autre adversité du monde, on parvient au royaume de
« Paradis, où il n'y a nulle maladie, ne nulle adversité,
« mais sont tous purs et nets, sans ordures et sans quel-
« conque tache d'ordure, plus resplendissans que le soleil,
« où que vous irez, si Dieu plaît ; mais que vous soyez bon
« chrétien et que vous portiez patiemment cette adversité,
« Dieu vous en donne la grâce ! car, mon frère, telle sépa-
« ration n'est que corporelle ; quant à l'esprit, qui est le
« principal, vous toujours autant que vous fûtes oncques
« et aurez part et portion à toutes les prières de notre
« mère sainte Eglise, comme si personnellement étiez tous
« les jours assistans au service divin avec les autres. Et
« quant à vos petites nécessités, les gens de bien y pour-
« voiront, et Dieu ne vous délaissera point. Seulement pre-

la même chose. On traitait comme les lépreux ceux qui étaient attaqués du mal royal. Voir la douzième lettre du pape Zacharie à Boniface.

[1] Voir un décret du pape Alexandre III. Une lettre de ce pape à l'évêque de Lincoln nous apprend que l'on donnait des coadjuteurs aux curés qui étaient atteints de la lèpre.

[2] Reginald, archevêque de Reims, défend de donner à cette cérémonie un appareil funèbre. Ancien manuscrit de saint Albin d'Angers, publié par D. Martène. De antiquis Ecclesiæ ritibus, t. III. Cette précaution est remplie de délicatesse.

« nez garde et ayez patience : Dieu demeure avec vous.
« Amen[1]. » Après cette allocution consolante, le prêtre avait à remplir la partie pénible de son ministère; il prononçait les terribles défenses légales :

1° Je te défends que jamais tu n'entres en église ou moustier, en foire, en moulin, en marchier, ne en compagnie de gens.

2° Je te défends que tu ne voises point hors de ta maison sans ton habit de ladre, afin qu'on te connaisse et que tu ne voises point deschaux.

3° Je te défends que jamais tu ne laves tes mains et autre chose d'entour toi en rivage, ne en fontaine, ne que tu ne boives; et se tu veux de l'eau pour boire, puise en ton baril et en ton escuelle.

4° Je te défends que tu ne touches à chose que tu marchandes ou achètes, jusqu'à tant qu'elle soit tienne.

5° Je te défends que tu n'entres point en taverne. Si tu veulz du vin, soit que tu l'achètes ou que on te le donne, fais-le entonner en ton baril.

6° Je te défends que tu ne habites à autre femme que la tienne.

7° Je te défends que se tu vas par les chemins, et tu encontres aucune personne qui parle à toi, tu te mettes au-dessous du vent avant que tu respondes.

8° Je te défends que tu ne voises point par étroite ruelle, afin que se tu encontres aucune personne, qu'il ne puisse pisvaloir de toi.

9° Je te défends que se tu passes par aucun passaige, tu ne touches point au puits, ne à la corde, se tu n'as mis tes gants.

10° Je te défends que tu ne touches à enfans, ne leur donne aucune chose.

11° Je te défends que tu ne boives, ne manges à autres vaisseaux que aux tiens.

---

[1] La dernière partie de cette allocution est tirée d'un Rituel de Reims, publié en 1585.

12° Je te défends le boire et le mangier avec compaignie, sinon avec meseaux.

Alors le prêtre prenait de la terre du cimetière, et la répandant sur la tête du malade, il disait : Meurs au monde, renais à Dieu!... O Jésus! mon rédempteur, vous m'avez formé de terre, vous m'avez revêtu d'un corps; faites-moi revivre au dernier jour [1].

Ces paroles sont pénibles pour un homme qui a vécu au milieu de la société, et qui voit ainsi ses plus saintes affections rompues, ses plus nobles espérances détruites. Aussi le Lépreux restait sans mouvement, sa vie disparaissait; il avait alors quelque chose de la placidité du trépas chrétien. Le peuple chantait : Tous mes os ont été agités, mon âme a été troublée; *alleluia*. Seigneur, fais-nous miséricorde et donne-nous la santé. — Le prêtre lisait l'évangile des Dix Lépreux; puis, après avoir béni l'habit et le pauvre mobilier de la léproserie [2], il lui présentait ainsi chaque chose. En lui donnant l'habit que l'on appelait Housse, il disait : « Mon frère, recevez cet habit, et le vestez en signe d'humilité, sans lequel désormais je vous défends de sortir hors de votre maison. Au nom du Père, et du Fils, et du Saint-Esprit. »

En lui donnant le baril :

« Prenez ce baril pour recevoir ce qu'on vous donnera pour boire, et vous défends, sous peine de désobéissance, de boire aux rivières, fontaines et puits communs, ne de vous y laver en quelque manière que ce soit, ne vos draps, chemises, et toutes autres choses qui auraient touché votre corps. »

En lui donnant la Cliquette [3] :

« Prenez cette Cliquette, en signe qu'il vous est défendu de parler à personne, sinon à vos semblables, si ce n'est par nécessité, et si avez besoin de quelque chose, la deman-

---

[1] Ex rituali Ecclesiæ Catalaunensis. D. Martène, tom. III, p. 542, in-4°.

[2] D. Martène. De antiquis Ecclesiæ ritibus, tom. III, p. 536.

[3] Le mot *cliquette* féminin passa au mot *cliquet* masculin dont on a fait *loquet*. Glossaire de Ducange au mot *cliquetus*.

derez au son de cette Cliquette, en vous tirant loin des gens et au-dessous du vent. »

En lui donnant les gants :

« Prenez ces gants, par lesquels il vous est défendu de toucher chose aucune à main nue, sinon ce qui vous appartient, et ne doit venir entre les mains des autres. »

En lui donnant la pannetière :

« Recevez cette pannetière, pour y mettre ce qui vous sera élargi par les gens de bien, et aurez souvenance de prier Dieu pour vos bienfaiteurs. »

Un lépreux devait avoir une tartarelle, des souliers, des chausses, une robe de camelin, une housse, un chaperon de camelin, deux paires de drapeaux, un baril, un entonnoir, une courroie, un coutel, une escuelle de bois, un lit étoffé de coutte, un coussin et une couverture, deux paires de draps à lit, une hache, un écrin fermant à clef, une table, une selle, une lumière, une paelle, une aiguière, des escuelles à mangier, un bassin, un pot à mettre cuire la chair. Tous ces objets grossiers étaient bénis et sanctifiés par les prières de l'Église. Le prêtre, prenant le lépreux par son vêtement, l'introduisait alors dans sa cellule. Il disait : Voici mon repos à jamais, je l'habiterai; elle est l'objet de mes désirs [1]. Puis, en face de la porte, on plantait une croix de bois, à laquelle on attachait un tronc pour recevoir l'aumône que le pèlerin fidèle déposait en échange des prières du malade solitaire. Le prêtre, le premier, y déposait son offrande; tout le peuple suivait son exemple.

Après cette cérémonie, mêlée de tristesse et d'espérance, les fidèles retournaient à l'église, précédés de la grande croix processionnale. Alors tous se prosternaient, et le prêtre, élevant la voix, criait vers Dieu cette touchante prière [2] : « O Dieu tout-puissant! qui, par la patience de ton Fils unique, a brisé l'orgueil de l'antique ennemi, donne à ton serviteur la patience nécessaire pour supporter pieuse-

[1] Rituale ecclesiæ Catalaunensis.
[2] Rituale Remense, 1585.

ment et patiemment les maux dont il est accablé. Amen. »
Tout le peuple répondait : «Amen, ainsi soit-il.»

Ainsi les pauvres malades du bon Dieu étaient séparés de la société. Heureux s'ils possédaient la vertu et la résignation; car alors ils étaient dans tout le pays considérés comme des personnages très élevés dans l'ordre moral. Exilé sur la terre, privé de toutes les illusions qui embellissent la vie commune, de tous les appuis humains qui la soutiennent, l'état habituel du lépreux était une humble et douce tristesse. Mais nous qui n'avons plus la foi, nous ne pouvons pas comprendre tout ce que la pitié céleste a fait pour la souffrance : elle a posé des bienfaits jusqu'à la dernière limite du malheur. La religion et la nature sont des trésors de jouissances sublimes pour les membres de la famille humaine que le monde a déshérités. Au moyen âge, on honorait un lépreux comme un confesseur de la foi [1]; on prévenait des noms les plus affectueux [2] cet homme que le ciel consolait mystérieusement. L'ami souverainement fidèle n'abandonnait pas le pauvre mesel, et lui faisait éprouver une joie silencieuse, sans mélange de trouble; tant il est vrai que le bonheur n'est que là où se trouve quelque chose du ciel !

---

[1] On lit dans l'ancien rituel de Reims publié en 1585 que pour les funérailles d'un lépreux on ne doit pas chanter la messe des confesseurs : Nec debet dici missa : Os justi meditabitur sapientiam, ut pro Confessore, quemadmodum hactenus fieri solebat in aliquibus locis.

[2] On les appelait les malades du bon Dieu, les chers pauvres du bon Dieu, les bonnes gens, etc. A Pâques seulement les lépreux pouvaient sortir de leur tombeau en mémoire de la résurrection de Notre Seigneur Jésus-Christ.

Nous avons vu une tombe de lépreux dans une petite église près de Dijon. C'est là où l'on peut se faire une juste idée du costume et d'une partie du mobilier de ces malheureux. M. Maillard de Chambure, connu par son zèle pour les antiquités de la Bourgogne, en a fait placer aux archives un dessin très grand et très exact.

Chapitre iij.

1206 — 1212.

François restaure les églises de Saint-Damian, de Saint-Pierre et de Sainte-Marie-des-Anges. — Son mariage avec la sainte Pauvreté. — Séjour à Rivo-Torto. — Innocent III approuve la règle de François. — Détails sur ses premiers disciples. — Établissement à Sainte-Marie-des-Anges.

> Ecce nos reliquimus omnia, et secuti sumus te, quid ergo erit nobis? Jesus autem dixit illis :... Omnis qui reliquerit domum, vel fratres, aut sorores, aut patrem, aut matrem, aut uxorem, aut filios, aut agros, propter nomen meum, centuplum accipiet, et vitam æternam possidebit.
>
> S. MATTHIEU, chap. XIX.

La voix du crucifix retentissait toujours aux oreilles de François. Il voulut obéir à l'ordre de restaurer l'église de Saint-Damian. Fortifié par la pratique humble et persévérante de la charité chrétienne dans l'hôpital des lépreux de Gubbio, il revint à Assise, et mit la main à l'œuvre, sans tourner la tête en arrière, sans rappeler à son souvenir les tristes et désolantes scènes de la persécution paternelle. Il entra dans sa patrie comme autrefois les prophètes entraient dans les villes de Juda : il s'en allait publiant dans les rues les grandeurs de Dieu, les misères de l'Église, et disant avec simplicité : « Qui me donnera une pierre aura une récompense ; qui m'en donnera deux en aura deux ; qui m'en donnera trois en aura trois [1]. » Plusieurs le croyant fou, le méprisèrent et se moquèrent de lui ; d'autres étaient émus jusqu'aux larmes, le voyant si subitement passé de la vanité du siècle à l'ivresse de l'amour divin [2]. François méprisait la dérision, et travaillait assidûment à la restauration matérielle de l'église, avant de travailler à sa restauration spirituelle, bien autrement importante.

On vit alors ce jeune homme, d'une nature fine et délicate, porter les pierres et les autres matériaux de la maçonnerie, et servir comme un manœuvre [3]. Il répara encore une vieille église de Saint-Pierre, située hors d'Assise, et la petite chapelle de la Porziuncula, où les anges avaient chanté sa naissance. Il faisait toutes ces choses d'abord pour satisfaire sa dévotion à la très sainte Mère de Dieu et au Prince des apôtres, pour se mortifier et occuper saintement ses bras ; mais aussi il entrevoyait que ces églises pauvres et obscures deviendraient un jour le berceau d'une grande famille et des sanctuaires vénérés, et il mettait à cette œuvre l'amour et la douce joie de l'oiseau qui prépare à ses petits un nid dans la solitude. « Aidez-moi, disait-il en français aux ouvriers de Saint-Damian. Un jour, dans ce lieu, il y aura un monastère de pauvres dames d'une très sainte vie qui glorifieront le Père céleste dans toute la sainte Église [4]. » Ces trois temples matériels étaient la figure des trois édifices spirituels qu'il devait bâtir. Ainsi, passant de ce qui tombe sous les

---

[1] Qui mihi dederit unum lapidem, unam habebit mercedem ; qui autem duos dederit, duas habebit mercedes ; qui vero tres totidem mercedes habebit. Vita a Tribus Sociis, cap. II.

[2] Alii vero pietate commoti movebantur ad lacrymas videntes eum de tanta lascivia et seculi vanitate ad tantam ebrietatem divini amoris tam cito venisse. A Tribus Sociis, cap II.

[3] Ipse enim, qui tam delicatus erat in domo paterna, propriis humeris lapides ferebat. A Tribus Sociis, cap. II.

[4] Venite et adjuvate me in opere ecclesiæ Sancti-Damiani quæ futura est monasterium dominarum quarum fama et vita in universali Ecclesia glorificabitur Pater noster cœlestis. A Tribus Sociis, cap. II.

sens à ce qui n'est aperçu que de l'esprit, et s'élevant toujours à de plus hautes pensées, il fut en état de donner à l'Église de Jésus-Christ trois grandes milices de triomphateurs [1]. Le prêtre de Saint-Damian eut compassion du pieux ouvrier, et lui préparait son repas à la fin de ses journées de pénible labeur. François accepta cette charité pendant quelques jours, mais bientôt il se fit à lui-même cette réflexion : Partout où tu iras, trouveras-tu un prêtre qui ait pour toi autant de bonté ? Ce n'est pas là la pauvre vie que tu as voulu choisir ; mais il te faut aller de porte en porte avec un plat pour mettre tout ce qui te sera élargi par la charité. C'est ainsi que tu dois vivre pour l'amour de celui qui est né pauvre, qui a vécu pauvrement, que l'on a attaché nu sur la croix, et qui après sa mort a été mis dans un tombeau étranger [2]. Le lendemain il alla mendier sa nourriture et s'assit dans la rue pour manger. Devant ce mélange dégoûtant, son cœur et sa main se retirèrent ; mais le père des pauvres se réconforta intérieurement, et se reprochant ce reste de délicatesse, il mangea avec plaisir [3]. Il dit au bon prêtre de Saint-Damian : « Ne prenez plus soin de ma nourriture, j'ai trouvé un excellent économe et un très habile cuisinier, qui sait fort bien assaisonner les viandes. »

Cependant Pierre Bernardone était fort irrité de voir son fils devenu mendiant dans cette ville d'Assise où il aurait pu vivre riche et honoré ; aussi lorsqu'il le rencontrait, il le maudissait en l'accablant d'injures. Le cœur de François était grandement affligé de la haine de sa famille. Il alla trou-

---

[1] Ut non solum a sensibilibus ad intelligibilia, a minoribus ad majora, ordinato progressu conscenderet : verum etiam ut quid esset facturus in posterum, sensibili foris opere mysterialiter præsignaret. S. Bonaventura, cap. II.

[2] Vita a Tribus Sociis, cap. II.

[3] Quando autem voluit comedere illa diversa cibaria simul posita, horruit primo,... tandem vincens seipsum, cœpit comedere, et visum est illi, quod in comedendo electuarium aliquod nunquàm fuerat sic delectatus. A Tribus Sociis, cap. II.

ver un homme très pauvre et très abject qui mendiait aussi, et il lui dit : Tu es mon père, viens avec moi, nous partagerons nos aumônes. Lorsque tu verras mon père Bernardone me maudire, je te dirai : Bénissez-moi, père, et tu me béniras. Cela fut ainsi. Il disait tout joyeux à Bernardone : « Croyez-vous que Dieu puisse me donner un autre père de qui je reçoive des bénédictions pour vos malédictions [1] ? » Un jour qu'il priait dans une église, tremblant de froid avec son pauvre habit d'ermite, Angelo, son jeune frère unique, dit à un de ses amis : Vas dire à François de te vendre pour un denier de sueur. François rempli d'une joie céleste répondit en français : Cette sueur, je la vendrai bien cher à Dieu [2]. Il passa ainsi dans la pauvreté, l'humiliation et les durs travaux du corps les années 1206 et 1207. Enfin l'année suivante, assistant à la messe des Apôtres dans l'église de Sainte-Marie-des-Anges, ces paroles de l'Évangile frappèrent son esprit d'une façon toute spéciale : « Ne portez ni or, ni argent, ni aucune monnaie dans votre bourse, ni sac, ni deux vêtemens, ni souliers, ni bâton [3]. » Ce fut pour lui comme une apparition de la riche et belle pauvreté évangélique. Voilà ce que je cherche, s'écriait-il, voilà ce que je souhaite de tout mon cœur [4] ; et aussitôt il jeta sa bourse et son bâton, quitta ses souliers, prit une tunique grossière et rude de couleur gris-cendré, et une corde pour ceinture, et il alla prêcher la pénitence à ses concitoyens.

Dès ce jour, l'ordre des Frères Mineurs était fondé (1208). Cette innombrable famille franciscaine, qui a renouvelé la face de l'Église et du monde, est née de l'union intime de

---

[1] Non credis, quod Deus potest mihi dare patrem benedicentem mihi contra maledictiones tuas ? Vita a Tribus Sociis, cap. II.

[2] Dicas Francisco, quod saltem unam nummatam de sudore vendat tibi. Quod audiens vir Dei in fervore spiritus gallice respondit : Ego Domino meo care vendam sudorem istum. A Tribus Sociis, cap. II.

[3] S. Mathieu, chap. X.

[4] Hoc, inquit, est quod cupio totis viribus adimplere. A Tribus Sociis, cap. II.

François avec la pauvreté. Dieu a béni ce saint mariage; il leur a dit : « Allez; croissez et multipliez. » Et cette parole féconde a reçu un merveilleux accomplissement.

Ce mariage a été célébré par les trois grandes puissances de la terre : la poésie, l'éloquence et l'art; par Dante, Bossuet et Giotto.

Le vieux poète de la Divine Comédie s'écrie dans une extase du paradis :

« Entre Tupino et la rivière qui s'écoule de la colline choisie par le bienheureux Ubaldo, descend d'une haute montagne une côte fertile.

« A l'endroit d'où Pérouse reçoit le froid et le chaud par la porte du soleil, et sur l'autre revers, pleurent sous un joug pesant Nocera et Gualdo.

« Au point où cette côte adoucit sa pente naquit au monde un soleil comme celui-ci sort du Gange.

« Et que ceux qui veulent parler de ce lieu ne l'appellent point Assise, car ce nom ne dirait pas assez; mais il faudrait l'appeler Orient.

« Il n'était pas encore très loin de son lever, lorsqu'il commença à faire sentir à la terre quelques bienfaits de sa grande vertu.

« Car, tout jeune, il résista à son père pour l'amour de cette femme à laquelle, comme à la mort, nul n'ouvre la porte avec plaisir.

« Et devant la cour spirituelle, et devant son père, il s'unit à elle, et puis de jour en jour il l'aima plus vivement.

« Elle, veuve de son premier mari pendant mille et cent ans et plus, délaissée et obscure, avait attendu jusqu'à celui-ci sans être recherchée de personne.

« Il ne lui servit de rien qu'on eût dit d'elle que celui qui avait fait trembler le monde au son de sa voix l'avait trouvée sans peur avec Amyclas.

« Et il ne lui servit de rien d'avoir été si fidèle et si hardie, que lorsque Marie resta au pied de la croix, elle y monta avec le Christ.

« Mais afin que je ne continue pas avec trop de mystère,

François et la pauvreté sont les deux amans qu'il faut reconnaître dans mes paroles diffuses.

« Leur concorde et leurs joyeux visages, leur amour, leur admiration et leurs doux regards étaient la cause de saintes pensées.

« Aussi le vénérable Bernard se déchaussa le premier pour courir après tant de paix, et même en courant il lui sembla qu'il n'allait pas assez vite.

« O richesse ignorée! ô bien véritable! Egidius et Sylvestre se déchaussent pour suivre l'époux, tant l'épouse leur plaît.

« Puis ce père et ce maître s'en va avec elle, et avec cette famille que ceignait déjà l'humble cordon.

« Et aucune faiblesse d'âme ne lui fit baisser le regard, quoiqu'il fût fils de Pierre Bernardone, et qu'il parût vivre dans le dédain.

« Mais il exposa royalement sa règle austère à Innocent, et il obtint de lui la première confirmation de son ordre.

« Lorsque la pauvre famille s'accrut après lui, dont la vie admirable devrait être chantée au milieu de la gloire du ciel,

« La sainte volonté de cet archimandrite reçut une seconde couronne du Saint-Esprit par les mains d'Honorius.

« Et lorsque, par la soif du martyre, il annonça, en présence du superbe soudan, le Christ et les autres qui le suivirent,

« Comme il trouva les peuples encore trop rebelles à la conversion, pour ne pas rester oisif, il revint cueillir le fruit de ce qu'il avait semé en Italie.

« Dans un âpre rocher, entre le Tibre et l'Arno, il reçut du Christ les derniers stigmates que ses membres portèrent deux années.

« Quand il plut à celui qui l'avait choisi pour un si grand bien de l'appeler à la récompense dont il s'était rendu digne par son humilité,

« Il recommanda à ses frères, comme à des héritiers légitimes, la femme qu'il avait tant chérie, et leur ordonna de l'aimer fidèlement.

« Et son âme sainte voulut se détacher du sein de la pauvreté pour revenir dans son royaume, et elle ne demanda pas d'autre bière pour son corps [1]. »

Notre grand Bossuet, qui a reculé les bornes de l'éloquence, et qui, des hauteurs de la foi, laissait tomber de sublimes enseignemens, continue ainsi le chant du Dante :

« Ce petit enfant de Bethléem, c'est ainsi que François appelle mon Maître, ce Jésus qui, étant si riche, s'est fait pauvre pour l'amour de nous, afin de nous enrichir par son indigence, comme dit l'apôtre saint Paul; ce roi pauvre qui, venant au monde, n'y trouve point d'habit plus digne de sa grandeur que celui de la pauvreté, c'est là ce qui touche son âme. Ma chère pauvreté, disait-il, si basse que soit ton extraction selon le jugement des hommes, je t'estime depuis que mon maître t'a épousée. Et certes, il avait raison, chrétiens : si un roi épouse une fille de basse extraction, elle devient reine; on en murmure quelque temps, mais enfin on la reconnaît; elle est ennoblie par le mariage du prince; sa noblesse passe à sa maison; ses parens ordinairement sont appelés aux plus belles charges, et ses enfans sont les héritiers du royaume. Ainsi, après que le Fils de Dieu a épousé la pauvreté, bien qu'on y résiste, bien qu'on en murmure, elle est noble et considérable par cette alliance. Les pauvres depuis ce temps-là sont les confidens du Sauveur, et les premiers ministres de ce royaume spirituel qu'il est venu établir sur la terre. Jésus même, dans cet admirable discours qu'il fait à un grand auditoire sur cette mystérieuse montagne, ne daignant parler aux riches, sinon pour foudroyer leur orgueil, adresse la parole aux pauvres, ses bons amis; il leur dit avec une incroyable consolation de son âme : O pauvres! que vous êtes heureux! parce qu'à vous appartient le royaume de Dieu. Heureux donc mille et mille fois le pauvre François, le plus ardent, le plus transporté, et, si j'ose parler de la sorte, le plus désespéré amateur de la pauvreté

[1] Voir le texte dans l'Appendice.

qui ait peut-être été dans l'Église! Avec quel excès de zèle ne l'a-t-il point embrassée ¹! »

Lorsqu'on entre dans l'église basse d'Assise, on s'arrête, saisi d'admiration et d'un pieux respect, devant une grande fresque de la voûte. Qui pourrait raconter toutes les merveilles de cette sublime composition? Le Christ est là, debout, avec ce calme radieux qui illuminait sa face divine pendant les quarante derniers jours de sa vie sur la terre; il présente à l'humble François la main d'une jeune fille, et François lui met au doigt l'anneau nuptial, gage d'une éternelle alliance. Cette belle fiancée est couronnée de roses et de lumière; ses yeux sont doux et sa bouche riante; mais son vêtement est grossier et en lambeaux; ses pieds sont déchirés et sanglans. Elle marche dans les épines et sur les pierres aiguës d'un chemin âpre et difficile. Les enfans du siècle l'outragent; ils lui jettent des pierres avec des injures, ils l'accablent de malédictions et de coups.... C'est la très sainte pauvreté chrétienne.... Et les chœurs des anges tressaillent d'allégresse et sont en adoration profonde devant cette mystérieuse union. Un ange de la justice chasse les avares et ces moines dégénérés qui caressent avec complaisance des sacs d'or; un ange de la miséricorde fait entrer dans le doux bonheur de la pauvreté le jeune homme riche qui distribue ses biens aux pauvres. Et au-dessus de tout ce tableau saint et pacifiant, les anges du sacrifice et de l'offrande présentent à Dieu les maisons, les richesses et les vêtemens quittés pour son amour.

Bientôt attirés par la suave odeur des vertus de François, quelques disciples embrassèrent la pénitence avec une affection courageuse. Arrêtons-nous un instant à esquisser le portrait de ces premiers apôtres de la réforme religieuse du monde par la pauvreté et l'abnégation. Un homme riche et honoré dans Assise, nommé Bernard de Quintavalle, voulut éprouver si le détachement de François pour tous les biens du monde venait de la sainteté ou de la petitesse d'esprit. Il

¹ Bossuet. Panégyrique de saint François d'Assise.

le pria de recevoir l'hospitalité dans sa maison, et suivant l'usage du temps ils couchèrent dans la même chambre. Bernard feignant de dormir, observait attentivement François, qui, à genoux, les bras étendus en croix, et répandant des larmes brûlantes d'amour, disait sans cesse ces paroles : Mon Dieu et mon tout [1]. C'est là véritablement un homme de Dieu, dit Bernard à son propre cœur [2] ! Et il se reprocha sa paresse à pratiquer la vertu et son amour pour les richesses périssables. Quelques jours après, la grâce ayant merveilleusement agi dans son âme, il dit à François : « Si un esclave avait reçu de son maître un trésor, et qu'il n'en eût pas besoin, que devrait-il faire ? — Il devrait le rendre au maître, répondit François. Ainsi donc, reprit Bernard, je rendrai au Seigneur les biens de la terre qu'il m'a élargis. Ce que vous demandez est sérieux, dit François, il faut consulter Dieu : allons à l'église, entendons la sainte messe, et après la prière l'Esprit saint nous indiquera la route qu'il faut suivre [3]. Or Pierre de Catane, autre habitant d'Assise, vint le même jour demander à François le privilége de sa pauvreté; ils allèrent tous trois à l'église. Il y avait alors dans le peuple une manière fort en usage de consulter la volonté divine; en l'honneur des trois personnes de la sainte Trinité, on ouvrait trois fois de suite le livre des saints Evangiles sur l'autel, et le premier verset qui tombait sous les yeux devenait un oracle infaillible. Dieu se plaisait souvent à bénir cette simple et naïve confiance [4]. A la première ouverture du livre, François lut : Si vous voulez être parfait,

---

[1] Totus ignitus indicibilibus lacrymis, facie et manibus in cœlum protensis, hæc verba frequenter repetebat: DEUS MEUS ET OMNIA. Petrus Rodulphius. Historia Seraphica, pag. 58 in-folio.

[2] Vere hic homo est a Deo. Thomas de Celano, cap. IV.

[3] Ergo, inquit Bernardus, temporalia quæ mihi concessit Dominus, illi reddam? Cui Franciscus: Arduum sane id est, quod percunctaris, Bernarde, explorandum est consilium a Deo ; eamus ad ecclesiam, audiamus missam, et oratione præmissa, a Domino quid futurum sit indicabitur. Petrus Rodulphius. Historia Seraphica, pag. 58.

[4] S. Thomas, secunda secundæ. quest. XCXV, art. 8.

allez, vendez ce que vous avez, et donnez-le aux pauvres [1]; à la seconde : Ne portez rien en voyage [2]; à la troisième : Si quelqu'un veut venir après moi, qu'il renonce à soi-même, qu'il prenne sa croix et qu'il me suive [3]. Voilà, dit François à ses compagnons, voilà la règle que nous devons suivre ; voilà le conseil de Dieu ; allez et exécutez ce que vous venez d'entendre [4]. Ils allèrent, ils vendirent leur bien et en distribuèrent le prix aux pauvres.

François avec ses deux fils vint habiter une petite cabane déserte, dans la plaine de Rivo-Torto, ainsi nommée à cause du ruisseau sinueux qui y coule. Pierre de Catane devint dans la suite premier vicaire-général du saint fondateur ; après une vie pleine de vertus et de travaux il mourut. Les miracles qui s'opéraient sur son tombeau troublaient la retraite des religieux. François dit alors à son bien-aimé fils : Frère Pierre, vous m'obéissiez toujours ponctuellement pendant votre vie : j'entends maintenant que vous m'obéissiez de même. Ceux qui viennent à votre tombeau nous incommodent fort ; ils sont cause que notre pauvreté est blessée, et que le silence n'est point gardé ; je vous commande par la sainte obéissance de cesser de faire des miracles [5]. Ainsi dans la famille de François on était obéissant jusqu'à la mort.

Bernard de Quintavalle fut chargé de plusieurs missions importantes, c'est lui qui établit les Frères Mineurs dans la savante Bologne ; c'était une chose difficile d'élever la pauvreté et la folie de la Croix contre l'orgueilleuse sagesse des savans et des docteurs. Il fut reçu par les insultes et les mo-

---

[1] S. Matthieu, cap. xix.
[2] S. Marc, cap. vi.
[3] S. Matth., cap. xvi.
[4] Fratres, hæc est vita et regula nostra, et omnium qui voluerint nostræ societati conjungi : ite igitur, et sicut audistis, implete. Vita a Tribus Sociis, cap. iii.
[5] Wadding Annales Minorum, tom. III. — Ottavio, évêque d'Assise. Lumi Serafici di Porziuncula, pag. 41. S. Bernard cessa de faire des miracles sur l'ordre de Goswin, abbé de Citeaux. Vita sancti Bernardi, lib. VII, cap. xxviii, tom. ii, édit. Mabillon.

queries du peuple; des enfans tiraient son capuce et sa robe et lui jetaient de la boue et des pierres; d'autres hommes plus fiers et tout aussi déraisonnables laissaient tomber sur lui ce rire méprisant, plus cruel cent fois que les injures, et Bernard restait calme cependant, et son visage conservait la placidité de la patience parfaite [1]. Un célèbre docteur de l'Université voyant tant de vertu, tant de constance, se dit à lui-même: Il est impossible que cet homme ne soit pas un saint; et s'approchant de Bernard, il lui demanda qui il était et ce qu'il était venu chercher à Bologne. Pour toute réponse Bernard lui présenta la règle de saint François. Le docteur la lut, et frappé de tant de perfection, il dit à ses amis qui l'entouraient: Vraiment, c'est la plus parfaite constitution qu'on ait jamais vue; de tels hommes sont saints; maudits soient ceux qui les maudissent. Et il dit à Bernard: Si vous voulez une maison où vous puissiez servir Dieu, je vous la donnerai de tout mon cœur. Bernard accepta; mais après quelques jours, se voyant prévenu du respect général, il retourna auprès de saint François, et il lui dit: Père, tout est prêt dans la cité de Bologne, envoyez-y des frères. Saint François eut une grande joie et remercia Dieu qui propageait ainsi les pauvres disciples de la Croix, et il envoya des frères à Bologne et dans toute la Lombardie [2]. Nous retrouverons Bernard en mission en Espagne où les anges du ciel lui aidaient à traverser les fleuves [3]. Lorsqu'il avait bien combattu dans la vie active, Dieu le consolait, le fortifiait intérieurement dans la contemplation: en célébrant la messe, il était ravi en esprit dans le ciel, et souvent dans les forêts de l'Apennin les frères et les voyageurs

---

[1] Sempre patientissimo, con volto allegro non si lamentava, ne si turbava. Fioretti di S. Francesco, cap. IV.

[2] Et ando da Francesco, e disse gli: Padre, il luogo è appresso la città di Bologna, mandate gli delli Frati... all' hora S. Francesco, ringratiò Dio, che cominciava a dilatare i poveri discepoli della Croce. Fioretti, cap. IV.

[3] Disse l'angelo: Passiamo insieme, e non dubitare. E pigliatolo per mano in un batter d'occhio lo passo di là dal fiume. Fioretti, cap. III.

le voyaient en extase dans un entretien intime avec Dieu[1].

Sept jours après que François eut reçu ses deux premiers disciples, Ægidius, autre habitant d'Assise, conçut le dessein d'imiter ses amis, mais il ignorait le lieu de leur retraite. En sortant de la ville, après avoir entendu la messe dans l'église de Saint-Georges, et trouvant trois chemins ouverts devant lui, il adressa à Dieu cette prière : Seigneur, Père saint, je vous conjure par votre miséricorde, si je dois persévérer dans cette sainte vocation, de conduire mes pas pour me faire arriver où demeurent vos serviteurs[2]. Et il prit instinctivement un des trois chemins. Bientôt il aperçut François en oraison dans le bois; il alla se jeter à ses pieds, lui demandant la grâce d'être reçu en sa compagnie. François connut intérieurement la foi et la pureté d'Ægidius, et il lui dit : Mon cher frère, vous demandez que Dieu vous agrée pour être son serviteur et son chevalier; ce n'est pas là une petite grâce : c'est comme si l'empereur venait à Assise, et qu'il voulût y choisir un favori; chacun dirait dans son cœur : Plaise à Dieu que ce soit moi. Voilà de quelle manière Dieu vous a choisi[3]. Puis il le présenta à Pierre et à Bernard, en leur disant : « Voici un bon frère que Dieu nous a envoyé. » Après un pauvre repas et une conférence spirituelle, François partit avec son nouveau disciple pour aller chercher à Assise de quoi le vêtir. En chemin ils rencontrèrent une femme qui leur demanda l'aumône. François se tourna du côté d'Ægidius avec un visage angélique, et lui dit : « Mon frère, donnons à cette pauvre femme pour l'amour de Dieu le manteau que vous portez. » Ægidius le donna aussitôt, et il vit cette aumône s'élever jusqu'au ciel[4].

Dès lors la vie du saint père Ægidius, au témoignage de

---

[1] Stava solo sulle cime de' monti altissimi contemplando le cose celesti. Fioretti, cap. XXVII.
[2] Wadding Annales Minorum.
[3] Wadding.
[4] Visum est ei, quod eleemosyna illa in cœlum ascendisset. Vita a Tribus Sociis, cap. III.

saint Bonaventure qui l'avait vu et connu, fut plus angélique qu'humaine [1]. Saint François l'aimait cordialement pour sa grande perfection en toutes vertus, et sa promptitude à bien faire, et parce qu'il se mirait souvent en lui; rappelant ses anciens souvenirs de chevalerie, il disait aux autres disciples : C'est un de mes chevaliers de la Table-Ronde [2]. Ægidius, grand ami de la pauvreté, pénétra bien avant dans les secrets de la contemplation. Un jour, en présence de Grégoire IX, il fut ravi en extase; revenu à lui, il dit au pontife : « Saint Père, gardez purs les yeux de votre esprit, le droit, pour contempler continuellement les choses du ciel et les infinies perfections de Dieu; le gauche, pour juger sainement les affaires du monde que vous devez diriger. Le pape en demeura fort édifié et resta enamouré de ce glorieux saint comme étant vrai et parfait ami de Dieu [3]. » Dans son ivresse d'amour pour le Créateur, il parcourait la campagne, embrassant les pierres et les arbres, et pleurant beaucoup. S'entretenant avec saint Bonaventure, maître général de l'ordre des Mineurs, il lui dit : Dieu vous a fait de grandes grâces à vous autres savans; mais nous, pauvres ignorans, que ferons-nous pour nous sauver? Saint Bonaventure répondit : Quand notre Seigneur n'aurait donné aux hommes que son amour, cela suffirait. — Mon père, reprit Ægidius, un ignorant peut-il autant aimer Dieu qu'un savant? — Une vieille femme peut aimer Dieu autant et plus qu'un maître en théologie, répondit saint Bonaventure. A ces paroles, Ægidius courut dans le jardin, et se tournant du côté de la ville, il criait bien fort : Femme pauvre, chétive et ignorante, aime Dieu et Jésus-Christ, et tu seras plus grande que frère Bonaventure [4].

---

[1] Sanctus pater Ægidius... quemadmodum et ego ipse oculata fide conspexi: ut magis censeretur inter homines vitam angelicam agere, quam humanam. S. Bonaventura, cap. III.

[2] Croniques des Frères Mineurs, liv. VII, chap. V.

[3] Croniques des Frères Mineurs, chap. XII.

[4] Vita B. Ægidii. Acta Sanctorum, 23 avril. Petrus Rodulphius Hist.

Dieu, pour récompenser la sainte vie d'Ægidius, répandait dans son âme les plus éclatantes lumières de la science divine. On raconte qu'un Frère Prêcheur doutant de la très pure virginité de la mère de Dieu, alla consulter Ægidius, qui lui dit en l'abordant : Mon Frère Prêcheur, elle est vierge avant son enfantement, elle est vierge dans son enfantement, elle est vierge après l'enfantement; et en disant ces paroles, il frappa trois fois la terre de son bâton, et il en sortit trois beaux lys [1]. Une touchante et pieuse tradition raconte que saint Louis allant en pélerinage au tombeau glorieux de saint François, et passant à Pérouse, voulut voir frère Ægidius. Une vision intérieure révéla aussitôt au Frère que ce pélerin n'était autre que le saint roi de France. Dès qu'ils se virent, ils se jetèrent à genoux et s'embrassèrent avec une inexprimable tendresse. Ils demeurèrent long-temps en silence, confondus dans ce baiser d'amour et d'effusion intime, et appuyés sur le cœur l'un de l'autre; puis ils se levèrent; le roi continua son voyage, et le frère retourna dans sa cellule. Mais les autres religieux ayant su que ce pélerin était le roi, firent à Ægidius de grands reproches sur sa grossièreté. Ah! répondit-il, ne vous étonnez pas si ni moi ni lui nous n'avons pu parler, car, dès que nous nous sommes embrassés, la lumière de la divine sagesse m'a révélé tout son cœur et lui a révélé tout le mien, et ainsi, en nous regardant dans nos deux cœurs, nous nous connaissions bien autrement que si nous nous étions parlé, et avec une bien autre consolation que si nous avions voulu rendre par des paroles ce que nous sentions, tant la langue humaine est incapable d'exprimer les secrets mystères de Dieu [2].

Ægidius fut plusieurs fois chargé par les supérieurs d'in-

Seraph., p. 63. Vetula, paupercula, simplex et idiota, diligas Dominum Deum tuum, et poteris esse major quam frater Bonaventura.

[1] Vita B. Ægidii, apud Bolland. Croniques, chap. xvi.

[2] Non vi maravigliate di cio percioche nè io a lui, nè lui a me hà potuto dir parola, perche tosto che noi fussimo abbracciati, la luce della Sapienza mi rivelo e manifestò, il suo cuore, e a lui il mio, etc. Fioretti, cap. xxxiii.

struire les frères dans la science spirituelle. C'est avec un pieux respect que nous avons recueilli quelques fragmens de ces saintes instructions, qui, jetées dans le champ du monde, ont produit des fleurs remplies des plus suaves arômes et des fruits qui ont été la nourriture de plusieurs générations de saints. Assis au milieu des Frères, sous les grands chênes de l'Apennin, Ægidius disait :

« ... Trois choses sont excellemment utiles, celui qui les possède ne peut tomber dans le mal. La première est de rester dans la paix au milieu des tribulations; la seconde est de nous humilier dans tout ce que nous faisons, dans tout ce que nous recevons; la troisième est de constamment aimer le bien éternel que nous ne pouvons voir avec les yeux de notre corps. Tout ce qui est méprisé et laissé par les hommes charnels est aimé et reçu de Dieu et des saints; l'homme est si malheureux que souvent il aime les choses méprisables. Le saint repentir, la sainte humilité, la sainte charité, la sainte dévotion, la sainte joie, voilà ce qui rend l'âme parfaite et heureuse... Dieu est si grand, que toutes les paroles des sages de l'antiquité et des saints docteurs sont moindres qu'une pointe d'aiguille comparée à la terre et à la création universelle. L'Ecriture-Sainte balbutie en parlant de Dieu, comme une mère balbutie pour se faire comprendre de son petit enfant... Tant que l'homme vit, il ne doit jamais désespérer de la miséricorde de Dieu, attendu qu'il n'y a arbre tant épineux et mal dressé soit-il que les hommes ne puissent embellir; à plus forte raison ne peut-il y avoir si grand pécheur au monde que Dieu ne le puisse orner de sa grâce et de ses vertus... Voilà la véritable voie du salut : se réjouir du bien d'autrui, s'attrister de son mal. Le travail profitable au-dessus de tous les travaux est de s'appliquer à la piété et à la bénignité; tout ce qui se fait sans amour et sans dévouement n'est pas agréable à Dieu et à ses saints...

« ... On ne saurait parvenir à la connaissance de Dieu que par le moyen de l'humilité... Le mal et la mort sont entrés dans le monde, parce que l'ange dans le ciel et Adam sur la terre ont levé trop haut la tête; et le salut nous est arrivé par l'humble inclination de la Vierge et des autres saints. Plût à Dieu que nous ayons sans cesse sur les épaules un pesant fardeau qui pût contraindre cette notre dure tête de s'abaisser et humilier ! Par l'humilité l'homme trouve la grâce de Dieu et la paix avec les hommes. Si un roi voulait envoyer sa fille en quelque pays lointain, il ne lui ferait pas monter un cheval rétif et furieux, mais une douce hacquenée qui irait un amble aise et sûr ; de même Dieu, comme souverain roi, ne donne sa grâce aux superbes, mais seulement aux humbles... La sainte crainte de Dieu chasse hors de l'homme la mauvaise crainte, et garde dans l'âme ces biens infinis que nous ne pouvons concevoir par la pensée et exprimer par la parole. Celui qui supporterait avec patience, pour l'amour de Dieu, toutes les afflictions, obtiendrait de grandes grâces ; il serait le maître de ce monde, et aurait déjà un pied dans l'autre...

« ... Si quelqu'un disait à un fort pauvre homme : Ami, je vous prête ma maison afin que vous vous en serviez pendant trois jours à gagner un inestimable trésor, que ne ferait pas ce pauvre ? Ce que nous avons en emprunt de notre Dieu, c'est notre corps, et tout ce que nous pouvons faire pendant notre vie est comme trois jours. Or si le grain de froment ne se pourrit, il ne peut fructifier. Il faut donc le faire pourrir pour qu'il germe, qu'il soit battu en son temps et recueilli dans les greniers éternels... L'homme ne peut se contenter des choses de la terre ; il soupire sans cesse après les choses du ciel ; car il n'a pas été créé pour ce qui est bas, mais pour ce qui est haut et suprême : le corps a été fait pour l'âme, et ce monde pour l'autre... La peine des tentations est semblable au travail du laboureur ; la terre est couverte de chardons et d'épines : avant d'y faire un bon labour, il faut la défricher. A la vue d'un travail long, pénible, et dont il ne voit pas immédiatement les fruits, il est découragé quelquefois. Ainsi, premièrement, il faut unir et aplanir toutes les mottes ; il n'en voit pas le fruit. Secondement, il faut couper et brûler les racines et les broussailles ; il n'en voit pas le fruit. Troisièmement, il ouvre la terre avec le soc; quatrièmement, il laboure pour la deuxième fois et fait des sillons; cinquièmement, il sème le grain; sixièmement, il arrache les mauvaises herbes quand le blé commence à pousser; septièmement, il fait moissonner le blé, le sépare de la paille avec beaucoup de sueur et de peine, le faisant battre, vanner, cribler; huitièmement enfin, il porte le grain dans ses greniers, et pour la joie qu'il a de voir le fruit de ses labeurs, il se propose d'en supporter encore de plus grands, pour la seule joie qu'il a de sa cueillette. Or il en est ainsi dans les tentations et travaux qu'on endure en ce monde pour le fruit et contentement spirituel que l'on doit recueillir dans l'éternité [1]. »

Ces hommes dévoués ne purent rester ainsi long-temps dans la retraite, et ils firent un essai de vie active. Bernard et Pierre allèrent dans la Romagne, François et Ægidius dans la Marche d'Ancône, pour instruire les peuples et les édifier. Ces premières courses apostoliques mirent au grand jour les vertus héroïques de ces pauvres du Christ. Quand ils manquaient des choses nécessaires, ils s'en félicitaient comme du trésor qu'ils avaient acheté au prix de toutes leurs richesses; quand ils étaient insultés, maltraités, leur âme surabondait de joie. Après avoir fait quelque bien, ils revinrent à Rivo-Torto pour retremper leurs forces dans la prière et le recueillement.

De nouveaux disciples se joignirent à François : Sabbatini fut le quatrième; nous n'avons sur sa vie aucun détail certain; il était une de ces âmes bonnes et droites qui s'enveloppent d'humilité et que le regard de Dieu seul suit avec amour dans leur pélerinage sur la terre [2]. Le cinquième apôtre fut Morico, religieux de l'ordre des Porte-Croix. Malade dans l'hôpital de Saint-Sauveur d'Assise et abandonné de tous les médecins, il demanda les prières de Fran-

---

[1] Bolland. Acta Sanctorum, 25 april., pag. 227-257, in-folio.

[2] Vir bonus et rectus ita cum Deo ambulavit in omnibus operibus suis. Petrus Rodulphius, Hist. Seraph., pag. 66. Sabbatini mourut à Rome; il est enterré dans l'église de Sainte-Marie in Ara-cœli.

çois, qui pria pour lui et lui envoya par deux frères quelques mies de pain trempées dans l'huile de la lampe de Sainte-Marie-des-Anges, avec ces paroles : « La puissance de Jésus-Christ non seulement rendra par ce remède à notre cher frère Morico une parfaite santé, mais encore le fera devenir un généreux soldat qui entrera dans notre milice et y persévèrera. » Et le malade guéri vint à Rivo-Torto[1]. Le sixième disciple, nommé Jean de Capella, s'attacha aux biens temporels, abandonna la sainte pauvreté et finit comme Judas[2]. Philippo-Longo fut le septième enfant de cette sainte famille, homme pur et savant dans la science du ciel; il devint le premier visiteur des Pauvres-Dames[3].

Nous n'avons pas de détails sur Constantius, Barbari, Bernard, Vigilantius; mais le onzième, le prêtre Sylvestre, fut un des plus illustres pauvres de Jésus-Christ. Il avait vendu des pierres à François pour l'église de Saint-Damian, et s'en était fait payer la valeur; lorsqu'il vit l'or que Bernard de Quintavalle distribuait aux pauvres, il s'approcha et dit : « François, vous ne m'avez pas bien payé les pierres que je vous ai vendues[4]. » Le serviteur de Dieu prit de l'argent dans le sac et lui en donna à pleines mains, disant : « Seigneur prêtre, en avez-vous assez pour le paiement complet[5]? » Sylvestre répondit : « J'ai ce qu'il me faut, » et il s'en alla content. Après peu de jours, revenant par son souvenir sur les paroles et le désintéressement de François, il disait en lui-même : « N'est-il pas bien misérable que moi, vieillard, je recherche avec ardeur les biens temporels, tandis que, pour l'amour de Dieu, ce jeune homme les mé-

---

[1] Petrus Rodulphius, pag. 66.

[2] Qui alter Judas Iscariotes se laqueo suspendit. Petrus Rodulphius, pag. 67.

[3] Primus visitator pauperum dominarum,... Dominus dignatus est tangere labia ejus calculo munditiæ. Petrus Rodulphius, pag. 67.

[4] Francisce, non bene solvisti mihi pro lapidibus quos emisti a me. Vita a Tribus Sociis, cap. III.

[5] Habes adhuc plenam solutionem, domine sacerdos? Vita a Tribus Sociis, cap. III.

prise ! » Et la nuit suivante il vit dans son sommeil une croix d'or sortant de la bouche de François et touchant au ciel, et les bras s'étendaient jusqu'aux extrémités de la terre[1]. Il reconnut que François était un véritable ami de Dieu, et il lui demanda la grâce d'être au nombre de ses disciples. Dès lors il passa sa vie dans l'exercice de la contemplation, parlant avec Dieu comme un ami parle à son ami.

Les temps héroïques de Rivo-Torto ont un attrait irrésistible pour l'historien et pour l'âme chrétienne qui considèrent comme le berceau d'une grande et merveilleuse institution cette humble cabane si délabrée, si étroite, qu'on avait été obligé d'écrire sur les poutres le nom de chaque frère, afin qu'ayant sa place désignée, il pût vaquer à ses exercices sans distraire et déranger son voisin[2]. Un jour, c'était au mois de septembre 1209, l'empereur Othon IV passait auprès de la cabane, allant à Rome se faire sacrer et couronner par le pape Innocent III. François lui envoya par deux frères ce message prophétique : « La gloire dont tu es environné ne durera pas long-temps[3]. » Tout le monde sait la malheureuse histoire de ce prince, traître à ses sermens et à l'Eglise.

Cependant François puisait dans la prière et la pénitence le courage de l'apôtre et la sagesse du législateur; dans ses communications intimes avec Dieu, il disait : « Il n'y a rien sur la terre, ô mon Dieu ! que je ne sois prêt à abandonner de bon cœur; rien de si pénible et de si rude que je ne veuille endurer avec joie; rien que je n'entreprenne suivant les forces de mon corps et de mon âme pour la gloire de mon Seigneur Jésus-Christ; et je veux, autant qu'il me sera possible, exciter et porter tous les autres à aimer Dieu de tout leur cœur par-dessus toutes choses[4].

---

[1] Contuebatur post hoc crucem quamdam auream ex ore procedentem Francisci, cujus summitas cœlos tangebat, cujusque brachia protensa in latum usque ad mundi fines videbantur extendi. S. Bonaventura, cap. III.

[2] Wadding.

[3] Vincent de Beauvais. Miroir historial, liv. XXX, chap. XCIX.

[4] Nihil est in hoc mundo, quod non volo libenter dimittere propter

Un jour, après une longue prière, il rassembla ses frères, et il leur dit : « Prenez courage, réjouissez-vous dans le Seigneur ; que votre petit nombre ne vous attriste point, que ma simplicité et la vôtre ne vous alarment pas ; car Dieu m'a montré clairement que par sa bénédiction il répandra dans toutes les parties du monde cette famille dont il est le père. Je voudrais passer sous silence ce que j'ai vu ; mais l'amour m'oblige à vous en faire part : j'ai vu une grande multitude venant à nous pour prendre le même habit et pour mener la même vie ; j'ai vu tous les chemins remplis d'hommes qui marchaient de notre côté et se hâtaient fort. Les Français viennent, les Espagnols se précipitent, les Anglais et les Allemands courent, toutes les nations s'ébranlent, et voilà que le bruit de ceux qui vont et qui viennent pour exécuter les ordres de la sainte obéissance retentit encore dans mes oreilles [1].... Considérons, mes frères, quelle est notre vocation : ce n'est pas seulement pour notre salut que Dieu nous a appelés par sa miséricorde ; c'est encore pour le salut de beaucoup d'autres ; c'est afin que nous allions exhorter tout le monde, plus par l'exemple que par la parole, à faire pénitence et à garder les divins préceptes. Nous paraissons méprisables et insensés ; mais ne craignez point, prenez courage, et ayez cette confiance que notre Sauveur, qui a vaincu le monde, parlera en vous d'une manière efficace. Gardons-nous bien, après avoir tout quitté, de perdre le royaume des cieux pour un léger intérêt. Si nous trouvons de l'argent, n'en faisons pas plus d'estime que de la poussière de la route. Ne jugeons point et ne méprisons point les riches, qui vivent dans la mollesse et portent des ornemens de vanité ; Dieu est leur maître, comme le nôtre ; il peut les

---

amorem et honorem Domini mei Jesu Christi, nihil est etiam tam durum in hac vita, quod non volo gratanter sustinere propter ejus charitatem, faciendo propter ejus honorem omnia quæ ego potero juxta meas vires corporis et animæ. Revelationum S. Brigittæ liber VII, cap. xx, Rome, 1556, in-folio.

[1] Et ecce adhuc sonitus eorum in auribus meis, euntium et redeuntium secundum obedientiæ sanctæ mandatum. Thomas de Celano, cap. iv.

appeler et les justifier. Allez donc annoncer la pénitence pour la rémission des péchés et la paix; vous trouverez des hommes fidèles, doux et pleins de charité, qui recevront avec joie vous et vos paroles; d'autres, infidèles, orgueilleux et impies, qui vous blâmeront et se déclareront contre vous. Mettez-vous bien dans l'esprit de supporter tout avec une humble patience; ne craignez pas : dans peu de temps, beaucoup de sages et de nobles viendront se joindre à vous pour prêcher aux rois, aux princes et aux peuples. Soyez donc patiens dans la tribulation, fervens dans la prière, courageux dans le travail, et le royaume de Dieu, qui est éternel, sera votre récompense [1]. »

Après ces chaudes et prophétiques paroles, il fit le partage de leur route en forme de croix vers les quatre parties du monde; il embrassa et bénit chacun de ses frères par cette nouvelle formule d'obédience : Jetez le fardeau de vos misères dans le sein du Seigneur, et il vous nourrira [2]. Ils partaient, nouveaux chevaliers de Jésus-Christ, allant au midi et au nord chercher des tournois spirituels, pour y vaincre les âmes en champ clos avec les armes invincibles de la chasteté, de l'espérance et de l'amour [3]. Et certes, ils ont combattu un bon combat, ils ont remporté de grandes victoires sur l'égoïsme du monde, et Dieu et les hommes les ont honorés d'un solennel triomphe. Lorsque ces dévoués missionnaires de la paix arrivaient dans un bourg ou dans une ville, ils prêchaient avec candeur ce que le Saint-Esprit leur

---

[1] Vita a Tribus Sociis, cap. III.

[2] Jacta super Dominum curam tuam, et ipse enutriet te. Hoc verbum dicebat quotiens ad obedientiam fratres aliquos transmittebat. Thomas de Celano, cap. IV.

[3]
   Noz frères si departi sunt
   Com noviau chevalier, s'an vont,
   Qui vont por tornéemant querre,
   Par le païs et par la terre.
    Chronique Mss.

Voir aussi El Cavallero Assisio, poème espagnol par Gabriel de Mata, Ire parite, chant III.

inspirait. A ceux qui leur demandaient : Qui êtes-vous ? ils répondaient : Nous sommes des pénitens venus d'Assise [1]. Ils partageaient leurs aumônes avec les pauvres ; partout où ils trouvaient une église, ils s'y prosternaient, en disant cette prière que François leur avait enseignée : « Nous vous adorons, ô Seigneur Jésus-Christ ! ici et dans toutes vos églises qui sont par toute la terre, et nous vous bénissons d'avoir racheté le monde par votre sainte croix [2]. »

François, revenu à Rivo-Torto, désira ardemment voir tous ses enfans rassemblés autour de lui, afin d'affermir son institution par des réglemens particuliers. Il pria le Seigneur, qui rassemblait autrefois le peuple d'Israël dispersé parmi les nations, de réunir sa petite famille, et l'Esprit de Dieu inspira à chacun l'idée du retour [3].

C'était une grande réjouissance que les embrassemens de la réunion : tous faisaient le récit sincère et humble de ce qui leur était arrivé ; ce qu'ils disaient surtout avec un incroyable plaisir, c'étaient les insultes et les mauvais traitemens qu'ils avaient soufferts dans la mission [4]. Ils recommençaient alors leur vie de prière et de pénitence. François leur dit un jour : « Je vois, mes frères, que le Seigneur par sa bonté veut étendre notre association. Allons donc à notre mère la sainte Église romaine, faisons connaître au souverain pontife ce que Dieu a daigné commencer par notre ministère, afin que nous poursuivions nos travaux selon sa volonté et sous ses ordres [5]. »

Il écrivit alors une constitution en vingt-trois chapitres :

---

[1] Simpliciter tamen confitebantur, quod erant viri pœnitentiales de civitate Assisii oriundi. Vita a Tribus Sociis, cap. III.

[2] Adoramus te, Christe, et benedicimus tibi propter omnes ecclesias quæ sunt in universo mundo, quia per sanctam crucem tuam redemisti mundum. Vita a Tribus Sociis, cap. III.

[3] Per eum orabat hoc fieri qui dispersiones congregabat Israelis. S. Bonaventura, cap. III.

[4] Reversi discipuli de prædicatione referebant hilariter quæ in illa missione ludibria et verbera experti fuerant. Wadding.

[5] Vita a Tribus Sociis, cap. IV.

nous l'étudierons plus tard ; il suffit de dire ici que c'était la grande charte de la pauvreté; car, outre les trois vœux ordinaires, il y avait une renonciation expresse à toute possession et l'engagement de vivre d'aumônes.

Tous prirent le chemin de Rome, sous la conduite de Bernard de Quintavalle, qu'ils avaient choisi pour le guide et le maître du voyage. Ils s'en allaient joyeux et confians, charmant la longueur de la route par la prière et de pieux entretiens [1]. Passant à Rieti, François vit un chevalier nommé Angelo Tancrède : il ne le connaissait point. Cependant il l'aborde et lui dit : « Angelo, il y a assez long-temps que vous portez le baudrier, l'épée et les éperons; il faut maintenant que vous ayez pour baudrier une grosse corde, pour épée la croix de Jésus-Christ, pour éperons la poussière et la boue. Suivez-moi ; je vous ferai chevalier de Jésus-Christ. » Angelo le suivit. Ainsi fut complété ce nombre mystérieux et symbolique de douze disciples qui établit une nouvelle conformité entre notre Sauveur Jésus-Christ et François, son parfait imitateur.

Le grand pape Innocent III, qui a ajouté tant de gloire aux anciennes gloires de l'Église, occupait la chaire de saint Pierre, lorsque les enfans de François et de la pauvreté arrivèrent à Rome. Ils furent reçus par leur vieil ami l'évêque d'Assise, qui s'y trouvait alors. Il eut une grande peine, croyant que ces hommes évangéliques voulaient quitter son diocèse, nourri par leurs prédications et édifié par leurs exemples; mais lorsqu'il apprit le sujet véritable de leur voyage, il les recommanda avec instance au cardinal Jean de Saint-Paul, évêque de Sabine, qui les aida de sa puissante influence. Innocent III se promenait un jour au palais de Latran, sur une terrasse élevée appelée le Miroir, lorsqu'il vit un homme chétif et pauvre qui vint l'entretenir de l'établissement d'une nouvelle institution religieuse fondée sur la pauvreté. Il le rebuta : mais pendant la nuit, il vit en songe

---

[1] Gaudentes igitur ibant, et verba Domini loquebantur. A Tribus Sociis, cap. IV.

croître à ses pieds peu à peu une palme, qui devint un très bel arbre. Il admira, mais ne comprit pas le sens de cette vision : une lumière divine lui apprit que la palme représentait le pauvre qu'il avait rebuté la veille. Il fit chercher ce pauvre, et on lui amena François. Il le reçut au milieu des cardinaux, écouta l'exposition de ses projets, et s'estima heureux de pouvoir donner à l'Église de vrais pauvres, plus dépouillés et plus soumis que les faux pauvres de Lyon, dont l'orgueil avait troublé le monde [1]. Cependant quelques cardinaux trouvant cette pauvreté excessive et au-dessus des forces humaines, firent au pape quelques objections ; l'évêque de Sabine se leva et dit : « Si nous refusons la demande de ce pauvre, sous prétexte que sa règle est nouvelle et trop difficile, prenons garde de rejeter l'Évangile même, puisque la règle qu'il veut faire approuver est conforme à ce que l'Évangile enseigne ; car, de dire que la perfection évangélique contienne quelque chose de déraisonnable et d'impossible, c'est blasphémer contre Jésus-Christ, auteur de l'Évangile [2]. » Innocent fut frappé de cette raison, et dit à François : « Mon fils, priez Jésus-Christ qu'il nous fasse connaître sa volonté, afin que nous puissions favoriser vos pieux désirs [3]. »

Le serviteur de Dieu alla se mettre en prière ; il revint bientôt et dit: « Saint Père, il y avait une fille très belle mais pauvre qui demeurait dans un désert. Un roi la vit, et fut si charmé de sa beauté, qu'il la prit pour épouse. Il demeura quelques années avec elle, et en eut des enfans, qui avaient tous les traits de leur père et la beauté de leur mère ; puis il revint à sa cour. La mère éleva ses enfans avec un grand soin, et dans la suite elle leur dit : Mes enfans, vous êtes nés d'un grand roi, allez le trouver et il

[1] Bossuet. Histoire des Variations, liv. XI, n° 83.
[2] S. Bonaventura, cap. III.
[3] Ora, fili, ad Christum, ut suam nobis per te voluntatem ostendat, qua certius cognita, tuis piis desideriis securius annuamus. S. Bonaventura, cap. III.

vous donnera tout ce qui vous convient. Et les enfans vinrent auprès du roi; il leur dit en voyant leur beauté : De qui êtes-vous fils ? et ils répondirent : Nous sommes les enfans de cette pauvre femme qui habite au désert. Et le roi les embrassant avec une grande joie : Ne craignez rien, vous êtes mes fils. Si des étrangers se nourrissent de ma table, combien aurai-je plus de soin de mes enfans ! Ce roi, très saint Père, c'est Notre-Seigneur Jésus-Christ. Cette fille si belle, c'est la pauvreté, qui étant rejetée et méprisée partout, se trouvait dans ce monde comme dans un désert. Le Roi des rois descendant du ciel et venant sur la terre, eut pour elle tant d'amour qu'il l'épousa dans la crèche. Il en eut plusieurs enfans dans le désert de ce monde; les apôtres, les anachorètes, les cénobites, et quantité d'autres qui ont embrassé volontairement la pauvreté. Cette bonne mère les a envoyés au Roi du ciel, son Père, avec la marque de sa pauvreté royale, aussi bien que de son humilité et de son obéissance. Ce grand roi les a reçus avec bonté, promettant de les nourrir et leur disant : Moi qui fais lever mon soleil sur les justes et sur les pécheurs, moi qui élargis à toute créature ce qui lui est nécessaire, combien plus volontiers soignerai-je mes enfans ! Si le Roi du ciel promet à ceux qui l'imitent de les faire régner éternellement, avec combien plus d'assurance doit-on croire qu'il leur donnera ce qu'il donne toujours et avec tant de libéralité aux bons et aux méchans[1]. » Véritablement c'est cet homme qui soutiendra l'Église de Jésus-Christ par ses œuvres et par sa doctrine ! s'écria Innocent[2]; et il raconta que la nuit précédente il avait vu pendant son sommeil un pauvre soutenir l'église de Latran prête à s'écrouler. François s'agenouilla, promit au pape une obéissance dévouée, reçut la bénédiction apostolique et l'approbation verbale de son institution, et après avoir visité

---

[1] Vita a Tribus Sociis, cap. IV.
[2] Vere hic est ille vir religiosus et sanctus, per quem sublevabitur et sustentabitur Ecclesia Dei ! Vita a Tribus Sociis, cap. IV.

avec ses disciples le tombeau des saints apôtres, ils reprirent tous ensemble le chemin d'Assise, passant par la vallée de Spolète pour y évangéliser la paix.

Une des journées de marche avait été longue et fatigante; les frères se mirent sur le bord du chemin pour se reposer un peu, mais la faim les pressait et ils n'avaient pas de quoi manger. Alors la Providence divine vint assister les pauvres de Jésus-Christ. Lorsque tout secours humain leur manquait, un homme leur apporta un pain[1]. Ils passèrent quelques jours à côté de la ville d'Orta dans une église abandonnée d'où ils sortaient pour prêcher, et ils revinrent à la sainte et pauvre demeure de Rivo-Torto, où François les instruisait solidement sur la prière et la mortification.

Bientôt par un acte solennel l'abbé des bénédictins du Monte-Soubazio, pressé par l'évêque d'Assise, donna à François et à sa congrégation l'église de Sainte-Marie-des-Anges ou de la Porziuncula; il appartient à cet ordre illustre, fils aîné du Christ, de protéger tous les dévouemens et tous les généreux efforts; il a pris les pauvres Mineurs sur son sein pour les réchauffer, et il leur a assuré sur la terre une retraite indépendante. François entrevit les glorieuses destinées de cette humble chapelle, et il s'écria : « C'est ici un lieu saint qui devrait être habité par des anges plutôt que par des hommes; il sera pour nous un monument éternel de la bonté de Dieu[2]. » Et chaque année, en signe de reconnaissance, il envoyait au Monte-Soubazio un petit panier de muges, espèce de poissons qui se trouve en abondance dans la rivière de Chiascio qui coule auprès de Sainte-Marie-des-Anges[3].

Voilà donc la pauvre famille franciscaine qui peut respirer à l'aise, elle a une place au soleil. Fort de l'approbation du Souverain Pontife, François ne craint plus rien au monde;

---

[1] Sane cum omnis via decsset, qua possent sibi de victu necessario providere, statim affuit providentia Dei. S. Bonaventura, cap. IV.

[2] Wadding.

[3] Chalippe. Vie de S. François, liv. 1.

il court par toutes les villes, par toutes les bourgades, par tous les hameaux; gonfalonier du Christ crucifié, il lève hautement l'étendard de la pauvreté; il commence à exercer dans le monde un nouveau genre de négoce, il établit le plus beau et le plus riche commerce dont on se puisse jamais aviser. Il disait partout et à tous : « O vous qui désirez cette perle unique de l'Évangile, venez, associons-nous, afin de trafiquer dans le ciel; vendez vos biens, donnez-les aux pauvres; venez avec moi libres de tous soins terrestres; venez, nous ferons pénitence ; venez, nous louerons et servirons notre Dieu en simplicité et en pauvreté. » Et chaque soir il rentrait triomphant à Sainte-Marie-des-Anges, entouré de ses nouvelles conquêtes spirituelles. Le nombre des disciples de la pauvreté croissait admirablement. Au milieu de tous nous devons faire une connaissance spéciale avec les frères Rufin, Léon, Masseo de Marignan et Juniperus, dont la vie intime initiera à bien des secrets de l'âme de François.

« Dieu a embelli et enrichi les premiers Frères Mineurs des claires et excellentes vertus de frère Rufin, comme un arc resplendissant parmi les nuées, avec la gaie variété de ses belles couleurs, et comme une rose vermeille à cause de sa fervente charité, et comme un lys blanc pour sa pureté, rendant une très agréable odeur en l'Église de Dieu. » Il était d'Assise. Dans les premiers temps de sa conversion, François lui commanda d'aller prêcher dans une église d'Assise, dépouillé de ses vêtemens. Il obéit. Le peuple disait : « C'est un de ces hommes qui, à force d'abstinence, s'est rendu fou [1], » et on ne daigna pas même l'écouter. François vint bientôt le rejoindre, il prêcha, et tout le peuple fondit en larmes au souvenir de la passion de Jésus-Christ. C'est par la pratique de l'humble obéissance que Rufin acquit une si grande force sur lui-même et sur le démon qui avouait par la bouche

---

[1] Li fanciulli, e gli huomini cominciorno a ridere, e dicevano : Hora ecco costoro fanno tanta astinenza, e penitenza, che diventano stolti, e fuori dise. Fioretti, cap. XXIX.

d'un possédé que la vertu de Rufin le tourmentait comme raisin au pressoir[1].

Frère Léon a quelque chose du caractère de saint Jean. Il était le confesseur, l'ami intime de François; ils ne se quittaient pas, voyageaient ensemble, priaient ensemble, pleuraient ensemble; ils ont toujours vécu appuyés l'un sur l'autre. François appelait très amoureusement Léon la petite brebis de Dieu, la pecorella di Dio. Un jour, allant de Pérouse à Sainte-Marie-des-Anges par un froid très rigoureux, François dit à Léon : « Fasse Dieu que les Frères Mineurs donnent à toute la terre un grand exemple de sainteté; néanmoins, fais bien attention que ce n'est pas là la joie parfaite. » Un peu plus loin il dit : « O Léon ! quand les frères rendraient la vue aux aveugles, chasseraient les démons, feraient parler les muets, et ressusciteraient les morts de quatre jours, ce n'est point là la joie parfaite. » Et un peu plus loin : « O frère Léon ! si les Frères Mineurs savaient toutes les langues et toutes les sciences, s'ils avaient le don de prophétie et celui du discernement des cœurs, ce n'est pas là la joie parfaite. » Et un peu plus loin : « O Léon ! petite brebis de Dieu, si les Frères Mineurs parlaient la langue des anges, s'ils connaissaient le cours des astres, la vertu des plantes, les secrets de la terre et la nature des oiseaux, des poissons, des hommes, de tous les animaux, des arbres, des pierres, de l'eau, ce n'est pas là la joie parfaite. » Et un peu plus loin : « O frère Léon ! quand les Frères Mineurs convertiraient par leurs prédications tous les peuples infidèles à la foi chrétienne, ce n'est point là la joie parfaite. » Et il continua à parler ainsi l'espace de plusieurs milles. Enfin Léon étonné lui demanda : « O père, je te prie, au nom de Dieu, dis-moi donc où est la joie parfaite? » François répondit : « Quand nous arriverons à Sainte-Marie-des-Anges bien mouillés, bien crottés, transis de froid, mourant de faim, et que nous frapperons à la porte, le portier nous dira : Qui êtes-vous? — Nous répondrons : Nous

---

[1] Croniques des Frères Mineurs, liv. VI, chap. II.

sommes deux de vos frères. — Vous mentez, dira-t-il; vous êtes deux fainéans, deux vagabonds, qui courez le monde et enlevez les aumônes aux véritables pauvres. Et il nous laissera à la porte pendant la nuit, à la neige et au froid. Si nous souffrons ce traitement avec patience, sans trouble et sans murmure, si même nous pensons humblement et charitablement que le portier nous connaît bien pour ce que nous sommes, et que c'est par la permission de Dieu qu'il parle ainsi contre nous, crois que c'est là une joie parfaite. Si nous continuons de frapper à la porte et que le portier vienne nous donner de grands soufflets et nous dire: Partirez-vous d'ici, faquins! allez à l'hôpital, il n'y a rien à manger ici pour vous. Si nous endurons patiemment ces choses et que nous lui pardonnions de tout notre cœur et avec charité, crois que c'est là une joie parfaite. Si enfin, dans cette extrémité, la faim, le froid, la nuit nous contraignent de faire instance avec des larmes et des cris pour entrer dans le couvent, et que le portier irrité sorte avec un gros bâton noueux, nous prenne par le capuce, nous jette dans la neige et nous donne tant de coups qu'il nous couvre de plaies, si nous supportons toutes ces choses avec joie, dans la pensée que nous devons participer aux souffrances de notre béni Seigneur Jésus-Christ, ô Léon! crois bien que c'est là la parfaite allégresse; car, entre tous les dons du Saint-Esprit que Jésus-Christ a accordés et accordera à ses serviteurs, le plus considérable est de se vaincre soi-même et de souffrir pour l'amour de Dieu[1]. » En vérité, les conversations des hommes du treizième siècle et surtout des saints sont si rares, que je me laisse aller avec bonheur à les écouter.

Dans les commencemens de l'ordre, François voyageant encore avec son frère Léon, et n'ayant point de bréviaire pour réciter l'office, quand vint l'heure de matines, François dit : « Frère Léon, nous n'avons pas de livres, mais pourtant il faut chanter les louanges de Dieu; nous ferons ainsi : je dirai : O frère François! tu as commis tant de pé-

---

[1] Fioretti di S. Francesco, cap. vii.

chés dans le monde que tu mérites d'être précipité dans l'enfer; et toi, frère Léon, tu répondras : Il est vrai que tu mérites d'être au fond de l'enfer. » Et frère Léon dit avec la simplicité d'une colombe : « Volontiers, mon père. » Mais, au lieu de répondre comme François le voulait, il dit au contraire : « Dieu fera par vous tant de bien que vous irez en paradis. » François le reprit : « Il ne faut pas dire ainsi, frère Léon; mais quand je dirai : O frère François! tu as fait tant de choses iniques contre Dieu que tu es digne de toutes ses malédictions, tu répondras : Il est vrai que tu mérites d'être au nombre des maudits. » Mais Léon dit : « O frère François! Dieu te fera grâce, et tu seras béni entre les bénis. » François étonné de ce que Léon répondait tout le contraire de ce qu'il lui disait, lui commanda par la sainte obéissance de répéter ses paroles. Je dirai : « O frère François, misérable frère François! après tant de crimes que tu as commis contre le Père des miséricordes et le Dieu de toute consolation, penses-tu qu'il ait pitié de toi? En vérité, tu ne mérites pas qu'il te pardonne. Frère Léon, tu répondras aussitôt : Il est vrai, tu ne mérites pas miséricorde. » Léon répondit : « Dieu te fera miséricorde et te comblera de grâces. » Alors François lui dit avec une douce colère : « Pourquoi as-tu eu la hardiesse de transgresser le précepte de l'obéissance et de répondre tant de fois autrement que je ne t'ai ordonné? — Mon très cher père, répondit Léon, Dieu le sait, j'ai toujours voulu répéter les paroles que tu m'as prescrites. — Cette fois au moins, reprit François, répond comme je t'enseignerai. Je dirai : O frère François! petit homme misérable, penses-tu que Dieu te fasse miséricorde? Et tu répondras ces mêmes paroles. » Il chanta ce verset avec une grande effusion de larmes, et frère Léon dit : « Tu recevras de Dieu une grande miséricorde; tu seras exalté et glorifié éternellement, parce que celui qui s'humilie sera élevé. Je ne puis pas dire autrement : c'est Dieu qui parle par ma bouche [1]. » O merveilleuse hu-

---

[1] Rispose fra Leone, e disse : Anzi gran misericordia riceverai da Dio,

milité des saints ! qu'êtes-vous devenue?... Léon ne fut pas séparé de François même dans la mort; son corps fut déposé au pied de l'autel de son ami canonisé et glorifié.

Masseo de Marignan fut aussi un prodige d'humilité. Saint François lui dit un jour en présence des autres frères : « Masseo, ceux-ci ont reçu de Dieu plus que vous le don de la contemplation; c'est pourquoi, afin qu'ils y vaquent plus librement, il est juste que vous, qui paraissez plus propre aux offices extérieurs, ayez soin de la porte et de la cuisine; et le temps qui pourra vous rester, vous l'emploierez à la quête. Prenez bien garde surtout que les gens du monde qui viendront ne troublent point le repos de vos frères ; contentez-les de quelques bonnes paroles de Dieu; que les autres ne soient point obligés de paraître. Allez et faites tout cela pour avoir le mérite de la sainte obéissance. » Masseo baissant la tête et tirant son capuce, se soumit à l'ordre de son supérieur. Pendant plusieurs jours, il s'acquitta fidèlement de tout ce qu'on lui avait prescrit. Ses compagnons, qui connaissaient sa vertu et l'amour qu'il avait pour l'oraison, eurent des remords de le voir si accablé, et prièrent leur père commun de partager le travail entre eux tous. Il y acquiesça, fit venir Masseo et lui dit : « Mon frère, vos compagnons veulent leur part des charges. » Masseo répondit : « Père, je regarde comme venant de Dieu tout ce que vous m'avez imposé. » Saint François eut une grande joie dans son cœur en voyant cette charité d'une part et cette humilité de l'autre; il leur fit une instruction sur ces deux très saintes vertus, et distribua les offices avec sa bénédiction [1]. Masseo accompagnait souvent saint François dans ses courses apostoliques; il était à la pacification de Sienne [2].

« esalteratti e glorificberatti in eterno; imperoche chi si humilia sarà esaltato, e io non posso altro dire, perciocbe Dio parla per la bocca mia. Fioretti, cap. VIII. Tout ce chapitre est admirable de style.

[1] All' hora S. Francesco vedendo la carita di coloro, e l'humilta di fra Masseo fece loro una predica maravigliosa della santissima humiltà. Fioretti, cap. XI.

[2] In quell' hora al quanti huomini di Siena combattevano insieme, e già

Lorsqu'en priant il ne pouvait plus contenir dans son âme les transports de l'amour, il poussait des gémissemens semblables à ceux de la colombe [1].

Juniperus était un homme d'une très sainte vie; aussi François disait, faisant allusion à son nom : Je voudrais avoir une forêt de pareils genévriers. Il était d'une candeur et d'une simplicité admirables. Un jour que quelques uns de ses amis étaient venus à sa rencontre hors des portes de Rome pour lui faire honneur, il trouva des enfans qui se jouaient ensemble de cette façon : « ils avaient mis une grande pièce de bois au travers d'un mur, aux deux bouts de laquelle étaient assis deux garçons à chevauchons, lesquels, par un égal contrepoids, se haussaient et baissaient alternativement. Frère Juniperus se fit donner l'une des deux places, et se mit à jouer avec l'enfant qui était demeuré sur l'autre extrémité. Ses amis étant arrivés là ne laissèrent pas de le saluer fort révéremment, sachant assez sa coutume; mais lui, demeurant constant et ferme dans sa résolution, ne fit pas semblant de les voir ni ouïr, tant il se montrait attentif à ce jeu, et persévéra si long-temps et si résolument que, leur faisant perdre patience, il les contraignit enfin de s'en retourner en leurs maisons fort mal contens et édifiés de l'incivilité et folie de leur ami, qui par après s'écoula secrètement dans son couvent, fort aise d'avoir ainsi évité la vaine gloire de cette rencontre [2]. » Sainte Claire avait pour Juniperus une amitié de sœur; elle l'appelait, à cause de cette simplicité, le jouet de Jésus-Christ. Nous le retrouverons au lit de cette illustre mourante.

Ainsi un an après la fondation de l'Ordre, François avait déjà réuni un grand nombre de disciples dévoués ; il comprit bientôt toute l'importance de réformer la société des femmes par les mêmes moyens.

---

erano morti due di loro; giungendo S. Francesco, predico aloro si divotamente, e santamente, che gli pacificò. Fioretti, cap. x.

[1] Quand'egli orava faceva un giubilo, conforme a quello d'una colomba. Fioretti, cap. xxxi.

[2] Croniques des Frères-Mineurs, liv. IV, chap. xxxii.

Chapitre iv.

1212.

Saint François établit la religion des Pauvres Dames. — Sainte-Claire. — Destinées du second Ordre. — Sainte Collette.

> Ave mater humilis,
> Ancilla crucifixi,
> Clara virgo nobilis
> Discipula Francisci,
> Ad cœlestem gloriam
> Fac nos proficisci. Amen.
>
> Antienne a S. Claire.

> Clara claris præclara meritis, magnæ in cœlo claritate gloriæ, ac in terra miraculorum sublimium clare claret..... Hæc profecto in arvo fidei plantavit, et coluit vineam paupertatis, de qua fructus salutis pingues et divites colliguntur..... Hæc fuit pauperum primiceria, ducissa humilium... Gaudeat itaque mater Ecclesia, quod talem genuit, et educavit filiam quæ tanquam virtutum fœcunda parens, multas religionis alumnas suis produxit exemplis et ad perfectum Christi servitium pleno magisterio informavit.
>
> Alexander iv, bulla canonisationis.

Cette nouvelle vigne de Jésus-Christ commença à étendre ses branches, à pousser des fleurs d'une odeur très agréable et à produire en abondance des fruits de gloire. Claire apparut alors au monde comme la plus belle plante du jardin de l'Epoux céleste et comme la plus brillante étoile de l'aurore de cette sainte institution [1]. La femme du chevalier Sciffi, Ortolana d'Assise, fut la pieuse jardinière qui planta cette fleur tendre et odoriférante dans l'Église. Ortolana avait consacré sa vie à toutes les œuvres de miséricorde; dans son amour ardent pour Jésus-Christ, elle avait entrepris de longs pélerinages; et comme les croisades avaient ouvert le grand chemin de Jérusalem, elle était allé visiter les lieux consacrés par la vie du Sauveur. Un jour que, pendant sa grossesse, elle priait Dieu de lui donner une heureuse délivrance, elle entendit ces paroles : « Femme, ne craignez pas, vous accoucherez sans danger d'une lumière qui illuminera le monde [2]. » L'enfant fut nommée Clara au baptême. Sa première jeunesse, humble et cachée, charitable et pure, fut une préparation à la grâce divine. Claire ayant eu le bonheur d'entendre les saintes instructions de François, désira se mettre sous sa conduite pour entrer dans la voie de la perfection et du renouvellement spirituel. Accompagnée d'une femme sage et discrète, sa parente, Bonna Guelfucio, elle allait secrètement à Sainte-Marie-des-Anges s'entretenir avec celui qui devait être son père sur la terre et son ami éternel dans le ciel [3]; et parmi les épanchemens d'une sainte familiarité, François répandait dans son âme le désir de la vie religieuse et pauvre et des joies ineffables de l'union intime avec l'Epoux divin des âmes chastes et fidèles. Or, le dimanche des Rameaux fut le jour choisi de Dieu pour

---

[1] Virgo Deo charissima Clara, ipsarum plantula prima, tanquam flos vernans et candidus, odorem dedit, et tanquam stella præfulgida radiavit. S. Bonaventura, cap. IV.

[2] Ne paveas, mulier, quia quoddam lumen salva parturies, quod ipsum mundum clarius illustrabit. Vita S. Claræ, cap. I, apud Surium.

[3] Visitaua o sancto a sancta donzela, et ella mais miudamente ao sancto verao, ordenado discretamente os tempos de suas visitaçoes, porque seu sancto proposito nao podesse dos homes ser entendido, nem por nouas publicas murmurado et impedido. Marc de Lisbonne. Chronicon, cap. III. Da familiaridade que sancta Clara teue com o bemaventurado padre sancto Francisco. Ce chapitre est fort beau.

séparer Claire de la vie contagieuse, de peur que le miroir de son âme angélique ne fût terni dans les chemins poudreux du monde [1]. Elle se rendit dans l'église avec des habits très magnifiques, et on y vit comme un présage de sa gloire. Toutes les dames, selon la coutume italienne, étaient allé recevoir des mains de l'évêque des palmes bénies. Claire, dans sa pudeur virginale, resta prosternée à sa place ; le pontife alors descendit les degrés du sanctuaire, et s'approchant d'elle, il lui mit une palme dans la main [2]. La nuit suivante, toujours pompeusement parée, elle sortit par une porte secrète de la maison paternelle, et vint à Sainte-Marie-des-Anges, où les religieux qui célébraient les saintes veilles reçurent avec des cierges ardens en leurs mains cette vierge sage qui, avec une lampe remplie de l'huile de l'amour, cherchait son Époux et Rédempteur, Jésus-Christ. Devant l'autel de Marie immaculée, François lui coupa les cheveux en signe de renonciation aux vanités de la terre, et la revêtit de l'habit de pénitence. Tout ce qu'elle avait apporté de précieux fut distribué aux pauvres. « Il n'eût pas été à propos, dit un ancien auteur, que l'Ordre nouveau de la fleurissante virginité eût été ailleurs commencé qu'au palais angélique de cette très grande dame, laquelle avoit été auparavant seule mère et vierge, et par conséquent plus digne que toutes les autres créatures. C'est en ce même lieu que la noble chevalerie des pauvres de Jésus-Christ, les Frères Mineurs, eut son commencement sous le valeureux capitaine saint François, afin qu'on cogneut évidemment que la Mère de Dieu engendroit en cette sienne demeure l'une et l'autre Religion [3]. » François, dont le zèle était toujours dirigé par l'esprit de sagesse, conduisit Claire dans un monastère de religieuses de Saint-Benoît, à Saint-Paul d'Assise. Là elle eut à soutenir les rudes assauts de sa famille affligée ; mais Dieu

[1] Protinus ne speculum illibatæ mentis mundanus pulvis ulterius inquinet. Vit. Clar., cap. IV.
[2] Pontifex per gradus descendens, usque ad eam accederet, et palmam suis in manibus poneret. Vit. Clar., cap. IV.
[3] Croniques des Frères Mineurs, liv. VIII.

fut sa force et la rendit victorieuse dans ce combat de paroles d'amitié, de menaces et de haine [1]. Bientôt elle fut établie à Saint-Damian, cette église que François avait restaurée à la sueur de son front [2]. Claire s'enferma dans ce saint lieu pour l'amour de son céleste Epoux; elle y emprisonna pour toujours son corps, afin de le séparer de la turbulente tempête du monde. Cette douce colombe argentée fit son nid dans les petites cellules de l'humble demeure, et y engendra la nombreuse postérité des Pauvres Dames. Sa fécondité fut inépuisable; et dans ces grandes secousses morales données au monde, on voyait se réaliser les paroles du vieux prophète : « Réjouis-toi, stérile qui n'enfantes pas; chante des cantiques de louanges; pousse des cris joie, toi qui n'avais pas d'enfans : l'Epouse abandonnée est devenue plus féconde que celle qui a un époux. Etends l'enceinte de ton pavillon, développe les voiles de tes tentes; tu pénétreras à droite et à gauche; ta postérité héritera des nations et remplira les villes désertes..... Toi, si long-temps pauvre, si long-temps battue par la tempête et sans consolation, je te donnerai des fondemens de saphirs, je te parerai de rubis; je bâtirai tes tours de jaspe; tes portes seront ornées de ciselures; ton enceinte, de pierres choisies [3]. » Et cet édifice, bâti sur les vertus humbles et pures, plus solides et plus précieuses mille fois que le saphir et le jaspe, s'éleva jusqu'au ciel, étendit son ombre protectrice sur la terre, et la paix et la sainteté se répandirent à grands flots sur tous ceux qui s'y abritèrent.

Claire avait laissé dans la maison maternelle une jeune sœur,

---

[1] Et post pugnas verborum, videntes constantiam ejus votis acquiescunt. S. Antonin. Chronicon, part. III, pag. 743.

[2] Aujourd'hui Saint-Damian est habité par les Riformati (Récollets) qui édifient le pays par leur austère régularité. Ce monastère a subi peu de changemens depuis le douzième siècle. Il est bien doux pour le pèlerin de reposer dans ces petites cellules si humbles, si recueillies, et de rompre le pain de l'hospitalité dans le même réfectoire et sur la même table où mangeaient sainte Claire et ses sœurs.

[3] Isaïe, 54.

nommée Agnès, qu'elle aimait très tendrement. Quelques jours après sa retraite, Agnès vint se jeter dans ses bras, disant : « Ma sœur, je veux servir Dieu avec vous. » Claire lui répondit, en l'embrassant avec une grande effusion de joie : « Très douce sœur, je rends grâces à Dieu de ce qu'il a exaucé mon plus ardent désir[1]. » Les parens, furieux, vinrent avec quelques chevaliers, leurs amis, rechercher Agnès; dans toute la brutalité des mœurs de cette époque, lorsqu'elles n'étaient pas adoucies par la piété, un de ces chevaliers la prit par les cheveux, lui donna de grands coups et la traîna hors de la maison[2]; mais Dieu la délivra miraculeusement. Elle revint auprès de sa sœur désolée, et le bienheureux François alla les consoler. Il donna le saint habit de pénitence à Agnès, lui laissant son nom en mémoire du très doux Agneau qui a été immolé pour les péchés du monde. Pendant les trois premières années, la famille de Claire crut merveilleusement; elle eut la consolation de voir Béatrix, la plus jeune de ses sœurs, se consacrer à Dieu; et Ortolana, devenue veuve, alla rejoindre à Saint-Damian les trois plantes qu'elle avait jadis soignées avec une si amoureuse sollicitude. Bientôt toute cette armée de femmes pieuses, avec des reines et des princesses à sa tête, sous le nom de Pauvres Clarisses, alla dresser ses tentes dans toute l'Europe. Lorsque François voulait établir une communauté de vierges saintes, il envoyait une des anciennes de Saint-Damian planter la croix avec l'amour de la pauvreté évangélique dans la nouvelle colonie. Ainsi il envoya Agnès à Florence. Ce fut une bien cruelle séparation que celle de ces pieuses sœurs. La lettre d'Agnès à Claire, et à toutes les vierges de Saint-Damian, où elle avait été élevée et nourrie spirituellement, nous a été conservée; nous l'avons recueillie comme le seul débris des communications intimes entre ces âmes du treizième siècle, si grandes et si dévouées :

[1] Gratias ago Deo, dulcissima soror, quod me de te sollicitam exaudivit. Vita Clar., cap. XVI.
[2] Irruit in eam miles unus animo efferato, et pugnis, calcibusque non parcens, eam per capillos abstrahere conabatur. Vit. Clar., cap. XVI.

« A sa mère vénérable, à sa maîtresse dans le Christ, la bien-aimée Claire, et à toute sa communauté, Agnès humble servante de Jésus.

« La condition des choses créées est de ne jamais demeurer dans le même état ; aussi lorsqu'on se croit dans le bonheur, on est plongé dans un abîme de maux. Sachez donc, ma mère, qu'il y a au fond de mon cœur une grande tribulation et une immense tristesse ; combien je souffre d'être séparée de vous, de vous, auprès de qui je croyais vivre et mourir ! Ce malheur commencé, je ne sais quand il finira ; il est une de ces choses qui se déroulent sans cesse et dont on ne voit pas le bout ; il est comme une grande ombre qui croît indéfiniment sans décliner ; il est comme un poids sur mon âme et je ne puis l'écarter. Je croyais que ceux qui étaient unis dans le ciel par la même foi et la même conversation, auraient sur la terre la même vie et la même mort ; qu'un même tombeau renfermerait le même sang et la même nature ; mais j'ai été trompée ; je suis abandonnée, et mon âme déborde de tristesse. O mes sœurs très douces, ayez pitié de moi ; pleurez avec moi, et priez Dieu de ne pas vous faire souffrir ainsi ! Comprenez qu'il n'est pas de douleur semblable à cette douleur ; une douleur qui me crucifie sans cesse, une langueur qui toujours me torture, une ardeur qui toujours me dévore ; les afflictions me pressent de toutes parts ; de grâce ! aidez-moi par vos pieuses prières, afin que Dieu me donne la force de les supporter. O ma mère, que ferai-je ? que dirai-je ? Moi, qui n'espère jamais revoir ni vous, ni mes sœurs. Oh ! si je pouvais exprimer ma pensée selon mon désir ! Oh ! si je pouvais ouvrir là devant vous, dans cette lettre, ma longue douleur ! Mon cœur est brûlé intérieurement par le feu de l'affliction. Je gémis et je pleure. Je cherche une consolation, et je n'en trouve pas ; j'enfante douleur sur douleur, et je succombe sous le poids de la pensée que jamais je ne vous reverrai. Personne ici ne pourrait comprendre ma peine.

« Une seule chose me console, et vous pouvez vous réjouir

avec moi, c'est la grande union qui règne dans notre communauté; on m'y a reçue avec un grand plaisir et une grande joie; on m'y a promis obéissance avec respect et dévouement. Toutes se recommandent à Dieu et à vous. Pensez à nous, et regardez-les ainsi que moi comme des filles et des sœurs qui toujours seront sincèrement disposées à suivre vos avis, à exécuter vos ordres. Le seigneur Pape a acquiescé à mes désirs relativement à l'affaire particulière que vous savez. Priez le frère Élie de ma part de nous visiter et de nous consoler plus souvent. Adieu [1]. »

Cependant Claire instruisait ses filles par ses discours remplis des sucs les plus doux de la doctrine céleste, et par l'exemple incessant de toutes les vertus chrétiennes. Sa modestie était si grande au milieu de cet empire des âmes qu'on ne la vit qu'une seule fois dans sa vie lever sa paupière pour demander au pape sa bénédiction, et qu'alors seulement on put connaître la couleur de ses yeux [2]. Elue abbesse et supérieure, elle fut la servante des servantes de Dieu; elle soigna les malades et s'employa aux plus vils offices du monastère [3]. Ses mortifications étaient extrêmes; elle ne porta jamais de chaussures; toute vêtue de son habit d'étoffe grossière, elle prenait quelques heures de sommeil sur du sarment sec; elle se riait des douleurs corporelles; et la joie divine qui surabondait dans son âme rayonnait alors sur sa figure tranquille [4]. Elle s'asseyait sur son lit de douleurs, et filait du lin d'une grande délicatesse, et avec cette toile très fine, elle fit cinquante paires de corporaux qu'elle envoya dans des bourses de soie et de pourpre aux pauvres églises de la vallée de Spolète et des montagnes d'Assise, témoignant ainsi sa profonde vénération pour le très Saint-Sacrement de l'autel [5].

---

[1] Wadding, tom. II, pag. 15.

[2] Giuseppe di Madrid. Vita di S. Chiara. Rome, 1852, pag. 187.

[3] Inter Christi ancillas servire libentius quam serviri. Vita Clar., cap. VIII.

[4] Deridere videretur angustias corporales,... sancta lætitia, quæ interius abundabat, exterius redundabat. Vit. Clar., cap. XII.

[5] Et sedens filabat delicatissimos pannos, de quibus ultra quinquaginta

Une nuit de Noël, qu'elle était malade et alitée, toutes les religieuses étant à l'église pour chanter avec les anges les joies de l'avénement du Sauveur, seule avec ses souffrances, Claire dit en soupirant : « O mon Dieu, voyez comme je suis délaissée ! » Et aussitôt celui pour lequel il n'y a point de distance ouvrit miraculeusement les oreilles de la malade, et elle entendit les frères chantant l'office dans l'église de Sainte-Marie-des-Anges; et au matin, lorsque ses filles vinrent la voir, elle s'écria : « Béni soit mon Seigneur Jésus-Christ, qui ne m'a point délaissée dans mon abandon [1] ! »

Les prières d'une âme si unie à Dieu étaient toutes puissantes, et les historiens en rapportent deux preuves prodigieuses entre toutes. L'empereur Frédéric II, ce tyran impie et cruel, avait rassemblé des rives orientales de l'Adriatique les débris de l'ancienne race sarrasine, et il leur avait donné en Italie l'antique forteresse de Nocera, qui, depuis cette époque, porte le nom de Nocera dei Mori. Ces ennemis du Christ et de son Eglise descendaient dans la vallée de Spolète, restée fidèle au Saint-Siége, et ils lui faisaient boire le calice de leur colère [2]. Un jour, ils portèrent leurs ravages jusqu'aux portes d'Assise, et entourèrent de leurs cris et de leur fureur le monastère de Saint-Damian. Le cœur des Pauvres Dames fondit d'épouvante : elles se réfugièrent auprès du lit de leur mère, malade [3]. Claire se lève, prend l'ostensoir d'ivoire et d'argent, où était la sainte hostie, le place sur le seuil de la porte, à la vue de l'ennemi, et prosternée la face contre terre, elle dit, avec abondance

---

paria corporalium faciens, et ea sericis vel purpureis thecis includens, per plana et montana Assisii variis Ecclesiis destinabat. Vit. Clar. cap. xviii, apud Surium.

[1] Et ecce repente mirabilis illa concentus, qui in ecclesia sancti Francisci fiebat, suis cœpit auribus intonare... Mane ad eam venientibus filiabus, dixit Clara : Benedictus Dominus Jesus Christus, qui me, vobis relinquentibus, non reliquit. Vit. Clar., cap. xix. Fioretti, cap. xxxiv.

[2] Vallis Spoletana de calice iræ frequentius imbibebat. S. Antonin. Chronicon, part. iii, pag. 745.

[3] Liquescunt dominarum corda timoribus, et ad matrem referunt fletus suos. S. Antonin.

de larmes, à son bien-aimé Jésus : « Voulez-vous donc, ô mon Dieu ! livrer entre les mains des infidèles vos servantes sans défense que j'ai nourries dans votre saint amour? Protégez-les, ô mon Dieu ! puisque moi, leur mère, je ne puis rien dans un si grand péril. » Alors elle entendit comme la voix argentine d'un petit enfant qui disait : « Je vous protégerai toujours. — Mon Seigneur, continua Claire, si telle est votre sainte volonté, conservez cette ville d'Assise qui nous nourrit pour votre amour. » Dieu répondit : « Cette ville souffrira beaucoup, mais ma grâce la défendra. » Alors Claire, relevant la tête, dit à ses filles tremblantes : « Mes bien-aimées, ayez une ferme foi dans le Christ ; j'ai l'assurance qu'il ne nous arrivera aucun mal [1]. » Et les Sarrasins prirent la fuite. C'est en mémoire de ce prodige que les artistes chrétiens présentent à notre vénération sainte Claire portant le saint sacrement.

Une autre fois, un des principaux capitaines de l'empereur Frédéric, Vitalis de Aversa, homme ambitieux de gloire, amena ses troupes assiéger Assise. Il ravagea les alentours, coupa les arbres, et jura qu'il ne partirait que lorsqu'il se serait rendu maître de la ville. Claire voyant toutes ces choses, eut une grande douleur; elle dit à ses filles : « Chères sœurs, nous recevons chaque jour de cette ville ce qui nous est nécessaire; il serait impie de ne pas la secourir selon notre pouvoir dans cette extrémité. » Toutes ensemble se répandent de la cendre sur la tête, et vont demander à Dieu, de toutes les forces de leur affection, la délivrance de la ville. Elles furent exaucées : un secours inespéré vint repousser Vitalis de Aversa, qui mourut peu de temps après [2].

Afin de suivre la religion des Pauvres Dames dans les prin-

---

[1] Quæ impavida corde, se infirmam ad ostium duci jubet, et ante hostes poni, præcedente eam capsa argentea, intra ebur inclusa, in qua sancta sanctorum devotissime servabantur, sacratissimum scilicet corpus Christi. Vit. Clar., cap. xiv.

[2] Carissimæ filiæ, multa bona ab ista civitate quotidie suscipimus, quamobrem impium est si in tanta necessitate, prout possumus, non succurramus. S. Antonin.

cipales phases de ses destinées, nous interrompons un instant la suite chronologique. Il y a dans l'histoire un ordre moral plus élevé et plus important que l'ordre de la chronologie matérielle.

François, après en avoir conféré avec le cardinal Ugolini, son ami, voulut rendre durable une institution si importante et si utile : il en recueillit les ferventes traditions, et les consigna dans une sainte règle divisée en douze chapitres. Nous allons l'étudier avec quelques détails.

« Celle qui, divinement inspirée, se présentera pour suivre la vie religieuse, sera reçue par l'abbesse, si la plus grande partie des sœurs y consentent, et avec la permission du cardinal protecteur. Mais avant de lui donner l'habit, elle sera fort diligemment examinée sur la foi catholique et les saints sacremens de l'Église. » Le monastère ne devait point s'embrouiller dans les affaires temporelles de la postulante. Lorsque celle-ci aura vendu ses biens et distribué l'argent aux pauvres, on lui coupera les cheveux, selon l'usage, et on lui donnera trois tuniques et un manteau. Alors elle ne pourra plus sortir du monastère sans une très grande nécessité. Elle se souviendra de porter toujours les habits les plus pauvres et les plus vils, en mémoire du très doux Enfant Jésus, qui, venant au monde, fut enveloppé par sa mère dans de pauvres langes et couché dans la crèche [1]. Les religieuses, comme marque d'attachement à la sainte Église de Rome, réciteront en commun le bréviaire romain. Les jeûnes étaient fréquens, rigoureux; l'abbesse pouvait en dispenser les malades et les faibles [2].

La partie la plus importante d'une législation est celle qui concerne le pouvoir. Dans les institutions religieuses il n'y a rien qui puisse favoriser ou l'ambition, ou les excès de l'orgueil despotique.

« Dans l'élection de l'abbesse, on gardera la forme cano-

---

[1] Prima regula sanctimonialium S. Claræ. — S. Francisci opuscula, tom. II, cap. II, pag. 33 et seq.
[2] Regul. cap. III.

nique. Les religieuses feront leur possible pour avoir le général des Frères Mineurs ou le provincial, afin qu'elles demeurent dans la plus parfaite concorde, ne fassent l'élection que pour l'utilité commune, et ne choisissent qu'une religieuse professe. Si une religieuse non professe est élue, on ne lui obéira que lorsqu'elle aura fait profession suivant la forme de notre pauvreté. Si quelque temps après l'élection de l'abbesse les sœurs la reconnaissent indigne ou incapable de cette charge, pour le bien du service de Dieu et de leur monastère qu'elles en élisent une autre le plus tôt possible. Que l'abbesse soit la première en vertu et en saintes mœurs plutôt qu'en dignité, afin que les sœurs, excitées par son exemple, lui obéissent plus par amour que par crainte; qu'elle console les affligées et soit toujours la première à l'office divin. Elle assemblera toutes ses religieuses en chapitre au moins une fois la semaine pour la coulpe, et aussi pour délibérer des affaires de la maison, parce que souvent Dieu communique et donne son esprit au moindre d'une communauté [1]. »

Le silence était strict et n'était rompu que pendant une heure dans le jour; mais à l'infirmerie, les religieuses pouvaient toujours parler discrètement pour le service et la récréation des malades [2]. « Les sœurs auxquelles Dieu a donné la grâce du travail pourront le faire d'une manière honnête, convenable à leur profession, et pour le profit commun; elles apporteront au chapitre le produit de leur travail [3]. »

Les derniers chapitres règlent les pénitences que l'on doit infliger, les rapports avec le monde, les devoirs de la portière, comment l'abbesse doit visiter les religieuses, et les visites du provincial. Mais ce qu'on remarque par-dessus tout dans cette règle, c'est l'amour de la pauvreté, c'est le dévouement à l'abnégation absolue. « Que les religieuses ne se puissent rien approprier; qu'elles servent Dieu en ce monde

[1] Regula, cap. IV.
[2] Regula, cap. V.
[3] Regula, cap. VII.

comme pèlerines et étrangères en toute pauvreté et humilité, faisant chercher l'aumône avec confiance. Il ne faut pas qu'elles en rougissent : Notre-Seigneur Jésus-Christ se fit pauvre pour nous en ce monde. C'est cette sublimité de la très haute pauvreté qui vous institue, ô mes sœurs très douces, héritières du royaume céleste [1] ! » Tout cela n'est pas encore capable de satisfaire l'ardente affection de Claire pour la pauvreté : un jour qu'elle s'entretenait avec le pape Grégoire IX, car les plus grands personnages venaient chercher auprès de cette humble vierge des lumières et des consolations, le saint pontife la suppliait de modérer son zèle et de daigner posséder quelques biens, à cause du malheur des temps, et aussi parce qu'une sévère clôture lui interdisait d'aller, comme les Frères Mineurs, implorer la charité des fidèles, et la réduisait à l'attendre au hasard. « Si c'est votre vœu qui vous gêne, dit-il, nous vous en délierons. — Saint Père, répondit-elle, je serai heureuse d'être absoute de mes péchés; mais je ne veux pas d'absolution pour ne point suivre les conseils de Dieu [2]. » A force de prières et de sollicitations, elle obtint d'Innocent IV le privilége de la pauvreté perpétuelle, le seul qui n'ait jamais été demandé au Saint-Siége, et afin qu'une nouvelle et extraordinaire faveur répondît à cette nouvelle et inaccoutumée demande, le pape écrivit de sa propre main la première lettre de ce privilége [3], que nous mettons ici comme un monument unique dans les annales de l'Église :

« Innocent, évêque, serviteur des serviteurs de Dieu, à sa bien-aimée fille en Jésus-Christ, Claire, et aux autres sœurs du monastère de Saint-Damian d'Assise, salut et apostolique bénédiction.

« Puisque vous désirez vous consacrer à Dieu seul, re-

---

[1] Regula, cap. viii.
[2] Nequaquam a Christi sequela in perpetuum absolvi desidero. Vit. Clar., cap. ix.
[3] Et ut insolitæ petitioni favor insolitus arrideret, pontifex ipse cum

noncer à toutes les choses temporelles, vendant vos biens et en distribuant le prix aux pauvres, pour suivre dans le dénuement absolu le PAUVRE divin, qui est la voie, la vérité et la vie, rien ne pourra vous arracher à cette sainte résolution; car la main gauche de l'Époux céleste est sous votre tête pour soutenir la grande faiblesse de votre corps, que vous avez soumis à la loi de l'Esprit avec une grande ferveur de charité, et le Seigneur, qui nourrit les petits oiseaux, qui a vêtu la terre de verdure et de fleurs, saura bien vous nourrir et vous vêtir jusqu'au jour où il se donnera lui-même à vous pour aliment éternel, quand, de sa droite victorieuse, il vous embrassera dans sa gloire et sa béatitude. Comme vous nous avez demandé le privilége de la très haute pauvreté, nous vous octroyons par ces présentes de ne pouvoir être contraintes par qui que ce soit à prendre, avoir, ni retenir des possessions temporelles. Si quelques unes des sœurs ne peuvent garder cette règle, qu'elles ne demeurent pas avec vous, mais qu'elles aillent habiter un autre monastère; que personne, à ce sujet, n'ose troubler votre communauté. Si quelque personne ecclésiastique ou séculière, sachant cette notre constitution, est assez téméraire pour y attenter; si, après trois avertissemens, elle ne répare sa faute, qu'elle soit privée de ses offices, dignités, honneurs et de la communion des fidèles. Mais ceux qui vous aimeront toutes en Jésus-Christ et votre ordre, et spécialement le monastère Saint-Damian, qu'ils aient la sainte paix de Dieu, et qu'au jour du jugement ils trouvent la récompense de la béatitude éternelle [1]. »

Après quatorze ans d'une sainte union, François était mort, et Claire avec le secours de Dieu et des Frères Mineurs gouvernait, instruisait et protégeait son ordre des Pauvres Dames. Les dernières années de sa vie furent livrées aux plus cruelles infirmités; sa mort fut précieuse devant

---

hilaritate magna petiti privilegii primam notulam sua manu conscripsit. Vit. Clar., cap. IX.

[1] Giuseppe di Madrid. Vita di S. Chiara, Rome. 1852, pag. 124.

Dieu et devant les hommes. Elle était âgée de soixante ans [1]. Mais elle avait achevé sa course, elle soupirait après la dissolution de son corps, et le Christ avait hâte de rappeler dans la patrie éternelle la pauvre pélerine [2]. Sa maladie devenait chaque jour plus grave, plus mortelle. Le pape Innocent IV, qui habitait alors Pérouse, vint à Saint-Damian avec ses cardinaux ; arrivé auprès du lit de la glorieuse malade, il approcha la main de ses lèvres, afin qu'elle pût la baiser. Elle lui demanda humblement de baiser aussi ses pieds apostoliques. Le Pape posa son pied sur un escabeau de bois : elle l'embrassa dessus et dessous avec une inexprimable tendresse [3]. Puis, d'un visage angélique, elle demanda au Souverain Pontife la rémission de tous ses péchés ; il répondit : « Plût à Dieu que j'eusse besoin d'un tel pardon ! » et il lui donna l'absolution parfaite et la grâce de sa bénédiction. Tous les assistans se retirèrent, car le matin elle avait reçu le saint viatique de la main du ministre provincial. Alors elle éleva ses mains et ses yeux au ciel, et dit à ses sœurs : « Mes filles, louez Dieu du grand bénéfice qu'il lui a plu de me faire aujourd'hui ; le ciel et la terre ne suffiraient pas pour le reconnaître ; j'ai reçu mon Seigneur et mon Dieu, et j'ai mérité de voir son vicaire [4] ! »

Toutes les sœurs qui allaient être orphelines, avaient l'âme percée d'une très grande douleur ; rien ne pouvait les arracher du lit de leur mère mourante. Agnès surtout, sa toute dévouée sœur Agnès, qui était venue de Florence pour l'embrasser une dernière fois, lui disait en sanglottant et dans l'ivresse de sa douleur : « Claire, pourquoi donc me laisses-tu ainsi abandonnée ? Bonne Agnès, répondait

---

[1] Née en 1194.

[2] Accelerat Christus pauperem peregrinam superni regni palatio sublimare. Vit. Clar., cap. XXVI.

[3] Ascenso ligneo scabello curialis Dominus dignanter pedem accommodat : super quem illa sursum et deorsum inculcans oscula, vultum reverenter acclinat. Vit. Clar. Bolland., tom. II, August., pag. 764.

[4] Laudate Dominum, filiolæ meæ, quia tale beneficium mihi est dignatus tribuere. Vit. Clar., apud Bolland.

Claire, puisqu'il plaît à Dieu que je parte, demeurez ici joyeuse et ne pleurez plus : car je vous assure que vous viendrez bientôt me rejoindre, et le Seigneur vous donnera une très grande consolation avant de mourir[1]. » Pendant son agonie de plusieurs jours, elle ne cessa d'être unie à Dieu. Elle dit au frère Reinaldus qui l'exhortait à la patience : « Frère bien cher, depuis que j'ai connu la grâce de mon Dieu, par le moyen de son serviteur saint François, aucune peine ne m'a été importune, nulle pénitence ne m'a semblé difficile, ni aucune maladie fâcheuse[2]. » Enfin elle dicta son testament où elle laisse en héritage la sublime pauvreté[3].

Claire voulut ensuite que les Frères Mineurs lui parlassent de la passion de Notre-Seigneur Jésus-Christ pour enflammer son courage. Apercevant entre autres le très familier serviteur de Dieu, Juniperus, elle lui demanda en souriant : Ne savez-vous rien de nouveau de Dieu[4]. Juniperus ouvrant la bouche pour lui répondre, il sortit de la fournaise de son cœur enflammé une infinité d'étincelles de paroles si sublimes, que cette sainte vierge en reçut beaucoup de consolation[5]. Angelo exhortait les sœurs désolées; et le très simple frère Léon ne cessait de baiser le lit de la pauvre mourante[6], qui se disait à elle-même : « Va, mon âme, va sûrement, tu as un bon guide pour faire ce voyage ; car celui qui est ton créateur t'a sanctifiée, et a toujours veillé sur toi avec l'amour d'une mère pour son enfant. Vous, ô

---

[1] Inter quas Agnes virgo devota, lacrymarum inebriata salsugine, sororem efflagitat, ne, se relicta, discedat. Vit. Clar., apud Bolland.

[2] Postquam Domini mei Jesu Christi gratiam per illum servum suum Franciscum agnovi, nulla pœna molesta, nulla pœnitentia gravis, nulla mihi, frater carissime, infirmitas dura fuit. Vit. Clar., apud Bolland., pag. 764.

[3] Wadding, ann. 1253.

[4] Nova hilaritate perfusa, quærit si aliquid novi de Domino haberet ad manum? Vita Clar., apud Bolland.

[5] Qui aperiens os suum de fornace fervidi cordis flammantes verborum scintillas emittit. Vit. Clar., apud Bolland.

[6] Leo recedentis lectulum osculatur. Vit. Clar.

Seigneur, soyez béni de ce que vous m'avez créée ¹ ! » Une des sœurs lui ayant demandé ce qu'elle voulait : Je parle à ma bienheureuse âme, lui répondit-elle ; et se tournant vers Agnès, elle dit : « Ne vois-tu pas le Roi de gloire, ô ma fille ? » Agnès regarda du côté de la porte et elle vit entrer une grande procession de vierges vêtues de blanc avec des couronnes d'or sur leur tête. Mais l'une d'elles paraissait plus belle, plus somptueuse et brillante, car elle portait une couronne impériale garnie de pierreries, et de son visage sortait une lumière éclatante ; elle s'approcha du lit de Claire, et ces deux âmes célestes s'unirent dans un baiser très doux ². Or, le lendemain, onzième jour d'août, Claire entra dans la gloire éternelle ³. Ses obsèques furent un triomphe ; les habitants d'Assise, accompagnés d'une troupe de chevaliers armés, gardèrent les saintes reliques, et après l'office solennel et le discours du cardinal d'Ostie sur les vanités de la terre, les religieux portèrent le corps dans l'église de Saint-George d'Assise, où avait d'abord été déposé celui de saint François. Le pape voulait faire célébrer l'office des Saintes Vierges, et le peuple chantait cette antienne que nous répétons ici du fond de notre cœur :

> Nous vous saluons, mère d'humilité,
> Servante du Crucifié,
> Claire, noble vierge,
> Disciple de François,
> A la céleste gloire
> Faites-nous parvenir. Amen ⁴.

Deux ans après, le cardinal d'Ostie, qui avait hérité

---

¹ Vade secura, quia bonum habes conductum itineris. Vade, quoniam qui te creavit, sanctificavit; et custodiens te semper, velut mater filium tenero amore dilexit. Vit. Clar., apud Bolland.

² Et ecce in vestibus albis turba ingreditur virginum, quæ omnes aurea serta suis capitibus deferebant. Graditur inter eas una præclarior cæteris... procedit ad lectulum, ubi sponsa filii decubat, et amantissime se super eam inclinans, amplexum dulcissimum præstat. Vit. Clar., apud Bolland.

³ Année 1253.

⁴ Voir dans l'APPENDICE les liturgies en l'honneur de sainte Claire.

de l'amour de son oncle Grégoire IX pour les Frères Mineurs, étant pape sous le nom d'Alexandre IV, proposa Claire à la vénération des fidèles et l'inscrivit solennellement au catalogue des saints : « Claire, entre toutes les clartés, qui a illuminé la terre par ses vertus et par ses miracles... Claire qui, dans le champ de la Foi, a planté et cultivé la vigne de la pauvreté, cette vigne qui a donné de si beaux fruits de vertu... Claire, la princesse des pauvres, la duchesse des humbles... que notre mère l'Eglise se réjouisse donc d'avoir donné naissance à cette fille qui, à son tour, a engendré une famille innombrable de parfaites servantes de Jésus-Christ [1]. »

Cependant l'ordre des Pauvres Dames se répandait dans le monde. Agnès de Bohême l'établit en Allemagne [2]. La bienheureuse Isabelle de France, sœur de saint Louis, ayant refusé l'alliance de Conrad, fils de l'empereur Frédéric II, se consacra à Dieu sous la règle de sainte Claire. Elle fit bâtir dans le bois à Longchamp, près de Paris, un monastère qu'elle nomma admirablement de l'Humilité de Notre-Dame. Alexandre IV approuva en 1258 les modifications que saint Bonaventure, avec cinq autres de ses frères, avait fait à la règle primitive de sainte Claire. Urbain IV par une bulle de 1263 ajouta quelques nouvelles constitutions à la demande d'Isabelle et du saint roi, son frère. Les religieuses qui adoptèrent ces institutions furent appelées Urbanistes. Beaucoup de communautés conservèrent jalousement le privilége de la pauvreté perpétuelle, car l'esprit de sainte Claire vivait dans ses disciples et ses amies : dans Agnès d'Assise, jeune fille simple comme une colombe, qui raconte dans le procès de la canonisation, qu'ayant essayé le cilice de Claire, elle ne put en souffrir l'âpreté; souvent Dieu lui permettait de voir l'Enfant Jésus

---

[1] Bulla canonisationis.
[2] Et multæ filiæ ducum, comitum, baronum, et aliorum nobilium de Alamania, mundum deserentes, exemplo beatæ Claræ et Agnetis, Sponso cœlesti sunt junctæ. Liber Conformitatum, pag. 86, in-folio, 1590.

faisant des caresses enfantines à Claire-la-Sainte [1]; et dans cette sœur Françoise qui mérita de voir Jésus Enfant dans l'hostie; et dans cette sœur Christine, pieuse confidente de Claire, qui l'accompagnait dans ses visites à saint François et assistait à leurs saintes conversations.

Mais comme toutes les choses humaines, l'ordre des Pauvres Dames perdit avec le temps sa vigueur primitive; il gisait dans le relâchement, lorsque Dieu, qui sait renouveler les institutions comme les plantes, fit naître dans notre France celle qui devait rendre à la sainte pauvreté tout l'éclat de sa gloire [2], comme il fit naître en Espagne cette mère spirituelle de l'Église, qui donna une nouvelle vie aux fleurs fanées du Carmel [3]. L'histoire de la réforme des ordres religieux et de la réforme intérieure de l'Église du quinzième au dix-septième siècle, est une des plus importantes et des moins connues. Dieu révéla à Collette qu'elle était appelée à la restauration des Pauvres Dames et même des Frères Mineurs. Le bienheureux Henry de Balma, son confesseur, vit en songe une grande vigne en friche et sans fruits qu'une jeune vierge commençait à cultiver avec beaucoup de travail; il fit part de cette vision à Collette qui lui fit connaître les avertissemens surnaturels qu'elle aussi recevait de Dieu. Un jour elle aperçut dans sa cellule un bel arbre, dont les fruits d'or et d'azur exhalaient une odeur céleste, et au pied croissaient de nombreux rejetons. Craignant d'être trompée par l'esprit de mensonge, elle arracha ces arbres et les jeta dehors, mais les arbres repoussaient aussitôt [4]. Et Dieu lui manifesta que ce grand arbre était sa figure; qu'elle introduirait pour le service de l'Église une multitude d'âmes reli-

[1] Wadding Annales Minorum, tom. I.

[2] Ordo jacet Claræ, clarum cui lumen ademptum,
Clarior exurgit, regula sancta viget.
Office de S. Collette dans le brév. des Frères Mineurs.

[3] Dans le premier temple du monde, à Saint-Pierre, au milieu des Pères de l'Église, on voit la statue de sainte Thérèse avec cette inscription : Sancta Teresa mater spiritualis.

[4] In ejus inclusorio sane angusto derepente crevit arbor quædam valde

gieuses en divers royaumes et fonderait plusieurs monastères. Comme son humilité lui faisait toujours alléguer des excuses, Dieu la rendit trois jours aveugle, puis trois jours muette, et une voix intérieure lui disait sans cesse : Obéissez à ce que Dieu requiert de vous. A ce signe irrésistible, elle se soumit [1]. Elle écrivit tout ce que Dieu lui inspira pour la réformation de l'Ordre; elle met ces papiers dans un sac à sa ceinture, et avec l'aide d'une pieuse veuve, elle traverse la France à pied, arrive à Nice où Benoît XIII résidait à cause du schisme; elle fit profession à ses pieds de l'institut de sainte Claire, et le pape l'établit abesse et supérieure générale de tout l'Ordre. Cette jeune et faible femme se mit à l'œuvre avec un incroyable courage; elle parcourut la France, la Savoie, l'Allemagne, la Flandre, faisant refleurir partout les vertus religieuses [2]. Nous ne pouvons pas aujourd'hui, avec nos belles grandes routes et nos chemins de fer, nous représenter toutes les difficultés d'une pareille entreprise, surtout pour une femme. Les provinces de France étaient ravagées et désolées par des partis ennemis et incessamment en guerre. Dans ce déchaînement de l'individualisme et de toutes les mauvaises passions, il n'y avait ni garantie morale, ni sécurité, ni paix; mais Dieu gardait Collette comme la prunelle de son œil, il la délivra toujours miraculeusement du danger. Elle avait aussi une admirable constance qu'elle savait opposer à toutes les difficultés de sa sainte entreprise [3]. Et certes elles étaient grandes et nombreuses les oppositions; sans parler de toutes celles qui sur-

speciosa, foliis optime compositis, et floribus instar auri rutilantibus e quibus odor fundebatur gratissimus mireque confortans. Surius Mars, pag. 74, in-folio.

[1] Cui humiliter diu reluctans, linguæ oculorumque usu deperdito, tandem voluntati divinæ sese subjicere coacta est. Breviarium Minorum.

[2] Quod utique fiebat opera Coletæ virginis, quemadmodum satis testantur monasteria in diversis regionibus Germania, Francia, Burgondia, Sabaudia et aliis ea agente instructa, vel reformata non modo fæminarum, sed etiam virorum. Surius Mars, pag. 76.

[3] Ingruentes difficultates admirabili constantia superavit. Breviarium Minorum.

gissaient en détails de la partie basse de ces cœurs qu'elle venait couper et trancher au vif, des prêtres portèrent contre elle l'accusation d'hérésie : elle prêchait le radicalisme de la pauvreté, du dévouement, de l'abnégation absolue, elle devait nécessairement se rattacher à l'hérésie des Hussites [1]. Les habitans de Corbie allèrent même jusqu'à douter de sa vertu : aussi on les croirait depuis ce temps sous le poids d'une malédiction. Que sont devenues les gloires et les prospérités de cette antique ville abbatiale? Mais Dieu se complaisait dans l'âme de sa fille bien-aimée, et il l'ornait des plus beaux dons de sa grâce et de sa puissance; Collette lisait dans le passé et dans l'avenir, elle pénétrait bien avant dans la profondeur des mystères de la foi, et en parlait d'une façon admirable; elle ne s'écartait en rien de la très haute pauvreté [2]; ses prières efficaces faisaient naître les miracles : elle avait surtout une très grande confiance dans la récitation des litanies des saints [3]. Dieu se communiquait à elle dans les extases de ses ferventes prières, et à l'autel il lui donnait lui-même la sainte communion [4]. Son corps remarquable de beauté et de grâce répandait une très agréable odeur; elle ne permettait rien à ses sens que selon les règles d'une modestie angélique. Sa conversation la plus familière était avec les enfans, à cause de leur innocence; c'est aussi pour cela que les agneaux et les tourterelles lui plaisaient beaucoup. Les oiseaux si naturellement purs s'apprivoisaient auprès d'elle; toute la nature

---

[1] Annales tertii ordinis S. Francisci. Auctore P. de Vernon, IIe partie, in-folio.

[2] Paupertatis semper studiosissima... gaudet egestatis duros sentire dolores... Dono etiam prophetiæ illustris, abdita fidei mysteria divinitus edocta ita penetravit ut de his altissime dissereret. Breviarium Minorum.

[3] In omnibus rebus duris et adversis, in negotiis arduis semper confugiendum censebat ad preces humiles, dicebatque tum per seipsam, tum per sorores, litanias quibus fidebat plurimùm, et singulari devotione afficiebatur. Surius Mars, pag. 82.

[4] Respondit illa humiliter: Dominum Jesum suis manibus ipsi pretiosissimum corpus suum obtulisse. Surius Mars, pag. 89.

l'aimait[1]. En un mot, grande en œuvres et en paroles, elle régna pendant sa vie sur la terre, comme elle règne glorieuse dans le ciel. Olivier de la Marche, gentilhomme bourguignon, qui a recueilli avec sincérité dans ses Mémoires toutes les opinions de son époque, résume ainsi la vie de sainte Collette :

« En celui temps, régnoit une moult sainte et dévote femme, religieuse de Sainte-Claire au pays de Bourgoigne, nommée sœur Collette. Cette femme alloit par toute la chrétienté, menant moult sainte vie, et édifiant maisons et églises de la religion de saint François et de sainte Claire. Et ai été acertené que par son pourchas et par sa peine elle avoit édifié de son temps trois cent quatre-vingts églises[2]. »

Qu'il me soit permis de rappeler en terminant ce chapitre un de mes plus doux souvenirs d'enfance. J'aimais à Auxonne à visiter le couvent désert dont un ange avait tracé le plan en 1412. Aussi les bonnes religieuses n'ont jamais voulu qu'il soit agrandi. Collette habita cinq ans cette humble maison ; elle y a laissé un parfum de vertus qu'on respire encore. Elle écrivait à sa bien-aimée fille en Dieu, sœur Loyse Basende, cette touchante lettre que nous conservons comme un fragment précieux :

JESUS MARIA.

« Ma très chiere et bien amée fille en nostre Seigneur, tant humblement et chierement comment je puis, je me recommande à vous et à vos bonnes prières devant nostre Seigneur, en vous chierement priant que vous soyez toujours bonne fille, dévote, humble, patiante et oubediantes à vos prellas, et à toutes vos bonnes sœurs pour l'amour de nostre Seigneur, qui pour vous fut obédiant jusques à la mort ; et croyez toujours ce bon conséle de vost bonnes sœurs. Car je vous ay laissiés au couvent d'Auxonne pour vostre salut,

---

[1] De Vernon, Annales Tertii Ordinis.
[2] Mémoires d'Olivier de la Marc. Édition de 1785.

car c'est ung bon couvent, et say de vray qu'il y at de bonnes religieuses, et mettez parfaitement vostre cuer en Dieu. Car, nous qui avons quitté le monde, ne nous doit jamais chaloir de parens, ne de amis, senon pour prier Dieu pour leur salut, et me recommande très humblement à vostre mère, quant elle vous venra voir, à nostre mère l'abbesse et à tous mes bonnes sœurs. Je prie le Saint-Esprit qu'il vous ait à sa sainte garde, en accomplissant tous vos bons désirs. Amen.

« Sœur Collette. »

C'est avec des paroles si simples, si naïves qu'elle gouvernait son ordre.

Étant petit écolier dans le vieux monastère des bénédictins de Vaux, près de Poligny, mon plus grand bonheur était de venir le jeudi prier pour ce que j'aimais le plus au monde, ma pauvre famille, devant le tombeau de sainte Collette[1]. Elle est là, au milieu de ses filles chéries, modèles de toutes les vertus et de la parfaite abnégation. J'aimais à aller m'asseoir sur la montagne pour lire la vie de la Sainte, et à me transporter en esprit dans la glorieuse histoire des siècles catholiques. Si je laissais errer mes regards dans la vallée, ils tombaient sur le couvent des Clarisses, où sainte Collette fit jaillir une source; je voyais dans le jardin de pauvres religieuses cultivant les chétifs légumes, leur nourriture quotidienne; plus loin étaient les débris gothiques d'une belle église de Dominicains; au fond de la vallée, le prieuré de Notre-Dame-de-Vaux, et à l'horizon, s'élevait la tour de Notre-Dame-du-Mont-Roland, bâtie par un vieux chevalier, intrépide serviteur de la sainte Vierge. C'est ainsi, ô bienheureuse Collette! que votre nom et votre amour reposent dans la plus douce partie de mon cœur. Combien j'aime à revenir sur tout ce passé calme et sanctifiant! O sainte Collette! priez pour moi!

---

[1] Son corps a été transporté de Gand à Poligny en 1783.

Reprenons le cours de notre récit, après avoir profondément adoré les vues saintes et mystérieuses de la Providence divine dans l'établissement et la rapide propagation de l'ordre des Mineurs, qui embrassait et unissait dans l'amour de la pauvreté les hommes et les femmes, les Frères et les Sœurs, et préparait ainsi la réforme morale de la société.

Chapitre v.

1212 — 1215.

Douleurs de François et dans l'âme et dans le corps. — Son apostolat en Italie. — Prodigieux accroissement de son Ordre. — Ses instructions à Sainte-Marie-des-Anges. — Ses lettres à tous les chrétiens. — Son voyage en Espagne. — Approbation solennelle de l'Ordre au quatrième concile de Latran.

> **Beatus vir, qui inventus est sine macula : et qui post aurum non abiit, nec speravit in pecuniæ thesauris. Quis est hic, et laudabimus eum ? Fecit enim mirabilia in vita sua.**
>
> ECCLESIASTIC. XXXI.

Après l'établissement des deux ordres, François éprouva d'indicibles douleurs et dans l'âme et dans le corps. Lorsqu'au milieu d'une grande entreprise le génie s'arrête et jette un regard sur le passé et sur l'avenir, sur ce qu'il a fait et sur ce qui lui reste encore à faire, il y a toujours un moment de tristesse profonde, de cette tristesse qui faisait suer le sang à notre Sauveur Jésus dans le jardin des Oliviers ; et si un rayon de l'espérance divine ne brille pas au fond de l'âme, on s'arrête saisi par le froid du doute, et on meurt. Voilà pourquoi tant de grandes choses restent inachevées ; voilà pourquoi il y aura peu d'élus : le salut c'est la persévérance. François hésita entre la vie contemplative et la vie active. La plupart de ses disciples et lui-même étaient des hommes grossiers, sans lettres ; ne connaissant pas la sainte Écriture et les secrètes profondeurs de la théologie : ils ne pouvaient opposer à l'orgueil que la folie de la croix. Dieu mit ce doute dans l'âme de son serviteur, dit saint Bonaventure, afin que sa vocation apostolique lui fût révélée du ciel, et aussi pour le rendre encore plus humble, en l'abandonnant à la seule faiblesse humaine [1]. François assembla ses frères et il leur dit : « Mes frères, que me conseillez-vous? Lequel des deux jugez-vous le meilleur, que je vaque à l'oraison ou que j'aille prêcher? Je suis un homme simple qui ne sais pas bien parler ; j'ai reçu le don de la prière plus que celui de la parole. D'ailleurs on gagne beaucoup en priant, c'est la source des grâces ; et en prêchant, on ne fait que distribuer aux autres ce que Dieu a communiqué. La prière purifie notre cœur et nos affections, nous unit au seul vrai et souverain bien avec une grande vigueur de vertu. La prédication rend poudreux les pieds de l'homme spirituel ; c'est un emploi qui distrait et qui dissipe, et mène au relâchement de la discipline. Enfin, dans l'oraison, nous parlons à Dieu, nous l'écoutons, et nous conversons avec les anges comme si nous menions une vie angélique. Dans la prédication, il faut avoir beaucoup de condescendance pour les hommes, et, vivant parmi eux, voir et entendre, parler et penser en quelque sorte comme eux, d'une manière tout humaine. Mais il y a une chose qui paraît l'emporter sur tout cela devant Dieu : c'est que le Fils unique, qui est dans le sein du Père, et la souveraine Sagesse, est descendu du ciel pour sauver les âmes, pour instruire les hommes par son exemple et par sa parole, pour les racheter de son sang et pour leur faire de ce sang précieux un bain et un breuvage. Tout ce qu'il avait, il l'a donné libéralement et sans réserve pour notre salut. Or étant obligé de faire toutes choses selon le modèle qui nous est montré en sa personne, comme sur une haute montagne, il paraît plus conforme à la

---

[1] Deo melius providente, ut prædicationis meritum per supernum manifestaretur oraculum, et servi Christi humilitus servaretur. S. Bonaventura, cap. xii.

volonté de Dieu que j'interrompe mon repos pour aller travailler au dehors[1]. » Pour sortir de cette fâcheuse incertitude, il envoya deux de ses religieux, Philippe et Masseo, au frère Sylvestre, prêtre, qui était alors sur la montagne d'Assise continuellement occupé à la prière, pour lui demander de consulter Dieu sur ce doute. Il donna la même commission à Claire, lui recommandant d'y employer aussi ses filles, et en particulier celle qui paraissait la plus pure et la plus simple. Quand les deux religieux revinrent, François les reçut avec beaucoup de respect et de tendresse; il leur lava les pieds, les embrassa et leur fit donner à manger. Puis il les mena dans le bois, où il se mit à genoux, la tête nue et baissée, les mains croisées sur la poitrine, et il dit : « Apprenez-moi ce que mon Seigneur Jésus-Christ me commande de faire. » Masseo répondit : « Mon très cher frère et mon père, Silvestre et Claire ont reçu de notre Seigneur Jésus-Christ précisément la même réponse : Allez et prêchez. Ce n'est pas seulement pour votre salut que Dieu vous a appelé; c'est aussi pour le salut des hommes; et il mettra ses paroles dans votre bouche. » Aussitôt il se lève, et comme les prophètes antiques d'Israël, saisi de l'esprit de Dieu et embrasé d'amour, il marche en s'écriant : « Allons au nom du Seigneur[2]. » Ainsi, pour me servir de la comparaison symbolique des vieux auteurs du moyen âge, François embrassa avec une grande effusion de tendresse ses deux épouses chéries, Lia et Rachel. Rachel, d'une admirable beauté, mais stérile, est l'image de la vie contemplative; Lia, quoique moins belle, était plus forte et surtout d'une inépuisable fécondité, elle représentait la vie active, qui n'est qu'un long travail pour enfanter à Dieu des enfans éternels[3].

La première prédication de François après avoir revêtu

---

[1] S. Bonaventura, cap. XII.

[2] Ibat autem cum tanto fervore, ut divinum exequeretur imperium, tamque celeriter percurrebat, ac si facta manu Dei super eum, novam induisset e cœlo virtutem. S. Bonaventura, cap. XII.

[3] Voir Richard de Saint-Victor : de Præparatione animi ad contemplationem. Dante, Purgat., cant. XXVII, ad finem.

cette nouvelle force apostolique fut à Bevagna. Un miracle vint confirmer sa parole ; il guérit une jeune fille aveugle, et il convertit un grand nombre de pécheurs, dont plusieurs se joignirent à lui et devinrent apôtres de la pénitence et de la paix [1]. Tant d'âmes gagnées à la vie chrétienne en un seul lieu lui firent naître le désir d'aller prêcher la foi dans l'Orient et d'y mourir pour Jésus-Christ. Mais ne voulant rien faire sans la permission du souverain pontife, il partit pour Rome, prêchant et faisant des miracles partout où il passait. C'était encore le grand pape Innocent III qui gouvernait l'Église. François lui exposa le merveilleux accroissement de son ordre, la sainte vie de ses frères et son généreux projet de régénérer le vieux monde d'Occident, et d'aller prêcher l'Évangile chez les peuples encore assis à l'ombre de la mort ; et à ces paroles, l'âme vigoureuse d'Innocent tressaillit de bonheur.

François prêcha à Rome avec beaucoup de succès ; il y acquit deux excellens disciples, le romain Zacharie et l'anglais Guillaume. C'est dans ce voyage qu'il fit la connaissance d'une femme illustre par sa piété, Jacqueline de Settesoli ; semblable à ces saintes femmes de Jérusalem qui suivaient le Sauveur avec amour et répandaient des parfums sur ses pieds divins, la dame de Settesoli se consacra au service des pauvres Frères Mineurs ; ce fut elle qui les établit à Rome.

Revenu à Sainte-Marie-des-Anges, François donna ses dernières instructions, et laissant Pierre de Catane pour supérieur, il partit pour le Levant, accompagné d'un seul frère. A Ascoli, il prêcha et gagna trente disciples, tant clercs que laïcs. Il s'embarqua dans un navire qui faisait voile en Syrie ; poussé en Esclavonie par des vents contraires, il attendit quelques jours dans l'espérance de trouver un autre vaisseau ; mais aucun ne se présenta. Il fut reçu comme pauvre par des matelots qui allaient à Ancône. A peine débarqué, il continua à répandre la parole de Dieu comme une précieuse

---

[1] S. Bonaventura, cap. XII.

semence, et elle produisit une ample moisson. Un très célèbre poète de cette époque, un troubadour lauréat de Frédéric II, que sa supériorité avait excellemment fait nommer le Roi des vers, entra un jour dans l'église d'un monastère du bourg de San-Severino où le serviteur de Dieu prêchait sur le mystère de la croix. Dieu ouvrit les yeux du poète; il vit deux épées lumineuses croisées à travers la poitrine de François, et il connut que c'était là le saint homme dont on publiait de si grandes choses; transpercé par le glaive de la parole divine, il renonça à toutes les vanités du monde et embrassa l'institut des Mineurs. François le voyant passer si parfaitement des agitations du siècle à la paix de Jésus-Christ, le nomma frère Pacifique[1]. Ce fut un homme d'une grande sainteté : il mérita de voir sur le front de saint François le TAU symbolique, et il fut le premier ministre provincial de France[2].

C'est à la même époque que l'archevêque de Milan, Henri Satalas, établit les Frères Mineurs dans sa ville où ils s'étaient acquis une grande estime par leurs vertus et par leurs prédications, et que les Ubaldini de Florence donnèrent à François un très antique couvent, autrefois bâti pour les religieux de saint Basile, au milieu d'un bois à quelques lieues de la ville. François vint y mettre quelques uns de ses frères, visita les établissemens de la Toscane en évangélisant ce pays, et revint à Sainte-Marie-des-Anges. C'était à la fin d'octobre. Le repos qu'il prit après tant de fatigues, fut de s'appliquer à l'instruction de ses disciples et à la prière, surtout à l'oraison mentale, qui n'est autre chose, dit celle qui nourrit l'Église de sa doctrine céleste[3], que traiter d'amitié avec Dieu, demeurant seul à seul à s'en-

[1] Propter quod videns ipsum vir sanctus ab inquietudine sæculi ad Christi pacem perfecte conversum, fratrem Pacificum appellavit. S. Bonaventura, cap. IV. — Petrus Rodulphius, Historia Seraphica, p. 126.

[2] On voit son tombeau dans l'église des Frères Mineurs de Venise, avec cette simple inscription : In hoc sepulchro depositum fuit corpus B. Pacifici ord. Frat. Minorum, anno 1432, die 21 julii.

[3] Cœlestis ejus doctrinæ pabulo nutriamur. Oraison de sainte Thérèse.

tretenir dans le secret avec notre bien-aimé. « Un religieux, disait François à ses frères, doit désirer principalement d'avoir l'esprit d'oraison. Je crois que sans cela on ne saurait obtenir de Dieu des grâces particulières, ni faire de grands progrès dans son service. Lorsqu'on se sent triste et troublé, il faut aussitôt recourir à l'oraison, et se tenir là devant le Père céleste, jusqu'à ce qu'il rende la joie du salut : car la tristesse et le trouble rouillent l'âme, si on ne la purifie pas par les larmes. O mes frères, ayez intérieurement et extérieurement la sainte joie que Dieu donne. Quand son serviteur s'applique à l'avoir et à la conserver cette joie spirituelle, qui vient de la pureté du cœur, de la ferveur de l'oraison et des autres pratiques de vertu, les démons ne peuvent lui faire aucun mal, et ils disent : On ne saurait nuire à ce serviteur de Dieu, nous ne trouvons aucune entrée chez lui, il a toujours de la joie en tribulation comme en prospérité. Mais ils sont bien contens quand ils peuvent la lui ôter, ou la diminuer au moins : car, s'ils parviennent à mettre en lui un peu du leur, ils feront bientôt d'un cheveu une poutre, en y ajoutant toujours quelque chose, à moins qu'on ne s'efforce de détruire leur ouvrage par la vertu de la prière et du repentir. C'est au démon et à ses membres à être dans la tristesse, mais pour nous il faut toujours nous réjouir dans le Seigneur. » Un autre jour, assis au milieu de ses disciples, il les entretenait de ce sacrifice de louange, fruit des lèvres et du cœur, de la prière vocale dont nous avons incessamment besoin pour aider notre mémoire et notre intelligence et pour ranimer notre ferveur [1]. Il paraphrasa ainsi l'oraison dominicale :

« Notre Père très heureux et très saint, notre Créateur, notre Rédempteur, et notre Consolateur. Qui êtes aux cieux : dans les anges, dans les saints; qui les illuminez afin qu'ils vous connaissent, et qui les embrasez de votre amour; car, Seigneur, vous êtes la lumière et l'amour qui habitez en eux, et qui les remplissez de béatitude: vous êtes le bien

---

[1] Voir saint Augustin, Epist. ad Probam., 121, edit. Erasmi.

souverain et éternel, de qui viennent tous les biens, et sans vous il n'y en a aucun. Que votre nom soit sanctifié : pour cela faites-vous connaître à nous par des lumières vives ; que nous puissions découvrir quelle est l'étendue de vos bienfaits, la durée de vos promesses, la sublimité de votre Majesté, et la profondeur de vos jugemens. Que votre règne arrive : afin que vous régniez en nous par votre grâce, et que vous nous fassiez parvenir à votre royaume, où vous êtes vu clairement et parfaitement aimé, où l'on est heureux en votre compagnie, et où l'on jouit de vous éternellement. Que votre volonté se fasse sur la terre comme dans le ciel : afin que nous vous aimions de tout notre cœur, ne nous occupant que de vous ; de toute notre âme, vous désirant toujours ; de tout notre esprit, rapportant à vous toutes nos vues, cherchant votre gloire en toutes choses ; de toutes nos forces, employant à votre service pour votre amour tout ce qu'il y a de puissance dans nos corps et dans nos âmes, sans en faire aucun autre usage : que nous aimions notre prochain comme nous-mêmes, faisant nos efforts pour attirer tous les hommes à votre amour, ayant de la joie du bien qui leur arrive, comme si c'était à nous ; compatissant à leurs maux, et n'offensant personne en quoi que ce soit. Donnez-nous aujourd'hui notre pain quotidien : c'est votre Fils bien-aimé Notre-Seigneur Jésus-Christ : nous vous le demandons, afin de nous rappeler l'amour qu'il nous a témoigné, et ce qu'il a dit, fait et enduré pour nous, de nous en donner l'intelligence et de nous le faire révérer. Remettez-nous nos dettes : par votre ineffable miséricorde, par la vertu de la passion de votre Fils bien-aimé, par les mérites et par l'intercession de la bienheureuse Vierge Marie, et de tous vos élus. Comme nous les remettons nous-mêmes à nos débiteurs : ce qui ne serait pas tout-à-fait remis de notre part, faites-nous la grâce, Seigneur, de le remettre entièrement, afin que pour l'amour de vous nous aimions sincèrement nos ennemis, et nous intercédions pour eux auprès de vous avec ferveur ; que nous ne rendions à personne le mal pour le mal, et qu'en vous nous tâchions de faire du bien à tous. Et ne nous induisez point en tentation : cachée, manifeste, subite, mortelle. Mais délivrez-nous du mal : passé, présent et à venir. Ainsi soit-il [1]. »

François dans ses pieuses exhortations insistait par-dessus tout sur l'humilité et la pratique de la pauvreté, ces deux bases inébranlables de tout l'édifice spirituel. « Le Fils de Dieu s'est abaissé du sein de son Père jusqu'à nous pour nous enseigner l'humilité par ses exemples et par ses paroles; ce qu'il y a de relevé aux yeux des hommes est une abomination devant Dieu. L'homme n'est que ce qu'il est devant Dieu et rien de plus [2]. C'est une folie de se glorifier des applaudissemens humains... Heureux le serviteur qui se trouve aussi humble parmi ses frères, inférieurs comme lui, qu'en présence de ses supérieurs ! Heureux le serviteur qui ne se croit pas meilleur, quand les hommes le comblent de louanges, que lorsqu'il paraît à leurs yeux, simple, vil, abject et méprisable ! Heureux le serviteur qui souffre avec douceur qu'on le reprenne, qui reconnaît humblement sa faute, et en fait pénitence, qui est assez humble pour recevoir sans s'excuser la réprimande, et la honte d'une faute dont il n'est pas coupable ! Heureux le serviteur qui n'a point souhaité l'élévation où il se trouve, et qui désire toujours être sous les pieds des autres ! Malheur au religieux qui a été élevé à une place d'honneur et qui n'a pas la volonté d'en descendre [3]. » Nous ne nous étonnerons plus si comme une leçon perpétuelle François a voulu que ses Frères portassent le nom de Mineurs, et les supérieurs le glorieux titre de Ministres. Mais il déployait toute l'ardeur de son âme en parlant de sa très chère pauvreté.

« O mes Frères ! la pauvreté est le trésor caché dans le champ de l'Évangile, le fondement et la base de notre

---

[1] S. Francisci opera, part. I, p. 17.
[2] Quantum homo est in oculis Dei, tantum est, et non plus. S. Bonaventura, cap. 6.
[3] S. Francisci opera, part. I, p. 15.

Ordre, la voie spéciale du salut, le soutien de l'humilité, la mère du renoncement à soi-même, le principe de l'obéissance, la mort de l'amour-propre, la destruction de la vanité et de la cupidité, la racine de la perfection, dont les fruits sont cachés, mais très abondans. La pauvreté est une vertu descendue du ciel qui agit en nous, et qui nous met en état de mépriser tout ce qu'il y a de périssable : elle détruit tous les obstacles qui empêchent l'âme de s'unir parfaitement à son Dieu. Par l'humilité et l'amour, elle fait que les personnes dont elle est aimée, deviennent agiles comme de purs esprits, et prennent leur vol vers le ciel, pour converser avec les anges en vivant sur la terre. C'est un bien si excellent et si parfait que nous, vases vils et abjects, nous ne méritons pas de le contenir. » Alors son amour débordait de toutes parts, et ses paroles bondissaient dans les transports de l'hymne et de la prière : « Seigneur Jésus, montrez-moi les voies de votre très chère Pauvreté... Ayez pitié de moi et de ma dame la Pauvreté, car je l'aime avec tant d'ardeur, que je ne puis trouver de repos sans elle, et vous savez, ô mon Dieu, que c'est vous qui m'avez donné ce grand amour. Elle est assise dans la poussière du chemin et ses amis passent devant elle avec mépris. Voyez l'abaissement de cette reine, ô Seigneur Jésus, ô vous qui êtes descendu du ciel sur la terre pour en faire votre épouse, et pour avoir d'elle, par elle et en elle des enfans parfaits. Elle était dans l'humilité du sein de votre mère; elle était dans la crêche; elle s'est tenue tout armée dans le grand combat que vous avez combattu pour notre rédemption. Dans votre passion, seule, elle ne vous a pas abandonné. Marie, votre Mère, s'est arrêté au pied de la croix, mais la Pauvreté est montée avec vous, elle vous a serré plus fort contre son sein. C'est elle qui a préparé avec amour les rudes clous qui ont percé vos mains et vos pieds; et lorsque vous mouriez de soif, cette épouse attentive vous faisait présenter du fiel... Vous êtes mort dans l'ardeur de ses embrassemens...; elle ne vous a point quitté, ô Seigneur Jésus, elle n'a permis à votre corps de reposer que dans un tombeau étranger. C'est elle qui vous a réchauffé au fond du sépulcre, et qui vous en a fait sortir glorieux. Aussi vous l'avez couronnée dans le ciel, et vous voulez qu'elle marque les élus du signe de la rédemption. Oh! qui n'aimerait pas la dame Pauvreté au-dessus de toutes les autres! O très pauvre Jésus! la grâce que je vous demande est de me donner le privilége de la pauvreté; je souhaite ardemment d'être enrichi de ce trésor; je vous prie qu'à moi et aux miens il soit propre à jamais de ne pouvoir rien posséder en propre sous le ciel pour la gloire de votre nom, et de ne subsister pendant cette misérable vie que de ce qui nous sera élargi en aumône[1]. » François se montra toujours jaloux de garder ce privilége, il s'était déclaré le chevalier de la Pauvreté, aussi Dieu le récompensait par des visions célestes. Un jour, sur la route de Sienne, trois femmes très pauvres, parfaitement ressemblantes par la taille et par le visage, et qui paraissaient de même âge, se présentèrent à lui, et le saluèrent avec ces paroles : Que la dame Pauvreté soit la bien-venue! Ce salut le remplit de joie; car on ne pouvait lui faire plus de plaisir en le saluant, que de nommer sa très chère sainte pauvreté. La vision disparut, et les compagnons de François ne doutèrent point qu'elle ne signifiât quelque chose de mystérieux. « En effet, dit saint Bonaventure, ces trois femmes qui avaient tant de ressemblance, représentaient assez bien la chasteté, l'obéissance et la pauvreté, qui forment la beauté de la perfection évangélique, et qui se trouvaient dans le saint homme au même degré d'éminence; et les paroles de la salutation montraient qu'il avait choisi la pauvreté comme sa préroga-

---

[1] O Domine Jesu, ostende mihi semitas tuæ dilectissimæ Paupertatis... Sedet fidelissima consortia, dum ad bellum nostræ redemptionis accederes, te est comitata fideliter, et in ipso passionis conflictu individuus armiger astitit... In hujus igitur sponsæ strictis amplexibus animam amisisti... O quis non diligat dominam Paupertatem hanc præ omnibus! — ... Postulo ut mihi et meis in æternum sit proprium, pauperrime Jesu, propter nomen tuum nihil posse sub cœlo proprium possidere. S. Francisci opera, part. I, p. 19.

tive spéciale, et le principal sujet de sa gloire[1]. » Cependant les douleurs récentes de son âme, les rudes fatigues de son corps, la prodigieuse et incessante activité de son esprit, affaiblirent François, et il tomba dans une grave maladie. C'était une fièvre languissante qui ruinait ses forces. L'inquiétude de son zèle augmentait encore son mal; dans l'ardeur de sa charité, qui s'étendait jusqu'aux extrémités du monde, il adressa cette lettre à tous les chrétiens.

« A tous les chrétiens, clercs, religieux, laïques, hommes et femmes, qui sont par toute la terre.

« O qu'heureux et bénis sont ceux qui aiment Dieu, et qui accomplissent bien ce que Jésus-Christ ordonne dans l'Evangile : Vous aimerez le Seigneur votre Dieu de tout votre cœur et de toute votre âme, et votre prochain comme vous-même ! Aimons Dieu et adorons-le avec une grande pureté d'esprit et de cœur : car c'est là ce qu'il demande par dessus toutes choses. Il a dit que les véritables adorateurs adoreront le Père en esprit et en vérité, et que c'est en esprit et en vérité que doivent l'adorer ceux qui l'adorent. Je vous salue en notre Seigneur[2]. »

Quelques jours après, il dicta une lettre beaucoup plus longue, véritable instruction théologique. D'abord, il expose le mystère de l'Incarnation, l'institution de l'Eucharistie, la mort de Jésus-Christ, qui s'est offert en sacrifice pour nous sur la croix, parce qu'il veut nous sauver tous, et qui nous a laissé un exemple, afin que nous suivions ses traces. Il engage ensuite à garder les commandemens de Dieu par des motifs de crainte, d'espérance et d'amour. Il exhorte à fréquenter les églises et inspire un grand respect pour les prêtres. Il recommande la prière, le jeûne, l'aumône, la confession, toutes les œuvres de pénitence et la communion. Il

---

[1] Evangelicæ perfectionis formositas... satis convenienter ostenditur in viro Dei pari forma perfecte fulsisse : licet gloriari præelegerit in privilegio paupertatis. S. Bonaventura, cap. VII.
[2] S. Francisci opera, part. I, p. 1.

parle aussi de l'amour du prochain, de l'administration de la justice, du bon gouvernement et de la soumission à l'autorité légitime; enfin, après avoir fait connaître les misères du corps, qui n'est que pourriture, et le bonheur de l'âme, qui a de merveilleux rapports avec les trois personnes divines, il termine par ce morceau, qui sans doute est un fragment de ses prédications :

« Le corps est malade, la mort approche, les amis viennent et disent : Mettez ordre à vos affaires, car vous êtes en danger; et voilà sa femme, ses enfans, ses amis qui font semblant de pleurer. Il les regarde et pleure aussi. Il dit : Mon âme, mon corps, ma fortune, je mets tout entre vos mains. Mais malheureux et maudit, selon la parole du prophète, qui met son salut et sa confiance en de telles mains. La famille fait venir un prêtre; il dit au malade : Voulez-vous recevoir la pénitence de tous vos péchés? — Je le veux bien. — Voulez-vous restituer ce que vous avez pris injustement à autrui, et donner de votre bien pour satisfaire à la justice de Dieu? — Non, dit le malade. — Pourquoi non? reprend le prêtre. — Je laisse mes parens maîtres de tout mon bien... — Alors il commence à perdre la parole et meurt dans ce déplorable état. Or, tout le monde doit savoir qu'en quelque endroit et de quelque manière qu'un homme meure en état de péché mortel, et sans avoir satisfait à la justice de Dieu, comme il le pouvait, il est dépouillé de tout, et le démon enlève son âme avec des douleurs qui ne peuvent être connues que de celui qui les souffre : elle est tourmentée dans l'enfer, tandis que les vers rongent son corps; et ses amis et ses parens se partagent ses biens en disant : Maudit soit cet homme, qui aurait pu acquérir davantage et nous laisser beaucoup plus! Ainsi l'amour du monde qui passe a perdu son corps et son âme. — Moi, frère François, votre plus petit serviteur, tout prêt à baiser vos pieds, je vous prie et vous conjure, par la charité, qui est Dieu même, de recevoir et de mettre en pratique humblement et avec amour ces paroles de Notre-Seigneur Jésus-Christ et toutes les autres qui sont sorties de sa bouche. Que tous ceux entre les mains de qui elles tomberont, et qui en comprendront le sens, les envoient aux autres afin qu'ils en profitent. S'ils persévèrent jusqu'à la fin dans le bon usage qu'ils en doivent faire, qu'ils soient bénis du Père, et du Fils, et du Saint-Esprit. Amen [1]. »

Voilà de quelle manière François exerçait son zèle pendant sa maladie. Aussitôt qu'il fut mieux, dans le mois d'avril, il partit avec Bernard de Quintavalle et quelques autres frères pour aller, par l'Espagne, à Maroc, prêcher l'Evangile au Mira-ma-Molin et à ses sujets. C'est sous ce nom, qui signifie prince des croyans, que les chefs mahométans de l'Afrique étaient désignés et dans leur empire et parmi les nations chrétiennes de l'Occident [2]. Ils traversèrent l'Italie et les Alpes en prêchant la pénitence et la paix, faisant des miracles, gagnant des disciples et fondant des couvens. Sa sainteté jetait dès lors un si merveilleux éclat, qu'un acte de donation de cette époque commence par ces mots : « Nous accordons à un homme nommé François, que tout le monde regarde comme un saint, etc. [3] » Aucun obstacle ne put arrêter nos pauvres missionnaires. François, malgré la faiblesse de son corps, marchait vite ; il courait devant ses disciples, tant le désir de la mort le pressait [4]. Après avoir passé à pied dans les provinces méridionales de la France, ils entrèrent en Espagne par la Navarre. François alla d'abord à Burgos présenter à Alphonse IX de Castille, père de la reine Blanche, ses projets ; il en reçut l'autorisation d'établir son ordre dans ses Etats. On lui donna près de Burgos une petite église de Saint-Michel, où il mit quelques frères, et alla fonder un couvent dans une maison de Logroño, de la Vieille-Castille,

---

[1] S. Francisci opera, part. 1, p. 5.

[2] Reges, penes quos tum de republica, tum de rebus sacris gentis instituto arbitrium erat, Miramamolini vocati sunt, quæ vox credentium principem significat. Mariana, de Rebus Hispaniæ, lib. vi, cap. xi.

[3] Wadding, t. 1, p. 157.

[4] Tanto namque desiderio ferebatur, ut quamvis esset imbecillis corpore, peregrinationis suæ præcurreret comitem, et ad exequendum propositum festinus, et tanquam spiritu ebrius advolaret. S. Bonaventura, cap. ix.

que le père d'un jeune homme qu'il avait guéri miraculeusement lui avait donnée. Les Espagnols, toujours prêts à toute espèce de dévouement, entrèrent en foule dans l'Ordre, et les couvens se multiplièrent [1]. Mais au moment où il se disposait à passer en Afrique, une violente maladie l'arrêta. Il sacrifia ses désirs à la volonté de Dieu, et résolut de retourner en Italie attendre un moment plus favorable, et conduire son troupeau. Il laissa en Espagne un long et impérissable souvenir de ses vertus. En traversant la France, il ne s'arrêta pas dans le Languedoc, récemment ravagé par les erreurs et les armes des Albigeois ; c'était le champ destiné du Seigneur aux travaux de saint Dominique. Toute la fervente congrégation d'Assise eut une grande joie de son retour. Son séjour à Sainte-Marie-des-Anges fut rempli comme d'ordinaire par l'oraison et les soins spirituels et matériels de l'Ordre. Il blâma fortement Pierre de Catane, son vicaire général, qui avait bâti une grande maison pour les hôtes. Il la trouvait trop somptueuse, car partout il voulait voir reluire la sainte pauvreté : c'était là son luxe et sa magnificence. Il disait à ceux de ses disciples qu'il envoyait faire une fondation :

« Voici comment il faut bâtir : les Frères doivent premièrement examiner le terrain, et voir combien d'arpens leur suffisent, faisant beaucoup d'attention à la sainte pauvreté qu'ils ont volontairement promis à Dieu de garder, et au bon exemple qu'il leur convient de donner en cela. Ensuite, s'adressant à l'évêque du lieu, ils lui diront : Seigneur, un homme nous a donné, pour l'amour de Dieu et le salut de son âme, une place propre à bâtir un couvent. Comme vous êtes le pasteur de tout le troupeau qui vous est confié, et que, pour tous les Frères Mineurs qui sont maintenant dans votre diocèse, aussi bien que pour ceux qui y demeureront dans la

---

[1] Franciscus vir celebrior inter cæteros... venit in Hispaniam atque in ultimam penetravit Lusitaniam. Multa ei ordini domicilia tota provincia brevi excitata : Barcinone, Cæsar-Augustæ, aliisque in urbibus et municipiis Hispaniæ. Mariana, de Rebus Hispaniæ, lib. xii, cap. viii.

suite, vous êtes un protecteur et un père plein de bonté, nous vous demandons de faire en cet endroit-là une demeure simple et pauvre, avec la bénédiction de Dieu et la vôtre. Ensuite, ils creuseront un grand fossé, et au lieu de murailles, ils planteront une bonne haie, comme une marque de pauvreté et d'humilité. Que la maison ne soit faite que de bois et de terre, avec des cellules où ils puissent prier et travailler, tant pour fuir l'oisiveté que pour garder les bienséances de leur profession. L'église doit être petite : car il ne faut pas que, sous prétexte d'y prêcher, ni pour quelque raison que ce puisse être ; ils en fassent bâtir de grandes et de belles. Ils donneront meilleur exemple au peuple en prêchant dans les autres églises, et montreront mieux par là qu'ils sont véritablement humbles. Lorsque des prélats, des clercs, des religieux des autres ordres, ou des séculiers viendront les voir, une maison pauvre et des cellules étroites seront pour eux une instruction plus édifiante que des discours bien préparés [1]. »

L'ordre des Mineurs, qui a eu des monumens d'une si belle architecture, ne s'est jamais éloigné de la pauvreté et de la simplicité. François résolut d'aller à Rome, où se rassemblait le quatrième concile de Latran pour l'extinction des hérésies, la réformation de la discipline, la réunion des princes chrétiens, et le recouvrement de la Terre-Sainte [2]. C'était en 1215; Innocent III déclara devant tous les pères du concile que, depuis cinq ans, il avait approuvé l'Ordre et la règle de François d'Assise, quoiqu'il n'eût pas donné de bulle expresse, et il renouvela solennellement cette approbation. François, soutenu et fortifié par les paroles et la protection du souverain pontife, se sentit comme embrasé d'une nouvelle ardeur; par des lettres de Rome, il convoqua, à Sainte-Marie-des-Anges, pour la fête de la Pentecôte, tous ses frères dispersés dans le monde; et lui-même,

---

[1] Barthélemy de Pise, lib. 1, Conform. XII, cap. XXIII.
[2] Epist. Innocent. III, dans la collection des conciles du P. Labbe; et Chronic. Ursperg. ad ann. 1215.

évangélisant Ancône, Macerata, Ascoli, Camerino, Monte-Casale, Fabriano, Assise et les environs, il revint à sa chère Porziuncula pour s'y retremper dans l'amour de sa famille et dans la prière.

Chapitre vi.

1216 — 1219.

Premier chapitre général à Sainte-Marie-des-Anges. — Instructions de François. — Rencontre de saint François et de saint Dominique. — Union des deux Ordres. — Le cardinal Ugolini. — Second chapitre général. — Cinq mille Frères Mineurs y assistent. — Lettre d'Honorius III. — Lettres de François.

> Quam pulchra tabernacula tua, Jacob, et tentoria tua, Israel! — Ut valles nemorosæ, ut horti juxta fluvios irrigui, ut tabernacula quæ fixit Dominus, quasi cedri prope aquas.
>
> NUMER. XXIV.

Or le trentième jour de mai, fête de la Pentecôte, le soleil se levant sur les montagnes de l'Apennin, illuminait de ses rayons l'humble chapelle de Sainte-Marie-des-Anges, où étaient réunis dans leur premier chapitre général les pauvres Frères Mineurs. Chacun exposa simplement le fruit de ses missions, ses souffrances et ses joies, et ce qu'il croyait le plus expédient pour continuer le bien commencé. Les anges du ciel furent sans cesse occupés à offrir à Dieu tant de dévouement et d'amour, et à apporter des grâces et des consolations. François établit des ministres provinciaux, à qui il donna le pouvoir d'admettre dans l'ordre, pouvoir que jusqu'alors il s'était réservé. Jean de Strachia fut envoyé dans la Lombardie, Benoît d'Arezzo dans la Marche d'Ancône, Daniel toscan dans la Calabre, Augustin d'Assise dans la terre de Labour, Elie de Cortone dans la Toscane; des ouvriers évangéliques furent choisis pour différentes nations: Bernard de Quintavalle et plusieurs autres pour l'Espagne, Jean Bonelli, florentin, avec trente compagnons pour la Provence, Jean de Penna et soixante de ses frères pour la haute et basse Allemagne [1]. François prit pour son partage Paris et ce qu'on appelait proprement France et les Pays-Bas. Outre l'affection naturelle qu'il avait pour la France, dont il parlait la langue, il aimait Paris à cause de sa célèbre et savante Université, et aussi parce qu'il avait appris que cette ville avait une grande dévotion envers l'Eucharistie. En effet, quelques années plus tard, un Français, Urbain IV, devait instituer dans l'Eglise une fête solennelle du Saint-Sacrement [2]. Dans toutes les occasions, François s'efforçait d'inspirer au peuple un profond respect pour ce dogme générateur de toute piété, de tout dévouement. Il disait:

« Enfans des hommes, jusques à quand aurez-vous le cœur appesanti? Pourquoi aimez-vous la vanité de vos pensées et cherchez-vous le mensonge? Pourquoi ne reconnaissez-vous pas la vérité et ne croyez-vous pas au Fils de Dieu? Lui-même, le Très-Haut, nous assure que ce qui est consacré à l'autel par les mains du prêtre est son très saint corps et son très saint sang, parce qu'il a dit: « Ceci est mon corps, ceci est mon sang; qui fait le Testament nouveau. Celui qui mange ma chair et boit mon sang aura la vie éternelle. » Ce qu'il a dit, il le fait. Tous les jours, du haut de son trône, il vient à nous sous de viles espèces, comme il s'est abaissé pour venir dans le sein de la Vierge; tous les jours il descend sur l'autel entre les mains du prêtre. De même qu'il s'est montré aux saints apôtres dans une véritable chair, ainsi se montre-t-il à nous dans le pain consacré.

[1] Chalippe, Vie de saint François, liv. II.
[2] Voir la magnifique bulle: Transiturus de hoc mundo ad Patrem (1262), dans le Bullarium de Cherubini, t. 1, p. 94.

En le voyant des yeux du corps, ils le considéraient des yeux de la foi, et croyaient qu'il était leur Seigneur et leur Dieu; il faut aussi que, voyant sensiblement les espèces du pain et du vin, nous croyions fermement que c'est Jésus-Christ vivant et véritable. En cette manière, il est toujours avec les fidèles. Voilà, dit-il, que je suis avec vous en tout temps jusqu'à la consommation des siècles. Ceux qui ont vu notre Seigneur Jésus-Christ dans son humanité et n'ont pas cru qu'il fût le véritable Fils de Dieu sont condamnés, et ceux qui, voyant le pain et le vin consacrés par le prêtre, ne croient pas que ce soit véritablement le corps et le sang de notre Seigneur Jésus-Christ seront condamnés[1]. » Dans ses missions, il donnait l'exemple au peuple; on le voyait mettre de l'ordre dans les pauvres églises de la campagne, fournir du linge et faire des pains dans des petits fers fort artistement travaillés. A la messe, lorsqu'on était à la consécration, il se prosternait, disant à Dieu : « Père céleste, mon Seigneur et mon Dieu, jetez les yeux sur la face glorieuse de votre Christ et ayez pitié de moi et des autres pécheurs pour lesquels votre Fils béni, notre Seigneur, a daigné mourir, et qui a voulu demeurer avec nous dans le saint sacrement de l'autel pour notre salut et notre consolation[2]. »

François avait même dicté cette instruction, qu'il faisait lire dans les chapitres généraux et distribuer à tous les prêtres de son ordre :

« Ecoutez-moi, vous tous qui êtes mes maîtres, mes enfans et mes frères. Ouvrez l'oreille de votre cœur et obéissez à la voix du Fils de Dieu. Gardez ses commandemens et pratiquez ses conseils dans un esprit de perfection. Louez-le, parce qu'il est bon, et exaltez-le dans vos œuvres. Le Seigneur notre Dieu se présente à nous comme à ses enfans; c'est pourquoi, mes frères, je vous conjure tous avec le plus de charité que je puis, et en baisant vos pieds, de traiter

---

[1] S. Francisci opera, part. 1, pag. 12.
[2] S. Francisci opera, part. 1, pag. 19.

avec toute sorte de révérence et d'honneur le corps et le sang de notre Seigneur Jésus-Christ, par lequel toutes choses sur la terre et dans le ciel ont été pacifiées et réconciliées avec Dieu. Je prie aussi par notre Seigneur tous mes frères qui sont prêtres, aussi bien que ceux qui aspirent au sacerdoce et qui le recevront, que toutes les fois qu'ils voudront célébrer la messe, ils le fassent avec une grande pureté; qu'ils offrent le véritable sacrifice du très saint corps et du très saint sang de notre Seigneur Jésus-Christ avec une profonde vénération, par de saints motifs, sans aucune vue d'intérêt, sans y être porté par la crainte de déplaire, ni par le désir de plaire à personne; mais que toute leur volonté se tourne uniquement, avec le secours de la grâce, vers le Dieu très grand, à qui seul ils doivent désirer de plaire, parce que c'est lui seul qui opère dans ce sacrifice comme il lui plaît. Car il dit : Faites ceci en mémoire de moi; si quelqu'un fait autrement, il est traître comme Judas.

« Mes frères qui êtes prêtres, souvenez-vous qu'il est écrit dans la loi de Moïse que, par l'ordre de Dieu, les transgresseurs de ces cérémonies matérielles étaient mis à mort. Combien seront plus rigoureux les supplices de celui qui aura foulé aux pieds le Fils de Dieu, qui aura pollué le sang de l'alliance par lequel il a été sanctifié, et qui aura outragé l'Esprit-Saint? Car l'homme impur foule aux pieds l'Agneau de Dieu, puisque, dit l'apôtre, il mange indignement ce pain sacré, sans discerner Jésus-Christ d'avec les autres viandes. Cependant Dieu dit par le prophète : Maudit soit l'homme qui fait l'œuvre de Dieu avec négligence et tromperie ! Et aux prêtres qui ne veulent pas mettre ces vérités dans leur cœur il dit : Je maudirai vos bénédictions. Ecoutez-moi bien, mes frères, si l'on vénère, comme il est juste, la bienheureuse vierge Marie, parce qu'elle a porté le Fils de Dieu dans ses très saintes entrailles, si saint Jean-Baptiste a tremblé en approchant du Christ, et n'osait pas lui toucher le haut de la tête pour le baptiser, si le sépulcre où il a reposé quelques jours inspire tant de vénération, combien juste, saint et digne doit être celui qui touche de ses mains et qui distribue aux fidèles le corps immortel et éternellement victorieux et glorifié de Jésus qui rassasie les anges de sa vue! Mes frères qui êtes prêtres, considérez quelle est votre dignité et soyez saints, parce que le Seigneur est saint. Comme dans ce mystère il vous a honorés par-dessus tous les autres, aimez-le aussi, honorez-le dans ce mystère. C'est une grande misère et une déplorable faiblesse qu'ayant Jésus présent d'une manière si merveilleuse, d'autres choses de la terre nous occupent. Que tout homme soit dans l'étonnement, que tout le monde tremble, que le ciel tressaille, lorsque le Christ, Fils du Dieu vivant, est sur l'autel entre les mains du prêtre. O grandeur admirable! ô bonté surprenante! ô humble excellence! le maître de l'univers, Dieu et Fils de Dieu, s'abaisse jusqu'à se cacher pour notre salut sous la faible espèce du pain. Voyez, mes frères, l'humilité de Dieu; répandez devant lui vos cœurs; abaissez-vous, afin qu'il vous élève; ne retenez rien de vous-mêmes, afin que celui qui se donne tout à vous reçoive aussi de vous tout ce que vous êtes [1]. »

Enfin, avant de se séparer chacun pour aller où la volonté de Dieu l'appelait, François fit cette paternelle exhortation : « Au nom du Seigneur, marchez deux à deux modestement et avec humilité, gardant un silence très exact depuis le matin jusqu'après tierce, et priant Dieu dans votre cœur. Qu'on n'entende parmi vous aucune parole oiseuse et inutile. Quoique vous soyez en voyage, il faut que votre conduite soit aussi humble et aussi honnête que si vous étiez dans un ermitage ou dans votre cellule; car quelque part que nous soyons, et en quelque endroit que nous allions, nous avons toujours notre cellule avec nous : notre frère le corps est notre cellule, et l'âme est l'ermite qui y demeure pour contempler Dieu et le prier; si une âme religieuse ne demeure pas en repos dans la cellule du corps, les cellules extérieures ne lui serviront guère. Comportez-vous de telle sorte au milieu du monde que quiconque vous verra ou vous

---

[1] S. Francisci opera, part. 1, pag. 7.

entendra soit touché de dévotion et loue le Père céleste, à qui toute gloire appartient. Annoncez la paix à tous; mais que la paix soit encore plus au fond de votre cœur que sur vos lèvres. Ne donnez occasion à personne ni de colère ni de scandale; au contraire, par votre douceur, portez tout le monde à la bénignité, à l'union, à la concorde. Nous sommes appelés pour guérir les blessés, consoler les affligés et ramener les errans. Plusieurs vous paraissent être les membres du diable, qui seront un jour disciples de Jésus-Christ[1]. » Il bénit ses enfans, et ils se dispersèrent dans le monde, comme les apôtres sortant du Cénacle.

François, avant de partir pour sa mission de France, voulut en recommander le succès aux saints apôtres. Il alla donc à Rome. Dieu, dans ses éternels desseins, avait préparé ce voyage pour unir deux grandes âmes, saint François et saint Dominique. Une merveilleuse correspondance était déjà établie entre ces deux hommes, dont les doctrines offraient au ciel et à la terre d'admirables harmonies, et qui pourtant ne se connaissaient pas. Tous deux habitaient Rome au temps du quatrième concile de Latran; mais il ne paraît pas que le nom de l'un ait jamais frappé l'oreille de l'autre. Une nuit, Dominique étant en prière, selon sa coutume, vit Jésus-Christ irrité contre le monde et sa mère qui lui présentait deux hommes pour l'apaiser. Il se reconnut pour l'un des deux; mais il ne savait qui était l'autre, et le regardant attentivement, l'image lui en demeura présente. Le lendemain dans une église, on ignore laquelle, il aperçut sous un froc de mendiant la figure qui lui avait été montrée la nuit précédente, et courant à ce pauvre, il le serra dans ses bras avec une sainte effusion entrecoupée de ces paroles : « Vous êtes mon compagnon, vous marcherez avec moi; tenons-nous ensemble, et nul ne pourra prévaloir contre nous[2]. » Et dès lors ils furent unis d'une sainte et

---

[1] Vita a Tribus Sociis, cap. IV.
[2] Gérard de Frachet, Vie des Frères Prêcheurs, liv. I, chap. I, dans la Vie de saint Dominique du P. Lacordaire.

inaltérable amitié ; leur zèle se partagea le monde à régénérer et à sauver. « C'est une chose admirable, dit un ancien auteur, de voir deux hommes pauvres, mal vêtus, sans puissance parmi les hommes, partager entre eux le monde et entreprendre de le vaincre[1]. » Et ils l'ont vaincu par la science et l'amour, qui furent réconciliés dans leurs embrassemens. François et son ordre, embrasés de l'ardeur des séraphins, répandirent à grands flots l'amour dans le monde ; Dominique et ses enfans, revêtus de la splendeur des chérubins, y propagèrent et y défendirent la vérité[2]. Il nous reste deux monumens impérissables de l'union de ces deux Ordres : le premier, ce sont ces touchantes cérémonies célébrées en commun le jour de la fête des deux patriarches, ces chants en leur honneur, ces parfums brûlés sur leurs tombeaux[3] ; le second est cette magnifique lettre adressée à tous les religieux des deux ordres par Humbert, maître-général des Frères Prêcheurs, et par saint Bonaventure, général des Mineurs.

« A nos frères bien-aimés en Jésus-Christ, les Frères Mineurs et les Frères Prêcheurs répandus par tout l'univers.

« Le Sauveur du monde, qui aime tous les hommes et ne veut la mort d'aucun de ses enfans, a pris différens moyens, dans les diverses époques, pour réparer la ruine primitive du genre humain : dans ces derniers jours, il a suscité nos deux ordres pour le ministère du salut. Nous le croyons indubitablement, c'est lui qui a appelé et enrichi de ses dons les plus précieux cette troupe innombrable d'hommes dévoués qui doivent sauver la terre par la parole et par l'exemple. Pour la gloire de Dieu et non pour la nôtre, ils sont deux grands flambeaux qui illuminent d'une clarté céleste ceux qui sont assis à l'ombre de la mort ; ils sont deux chérubins remplis de science, qui lisent dans leurs âmes les mêmes pensées et

[1] Ferdinand. Castilio, apud Wadding, ann. 1276.
[2] Dante, Paradiso, cant. xi, appendice, pag. lix.
[3] Lacordaire, Vie de saint Dominique, chap. 7.

les mêmes désirs; étendant leurs ailes sur le peuple, ils le protègent et le nourrissent de vérités salutaires; ils sont les deux mamelles de l'Épouse qui nourrit et allaite les petits enfans; ils sont les deux fils du Dominateur de la terre; ils se tiennent prêts à exécuter toutes ses volontés; ils sont les deux témoins de Jésus-Christ, vêtus des habits symboliques, ils prêchent et rendent témoignage à la vérité; ils sont ces deux étoiles brillantes qui ont, suivant l'oracle des sibylles, l'apparence de quatre animaux, et qui dans ces derniers jours ont crié au monde l'humilité et la pauvreté volontaire.

« Qui pourrait compter tous les mystérieux et symboliques rapports des nombres avec ces deux Ordres sacrés? La divine sagesse, qui a produit toutes choses avec nombre, n'a pas voulu seulement un Ordre, mais deux, afin qu'ils aient une société mutuelle pour le service de l'Église et pour leur avantage propre; ils se réchaufferont dans un même amour, ils s'aideront et s'encourageront; leur zèle sera double et la force de l'un suppléera à ce qui manquera à l'autre, et le double témoignage qu'ils rendront à la vérité sera plus imposant. Voyez, ô nos très chers frères, voyez combien abondante doit être la sincérité de notre dilection, nous que notre mère l'Église a enfanté en même temps, nous que l'éternelle charité a envoyé deux à deux pour travailler au salut des hommes, comment nous reconnaîtront-ils, si ce n'est à notre affectueuse union? comment pourrons-nous répandre la charité dans les âmes, si entre nous elle est faible et languissante? comment résisterons-nous aux persécutions, si nous sommes déchirés intérieurement? Combien grand, combien fort doit être l'amour qui nous unit, puisqu'il a été incommensurable entre le bienheureux François et le bienheureux Dominique, et entre nos anciens Pères! Ils se regardaient comme des anges de Dieu; ils se recevaient réciproquement, comme s'ils avaient reçu le Christ; ils se rendaient des honneurs, ils se réjouissaient de leurs progrès spirituels, ils se donnaient de saintes louanges, ils s'aidaient en toutes choses, et évitaient avec soin les haines scandaleuses.

« Quels grands avantages ont retirés de cette union nos deux Ordres et le peuple! quelle grande gloire en a été rendue à Dieu! Voilà ce qui faisait frémir l'antique ennemi; comme un lion en fureur, il cherche à briser cette ancienne charité. O vous qui êtes bénis de Dieu! prenez garde qu'il ne puisse dire dans son orgueil : « J'ai prévalu contre eux, parce que, s'éloignant des vestiges de leurs ancêtres, ils n'ont plus marché dans les voies de la dilection et de l'amour. » Que le démon nous trouve toujours prêts à défendre cette très précieuse charité qui nous a été léguée par nos Pères. Pour cela, il faut implorer le secours du Tout-Puissant; il faut prendre garde d'ailleurs de ne pas suivre chacun ce qui nous paraît utile, mais qui pourrait troubler nos frères : il faut que toujours la loi d'amour règle nos actions; il ne faut pas que, pour les défauts de quelques uns, la haine apparaisse victorieuse de la dilection fraternelle. Que le désir de passer d'un Ordre dans un autre ne nous force pas à troubler la tranquillité; mais que chacun confirme et encourage son frère à rester dans sa vocation. Que les protecteurs et les bienfaiteurs de l'un et l'autre Ordre soient bénis en commun; qu'un Ordre ne cherche pas à enlever à l'autre ses couvens, ni ce qui peut lui être élargi en aumône ou en héritage; qu'il n'y ait aucune espèce de jalousie dans le ministère de la prédication. Sans cela, où est la charité? Qu'un Ordre n'exalte pas d'une manière outrageante ses grands hommes et ses priviléges; que les frères évitent par dessus tout de dévoiler au public les misères et les défauts des autres : cela n'est jamais utile; mais bien plutôt qu'ils avertissent charitablement les coupables. Un frère ne doit jamais croire légèrement le mal qu'on lui dit de son frère....

« Nous vous supplions par la charité, qui est Dieu même, de faire avec soin tout ce qui pourra entretenir la paix, la mutuelle concorde dans le Seigneur et l'indissoluble unité. Sachez que chacun de nous désire de tout son cœur et veut pleinement que cela soit exécuté par vous. Les transgresseurs seront punis comme ennemis de l'unité et de la paix.

« Nous avons regardé comme un devoir de notre paternité de vous écrire ces choses, puisque nous ne pouvions vous les dire de vive voix [1]. »

Ces deux grandes familles ne se sont écartées en rien de ces pieux enseignemens; elles ont prié ensemble, elles ont travaillé ensemble, elles ont souffert ensemble, et leur sang s'est plusieurs fois mêlé dans les mêmes supplices. Aussi, après deux siècles, Sixte IV s'écriait dans son admiration : « Ces deux Ordres, comme les deux premiers fleuves du paradis des délices, ont arrosé la terre de l'Eglise universelle par leur doctrine, leurs vertus et leurs mérites, et la rendent chaque jour plus fertile; ce sont les deux séraphins qui, élevés sur les ailes d'une contemplation sublime et d'un angélique amour au-dessus de toutes les choses de la terre, par le chant assidu des louanges divines, par la manifestation des bienfaits immenses que Dieu, ouvrier suprême, a conférés au genre humain, rapportent sans cesse dans les greniers de la sainte Eglise les gerbes abondantes de la pure moisson des âmes rachetées par le précieux sang de Jésus-Christ. Ce sont les deux trompettes dont se sert le Seigneur Dieu pour appeler les peuples au banquet de son saint Evangile [2]. »

François arriva à Florence au mois de janvier 1217; il voulait dire adieu au cardinal Ugolini qui en était légat. Le cardinal le détourna de son voyage en France. « Votre Ordre ne fait que de naître, dit-il; vous savez les oppositions qu'il a éprouvées à Rome; vous y avez encore des ennemis cachés. Votre présence est nécessaire pour maintenir votre ouvrage. » Le saint homme répondit : « J'ai envoyé plusieurs de mes frères en des pays éloignés. Si je demeure en repos dans le couvent sans prendre part à leurs travaux, ce sera une honte pour moi, et ces pauvres religieux, qui souffrent la faim et la soif chez des étrangers, auront occasion de murmurer; au lieu que s'ils apprennent que je travaille au-

---

[1] Petrus Rodulphius, Hist. Seraph., lib. II, p. 307.
[2] Bullarium romanum, edit. Cherubini, pag. 561, tom. I, in-folio.

tant qu'eux, ils supporteront plus volontiers leurs fatigues, et je pourrai plus aisément engager les autres à de pareilles missions. — Pourquoi, mon frère, reprit le cardinal, avez-vous exposé vos disciples à de si longs voyages et à tant de maux ? Cela est bien dur. — François répondit : Seigneur, vous pensez que Dieu n'a envoyé les Frères Mineurs que pour nos provinces ; mais, je vous le dis en vérité, il les a choisis et envoyés pour le bien et le salut de tous les hommes. Ils iront chez les infidèles et chez les païens ; ils y seront bien reçus, et ils gagneront à Dieu un grand nombre d'âmes [1]. » Ces raisons graves et sérieuses, surtout l'opposition formée à Rome contre son institut, déterminèrent François à rester en Italie. Il envoya en France frère Pacifique-le-Poète, Ange et Albert de Pise, et il revint à Sainte-Marie-des-Anges. Une nuit, il vit dans son sommeil une poule qui tâchait de rassembler ses poussins sous ses ailes pour les défendre du milan ; mais elle ne pouvait les couvrir tous et plusieurs restaient exposés, lorsqu'un autre grand oiseau qui parut étendit ses ailes et les abrita. A son réveil, François pria Dieu de lui expliquer ce que cela signifiait, et il apprit que la poule le représentait lui-même, que les poussins étaient ses enfans, que l'oiseau à grandes ailes était l'image du cardinal qu'il devait demander pour protecteur [2]. Il dit alors à ses frères : « L'Eglise romaine est la mère de toutes les Eglises et la souveraine de tous les ordres religieux. C'est à elle que je m'adresserai pour lui recommander mes frères, afin qu'elle réprime par son autorité ceux qui leur veulent du mal, et qu'elle procure partout aux enfans de Dieu la liberté pleine et entière de s'avancer tranquillement dans la voie du salut éternel. Quand ils seront sous sa protection, il n'y aura plus d'ennemis qui s'opposent à eux, ni qui

---

[1] Domine, vos putatis, quod solummodo propter istas provincias Dominus miserit Minores ; sed dico vobis in veritate, quod Dominus eos elegerit, et miserit propter profectum et salutem animarum totius mundi. Et non solum in terris fidelium, sed et infidelium et paganorum benigne recipientur, et multas animas Deo lucrabuntur. Barthel. de Pise. Liber aureus. Lib. II, conform. 6.

[2] Vita a Tribus Sociis, cap. IV.

les inquiètent; on ne verra parmi eux aucun enfant de Bélial qui ravage impunément la vigne du Seigneur. La sainte Eglise aura du zèle pour la gloire de notre pauvreté; elle ne souffrira pas que l'humilité, qui est si honorable, soit obscurcie par les nuages de l'orgueil. C'est elle qui rendra indissolubles parmi nous les liens de la charité et de la paix. Sous ses yeux, la sainte observance évangélique fleurira toujours toute pure; elle ne laissera jamais affaiblir, pas même pour un peu de temps, ces pratiques sacrées qui répandent une odeur vivifiante. Que les enfans de cette sainte Eglise soient bien reconnaissans des douces faveurs qu'ils recevront de leur mère, qu'ils embrassent ses pieds avec une profonde vénération, et qu'ils lui soient à jamais inviolablement attachés [1]. »

François partit pour Rome, où il trouva le cardinal Ugolini revenu de sa légation de Florence. Il y avait un an (1216) qu'Innocent III s'était couché glorieusement dans son tombeau, et qu'un Romain, le cardinal Censio Savelli, homme savant [2] et d'une grande intégrité de mœurs, avait été élu et consacré, à Pérouse, sous le nom d'Honorius III [3]. Ugolini conseilla à François de prêcher devant le pape et les cardinaux pour se les rendre favorables. Il suivit cet avis et prépara soigneusement un discours; mais en présence du pape il oublia tout ce qu'il avait appris, et il ne put dire un seul mot. Il s'humilia profondément, invoqua le Saint-Esprit, et les paroles coulèrent en abondance avec tant de force et d'efficacité, que son illustre auditoire en fut vivement touché; on connut que ce n'était pas lui qui parlait, mais l'Esprit de Dieu qui parlait en lui [4]. Honorius III, que Dieu avait

[1] Wadding.

[2] Honorius III est auteur de l'Ordo romanus, imprimé dans le Museum italicum de D. Mabillon, t. II, p. 167, et du Liber Censuum ecclesiæ romanæ, imprimé dans les Antiquités italiennes du moyen âge de Muratori, t. V, p. 851.

[3] Sandini, Vitæ Pontificum romanorum, t. II, p. 499 et sequent. Ferrare, 1754, in-8°.

[4] Verum cum hoc veridica humilitate narrasset, conferens se ad Spiritus

destiné à soutenir et à protéger les deux saintes familles qui grandissaient alors dans l'Eglise, accorda à François le cardinal Ugolini pour protecteur. Arrêtons-nous un instant devant l'imposante figure de cet illustre vieillard. De la noble maison des comtes de Segni, et neveu d'Innocent III, il était décoré d'une beauté de corps peu commune, d'une vaste intelligence et d'une âme qui fut féconde en chauds mouvemens jusqu'à son dernier jour. Profondément versé dans la connaissance des arts et du droit, il publia cinq livres de Décrétales qui devinrent la base de la jurisprudence civile et ecclésiastique [1]. Son éloquence était admirable, nourrie de l'Ecriture sainte et ornée des grâces de la diction antique. Plein de miséricorde pour les faibles et les pauvres, son caractère était d'une force indomptable lorsqu'il s'agissait des droits de la vérité et de l'Eglise [2]. Enfin, après bien des combats et des triomphes, il mourut presque centenaire sur le trône pontifical. François s'était attaché au cardinal Ugolini comme un fils s'attache à son père, comme un petit enfant s'attache au sein de sa mère. Confiant et tranquille, il s'endormit sur le sein de sa clémente protection [3]; et dans sa vénération profonde et prophétique, il lui écrivit plusieurs fois en ces termes : « Au très révérend père et seigneur Ugolini, futur évêque de tout le monde et père des nations [4]. » En effet, la sollicitude d'Ugolini pour ses pupilles s'étendait

---

sancti gratiam invocandam, tam efficacibus subito cœpit verbis affluere, tamque potenti virtute illorum mentes virorum sublimium ad compunctionem inflectere, ut aperte clareret, quod non ipse, sed Spiritus Domini, loquebatur. S. Bonaventura, cap. XII.

[1] Sandini, tom. II, pag. 503.

[2] Forma decorus et pervenustus aspectu, perspicacis ingenii et fidelis memoriæ prærogativa dotatus, liberalium artium atque utriusque juris peritia eminenter instructus..., doctor, zelator fidei, rectitudo justitiæ, solatium miserorum, religionis plantator. Mss. Vatican. apud Raynaldi, ann. 1227.

[3] Adhæserat ei namque S. Franciscus, tanquam filius patri, et unicus matri suæ, securus in sinu clementiæ suæ dormiens et requiescens. Thomas de Celano, part. 1, cap. IX.

[4] Vita a Tribus Sociis, cap. IV.

à tout : il assistait aux chapitres généraux ; il prenait leur parti en toutes circonstances ; il réglait les différentes constitutions des trois Ordres, et même, en écrivant à sainte Claire et aux Pauvres Dames de Saint-Damian, son cœur, ému de tant de dévouement, fondait en larmes. Lorsqu'il venait à Sainte-Marie-des-Anges, il se conformait à la vie des Frères et se faisait pauvre avec eux. « Oh ! combien de fois, s'écrie Thomas de Celano, l'a-t-on vu quitter humblement les marques de sa dignité, se revêtir d'un vil habit, et, les pieds nus, se joindre aux religieux et leur parler du ciel¹ ! » Nous retrouverons ce vieil ami gravant le nom de François au livre des saints avec l'infaillibilité du pontife suprême.

L'année 1218 fut partagée entre le séjour que fit François à Sainte-Marie-des-Anges et plusieurs courses apostoliques dans l'Italie moyenne. Enfin, dans le mois de mai 1219, les Frères Mineurs arrivèrent en foule de toutes les parties du monde pour assister au second chapitre général convoqué pour le vingt-sixième jour, fête de la Pentecôte. Ils étaient réunis plus de CINQ MILLE ². Dieu avait voulu en quelque sorte représenter par le rapide établissement de cet ordre religieux la merveilleuse propagation de l'Évangile. « Les apôtres, dit saint Augustin, étaient comme des nuées obscures d'où sortait des éclairs et des foudres ; avec leur pauvreté et leur simplicité, ils brillaient dans l'univers ; par leurs puissantes vertus et leurs admirables actions, ils renversèrent tout ce qui s'opposait à l'empire de Jésus-Christ ³. » Et dans tous les âges de la vie de l'humanité sur la terre, jamais les âmes généreuses ne pourront résister au dévouement simple et humble. Le petit couvent de Sainte-Marie-des-Anges ne put suffire ; on dressa dans la campagne, non loin du Chiascio, des cabanes faites avec des nattes de joncs et de

---

[1] Thomas de Celano, cap. II, liv. II.
[2] Multiplicatis jam fratribus, cœpit eos... in loco Sanctæ-Mariæ de Portiuncula ad generale capitulum convocare..., ubi licet omnium necessariorum esset penuria, fratrumque multitudo ULTRA QUINQUE MILLIA conveniret. S. Bonaventura, cap. IV.
[3] S. Augustin, Enarratio in Psalm. 96.

paille, et cette armée de Jésus-Christ campa ainsi autour de son chef... « Que tes pavillons sont beaux ! ô Israël ! — Que tes tentes sont belles ! ô Jacob ! ..... » Le cardinal Ugolini vint présider le chapitre. Tous les Frères furent à sa rencontre sur la route de Pérouse ; il officia pontificalement le jour de la Pentecôte, et voulut le soir visiter les rangs de cette sainte armée du Seigneur. Il les trouva rassemblés par groupes de cent, ou de soixante, ou plus, ou moins ; ils s'entretenaient des choses divines, de leur salut et de la conquête du monde. Le saint cardinal, pleurant de joie à la vue d'un spectacle si nouveau et si loin des pensées humaines, dit à François : « O Frère ! en vérité voici le camp de Dieu. » François, transporté de reconnaissance pour Dieu qui avait ainsi multiplié sa famille, et qui du grain de senevé avait fait jaillir un si grand arbre, laissa tomber de son cœur ces paroles brûlantes : « Nous avons promis de grandes choses ; on nous en a promis de plus grandes ; gardons les unes, soupirons après les autres. Le plaisir est court, la peine est éternelle ; les souffrances sont légères, la gloire est infinie ; beaucoup d'appelés, peu d'élus : tous recevront ce qu'ils auront mérité. Par-dessus tout, ô mes frères ! aimons la sainte Eglise ; prions pour son exaltation, et n'abandonnons jamais la pauvreté. N'est-il pas écrit : « Charge le Seigneur du soin de ta vie, et lui-même te nourrira. »

Pour subvenir aux nécessités de cette troupe sainte, il n'y avait pas de vivres ; elle était là sous le soleil comme les oiseaux qui attendent sans inquiétude leur nourriture de chaque jour de cette Providence quotidienne qui soutient toute créature laborieuse ; et certes elle ne leur manqua pas. Les chevaliers et le peuple des environs apportèrent à la Portiuncula toutes les provisions nécessaires. Des prêtres et des jeunes hommes, venus par curiosité, disaient, en voyant tant d'abnégation, de joie, de tranquillité, de concorde : « Voilà qui montre bien que le chemin du ciel est étroit, et qu'il est difficile aux riches d'entrer dans le royaume de Dieu. Nous nous flattons de faire notre salut en jouissant de la vie, et en prenant toutes nos aises, et ces bons frères se privent de tout et tremblent encore. Nous voudrions mourir comme eux, mais nous ne voulons pas vivre de même; on meurt cependant comme on a vécu. » Et ils vinrent au nombre de plus de cinq cents se jeter aux pieds de François, lui demandant à entrer dans sa famille [1]. Pendant toute la durée du chapitre, François donna les plus sages instructions sur la vigueur de la règle et sur la vie spirituelle; on fit trois statuts importans et qui eurent la plus grande influence sur les destinées de l'Ordre :

1° Tous les samedis, on célébrera une messe solennelle en l'honneur de la bienheureuse vierge MARIE IMMACULÉE; ce statut est la base sur laquelle Dieu a placé une des plus brillantes lumières de l'Eglise, Jean Duns-Scot, *doctor subtilis*.

2° Il sera fait une mention expresse de saint Pierre et de saint Paul dans les oraisons *Protege nos Domine* et *Exaudi nos Deus*. Ainsi l'ordre de Saint-François se dévoue à l'Eglise romaine, la mère et la maîtresse du monde.

3° La pauvreté fut recommandée dans les bâtimens. Les Frères Mineurs restèrent presque toujours dans le beau en restant dans le simple [2]. Mais ce qui préoccupa par-dessus tout, ce furent les missions. On dressa les plans d'une grande campagne; il ne s'agissait rien moins que de la conquête du monde. Honorius III, qui était alors à Viterbe, donna cette lettre apostolique, afin qu'elle soit comme un passeport et une garantie pour les pauvres Mineurs :

« Honorius, évêque, serviteur des serviteurs de Dieu, aux archevêques, évêques, abbés, doyens, archidiacres et autres supérieurs ecclésiastiques.

« Comme nos chers fils, le frère François et ses compagnons, ont renoncé aux vanités du monde et embrassé un genre de vie que l'Église romaine a justement approuvé, et vont, à l'exemple des apôtres, annoncer la parole de Dieu

---

[1] Chalippe, liv. II.
[2] Wadding.

en divers endroits, nous vous prions tous, vous exhortons en notre Seigneur, et vous enjoignons par ces lettres apostoliques de recevoir en qualité de catholiques et de fidèles les frères de cet ordre, porteurs de ces présentes, qui s'adresseront à vous, de leur être favorables et de les traiter avec bonté pour l'honneur de Dieu et par considération pour nous. Donné le troisième des ides de juin, l'an troisième de notre pontificat [1]. »

Fort de la puissance même du Souverain Pontife, et soutenu par plusieurs cardinaux, François fut rempli d'un immense courage; il envoya ses frères dans les différentes contrées du monde. L'obédience était ainsi conçue, comme on peut le voir au mont Alverne : « Moi, frère François d'As-
« sise, ministre-général, je vous commande par obéissance,
« à vous frère Ange de Pise, d'aller en Angleterre, et d'y
« faire l'office de ministre provincial. Adieu. »

Chacun des chefs de mission portait, outre la lettre du pape, trois lettres circulaires de François. La première, adressée à tous les prêtres, renferme de pieuses instructions sur l'eucharistie; la seconde, adressée à toutes les puissances temporelles, était ainsi conçue :

« A toutes les puissances, gouverneurs, consuls, juges, magistrats qui sont par toute la terre, et à tous autres qui recevront ces lettres. Le frère François, votre petit et chétif serviteur en Notre-Seigneur, vous salue tous et vous souhaite la paix.

« Considérez attentivement que le jour de la mort approche. C'est pourquoi je vous prie avec tout le respect que je puis de ne point oublier Dieu dans l'embarras des affaires du monde, et de ne point violer ses commandemens; car tous ceux qui s'éloignent du Seigneur sont maudits, et il les oubliera. Au jour de la mort, on leur ôtera tout ce qu'ils semblaient avoir : plus ils auront été sages et puissans en ce monde, plus ils seront tourmentés en enfer. Je vous conseille

[1] Wadding.

donc, ô maîtres! de faire, avant tout, une véritable pénitence, de recevoir humblement et avec amour le corps et le sang de Notre-Seigneur Jésus-Christ, en mémoire de sa Passion, de rapporter à Dieu l'honneur qu'il vous a fait de vous confier la conduite de son peuple, et de faire avertir tous les soirs par quelque signal qu'il faut honorer Dieu tout puissant et qu'il faut lui rendre grâces. »

Enfin la troisième lettre, dernier monument du chapitre général, s'adressait à tous les supérieurs de l'ordre, en ces termes :

« Sachez qu'il est devant Dieu des choses hautes et sublimes que les hommes regardent quelquefois comme viles et abjectes; qu'il en est, au contraire, que les hommes estiment beaucoup et qui sont très méprisables aux yeux de Dieu. Je vous prie de donner aux évêques et aux autres ecclésiastiques les lettres qui traitent du corps et du sang de Notre-Seigneur Jésus-Christ, et de bien retenir ce que nous vous avons recommandé touchant ce mystère. Faites copier et distribuer au plus tôt les autres lettres que je vous adresse pour les gouverneurs, consuls et magistrats, où ils sont avertis de veiller à ce que les louanges de Dieu soient célébrées publiquement. Je vous salue en Notre-Seigneur [1]. »

[1] S. Francisci opera, part. I, p. 10 et 11.

Chapitre vij.

1219 — 1220.

Mission de saint François en Orient. — Son retour en Italie. — Ses Prédications.

> O vere beatum virum, cujus caro etsi tyrannico ferro non ceditur, occisi tamen agni similitudine non privatur ! O vere ac plane beatum, cujus animam etsi gladius persecutoris non abstulit, palmam tamen martyrii non amisit !
>
> S. Bonaventura.

> Inducam in terram hanc, quam circuivit; et semen ejus possidebit eam.
>
> Numer. xiv. 24.

Le désir et l'amour de la mort pour Jésus-Christ pressaient intérieurement François de réaliser sa mission en Orient, afin d'y jeter la semence de la vérité, et la féconder de ses sueurs et de son sang. Au douzième siècle, alors que les croisades, par un acte de foi sublime, avaient repoussé le sensualisme et le matérialisme mahométans, sauvé l'Europe et ouvert devant les nations occidentales de nouvelles voies aux progrès de l'intelligence et de l'industrie; alors, dis-je, tout ce qui portait un cœur généreux et dévoué voulut aller combattre et mourir dans les lieux à jamais consacrés par la vie du Sauveur Jésus. Innocent III avait au concile de Latran représenté d'une manière forte et touchante le déplorable état où étaient réduits les chrétiens d'Orient, et annoncé une nouvelle croisade, qu'il alla lui-même prêcher en Toscane, où il mourut, exténué des fatigues de son glorieux pontificat. Honorius III, qui avait hérité de son zèle et de sa puissance, exécuta ce grand et généreux projet; mais au lieu d'aller directement en Palestine, comme on avait fait jusqu'alors, on suivit le plan stratégique d'Innocent III, et on porta la guerre en Égypte, sanctuaire de la puissance mahométane. Les croisés formèrent le siége de Damiette [1].

C'est au milieu des longueurs et des vicissitudes de cette entreprise capitale que François arriva en Égypte. Il avait laissé à Saint-Jean-d'Acre et en Chypre dix autres de ses compagnons.

La discorde régnait alors au camp des croisés : les chevaliers méprisaient souverainement les hommes de pied; ils ne se contentaient pas de les flétrir de noms injurieux [2], ils dissimulaient encore les dangers et ne voulaient pas convenir de leur bravoure. Les hommes de pied répondaient en accusant les cavaliers de lâcheté [3]. Une émulation séditieuse animait les uns et les autres, et afin de montrer qui aurait plus de valeur, ils contraignirent le roi de Jérusalem, Jean de Brienne, à livrer bataille. Cette décision affligea profondément François. Il savait que Dieu, qui bénit le dévouement, envoie au contraire la confusion et la honte sur les hommes dispersés dans la haine; il dit au frère Illuminé, le seul qui l'avait suivi : « Le Seigneur m'a fait connaître que les chré-

---

[1] Jac. Vitry, Histor. orient., lib. III, ann. 1218, apud Bongars.

[2] Ils les appelaient roturiers, routiers, tuffes, termulans, hochebos, brigands; Boulainvilliers, Essai sur la noblesse de France, p. 74. Foucher de Chartres raconte comme un événement très malheureux, que des chevaliers se trouvèrent réduits à l'état de fantassins après la perte de leurs chevaux. Gesta peregrinantium Francorum, n° 20, ap. Bongars, t. I.

[3] Pedites equitibus improperabant ignaviam; equites pericula peditum, quando contra Sarracenos egrediebantur, dissimulabant...; discordia inter eos facta fuit Jac. Vitry, lib. III, ann. 1219, ap. Bongars, t. II.

« tiens auront du désavantage dans cette bataille. Si je le
« dis hautement, je passerai pour un fou; si je ne le dis pas,
« ma conscience en sera chargée. Que vous en semble? —
« Mon frère, répondit Illuminé, peu vous importe le juge-
« ment des hommes. D'ailleurs, ce n'est pas d'aujourd'hui
« que l'on vous regarde comme un insensé. Déchargez votre
« conscience, et craignez Dieu plus que le monde [1]. » Et le
héraut du Christ donna aux croisés des avis salutaires, pré-
disant les malheurs du combat. Mais la passion enivrait les
esprits, et les paroles du saint furent prises pour des rêveries. La bataille fut livrée le vingt-neuvième jour d'août, par
une chaleur excessive : les chrétiens perdirent six mille
hommes, tant morts que prisonniers. Cette perte fit comprendre qu'on n'aurait pas dû mépriser la sagesse du
pauvre [2]; car l'âme de l'homme pur découvre quelquefois
mieux la vérité que sept sentinelles posées sur des hauteurs
pour tout observer [3].

Cependant François, après avoir passé de longues heures
dans la prière, se lève avec un visage rayonnant de force et
de confiance, et il prend le chemin du camp des infidèles en
chantant ces paroles du prophète : «Maintenant, Seigneur,
que vous êtes avec moi, je ne craindrai aucun mal, quand
même je marcherais au milieu de l'ombre de la mort [4]. » On
lui représenta le danger d'une telle entreprise et l'ordre du
soudan qui promettait un besant d'or à quiconque lui appor-
terait la tête d'un chrétien; mais rien ne put arrêter cet
intrépide chevalier de Jésus-Christ. Deux brebis qu'il rencontra d'abord lui causèrent une grande joie; il dit à son
compagnon : «Frère, ayez confiance au Seigneur, la parole

---

[1] Si belli fuerit attentatus ingressus, ostendit mihi Dominus non prospere cedere christianis... Respondit socius : Frater, pro minimo tibi sit ut ab hominibus judiceris, quia non modo incipis fatuus reputari... S. Bonaventura, cap. xi.

[2] In quo evidenter innotuit quod spernanda non erat sapientia pauperis. S. Bonaventura, cap. xi.

[3] Ecclesiast. xxxvii, 18.

[4] Psalm. 22.

de l'Évangile s'accomplit en nous : Voici que je vous envoie comme des brebis au milieu des loups [1]. » En effet, un peu plus loin, une bande de Sarrasins se jeta sur eux, comme des loups sur des brebis. Ces infidèles les chargèrent de coups et d'insultes, et, bien garottés, ils les conduisirent au soudan, qui leur demanda par qui, pourquoi et comment ils étaient envoyés. François répondit avec tout le courage de son cœur : « Ce ne sont point les hommes ; c'est le Dieu très
« haut qui m'envoie pour montrer, à vous et à votre peuple,
« le chemin du salut et vous annoncer l'Évangile de la vé-
« rité [2]. » Il prêcha alors avec une merveilleuse ferveur et une force admirable un seul Dieu en trois personnes, et Jésus-Christ, Sauveur du monde ; c'était l'accomplissement de ces paroles : « Je vous donnerai ma bouche et ma sagesse ; à quoi tous vos ennemis ne pourront résister, ni rien opposer [3]. » Le soudan, frappé d'un si beau dévouement, l'écouta volontiers et l'engagea avec instance à demeurer avec lui. François dit : « Je resterai avec vous si vous et votre peuple
« vous vous convertissez pour l'amour de Jésus-Christ. Si
« vous hésitez à quitter la loi de Mahomet pour la loi du
« Christ, ordonnez qu'un grand feu soit allumé, et j'en-
« trerai dedans avec vos prêtres, afin que vous voyiez par là
« quelle est la foi qu'il faut suivre en toute vérité et en toute
« certitude [4]. — Je ne crois pas, répondit le soudan, qu'aucun de nos prêtres voulût entrer dans le feu, ni souf-

---

[1] Cum iter cepisset, obvias habuit oviculas duas, quibus visis exhilaratus vir sanctus dixit ad socium... S. Bonaventura, cap. IX.

[2] Se missum non ab homine, sed a Deo ; ut ei et populo suo viam salutis ostenderet, et annuntiaret evangelium veritatis. Marino Sanuto, Secreta fidelium crucis, lib. III, part. XI, cap. VIII, ap. Bongars. Marino Sanuto, célèbre voyageur du treizième siècle, présenta son livre à Jean XXII, avec quatre cartes géographiques fort importantes ; c'est le premier ouvrage d'économie politique et commerciale que nous ayons. Là on peut voir combien plutôt et combien mieux le commerce se serait développé sous l'influence immédiate du christianisme.

[3] Luc, 21.

[4] ... Quod si hæsitas propter fidem Christi legem dimittere Mahumeti, jube ignem accendi permaximum et ego cum sacerdotibus tuis ignem in-

frir quelque tourment pour sa foi [1]. » Il fit cette réponse; car il avait vu s'esquiver en secret et promptement un des plus considérables et des plus anciens imans [2]. François reprit : « Si vous me promettez d'embrasser la religion chrétienne, j'entrerai seul dans le feu; si je suis brûlé, qu'on l'impute à mes péchés; sinon, vous reconnaîtrez le Christ, sagesse et puissance de Dieu, vrai Dieu et Seigneur. » Le soudan lui avoua qu'il n'osait accepter ce parti, de crainte d'un mouvement dans le peuple [3]. Il offrit à François de riches présens; cet amant de la pauvreté les méprisa comme de la boue; mais craignant que quelques uns des siens, touchés par les paroles du saint homme, ne se convertissent et ne passassent à l'armée des chrétiens, il le fit conduire en sûreté et avec honneur au camp devant Damiette. « O bienheureux homme! s'écrie saint Bonaventure, qui, bien que son corps n'ait pas été déchiré par le fer du tyran, n'a pas perdu la ressemblance avec l'Agneau divin immolé! O bienheureux homme! qui n'a pas succombé sous le glaive, et qui pourtant a reçu la palme du martyre! »

Écoutons Bossuet, célébrant cette croisade de François :

« ...... Il court au martyre comme un insensé : ni les fleuves, ni les montagnes, ni les vastes espaces des mers ne peuvent arrêter son ardeur; il passe en Asie, en Afrique, partout où il pense que la haine soit la plus échauffée contre le nom de Jésus. Il prêche hautement à ces peuples la gloire de l'Évangile; il découvre les impostures de Mahomet, leur faux prophète. Quoi! ces reproches si véhémens n'animent pas ces barbares contre le généreux François! Au contraire, ils admirent son zèle infatigable, sa fermeté invincible, ce prodigieux mépris de toutes les choses du monde; ils lui

---

grediar : ut sic cognoscas, quæ fides verior et certior sit tenenda. Marino Sanuto.

[1] Marino Sanuto.

[2] Viderat enim statim quemdam de presbyteris suis virum authenticum et longævum, hoc audito verbo, de suis conspectibus aufugisse. S. Bonaventura, cap. IX.

[3] Marino Sanuto.

rendent mille sortes d'honneurs. François, indigné de se voir ainsi respecté par les ennemis de son Maître, recommence ses invectives contre leur religion monstrueuse ; mais, étrange et merveilleuse insensibilité ! ils ne lui témoignent pas moins de déférence, et le brave athlète de Jésus-Christ voyant qu'il ne pouvait mériter qu'ils lui donnassent la mort : « Sortons d'ici, mon frère, disait-il à son compagnon ; fuyons, fuyons bien loin de ces barbares trop humains pour nous, puisque nous ne les pouvons obliger ni à adorer notre maître ni à nous persécuter, nous qui sommes ses serviteurs. O Dieu ! quand mériterons-nous le triomphe du martyre, si nous trouvons des honneurs même parmi les peuples les plus infidèles ? Puisque Dieu ne nous juge pas dignes de la grâce du martyre, ni de participer à ses glorieux opprobres, allons-nous-en, mon frère, allons achever notre vie dans le martyre de la pénitence, ou cherchons quelque endroit de la terre où nous puissions boire à longs traits l'ignominie de la croix. »

François, après avoir prêché aux croisés la concorde et la pénitence, vint dans la Palestine et à Antioche ; partout il faisait des conquêtes spirituelles. Tous les religieux d'un célèbre monastère de la Montagne-Noire embrassèrent son institut[1], et l'évêque d'Acre, Jacques de Vitry, écrivant à ses amis de Lorraine sur la prise de Damiette, s'exprime ainsi : « Maître Reyner, prieur de Saint-Michel, est entré dans l'ordre des Frères Mineurs ; cette religion se répand fort dans le monde, parce qu'elle imite exactement la forme de la primitive Eglise et la vie des apôtres. Le maître des Mineurs s'appelle frère François, homme tellement aimable, qu'il est vénéré de tous les hommes, même des infidèles[2]. »

L'apostolat de François en Orient ne fut pas sans fruits ; les Frères Mineurs y sont restés comme une éternelle protestation du Catholicisme. Dieu avait dit à son serviteur : « Parcours présentement toute l'étendue de cette terre, parce

---

[1] Wadding, ann. 1219, n° 66 et seq.
[2] Epistola ad Lotharing., ap. Bongars, pag. 1149.

que je te la donnerai[1]. » Et comme les promesses de Dieu ne passent pas, on croirait que le résultat final des croisades a été d'établir les pauvres Franciscains gardiens du tombeau de Jésus-Christ et protecteurs des fidèles pèlerins. Car leur habit grossier est tellement imprégné des parfums de la vertu et de l'esprit de sacrifice, qu'il commande aux Turcs le respect et presque l'amour[2].

De retour en Italie, François parcourut les villes de Padoue, de Bergamo, de Brescia, de Crémone, de Mantoue, évangélisant la paix et établissant des maisons de pauvres Mineurs. A sept siècles de distance, il est difficile de nous faire une idée un peu juste, un peu complète, du résultat actif et enthousiaste des prédications de François. Elles produisaient sur les âmes l'effet de torches ardentes jetées sur des gerbes de blé[3]; la grâce de Dieu et cette parole, voilà les seules causes de la merveilleuse propagation de l'Ordre : car la parole de l'homme, soutenue de la puissance de Dieu, est la plus grande force qui soit sous le soleil. Il s'en allait par les villes et par les bourgades de l'Italie, comme autrefois le Christ dans la Judée: faisant des miracles et évangélisant de toute son âme et de toutes ses forces, avec une incroyable liberté, une sainte hardiesse; ne faisait-il pas ce qu'il disait[4]?

Lorsqu'il arriva à Bologne-la-Savante, le concours des étudians et des habitans fut immense; on ne pouvait faire un pas dans les rues[5]. Un empereur n'aurait pas eu le triomphe de cet homme petit, chétif, pauvrement vêtu. Arrivé sur

---

[1] Genes., 5.

[2] Voir Quaresmo, Elucidatorium Terræ-Sanctæ. Description de la Terre-Sainte par le frère Eugène, Paris, 1646. C'est un des meilleurs itinéraires que nous ayons. Et encore : Transmarina peregrinatio ad sepulcrum Domini, per Erbardum Reüwich de Trajecto inferiori, in civitate Moguntina, anno 1486; et l'Itinéraire de M. de Chateaubriand.

[3] Erat enim verbum ejus velut ignis ardens. S. Bonaventura, cap. XII.

[4] Ipse vero per diversas regiones progrediens, evangelisabat ardenter, Domino cooperante... Et quoniam primo sibi suaserat opere, quod aliis suadebat sermone. S. Bonaventura, cap. XII.

[5] Tanta hominum ejus visendi cupidorum concursatione exceptus est,

la grande place, il prêcha cette multitude avec une si grande élévation d'esprit, qu'on croyait entendre un ange et non un homme. Non seulement beaucoup se convertirent à une vie de mortification et de pénitence, mais deux étudians de la Marche-d'Ancône, Pellegrini Fallerone et Rigeri de Modène entrèrent dans sa famille, et, pour confirmer sa prédication, il guérit un enfant aveugle[1]. Voici un acte authentique que Sigonius a tiré des archives de l'Eglise de Spalatro : « Moi, Thomas, citoyen de Spalatro et archidiacre de l'église cathédrale de la même ville, étudiant à Bologne l'an 1220, j'ai vu, le jour de l'Assomption de la Mère de Dieu, saint François prêcher dans la place, devant le Petit-Palais, où presque toute la ville était assemblée. Il commença ainsi son sermon : Les anges, les hommes, les démons. Il parla de ces êtres intelligens si bien et avec tant d'exactitude, que beaucoup de gens de lettres qui l'écoutaient admirèrent un tel discours dans la bouche d'un homme simple. Il ne suivit point la manière ordinaire des prédicateurs; mais, comme un orateur populaire, il ne parla que de l'extinction des inimitiés et de la nécessité de faire des traités de paix et d'union. Son habit était sale et déchiré, sa personne chétive, son visage défait; mais Dieu donnait une si grande efficacité à ses paroles, qu'un grand nombre d'hommes nobles, dont la fureur cruelle et effrénée avait répandu beaucoup de sang, se réconcilièrent. L'affection et la vénération pour le Saint étaient si universelles et allaient si loin, que les hommes et les femmes couraient à lui en foule, et que l'on s'estimait heureux de pouvoir seulement toucher le bord de sa robe[2]. »

La prédication populaire, tel a été le but saintement atteint par l'Ordre des Pauvres Mineurs, qui, sans cesse mêlés

---

ut per vias incessus esset ablatus. Sigonius, de Episcopis Bononiensibus, ad ann. 1220. Bologne, 1586, in-4º.

[1] Sigonius, p. 112.

[2] Fuit autem exordium sermonis ejus, angeli, homines, dæmones. De his autem spiritibus rationabilibus ita bene, et districte proposuit, ut multis litteratis qui aderant, fieret admirationi non modicæ sermo hominis idiotæ;

au peuple, y infiltraient les idées chrétiennes. Dès les premiers temps de l'Ordre, François prépara ses disciples à exercer cette mission; il leur disait : « Que les ministres de la parole de Dieu s'appliquent uniquement aux exercices spirituels, sans que rien les en détourne; car puisqu'ils sont choisis du grand Roi pour déclarer ses volontés au peuple, il faut qu'ils apprennent dans le secret de la prière ce qu'ils doivent annoncer dans leurs sermons, et qu'ils soient intérieurement échauffés pour pouvoir prononcer des paroles qui embrasent les cœurs. Ceux qui profitent de leurs propres lumières et qui goûtent les vérités qu'ils prêchent sont bien dignes de louanges; d'autres font pitié : ils vendent leur travail pour l'huile d'une vaine approbation..... C'est une chose déplorable que l'état d'un prédicateur qui cherche par ses discours non le salut des âmes, mais sa propre gloire, ou qui détruit par sa conduite ce qu'il établit par sa doctrine. Un pauvre frère simple et sans parole, qui, par ses bons exemples, porte les autres à bien vivre, doit lui être préféré. Celle qui était stérile s'est vue mère de beaucoup d'enfans, et celle qui avait beaucoup d'enfans s'est trouvée stérile. La stérile représente ce pauvre frère, lequel, n'exerçant point le ministère qui donne des enfans à l'Eglise, ne laissera pas d'en avoir plusieurs au jour du jugement, parce qu'alors Jésus-Christ, le souverain juge, lui attribuera avec honneur ceux qu'il convertit par ses prières intimes. Celle qui avait beaucoup d'enfans et qui s'est trouvée stérile est la figure du prédicateur vain qui n'a que des paroles. Il se réjouit maintenant d'avoir engendré beaucoup d'enfans à Jésus-Christ; mais alors il se trouvera les mains vides, et reconnaîtra qu'ils ne lui appartiennent pas.

« Plusieurs mettent toute leur application à acquérir de la science, s'écartant de l'humilité et de l'oraison, se répandant et se dissipant au dedans et au dehors. Quand ils ont

---

non tamen ipse modum prædicantis tenuit, sed quasi concionantis tota verborum ejus materia discurrebat ad extinguendas inimicitias... Sigonius, pag. 115, in-4°.

prêché et qu'ils apprennent que quelques uns en ont été édifiés et touchés, ils s'élèvent et s'enflent de ce succès, sans faire réflexion que Dieu l'a accordé aux prières et aux larmes de quelques pauvres frères humbles et simples. Ce sont là mes véritables frères, mes chevaliers de la Table-Ronde qui se cachent dans des lieux solitaires pour mieux vaquer à l'oraison, et dont la sainteté bien connue de Dieu est quelquefois inconnue aux hommes. Un jour ils seront présentés par les anges au Seigneur, qui leur dira : Mes enfans bien-aimés, voilà les âmes qui ont été sauvées par vos prières, par vos larmes, par vos bons exemples. Recevez le fruit des travaux de ceux qui n'y ont employé que leur science. Parce que vous avez été fidèles en peu de choses, je vous établirai sur beaucoup. Ils entreront ainsi dans la joie du Seigneur, chargés du fruit de leurs vertus, tandis que les autres paraîtront nus et vides devant Dieu, ne portant que des marques de confusion et de douleur. »

Ainsi les Frères Mineurs et les Frères Prêcheurs ont renouvelé la parole de Dieu, qui se traînait languissante dans des formes vieillies. Trois siècles après, la compagnie de Jésus et des Clercs-Réguliers vint donner une autre allure à la prédication; de nos jours, quoi qu'on dise, quoi qu'on fasse, elle brisera l'enveloppe froide et prétentieuse où la tiennent étouffée les académiques imitateurs de Massillon. L'Esprit souffle où il veut et comment il veut, et toutes les forces de la terre ne peuvent le tenir en captivité.

Chapitre viij.

1220.

L'Ordre de saint François reçoit la couronne du martyre. — Martyrs de Maroc. — Sept autres frères envoyés chez les Maures y sont martyrisés en 1221.

> Hæc est vera fraternitas, quæ nunquam potuit violari certamine; qui effuso sanguine secuti sunt Dominum.
>
> Quæ vox, quæ poterit lingua retexere,
> Quæ tu martyribus munera præparas?
> Rubri nam fluido sanguine laureis
> Ditantur bene fulgidis.
>
> BRÉVIAIRE ROMAIN.

Dans le grand chapitre général de 1219, nous avons vu François partager à ses disciples tout le monde à conquérir; il avait pris pour lui l'Asie par la voie des croisades, et nous l'avons suivi dans sa mission. Frère Égidius et quelques autres, remplis de la même charité et du même dévouement, étaient allés en Afrique; mais, malgré eux, ils revinrent bientôt en Italie. Six frères furent désignés pour aller prêcher la foi aux Maures d'Espagne et de Maroc. Or ces religieux s'appelaient Berardo, Pietro, Otton, Ajuto, Accursio, Vitale. François les bénit, leur donna ses dernières instructions avec le baiser d'adieu, et ils partirent, n'emportant pour tout viatique que leur bréviaire et les engagea surtout à modérer leur zèle, à agir avec prudence, afin de ne pas s'exposer à voir renouveler les persécutions qu'ils avaient endurées à Séville. Peut-on arrêter le cerf qui court se désaltérer aux sources pures de la montagne? Peut-on éteindre dans l'âme de l'apôtre cette soif brûlante du sacrifice et de la mort? L'amour est plus fort que la mort. Ces glorieux missionnaires sortirent le lendemain à l'aurore, et s'arrêtèrent dans les rues les plus fréquentées pour y prêcher la foi de Jésus-Christ.

Un jour, Bérard, qui savait mieux l'arabe que ses frères, monté sur un char, instruisait le peuple: le chef mahométan passa; il allait selon la coutume orientale visiter les tombeaux de ses ancêtres. Bérard continua à parler avec une grande véhémence; il fut pris pour un fou, et le roi ordonna que ces hommes fussent reconduits dans le pays des chrétiens. Le Portugais Pedro leur donna des guides pour Ceuta où ils devaient s'embarquer. Mais ils échappèrent à la surveillance de ces conducteurs, et revinrent prêcher à Maroc. Le roi les fit jeter dans un cachot où ils furent privés de toute nourriture; la grâce de Dieu les sustentait intérieurement. Et après vingt jours, on les mit en liberté, craignant d'avoir offensé Dieu à leur égard, car une sécheresse excessive avec les maladies et la mort affligeaient le pays[1]. Les chrétiens de Maroc appréhendant que l'ardeur de ce zèle admirable ne leur attirât des persécutions, les firent garder dans la maison du prince portugais. Il les mena dans une expédition militaire au profit du roi de Maroc contre des tribus rebelles dans l'intérieur de l'Afrique. L'armée s'en revenait victorieuse et traversait péniblement un désert sablonneux. Les soldats mouraient de soif; depuis trois jours on n'avait pas eu d'eau. Dieu alors voulut par le moyen d'un pauvre Mineur donner un grand signe de sa puissance à ces infidèles. Frère Bérard, comme autrefois Moïse, frappa la terre d'un bâton, et une source abondante en jaillit aussitôt.

---

[1] Estimantes autem aliqui quia propter carcerem sanctorum fratrum illa tempestas evenisset. Bolland., 16 januar., p. 66.

Les hommes et les animaux se désaltérèrent, on fit provision d'eau dans des outres, et la source tarit[1]. Revenus à Maroc, nos intrépides chevaliers de Jésus-Christ, forts de la puissance de Dieu et de la vénération du peuple, ne gardèrent plus aucune mesure et prêchèrent hardiment jusqu'en face du roi qu'ils allaient attendre dans les rues où il devait passer. Il ordonna à un de ses officiers nommé Abozaïda de les faire mourir dans les tortures les plus affreuses. Cet homme, qui avait été témoin du grand miracle du désert, voulut attendre l'occasion de fléchir la colère du roi; il se contenta de les mettre en prison. Mais là ils eurent à souffrir toutes sortes d'outrages : le geôlier était un chrétien renégat. Après quelque temps Abozaïda, les ayant fait venir, les trouva plus hardis, plus intrépides encore; il commanda alors qu'ils fussent séparés et livrés à trente bourreaux. On leur lia les pieds et les mains, on les traîna sur le pavé, la corde au cou; on les frappa avec une telle violence que leurs entrailles en furent presque découvertes ; on les roula sur du verre et sur des briques cassées, et le soir on versa du vinaigre sur leurs plaies saignantes. Pendant ce long et cruel supplice, ils bénissaient Dieu et chantaient ses louanges; il n'y avait que les blasphèmes qui pénétraient dans leur cœur et en troublaient la joie parfaite et abondante. Rejetés pendant la nuit sur la paille de leur prison, l'Esprit consolateur y descendit avec eux pour les fortifier et les soutenir. Les gardes virent une grande lumière qui venait du ciel, et qui paraissait y élever les pauvres Mineurs. Les croyant sortis, ils accoururent tout effrayés, mais ils les trouvèrent priant Dieu avec une grande dévotion[2].

Le roi les fit de nouveau comparaître en sa présence. Ils y

---

[1] Frater Beraldus, prævia oratione, accepto brevi paxillo, terram fodit et statim fons erupit. Bolland., 16 januar., p. 66.

[2] Eadem nocte visum fuit custodibus, quod lux magna de cœlo descendebat et sanctos fratres recipiens ad cœlos cum innumerabili multitudine sublimabat. Qui stupefacti et territi ad carcerem accedentes, eos devote orantes invenerunt. Bolland., 16 januar., p. 67.

furent conduits dépouillés et garottés. Un officier sarrasin qui les rencontra voulut leur persuader d'embrasser la loi de Mahomet. Le frère Otto, le rebutant avec horreur, cracha deux fois contre terre en signe de mépris, ce qui lui attira un rude soufflet; il tendit l'autre joue, suivant le conseil de Jésus-Christ. Le roi leur dit : « Êtes-vous donc ces impies qui méprisez la vraie foi, ces insensés qui blasphémez contre l'Envoyé de Dieu? — O roi! répondirent-ils, nous n'avons point de mépris pour la vraie foi; au contraire, nous sommes prêts à souffrir et à mourir pour la défendre; mais nous détestons la vôtre et le méchant homme qui en est l'auteur. » Alors le roi eut recours au moyen le plus puissant en Orient, l'amour des plaisirs et de l'or. Il avait fait venir des femmes richement parées; il dit : « Si vous voulez suivre la loi de Mahomet, je vous donnerai ces femmes pour épouses, avec de grandes richesses, et vous serez puissans dans mon royaume. Autrement, vous mourrez par le glaive. » Les confesseurs de la foi répondirent : « Nous ne voulons ni de vos femmes, ni de vos honneurs; que cela soit pour vous et que Jésus-Christ soit pour nous. Faites-nous encore souffrir toute sorte de tourmens, faites-nous mourir; la douleur nous semble légère quand nous contemplons la gloire éternelle [1]. » En prononçant ces paroles, leur âme surabondait de joie et d'espérance.... Le roi prit son cimeterre et leur fendit la tête par le milieu du front. Ainsi les prémices du noble sang des Frères Mineurs furent offertes à Dieu, le seizième jour de janvier, par les mains d'un grand et royal bourreau [2]. Dans le même moment, Sancia de Portugal les vit monter triomphans dans le ciel. Leurs corps, déchirés et mis en lambeaux par les infidèles, furent soigneusement recueillis par les chrétiens. Pedro de Portugal les fit transporter dans sa patrie, et son frère le roi Alfonse les déposa solennellement dans l'église des chanoines réguliers de Sainte-Croix de Coïmbre.

[1] Bolland., 16 januar., p. 67.
[2] Croniques des Frères Mineurs, liv. IV, chap. XVII.

François tressaillit d'allégresse en apprenant les souffrances et la mort de ses enfans; il regarda son Ordre à jamais consacré par ce baptême de sang, et disait en pleurant de joie : « Certes, je puis dire en toute assurance que j'ai cinq Frères Mineurs ! » Puis se tournant du côté de l'Espagne, il saluait le couvent d'Alenquer, d'où ils étaient partis pour aller au martyre : « Maison sainte, terre sacrée, tu as produit et offert au roi du ciel cinq belles fleurs pourprées, d'une odeur très suave. O maison sainte! sois toujours habitée par des saints [1]. »

L'année suivante (1221), animés par le triomphe des martyrs de Maroc, Daniel, ministre de la province de Calabre, et six autres religieux, Samuel, Donule, Léon, Ugolini, Nicolas et Ange, s'embarquèrent dans un port de Toscane pour aller combattre et mourir à Maroc; mais ils s'arrêtèrent dans un faubourg de Ceuta, où ils évangélisèrent les marchands chrétiens de Pise, de Gênes et de Marseille, qui ne pouvaient entrer dans la ville. Le samedi, deuxième jour d'octobre, ils confessèrent leurs péchés et reçurent la sainte communion; le soir, ils se lavèrent les pieds l'un à l'autre, pour imiter le Fils de Dieu, qui lava les pieds de ses disciples avant sa Passion [2]. Le lendemain dimanche, la tête couverte de cendres, ils s'avancèrent dans les rues de la ville, disant à haute voix : « Jésus-Christ est le seul vrai Dieu; il n'y a de salut qu'en lui. » Ils furent bientôt arrêtés et conduits devant le chef mahométan, qui, les voyant rasés et les entendant parler avec tant de véhémence, les prit pour des fous. Néanmoins il les fit jeter en prison, où ils furent cruellement traités. C'est alors qu'ils adressèrent aux marchands chrétiens du faubourg de Ceuta la belle lettre que nous enchâssons ici comme une relique précieuse :

[1] S. Francisci opuscula, t. III, p. 86.

[2] Vesperi autem invicem sibi laverunt pedes, commemorantes eam Christi charitatem. — Surius, x, oct., p. 737. — Les Actes primitifs de ces martyrs ont été tirés d'une chronique allemande fort ancienne qui avait pour titre : Vinea sancti Francisci.

« Béni soit le Père de Notre-Seigneur Jésus-Christ, le Père des miséricordes et le Dieu de toute consolation, qui nous soutient dans nos souffrances et qui prépara au patriarche Abraham la victime pour le sacrifice; Abraham qui a obtenu la justice et le titre d'ami de Dieu, parce qu'il est sorti de sa terre et a erré dans le monde, plein de confiance dans l'ordre du Seigneur. Ainsi donc que celui qui est sage devienne fou pour être sage, car la sagesse de ce monde est folie devant Dieu. Il nous a été dit : « Allez, prêchez l'Evangile à toutes les créatures, et enseignez que le serviteur ne doit pas être plus grand que le maître. Si vous êtes persécutés, considérez que moi aussi j'ai été persécuté. » Et nous, très petits et indignes serviteurs, nous avons laissé notre pays, nous sommes venus prêcher l'Évangile aux nations infidèles; nous sommes pour les uns une odeur de vie, pour les autres une odeur de mort. Nous avons prêché ici devant le roi et devant son peuple la foi de Jésus-Christ, et on nous a chargés de fers. Nous sommes pourtant grandement consolés en Notre-Seigneur, et nous avons confiance qu'il recevra notre vie comme un sacrifice agréable [1]. »

Le juge, nommé Arbald, les fit comparaître devant son tribunal; il leur dit : « Renoncez au Christ et embrassez la foi de Mahomet. » Les confesseurs répondirent : « Jésus-Christ seul est Dieu, et il n'y a de salut qu'en lui. » On les sépara et on les tenta chacun en particulier par des promesses et par des menaces : ils restèrent inébranlables. Daniel parlait avec beaucoup de force; un Maure lui déchargea sur la tête un coup de cimeterre. Il répondit sans aucune émotion : « Misérable, quittez votre Mahomet maudit, ses sectateurs sont les ministres de Satan, et suivez Jésus-Christ. » Arbald les condamna à avoir la tête tranchée. Revenus le soir dans leur prison, les six frères se jetèrent aux pieds de Daniel, lui disant avec des larmes de joie : « Nous rendons grâces à Dieu et à vous, mon père, de nous avoir conduits à la couronne du

---

[1] Marc de Lisbonne, Chronicas da ordem, part. II. Petrus Rodulphius, Hist. Seraph., p. 74.

martyre. Bénissez-nous et mourez ; le combat finira bientôt, et nous aurons une paix éternelle. » Daniel les embrassa avec tendresse, et les bénit avec ces paroles : « Réjouissons-nous dans le Seigneur, voici pour nous un jour de fête : les anges nous environnent, le ciel nous est ouvert; aujourd'hui nous recevrons tous la couronne du martyre [1]. »

Ils s'avancèrent triomphans au supplice; on aurait cru qu'ils allaient s'asseoir à un banquet nuptial. Leurs âmes s'élevèrent dans le ciel, et leurs corps furent horriblement lacérés par la multitude [2]. De pieux marchands marseillais en recueillirent quelques débris mutilés, qui furent depuis transportés en Espagne. Léon X permit de les honorer d'un culte solennel.

Ainsi François a eu l'inappréciable bonheur de voir couronner martyrs dans le ciel douze de ses enfans. Ce sang pur et généreux, répandu sur la terre, fit germer une abondante moisson; car jamais une goutte de sang chrétien n'est tombée froide et stérile. Chacune a sa vertu intime et sa force; c'est là le mystère de la rédemption par le sang. La nature entière en porte l'empreinte sacrée, et dans l'ordre de la grâce, l'homme qui ne boit pas le sang de Jésus-Christ ne peut avoir la vie en lui. Un coup d'œil sur l'histoire du Christianisme fait bien comprendre la réalité de ces mystères devant lesquels nous devons abaisser nos entendemens. Les docteurs, les Pères de l'Église sont nés du sang des martyrs, et du sang de ces pauvres Frères Mineurs, morts pour Jésus-Christ, nous allons voir s'élever un lys éternel qui a parfumé l'Église des arômes de ses vertus, et qui l'a illuminée de l'éclat de sa science.

[1] Mox fratres sex ad pedes Danielis ministri prolapsi, cum lacrymis dixerunt : Gratias agimus Deo et tibi Pater, quod ad martyrii percipiendam coronam perducti sumus... Gaudeamus omnes in Domino, diem festum celebrantes. Surius, octob., p. 738.

[2] Ibant illi gaudentes Dominum laudantes, perinde ac si ad opiparum essent invitati convivium... Sacra autem capita comminuta sunt, et corpora misere discerpta a pueris et Saracenis. Surius.

Chapitre ix.

1221.

Saint Antoine de Padoue. — Détails sur sa vie et sur ses travaux. — L'Ordre de saint François reçoit la couronne de la science. — Alexandre de Halès. — Importance sociale de la prédication au treizième siècle. — Église et tombeau de saint Antoine à Padoue.

>
> Gaude, felix Padua, quæ thesaurum possides.
> INSCRIPTION A PADOUE.
>
> Vere ille arca Testamenti est, et divinarum armarium Scripturarum.
> PAROLES DE GRÉGOIRE IX.

Ce ne fut pas sans une disposition spéciale de la divine Providence que les reliques des Frères Mineurs martyrisés à Maroc furent placées à Coïmbre dans l'église des chanoines réguliers de Sainte-Croix, puisque Dieu les fit servir à la merveilleuse vocation d'un de ses plus illustres serviteurs.

Fernandez naquit à Lisbonne en 1195. Il eut pour père Martin Buglion, de cette maison de Bouillon, qui sur sa tige glorieuse avait offert au monde Godefroy, fleur de la chevalerie chrétienne. Sa mère, dona Teresa Tavera, sortait d'une maison considérable en Portugal [1]. Fernandez s'était

---

[1] Pour la généalogie de la famille de saint Antoine, voyez Acta sanct.,

retiré à l'âge de quinze ans chez les chanoines réguliers. Il se préparait dans la retraite à combattre les hérétiques par une prédication formée de la substance de l'Ecriture sainte et des Pères. Lors de la translation solennelle des reliques des martyrs, il sentit naître dans son cœur un désir ardent de mourir pour Jésus-Christ. Des frères du couvent de saint Antoine d'Olivarez étaient venus chercher l'aumône chez les chanoines de Sainte-Croix. Fernandez en fut profondément touché et demanda à entrer dans cet ordre si pauvre, si humble, si dévoué, et qui était généralement considéré comme une véritable réformation de l'esprit monastique. L'ordre de saint Augustin se glorifiera à jamais d'avoir donné la première nourriture, la première sève, à un arbre que Dieu transplanta dans un autre sol pour le bien de l'Eglise entière. Fernandez reçut le saint habit, et prit le nom d'Antoine. Il demanda et obtint de ses supérieurs la permission de passer en Afrique pour suivre les traces des martyrs. Une grande maladie le força à changer ses projets; Dieu l'appelait à un autre apostolat et au long martyre de la pénitence. Il s'embarqua pour revenir en Portugal; un vent contraire poussa le vaisseau en Sicile. Antoine s'y arrêta quelque temps pour rétablir sa santé languissante, et vint au chapitre général de Sainte-Marie-des-Anges (1221). Il y arriva avec Philippin, jeune frère lay de Castille.

Après le chapitre, Antoine et son compagnon se présentèrent au frère Gratian, provincial de Bologne, le suppliant de leur assigner un lieu où ils puissent étudier Jésus-Christ crucifié et la discipline régulière. Il les emmena dans sa province; Philippin fut envoyé à Citta di Castello, et ensuite à Colombario en Toscane, où il mourut saintement. Antoine demeura dans l'ermitage du mont Saint-Paul, près de Bologne. Dans une petite cellule taillée dans le roc et iso-

---

13 jun., t. II, p. 706. — La pieuse dame Tavera est enterrée en l'abbaye de Saint-Vincent, près de Lisbonne, dans une chapelle dédiée à son fils. Sur son tombeau on lit seulement :

HIC JACET MATER SANCTI ANTONII.

lée, il se livra tout entier à la méditation des saintes Écritures et à la mortification de ses sens. Vivant dans la simplicité au milieu des simples, il cachait sous des dehors faibles et humbles les grandes lumières qu'il recevait du ciel; Dieu prépare toujours dans le secret les apôtres qui doivent répandre à grands flots la vérité et l'amour [1]. Bientôt fut manifesté à ses supérieurs et au monde ce vase d'honneur sanctifié et préparé pour toutes sortes de bons usages. On l'envoya à Forli dans la Romagne pour y recevoir les ordres; il y avait plusieurs de ses Frères; des Frères Prêcheurs et des prêtres séculiers. L'ordination était précédée par des exercices spirituels et des examens. Après une conférence, l'évêque désigna Antoine pour faire une exhortation pieuse. Il obéit. Sa parole fut d'abord simple et timide; mais se livrant tout entier aux inspirations de l'Esprit saint, elle revêtit un merveilleux caractère de grandeur et de force [2]. A cette nouvelle, l'âme de François tressaillit de bonheur et d'espérance; il comprit qu'une nouvelle voie allait s'ouvrir devant son Ordre qui porterait désormais sur la terre et au ciel la triple couronne de la sainteté, du martyre et de la science. Il ordonna à Antoine de se livrer à l'étude de la théologie, tout en continuant à évangéliser les peuples. Pour obéir à cette chère et sainte volonté, il alla avec un frère anglais, Adam de Marisco, qui fut depuis un célèbre docteur, à Verceil, où professait alors avec un succès immense, dans l'abbaye de Saint-André, Thomas, ancien religieux de Saint-Victor de Paris [3]. Antoine devint supérieur à son maître, et de toutes parts ses frères le suppliaient d'enseigner à son tour la théologie dans un des couvents de l'Ordre. Le saint instituteur lui en donna l'obédience formelle en ces termes:

[1] Act. sanct., 13 jun., pag. 706.
[2] Ibid., pag. 708.
[3] Ibid., pag. 729.

« A mon très cher frère Antoine, frère François, salut en Jésus-Christ.

» Il me plaît que vous enseigniez aux Frères la sainte théologie : de telle sorte néanmoins que l'esprit de la sainte oraison ne s'éteigne ni en vous, ni dans les autres, selon la règle dont nous faisons profession. Adieu [1]. »

Au moment où la science est si aride pour le cœur, si vide de l'esprit de Dieu, nous aimons à lire et à relire cette lettre si touchante, si simple, si pieuse ; nous aimons à la rapprocher des instructions de saint François sur la science et à y puiser d'utiles enseignemens. On lui demandait un jour s'il trouvait bon que les hommes de science déjà reçus dans l'Ordre continuassent à étudier l'Écriture sainte, les Pères et la théologie. « Cela me plaît fort, répondit-il, pourvu qu'à l'exemple de Jésus-Christ qui a prié plus qu'il n'a lu, ces frères ne négligent point l'exercice de l'oraison, et qu'ils n'étudient pas tant pour savoir comment ils doivent parler, qu'afin de pratiquer ce qu'ils auront appris et de le faire pratiquer aux autres. Je veux que mes frères soient des disciples de l'Evangile, qu'ils avancent de telle sorte dans la connaissance de la vérité, qu'en même temps ils croissent en simplicité : joignant ainsi, selon la parole de notre divin Maître, la simplicité de la colombe à la prudence du serpent [2]. » Une autre fois, il réprouvait la vaine science par ces terribles paroles : « Au jour de la tribulation ces hommes se trouveront les mains vides. Je voudrais donc qu'ils travaillassent maintenant à s'affermir dans la vertu, afin d'avoir le Seigneur avec eux dans les mauvais jours. Car il viendra ce temps où l'on jettera comme inutiles les livres par les fenêtres et dans les coins obscurs. Je ne veux pas que mes frères soient curieux de science et de livres :

---

[1] S. Francisci opuscula, t. I, p. 4.
[2] Nec tantum studeant, ut sciant qualiter debeant loqui, sed ut audita faciant, et cum fecerint aliis facienda proponant.... S. Bonaventura, cap. XI.

ce que je veux, est qu'ils soient fondés sur la sainte humilité, la simplicité, l'oraison, et la pauvreté, notre maîtresse et notre dame. Cette voie seulement est sûre pour leur salut et pour l'édification du prochain, parce qu'ils sont appelés à imiter et à suivre Jésus-Christ [1]. » Cela n'est-il pas le prélude de ce chant sublime de la grande épopée intérieure de la vie monastique.

Le Christ.

« Mon fils, ne vous laissez pas émouvoir par la beauté et la subtilité des discours des hommes : car le royaume de Dieu ne consiste point dans les discours, mais dans la vertu.

« Soyez attentif à mes paroles qui enflamment le cœur, éclairent l'esprit, excitent la componction, et consolent en mille manières.

« Ne lisez jamais ma parole dans l'intention de paraître plus savant ou plus sage.

« Étudiez-vous à mortifier vos vices; cela vous servira plus que la connaissance de plusieurs questions difficiles.

« Après avoir lu et appris beaucoup de choses, il faut toujours en revenir à l'unique principe de toutes choses.

« C'est moi qui enseigne la science à l'homme, qui illumine l'intelligence des petits enfans, plus que l'homme ne le peut par ses leçons.

« Celui à qui je parle sera bientôt sage et fera beaucoup de progrès dans la vie de l'esprit.

« Malheur à ceux qui interrogent les hommes sur beaucoup de questions curieuses, et qui s'inquiètent peu d'apprendre à me servir !

« Viendra le jour où le Maître des maîtres, le Christ, le Seigneur des anges apparaîtra pour entendre la leçon de chacun, c'est-à-dire, pour examiner leurs consciences.

---

[1] ... Ventura est enim tribulatio, quando libri ad nihilum utiles in fenestris et latebris projicientur. Nolo fratres meos cupidos esse scientiæ et librorum, sed volo eos fundari super sanctam humilitatem... et dominam paupertatem. S. Franc. opuscula, t. III, p. 46.

« Et alors la lampe à la main, il scrutera Jérusalem, et les secrets des ténèbres seront dévoilés, et les langues des raisonneurs seront réduites au silence.

« C'est moi qui en un moment élève l'âme humble, et l'a fait pénétrer plus avant dans les secrets de la vérité éternelle qu'elle n'aurait fait dans les écoles en dix années d'études.

« J'enseigne sans le bruit des paroles, sans la confusion des opinions, sans le faste des honneurs, sans le conflit des argumens.

« J'apprends à mépriser les biens de la terre, à dédaigner ce qui passe, à rechercher ce qui est céleste, à goûter ce qui est éternel, à fuir les honneurs, à souffrir le scandale, à mettre en moi toute son espérance, à ne désirer rien hors de moi, et à m'aimer ardemment et par dessus tout.

« Quelques uns, en m'aimant ainsi intimement, ont appris des choses toutes divines, dont ils parlaient d'une manière admirable.

« Ils ont fait plus de progrès par le renoncement en tout, que par une étude profonde.

« Mais je dis aux uns des choses générales, aux autres de particulières ; je me découvre doucement à quelques uns sous des symboles et des figures ; je révèle à d'autres mes mystères au milieu d'une vive splendeur.

« Les livres parlent à tous le même langage ; mais tous ne s'y instruisent pas également, parce que moi seul j'enseigne la vérité au dedans, je scrute les cœurs, je pénètre les pensées, j'excite à agir, et je distribue mes dons à chacun selon qu'il me plaît[1]. »

L'Imitation de Jésus-Christ a été évidemment écrite sous l'influence de la réforme franciscaine ; elle est fille de cet esprit nouveau que François souffla sur l'Église ; elle est la sœur de saint Bonaventure le Séraphique. Elle ne rappelle en rien la symétrie scolastique de l'époque ; mais elle est

---

[1] Imitation de Jésus Christ, liv. III, ch. XLIII.

l'écho mystérieux de toutes ces âmes ardentes et naïves, qu'un enfant de saint Benoît a modulé sur une lyre éternelle. Après les travaux de la vie active, le pieux solitaire a chanté les effusions rêveuses et les douces tristesses du cloître. Qu'elles soient donc éternellement bénies et exaltées ces institutions monastiques, qui, dans cette œuvre presque divine, nous ont légué la pensée la plus profonde et le monument le plus glorieux du moyen âge !

Antoine enseigna d'abord à Montpellier : la France est destinée à recevoir les prémices de tout bien ; à Bologne, à Padoue, à Toulouse. Cependant le plus fameux docteur de l'Université de Paris abaissait son esprit devant l'humilité et la pauvreté. Alexandre de Halès, anglais de naissance, enseignait avec un succès merveilleux. Il avait promis d'accorder, s'il était possible, tout ce qu'on lui demanderait pour l'amour de la sainte Vierge. Un jour, un Frère Mineur le rencontrant, lui dit : « Révérend maître, il y a long-temps que vous servez le monde avec une grande réputation ; notre Ordre n'a pas de maître savant ; ainsi, pour sa gloire, pour votre sanctification, pour l'amour de Dieu et de la sainte Vierge Marie, prenez l'habit des Mineurs [1]. » Alexandre répondit du fond de son cœur : « Allez, mon frère, je vous suivrai bientôt, et je ferai ce que vous demandez [2]. » En effet, quelques jours après, quittant le monde, il revêtit le pauvre habit des Mineurs (1222). Ces changemens subits, ces résolutions spontanées n'étaient pas rares : quelque temps avant, on avait eu l'exemple de Jean de Saint-Gilles. Cet illustre docteur prêchait au clergé avec beaucoup de force sur la pauvreté volontaire dans le couvent des Frères Prêcheurs : afin de persuader mieux par son exemple, il descen-

---

[1] Magister reverende, cum diu mundo servieritis, et cum magna fama, et nostra religio nullum habeat magistrum, supplico vobis, ut amore Dei et Virginis, ad utilitatem animæ vestræ et nostræ religionis honorem, nostri ordinis habitum assumatis. S. Antonin. Chron., part. III, tit. XXIV, cap. VIII, § 1.

[2] Vade, frater, quia statim te sequar, et faciam quod petisti. S. Antonin.

dit de chaire, alla prendre l'habit de saint Dominique et revint achever son discours [1].

Mais il ne faut pas croire que cette séparation du monde était sans douleur et ne laissait au fond de l'âme aucun regret : la plaie restait long-temps saignante. Les commencemens de la vie religieuse parurent bien difficiles à Alexandre; il eut de grandes peines intérieures. Dans cette agitation, il vit en esprit François chargé d'une croix de bois fort pesante; il gravissait une montagne raide et abrupte. Alexandre le Maître voulut lui aider; le saint patriarche lui dit en le repoussant avec indignation : « Va, misérable; tu voudrais porter cette croix si pesante, toi qui ne peux porter une légère croix d'étoffe [2]. » Et il fut fortifié par cette vision : il continua son enseignement public. L'Université lui accorda la faveur de présenter au baccalauréat celui de ses frères qu'il choisirait. Pendant qu'il était en prière, il vit sur la tête d'un Frère Mineur un globe de feu qui illuminait toute l'Église; or, ce frère était Jean de La Rochelle : ainsi l'Ordre fut doté d'un grand docteur de plus. Alexandre se proposa de rassembler dans un corps unique les matériaux épars de la théologie; il composa cette Somme qui a été la première pierre et le plan du grand édifice catholique de saint Thomas. « Ce livre, dit Alexandre IV, est un fleuve sorti des sources du paradis, un trésor de science et de sagesse, rempli de sentences irréfragables qui écrasent le mensonge par le poids de la vérité; il est très utile à tous ceux qui veulent s'avancer dans la connaissance de la loi divine. Il est l'ouvrage de Dieu, et l'auteur a été inspiré de l'Esprit-Saint [3]. » « On ne saurait assez dire, s'écrie Gerson, combien la doctrine d'Alexandre de Halès abonde en bonnes choses [4]!... » Mais la grande

---

[1] Nicol. Trivethi, Chron. ap. d'Achery, Spicilegium.

[2] Vade, miser, tu non vales portare unam crucem levem de panno, et portabis unam ponderosam de ligno? S. Antonin.

[3] Bref d'Alexandre IV, ordonnant, en vertu de la sainte obéissance, aux maîtres et gardiens de l'ordre des Frères Mineurs d'achever la Somme d'Alexandre de Halès. Echard. Script. ord. Præd., t. 1, p. 321.

[4] Gerson, in Epist. de laudibus Bonaventuræ, edit. nov., t. 1, p. 117.

gloire d'Alexandre est d'avoir été le maître des deux plus illustres docteurs de l'Église au moyen âge, saint Thomas et saint Bonaventure.

Saint Bonaventure, cet aigle de saint Jean, sorti du cœur de François, s'éleva à une hauteur infinie ; il a contemplé ce que l'œil vulgaire ne voit pas, il a entendu ce que l'oreille de la foule ne soupçonne pas, et lorsque ce grand saint, que je croirais amoindrir en le comparant à Platon, laisse tomber quelques paroles sur la terre, le génie se tait et écoute religieusement ces échos d'une science surhumaine. J'ai toujours demandé à Dieu la grâce de pouvoir écrire l'histoire de la vie et des doctrines de saint Bonaventure ; je suis effrayé d'une tâche aussi grande, et l'Esprit-Saint, je l'espère, suscitera dans l'Église un homme mieux préparé que moi dans la prière et dans la science. En prononçant ici ce nom glorieux entre tous les noms, nous avons voulu seulement indiquer comment, sous l'influence franciscaine, la science prit un caractère particulier et forma une grande couronne séraphiq

Antoine était, à la vérité, un savant docteur ; mais, avant toute chose, il était un missionnaire apostolique, et c'est sous ce point de vue que sa vie doit être étudiée. Ce qui nous reste de lui sous le titre de Sermons est une suite d'indications précieuses et un plan complet d'une année évangélique ; on n'y trouve presque aucun vestige, aucun retentissement de cette parole puissante qui remuait les entrailles de la société. Nous allons présenter ici le résultat de longues et minutieuses études ; il est difficile, après plusieurs siècles, de rendre à des fragmens épars leur harmonie primitive, et de réveiller au fond des âmes des sympathies éteintes et des échos depuis bien long-temps muets. Et d'abord, qu'est-ce qui constitue l'apôtre ? L'amour du sacrifice, que l'Église nomme admirablement le Zèle ; c'est là le premier et l'unique précepte de sa rhétorique. « Qui doute, dit Louis de Grenade, que cet esprit de charité, cet ardent désir de la gloire de Dieu et du salut des hommes, ne soit le premier et le plus excellent maître de l'art de prêcher ? Toutes les écoles des rhéteurs et tous leurs préceptes ne seront jamais d'un si grand secours aux ministres de l'Église que le saint zèle qui est l'âme de leur vocation. Le zèle leur fournit les moyens et la manière de parler de toutes choses utilement pour les auditeurs et pour eux-mêmes ; le zèle leur apprend à négliger ce qui servirait moins à toucher le cœur qu'à divertir l'esprit ou à flatter les oreilles; le zèle met sur leurs lèvres ces paroles véhémentes qui excitent les lâches et effraient les orgueilleux; c'est le zèle qui réveille les morts, qui remue le ciel, la terre et les mers, et qui, poussé par un esprit prophétique, crie sans cesse aux peuples les miséricordes infinies et les vengeances éternelles [1]. »

« Un bon prédicateur, dit saint Antoine, est fils de Zacharie, c'est-à-dire de la mémoire du Seigneur; il faut toujours qu'il ait dans l'esprit un mémorial de la Passion de Jésus-Christ. Dans la nuit du malheur, c'est lui qu'il doit désirer, c'est en lui qu'il doit s'éveiller au matin de la prospérité et de la joie, et alors le Verbe de Dieu descendra en lui, le Verbe de la paix et de la vie, le Verbe de la grâce et de la vérité. O parole qui ne brise pas les cœurs, mais qui les enivre! ô parole pleine de douceur, qui répand la bienheureuse espérance au fond des âmes souffrantes! ô parole rafraîchissante pour l'âme altérée [2] ! » Commentant un passage du troisième livre des Rois, il y trouve la figure symbolique du prédicateur parfait : « Élie est le prédicateur qui doit monter sur le sommet du Carmel, c'est-à-dire au sommet de la sainte conversation, où il acquiert la science de retrancher par une circoncision mystique toutes les choses vaines et superflues. En signe d'humilité et du souvenir de ses misères, il se prosterne sur la terre; il pose sa face entre ses genoux pour témoigner l'affliction profonde de ses vieilles iniquités. Élie dit à son serviteur : « Va et regarde du côté de la mer. » Ce serviteur est le corps du prédicateur, qui doit être pur et qui sans cesse doit regarder du côté du monde

[1] Rhétorique de l'Église, liv. I, chap. x.
[2] Sermones S. Antonii. Paris, 1641, in-folio, p. 105.

abîmé dans l'amertume du péché, afin de le combattre par ses paroles; il doit regarder sept fois, c'est-à-dire que le prédicateur doit sans cesse méditer les sept principaux articles de la foi : l'incarnation, le baptême, la passion, la résurrection, la mission de l'Esprit-Saint, et le dernier jugement, qui condamnera les méchans au feu éternel. Mais, à la septième fois, le prédicateur verra s'élever du fond de la mer un petit nuage; du fond de l'âme des pécheurs un mouvement de componction et de repentir; ce vestige de la grâce de Dieu dans le cœur de l'homme, montera : il deviendra une grande nuée qui couvrira de son ombre l'amour des choses de la terre; puis soufflera le vent de la confession, qui arrachera jusqu'à la dernière racine du péché, et enfin la grande pluie de la satisfaction abreuvera et fertilisera la terre. Voilà l'action du bon prédicateur [1].... Mais malheur à celui dont la prédication est resplendissante de gloire et qui porte la honte dans ses œuvres [2] ! »

En général, à cette époque, la prédication était sans fruit, sans résultat positif; car l'âme du prêtre était vide de science et d'amour. O mon Dieu, si le sel perd sa force, avec quoi le salera-t-on? Jésus-Christ, dans son éternelle sollicitude pour l'Église, conserve toujours au fond du sanctuaire une flamme vivifiante, et dans les époques de trouble et d'obscurité, il la tire de dessous le boisseau, et il la place sur le chandelier pour éclairer tous ceux qui habitent la grande maison du monde. Ce flambeau inextinguible a été appelé autrefois Benoît, Grégoire VII, Bernard; il s'appelait, au treizième siècle, Innocent III, Dominique, François, comme plus tard Pie V et Ignace de Loyola. Les Frères Prêcheurs et les Frères Mineurs, soutenus et protégés par Innocent III, ont été les réformateurs du sacerdoce : presque à chaque page des sermons de saint Antoine, on trouve des anathèmes terribles contre le clergé indigne et affadi, pour enseigner aux peu-

---

[1] S. Ant., pag. 355.
[2] Ibid., pag. 566.

ples à ne point rendre la religion solidaire de l'indignité et de l'infamie de ses ministres.

« L'évêque de notre temps, s'écrie-t-il, est semblable à Balaam assis sur une ânesse : il ne voyait pas l'ange que cet animal mérita d'apercevoir. Balaam est le symbole de celui qui brise la fraternité, qui trouble les nations, qui dévore le peuple. L'évêque insensé précipite par son exemple dans le péché et dans l'enfer ; sa folie trouble les nations, son avarice dévore le peuple ; il ne voit pas l'ange, mais le diable qui le pousse dans l'abîme ; et le peuple simple, dont la foi est droite et les actions pures, voit l'ange du grand conseil ; il connaît et aime le Fils de Dieu [1]... Le mauvais prêtre et tous ces spéculateurs de l'Église sont des aveugles privés de la vie et de la science ; ce sont des chiens muets ; ils portent dans la gueule un mors diabolique qui les empêche d'aboyer.... ils dorment dans le crime ; ils aiment les songes, c'est-à-dire les biens de la terre, vains jouets des hommes ; leur front impudent, comme celui d'une courtisane, ne rougit jamais ; ils ne connaissent point de mesure et crient toujours : Apporte, apporte.... Ils ont abandonné la voie de Jésus-Christ pour marcher dans leurs sentiers ténébreux et impudiques. Voilà ce que vous êtes aujourd'hui ; mais demain une éternité de souffrance vous enveloppera de toutes parts [2].... L'avarice ronge quelques prêtres, ou, pour mieux parler, quelques marchands de notre temps ; ils montent à l'autel, et y tendent leurs filets pour pêcher l'or ; ils célèbrent la messe pour quelques deniers, et s'ils pensaient ne rien recevoir, ils ne la célébreraient pas. Ils traînent ainsi le sacrement du salut dans une fangeuse cupidité [3].... Aujourd'hui il n'y a pas une foire, pas une cour séculière ou ecclésiastique où l'on ne trouve des moines et des religieux ; ils achètent et ils revendent, ils bâtissent et ils renversent ; ils changent les

---

[1] S. Ant., pag. 261.
[2] Ibid., pag. 328 et 329.
[3] In hoc monte Tabor (altare) aliqui sacerdotes nostri temporis : et (ut verius dicam) mercatores expandunt rete suæ avaritiæ ad congregationem pecuniæ. Celebrant enim missas propter denarios, quos si se recepturos

carrés en ronds ; ils traduisent leurs parens devant les juges, et le monde retentit des débats de leurs procès pour des affaires temporelles [1].... Ah! qu'il y a loin de tous ces hommes au véritable prêtre, au bon évêque, qui nous est figuré par le pélican : il tue ses petits ; puis il répand sur eux le sang qu'il a tiré de son corps, et ils revivent. Ainsi le bon évêque frappe ses enfans avec la verge de la discipline ; il les tue avec le glaive de la parole menaçante ; puis il verse sur eux les larmes, ce sang du cœur, et y fait germer le repentir et la pénitence, c'est-à-dire la vie de l'âme [2]. »

Un des principaux caractères de la prédication de saint Antoine est la simplicité et la connaissance profonde de l'Écriture sainte. Comme ses sermons n'ont jamais été étudiés, nous croyons rendre un véritable service à tous ceux qui aiment la littérature chrétienne de rapporter ici quelques passages de ce haut enseignement moral et théologique du treizième siècle.

« L'âme de l'homme est une vigne ; l'âme, pour produire des fruits de vertu, a besoin d'une culture attentive et continuelle, comme la vigne pour pousser des fruits délicieux. L'homme, sans culture, sans cette éducation perpétuelle, retomberait dans l'état sauvage et barbare ; la vigne abandonnée, sans soin, est celui de tous les arbres qui retourne le plus vite à l'état sauvage. Le bois de la vigne ne peut servir à aucun usage ; de sorte que, s'il est inutile et desséché, il n'est propre qu'à être brûlé ; l'homme vide de bonnes pensées et de bonnes actions sera la proie du feu éternel. Il n'y a aucun fruit comparable au fruit d'une vigne bien soignée ; qu'y a-t-il de comparable aux vertus des saints ?.... La vigne est aussi l'image de l'Église ; l'Église est

---

non crederent, minime missam celebrarent, et sic sacramentum salutis vertunt in fimum cupiditatis. Pag. 355. Combien ma traduction affaiblit et tempère l'âcreté de l'original ! Pour tous les autres passages, c'est encore plus sensible ; chacun pourra vérifier, toujours dans l'édition de Paris, 1641, in-folio.

[1] S. Ant., pag. 241.
[2] Ibid., pag. 259.

une vraie vigne que Dieu a plantée avec un soin tout spécial. Le mur de la vigne c'est la force et la grandeur de la puissance. La tour est le symbole de la célébrité; l'Église est vue de tous les peuples. Le pressoir est le symbole de la violence qu'on exerce envers les pauvres; il sert à torturer les veuves et les orphelins, à exprimer leur sang [1]. Dans le camp de la vie humaine, il y a trois lits : le lit du trésor, c'est-à-dire de la mémoire, où s'est renfermé le souvenir de tous les bienfaits, véritables trésors confiés à l'homme; le lit du conseil, qui est le cœur, où tous les secrets de l'homme sont cachés; le lit du repos, où le roi seul peut s'asseoir pour manger avec ses princes, c'est-à-dire la volonté où Jésus-Christ, seul roi, nous fera goûter les doux mets de l'amour et de la mansuétude [2].... Vous êtes les petites brebis de Dieu; elles sont marquées de la croix, c'est-à-dire elles portent les rigueurs de la pénitence; elles ne revêtent jamais des toisons étrangères et des peaux de loup; elles ont le lait de la douceur et de la dévotion.... Le Christ, leur pasteur, ne les laisse pas errantes dans les bois; mais, avec la verge de la discipline, il les conduit au bercail. Il a placé autour du troupeau des chiens vigilans, qui sont les prédicateurs [3].... On peut comparer la vie active et la vie contemplative à ces deux grandes créations du cinquième jour, les poissons de la mer et les oiseaux du ciel. L'homme qui vit de la vie active marche dans les sentiers de la terre du dévouement charitable, de toutes les nécessités, comme le poisson parcourt les sentiers de la mer. L'homme contemplatif, semblable à l'oiseau, s'élève dans les airs; plus un oiseau est petit et mince, plus son agilité est grande, plus son vol est rapide; plus l'homme est débarrassé des affections de la terre et des pensées étrangères, plus il s'élève, sur les ailes de la contemplation, vers la seule beauté, la seule vérité [4].... Le démon étend sa toile

---

[1] S. Ant., pag. 174.
[2] Ibid., pag. 180.
[3] Ibid., pag. 216.
[4] Ibid., pag. 126.

comme l'araignée; l'araignée commence à tendre sa toile dans les extrémités qui correspondent au centre par des fils nombreux : là elle prépare pour elle une place d'observation. Si une petite bête, une mouche, vient à y tomber, aussitôt l'araignée accourt; elle la lie, elle l'enveloppe dans ses filets, elle l'affaiblit, elle la porte dans un lieu de réserve, où elle suce son sang. Là est sa vie. Ainsi le démon, lorsqu'il veut surprendre l'homme, étend d'abord des fils subtils aux extrémités, c'est-à-dire dans les sens corporels; puis il met au centre, dans le cœur, des fils plus forts, des tentations plus grandes; il s'y prépare un lieu favorable à la chasse; et quel lieu plus convenable que le cœur, source de la vie?... Si quelque petite bête, une mouche, une affection de la chair, se fait sentir par un consentement du cœur, aussitôt il lie cette âme par diverses tentations, il l'enveloppe de ténèbres; puis il l'énerve, lui ôte sa vigueur et sa force [1].... Dans un lys il y a trois choses : la propriété, la beauté et l'odeur. La propriété est dans la racine et la tige, la beauté et l'odeur dans la fleur. Ces trois choses sont le symbole des pénitens pauvres d'esprit, qui crucifient leurs membres avec leurs vices et leurs concupiscences, et qui au fond de leurs cœurs étouffent l'orgueil par une sincère humilité : la beauté, c'est la chasteté; l'odeur, c'est la bonne renommée. Ce sont les lys des champs, et non les lys du désert ou du jardin. Dans le champ, il y a deux choses : la solidité de la vie sainte et la perfection de la charité. Le champ, c'est le monde, où il est difficile et glorieux à une fleur de vivre. Les ermites fleurissent au désert, loin de toutes les tempêtes humaines; les moines fleurissent dans le jardin du cloître, à l'abri des ardeurs dévorantes; mais l'homme voué à la pénitence fleurit avec gloire dans le champ du monde [2].... »

Saint Antoine emprunte toujours ses comparaisons à la nature, et à la nature aimée et connue des peuples auxquels ils s'adressent. Ainsi, en prêchant dans cette Italie supé-

---

[1] S. Ant., pag. 247.
[2] Ibid., pag. 381.

rieure, sur les bords de ces grands fleuves où vivent les cygnes, symbole du plus gracieux poëte, il s'écrie : « O mes frères ! imitons le cygne : il meurt en chantant; le cygne, par sa blancheur, est l'image du pécheur converti à la pénitence et devenu plus blanc que la neige ; quand vient l'heure de sa mort, il laisse échapper de sa poitrine les accens harmonieux de ses joies souffrantes [1]. » Une autre fois il dit : « Soyons miséricordieux, à l'imitation des grues. Lorsqu'une bande de ces oiseaux se met en voyage pour une longue course, il y en a toujours un qui, s'élevant plus haut que les autres, dirige la troupe, et l'excite des ailes et de la voix. Quand le son de sa voix devient rauque et qu'il est fatigué, un autre va prendre cette place d'observation; enfin, si tous sont fatigués, ils s'entr'aident et se soutiennent mutuellement. Campées sur la terre, les grues ne sont pas moins charitables les unes pour les autres; elles se partagent les veilles de la nuit, et au moindre danger celle qui est de garde pousse un cri d'alarme. Soyons donc miséricordieux comme les grues : plaçons-nous bien haut dans la vie; soyons prévoyans pour nous et pour les autres; montrons, par la voix de la prédication, la route à ceux qui l'ignorent; corrigeons les tièdes et les lâches; succédons-nous alternativement dans le travail; portons les faibles et les malades qui tombent sur le chemin; employons les veilles du Seigneur à la prière et à la contemplation, repassant dans notre esprit l'humilité, la pauvreté et les souffrances du Sauveur [2]. »

Lorsque saint Antoine s'élève à l'enseignement dogmatique, sa parole devient comme un écho de la parole divine, et on entend les prophètes et les évangélistes eux-mêmes; pour s'en convaincre, il suffit d'ouvrir ses Sermons.

Le premier but de la prédication était sans doute la gloire de Dieu dans le ciel et la sanctification des âmes; mais un autre grand objet était la pacification du monde : voilà ce qui lui donnait une importance sociale qu'elle a perdue de-

[1] S. Ant., pag. 243.
[2] Ibid., pag. 326.

puis deux siècles; nous avons la ferme confiance que la parole de Dieu redeviendra toute puissante sur le monde. Lorsqu'on ouvre les vieux historiens d'Italie, on suit avec effroi le développement d'un drame terrible; les villes sont armées contre les villes; les familles sont divisées en factions funestes; tous les ordres de citoyens combattent entre eux pour s'arracher mutuellement le pouvoir et la magistrature; les peuples se déchirent lorsqu'ils ne sont pas torturés par des tyrans sacriléges. Un ancien auteur nous représente bien cette immense désolation : « L'Italie estoit toute sans dessus dessous dans la guerre, et mêlée de toute sorte de nations qui alloyent ensanglanter leurs barbares espées en son corps, combien qu'elles y fussent appelées par les Italiens mesmes, à ce que se pensant ruiner l'un l'autre, ils fussent par après leur proye comme ils furent. En tels troubles de guerres, les Italiens ne diminuèrent pas seulement leurs premières vertus, qui les rendoient semblables à des anges terrestres, et plus excellens que tous les autres étrangers en courtoisie et amour; mais ils diminuèrent aussi ceste foy, pour laquelle ils avoient renoncé à l'empire du monde, sousmettant leur col au joug très doux de Jésus-Christ et de son immaculée et sainte Eglise catholique, apostolique et romaine, et outre cela ils burent de l'horrible calice d'hérésie et d'abomination, les hérétiques se multiplians en Italie par la grande liberté de vie qui y estoit lors [1]. » Mais voilà que du pied de la croix partent deux grandes voix, deux milices puissantes, les Frères Prêcheurs et les Frères Mineurs; ils parcourent le monde avec un zèle ardent et prêchent au nom du Dieu de paix la réconciliation et le pardon des injures. Les populations haletantes se taisent et font cercle autour de ces apôtres. Alors plus de haines, plus de guerres; on n'enten plus sur la terre que le solennel retentissement de ces paroles : « O Frères, que la paix soit avec vous! La paix, c'est la justice; la paix, c'est la liberté tranquille [2] ! »

---

[1] Croniques des Frères Mineurs, liv. V.
[2] S. Ant., pag. 553.

Il ne nous reste aucun fragment de cette prédication sociale, dont les deux plus illustres organes sont saint Antoine et le bienheureux Jean de Vicence. Cherchons dans les récits contemporains quelques pâles reflets, quelques échos affaiblis.

Antoine prêchait dans la campagne à plus de trente mille hommes rassemblés. On y accourait de toutes parts. Les chemins étaient couverts pendant la nuit d'hommes et de femmes portant de grands flambeaux; et afin d'arriver pour le sermon du matin, ils marchaient à l'envi les uns des autres [1]. Les chevaliers, les nobles dames, campaient avec les paysans et attendaient à l'endroit désigné dans un recueillement profond. Chacun se dépouillait de ses riches vêtemens et de tout ce qui pouvait blesser la sainte simplicité. Lorsqu'on voyait arriver le saint missionnaire accompagné de l'évêque de Padoue et de tout le clergé, il y avait dans la foule un frémissement inexprimable. Puis on se taisait, et chacun ouvrait son cœur à la douce rosée de la grâce [2]. Par respect pour un moment si solennel, les marchands de l'intérieur de la ville fermaient leurs boutiques et cessaient leur négoce [3]. Le héraut de Jésus-Christ laissait tomber les sublimes enseignemens de son Maître; sa parole, comme une flamme ardente, pénétrait jusque dans la moelle des âmes; bientôt les larmes tombaient en abondance, les gémissemens, les sanglots, les cris de douleur et de repentir couvraient la voix du prédicateur [4]. Alors cette multitude, avec toute l'impétuosité de la foi et de l'amour, se précipi-

---

[1] Surgebant intempesta nocte, et alii alios nitebantur antevertere; accensisque luminaribus, ad locum ubi erat facturus verbum vir Dei, summa contentione properabant. Surius, pag. 616, juin.

[2] Cernere illic erat milites, matronas nobiles... deponebant autem omnes cultiorem habitum... atque ita salutaris doctrinæ pluvia de spiritus abundantia irrigare sitibundos. Surius, pag 616.

[3] Tabernas suas mercatores non volebant patere cuiquam ad emendas merces. Surius, 616.

[4] Quando ad populum concionabatur eximius præco Christi sermo ex illius ore, tanquam ex ardenti camino proficiscens, solebat mirabiliter movere auditores, ipsasque animorum penetrare medullas. Surius, pag. 620.

tait sur Antoine, baisait ses pieds, ses mains, déchirait ses vêtemens. Plusieurs fois il aurait succombé sous le poids de cette incommensurable tendresse sans le secours d'hommes forts et armés qui l'accompagnaient jusque dans son couvent [1].

La cruauté de l'impie Eccelino désolait alors Vérone et Padoue; car une fatale nécessité veut que toujours un ennemi de Dieu soit l'ennemi des hommes. Antoine, avec toute l'intrépidité de son zèle, entre dans le palais, et lui dit en face : « Cruel tyran, monstre insatiable, le jugement de Dieu te menace. Quand cesseras-tu de répandre le sang des chrétiens innocens et fidèles [2]? » Les gardes n'attendaient que l'ordre de massacrer cet audacieux. Mais Eccelino, devenant comme une douce brebis, mit sa ceinture sur son cou, se jeta aux pieds d'Antoine et lui promit de satisfaire à la justice. Les assistans furent aussi étonnés de ce changement subit que s'ils eussent vu ressusciter un mort [3]. Antoine obtint la liberté du comte de Saint-Boniface et de plusieurs chevaliers [4]. Plus tard, Eccelino continua ses ravages, et Antoine continua aussi à protester publiquement contre lui au nom de l'Église et de la liberté humaine.

S'il est une existence utilement remplie et glorieusement sanctifiée, c'est celle de l'apôtre Franciscain. Il parcourut toute l'Italie du nord et la France méridionale, opposant un enseignement positif aux subtilités de l'erreur; aussi les peuples catholiques accouraient sur son passage et le saluaient comme l'infatigable marteau de l'hérésie [5]. Il prêche à Rome, et le miracle de la Pentecôte se renouvelle en sa faveur : chacun l'entend dans sa propre langue [6]. Il apaise

[1] Concione peracta, ab hominum irruentium vi defendi vix potuit, nisi fortium virorum septus præsidiis. Surius, pag. 616.

[2] Imminet cervicibus tuis, tyrannide sævissime, et rabide canis, horrenda sententia Dei. Quousque non temperabis tibi a fundendo insontium hominum sanguine? Surius, pag. 620.

[3] Croniques, liv. V.

[4] Rolandini de factis in marchia Tarvisina, ap. Muratori, t. VIII.

[5] Surius, juin, pag. 617.

[6] Ibid., pag. 618.

les haines invétérées, les inimitiés profondes, et établit la paix et la concorde; il délivre et console les captifs; il force les usuriers à réparer leurs honteuses injustices; il fonde ces associations, ces confréries de pénitence qui ont si longtemps édifié le monde [1]. Son zèle ne connaissait pas de mesure. Un an avant sa mort, épuisé et malade, il s'était retiré dans sa ville de Padoue pour y écrire ses sermons, que l'évêque d'Ostie lui demandait avec instance. Mais à l'approche du saint carême, il ne put résister au désir de prêcher encore au milieu de ce peuple altéré de sa parole, et pendant quarante jours on eut le bonheur de l'entendre. Souvent, au milieu de ses travaux apostoliques, il ne trouvait pas avant la nuit le moment de prendre sa nourriture : aussi son corps, naturellement lourd et gros, fut-il toujours languissant dans la douleur [2]; mais Dieu soutenait et fortifiait intérieurement son serviteur; il se communiquait à lui d'une manière ineffable. « On vit un jour, sur un grand livre ouvert, un fort bel enfant, gracieux et brillant de lumière, lequel, se jetant au col d'Antoine, l'étreignait et embrassait, comme aussi faisait le saint, d'un façon amoureuse [3]. » Il fut convié de bonne heure aux noces éternelles : il mourut en 1231, âgé de trente-six ans. Dieu fit proclamer son triomphe par l'innocence et la pureté; de petits enfans parcoururent le soir les rues de Padoue en criant : Mort est le père saint ! Saint Antoine est mort [4] !

Plusieurs années s'étaient écoulées lorsque saint Bonaventure, maître général de l'ordre des Mineurs, ouvrit le tombeau d'Antoine. Le corps était réduit en poussière, mais la langue, l'instrument de sa parole, était vive et vermeille. Le grand docteur la prit entre ses mains et la baisa, disant, avec une grande affection : « O langue bénie, qui toujours as loué Dieu et l'as fait bénir par les hommes, combien tu es

---

[1] Surius, juin, pag. 616.

[2] Erat enim natura corpulentus, et ea causa perpetuo laborabat incommoda valetudine. Surius, pag. 616.

[3] Croniques, liv. V, chap. XII.

[4] Vincent de Beauvais, Miroir historial, liv. XXXI.

précieuse devant Dieu ! » et elle fut déposée dans une châsse d'or.

Frère Jean de Vicence, de l'ordre des Frères Prêcheurs, continua la prédication sociale de saint Antoine. Il prêcha la paix à Bologne; il apaisa toutes les haines, toutes les discordes; il ouvrit les prisons et délivra ceux que les usuriers y détenaient; et même, tout-à-fait contre sa volonté, un jour, après un sermon sur l'usure, le peuple, qui n'attend pas toujours le temps que Dieu s'est réservé pour exercer ses vengeances, se fit à lui-même une terrible justice; il renversa la maison de Landulph, usurier célèbre. Tous les habitans de la ville et des campagnes, les artisans et les chevaliers, le suivaient avec des étendards et des croix, protestant qu'ils ne connaissaient que lui pour maître. Jean profita de cet enthousiasme religieux pour établir de sages réglemens et réformer l'administration [1]. Le pape lui ayant ordonné par un bref de se rendre à Padoue, afin d'éteindre le feu de la guerre qui dévorait cette ville, fut obligé d'employer les menaces et toute son autorité pour forcer les Bolonais à laisser partir un homme qui leur était aussi cher que son ministère leur était utile. Tout le peuple de Padoue sortit au-devant de lui et l'amena comme en triomphe dans la ville. Arrivé au Prato della Valle, une des plus grandes places qu'on puisse voir, il prêcha la paix. Pendant un mois, il continua ses travaux apostoliques et pacifia la ville. Il obtint les mêmes résultats heureux dans la Toscane, dans la Marche d'Ancône et dans la Marche Trévisane. Je laisse parler un auteur contemporain :

« Il parut en ce temps-là un religieux de l'ordre des Frères Prêcheurs, appelé Jean, fils d'un avocat de Vicence, homme d'une rare piété, dont je vais raconter des choses qui paraîtront sans doute merveilleuses, mais qui n'en sont pas moins attestées. Car, pour établir une paix générale, il assembla un si grand nombre de seigneurs et de peuples, et les porta si efficacement à s'unir tous par les liens de la charité de

---

[1] Sigonius, de Episc. Bononiens., lib. II, in-4º.

Jésus-Christ dont il leur faisait chanter les louanges, qu'on peut bien assurer que, depuis la naissance de l'Église, on n'avait encore rien vu de semblable..... Il pacifia les habitans de Bellune et de Feltre et un très grand nombre d'autres... Après avoir réconcilié entre eux les habitans des villes qu'il avait parcourues, il leur marqua à tous le jour et le lieu où tant de différens peuples devaient se réunir pour y signer une paix solide et durable. Dans cette belle et nombreuse assemblée, on vit non seulement les députés, mais la plupart des citoyens de Brescia, de Mantoue, de Vérone, de Vicence, de Trévise, de Feltre, de Bellune, de Padoue et de plusieurs autres villes, avec leur Carrocio. Le patriarche d'Aquilée s'y rendit avec tous les évêques ses suffragans et un nombreux clergé. Le marquis d'Este, une multitude de chevaliers, et d'autres personnes de toute condition, y parurent sans armes, n'ayant tous pour étendard que la croix de Jésus-Christ, au nom duquel ils s'étaient réunis. Jean de Vicence prêcha, et (ce qui ne paraît presque pas croyable) tout le monde l'entendit très distinctement. Après son discours, il publia le traité de la paix générale, menaçant ceux qui le violeraient de la colère de Dieu, de l'indignation de Jésus-Christ et de l'anathème de l'Église, promettant, au contraire, la bénédiction du ciel à tous ceux qui en seraient les religieux observateurs [1]. » Nous possédons encore ce traité de paix, qui sans contredit est un des monumens les plus glorieux de l'influence sociale de la prédication [2].

Cependant on avait travaillé au procès de la canonisation d'Antoine de Padoue; Frère Jean de Vicence avait même été

---

[1] Gerardi Maurisii Vicentini historia, ap. Muratori, t. VIII, pag. 57; et Rolandini, lib. III, cap. VII. — Quelques auteurs ecclésiastiques ont, je le sais, attaqué le bienheureux Jean de Vicence; mais tout le monde sait aussi qu'il y a une certaine méchanceté hypocrite et voilée de dévotion, qui, dans tous les temps, hier comme aujourd'hui, s'est plu à calomnier les plus beaux caractères, à briser les âmes les plus énergiques et les plus dévouées. — Sur Jean de Vicence, voyez les Bollandistes, t. I, de juillet, pag. 468.

[2] Muratori, Antiquitates medii ævi, t. IV, in-folio.

nommé par le Pape un des commissaires. Grégoire IX, le cardinal Ugolini, eut la gloire de l'inscrire solennellement au catalogue des saints le jour de la Pentecôte 1232. Tout le peuple joignit sa voix à celle du Pontife suprême, et des chants sublimes s'élevèrent vers le ciel et portèrent aux pieds du Sauveur Jésus et d'Antoine glorifié l'expression de la reconnaissance et de l'amour [1].

Combien douces et pieuses sont les émotions du voyageur chrétien lorsque, après avoir traversé la place Salone, après avoir salué la grande, la magnifique église de Santa-Giustina, il entre dans l'église du Santo, du saint par excellence, où chaque siècle est venu déposer son offrande! Ce riche et somptueux monument, qui, de la colline, apparait comme un diadème oriental, avec ses dômes, ses grandes galeries, ses élégans campaniles, a été commencé en 1259 par l'architecte Nicolas Pisano. En 1307, l'université de Padoue donna quatre mille livres pour des embellissemens; en 1424, grâce aux dons des fidèles, on bâtit le grand dôme; en 1468, Laurentio Canotio de Lendenara sculpta les boiseries et les chaires du chœur; en 1482, on éleva le grand autel et on l'orna de statues et de bas-reliefs en bronze, ouvrage du Florentin Donatello; en 1488, le sculpteur Bellano de Padoue décora le chœur de précieux bas-reliefs en bronze, représentant différentes scènes prophétiques de l'histoire juive; en 1507, Andrea Riccio sculpta le magnifique candelabre d'airain qui est dans le chœur, et coula en bronze les douze grands bas-reliefs qui sont de chaque côté. Quelques années plus tard, Vincentio Columbo et Vincentio Colonna placèrent les jeux d'orgue sur deux grandes voûtes à côté du chœur; en 1532, la république de Padoue fit construire la merveilleuse chapelle où est le tombeau de saint Antoine; chacun des arcs est décoré d'un bas-relief en marbre. Dans le premier, Antonio Minello de Padoue a représenté Antoine recevant l'habit de saint François; dans le second, un artiste inconnu a représenté le saint rendant à une femme sa chevelure que son mari

---

[1] Appendice, pag. cxxxvi.

furieux lui avait arrachée ; dans le troisième, Hieronymo Campagna de Vérone a représenté Antoine délivrant son père faussement accusé d'un meurtre ; dans le quatrième, Jacobo Sansovino de Florence a représenté la résurrection d'une jeune fille noyée ; dans le cinquième, un artiste inconnu a représenté la résurrection d'un enfant ; Tullio Lombardo a représenté dans le sixième et septième le cœur de l'usurier enseveli sous l'or, et Antoine guérissant le pied d'un enfant ; dans le huitième, un auteur inconnu a représenté le saint traversant impassible une troupe d'impies et d'hérétiques qui lui jettent des pierres ; dans le neuvième, Antonio Lombardo a représenté le petit enfant au berceau proclamant l'innocence de sa mère. On me pardonnera sans doute la prolixité de ces détails ; ils rappellent de doux souvenirs et offrent une suite précieuse de noms d'artistes. Il y a à Padoue une ancienne tradition qui erre sur toutes les lèvres, et qui prouve combien grande et profonde est la vénération du peuple pour l'apôtre franciscain. Sous le pontificat de Nicolas IV, des maîtres mosaïstes placèrent dans une de leurs compositions saint Antoine et saint François au milieu des apôtres ; Boniface VIII jugeant cela peu convenable, ordonna à un artiste d'effacer l'image de saint Antoine, et de la remplacer par celle de saint Grégoire ; mais au premier coup de marteau, une force invisible le repoussa rudement et ne lui permit pas de poursuivre une action qui apparaissait comme un sacrilége. Saint Antoine est la vie de Padoue, c'est sa force intime, c'est sa richesse [1] ; lorsqu'au milieu d'une foule immense de pélerins, on prie le soir dans le Santo, il s'élève de toutes parts un parfum adoucissant, et la vieille cité tressaille de bonheur parce qu'elle possède un trésor : GAUDE FELIX PADUA QUÆ THESAURUM POSSIDES !

---

[1] La mémoire de saint Antoine est en si grande vénération dans le Portugal, qu'il était regardé comme le général des armées de ce royaume, et ceux qui commandaient les troupes n'étaient que ses lieutenans. Delandine, Dictionnaire historique.

Chapitre x.

1221.

Etablissement du Tiers-Ordre. — Ses Constitutions. — Son Utilité politique au moyen âge. — Ses Destinées. — Détails sur quelques Saints Personnages.

> Videtis quia nihil proficimus? Ecce mundus totus post eum abiit.
> S. Joannes, cap. xii.

> Et quicumque hanc regulam secuti fuerint, pax super illos.
> S. Paul. ad Galat.

François parcourait les villes et les bourgs de l'Ombrie et de la Toscane, prêchant la pénitence et la paix ; tel était l'objet de tout son zèle, de toute sa sollicitude. A Canara et dans plusieurs autres lieux, les habitans, par troupes immenses d'hommes et de femmes, quittèrent leurs maisons et leurs familles, et le suivirent dans ses courses apostoliques. Ce mouvement religieux croissait au-delà de ses espérances; il s'efforça de le modérer. Promettant à ces populations, dégoûtées de la vie civile et effrayées de son anarchie, une règle de conduite, une législation morale qui calmerait leurs douleurs, et au milieu du monde leur ferait goûter la paix de la vie religieuse, il les congédia. A Florence, on avait déjà commencé à bâtir une maison pour les gens mariés qui renonçaient au monde; ils se formèrent en deux congrégations, l'une d'hommes, l'autre de femmes; chacune avait son chef et s'appliquait aux exercices de piété et à la pratique des œuvres de miséricorde avec un si grand dévouement, qu'un auteur contemporain les compare aux premiers fidèles [1].

Passant à Poggi-Bonzi, en Toscane [2], François trouva une des anciennes amitiés de sa jeunesse, le marchand Luchesio. Dieu venait de changer sa cupidité en dévouement et son avarice en sainte prodigalité : il faisait de grandes aumônes, soignait les malades dans les hôpitaux, remplissait tous les devoirs de la vie chrétienne, et tâchait d'inspirer les mêmes sentimens à Bona-Donna, sa femme. Elle était à la vérité pieuse, mais pas assez détachée des biens et de la vanité du monde, ce qui la portait à blâmer les grandes aumônes de son mari. Un jour, Luchesio ayant distribué aux pauvres tout le pain qui était dans la maison, il pria Bona-Donna de donner encore quelque chose à d'autres qui survinrent; elle lui répondit irritée : « Tête sans cervelle et affaiblie par les veilles et les jeûnes, tu négligeras donc toujours les intérêts de ta famille [3]? » Luchesio, aussi patient que charitable, ne s'émut point des injures, et pria sa femme de regarder dans l'endroit où l'on mettait le pain, en pensant à celui qui par sa puissance rassasia plusieurs milliers de personnes avec cinq pains et deux poissons. Bona-Donna y trouva une grande quantité de pains [4]. Dès ce jour, elle n'eut plus besoin d'être exhortée aux œuvres de miséricorde, et il y eut entre ces deux âmes compatissantes une pieuse émulation. Luchesio supplia François de leur montrer une voie de sanctification qui leur convint. François répondit : « J'ai pensé depuis peu à instituer un troisième Ordre où les gens mariés pourront servir Dieu parfaitement, et je crois que vous ne sauriez

[1] Mariana Florent., Chronic., cap. xx.
[2] Bolland., iv octob., p. 653.
[3] Illa indignata respondit : O sine mente caput, vigiliis et inedia multa exhaustum! o nimium, nimiumque oblite tuorum! Bolland., april., t. III, p. 600.
[4] Bolland., p. 600.

mieux faire que d'y entrer. » Ils se jetèrent à ses pieds, demandant cette grâce avec instance. François leur fit prendre un habit simple et modeste d'une couleur grise, avec une corde à plusieurs nœuds pour ceinture, et quelques mois après il leur donna la règle suivante, qui, à cause de son extrême simplicité, est devenue une législation universelle et populaire.

Tous ceux qui professent la foi catholique et l'obéissance à l'Église peuvent entrer dans l'Ordre et participer à ses avantages spirituels et temporels [1]. Mais il y a quatre conditions indispensables pour être admis : 1° restituer tout le bien injustement acquis ; 2° se réconcilier absolument et franchement avec son prochain ; 3° observer les commandemens de Dieu et de l'Église et la règle ; 4° les femmes mariées ne pouvaient être associées qu'avec la permission expresse ou tacite de leurs maris [2]. Chacun, reçu librement, était bien averti qu'aucune des observances de la règle n'obligeait sous peine de péché mortel [3]. Ainsi, en excluant même le mobile si puissant de la crainte des peines éternelles, cette loi n'avait plus d'autre sanction que la bonne volonté et l'amour ; et son immense et rapide propagation dans tous les pays et au milieu de tant de peuples divers, est une preuve invincible que l'Église est plus puissante dans le monde que tous les législateurs, que son amour est plus fort que le glaive, et qu'elle seule peut ouvrir devant les nations les voies de la vraie liberté et de la vie.

François règle d'abord la vie intime, l'intérieur de la famille, car toujours la réforme doit commencer par le cœur, par la famille ; comment des hommes mauvais individuellement pourraient-ils constituer une société parfaite et bien organisée ? Les Frères et les Sœurs auront un habit spécial et pauvre ; leur ameublement doit être simple et modeste ; mais en cela rien d'absolu, chacun doit suivre les bien-

---

[1] S. Francisci opera, pag. 38. Regula Fratrum de Pœnitentia, cap. i.
[2] Regula, cap. ii.
[3] Ibid., cap. xx.

séances de sa condition sociale[1]; seulement on doit s'efforcer de détruire au fond de son âme l'amour des richesses et du luxe, cette concupiscence des yeux qui avait tué les sociétés antiques de l'Orient, de la Grèce et de Rome, et qui ronge les sociétés modernes. Les Frères ne pourront pas fréquenter les théâtres, les festins et les divertissemens du monde : voilà toutes les lois somptuaires. La vie sera humble, mortifiée par le jeûne, sanctifiée par la prière : il y a de nombreuses exceptions en faveur des malades et surtout des classes laborieuses[2], c'est-à-dire en faveur du plus grand nombre; on ne leur laisse que la prière, la plus douce des consolations. L'anarchie des intelligences et de l'administration avait amené un désordre effroyable dans les propriétés, aussi François ordonna par un article spécial que tous ceux qui entreraient dans l'Ordre de la Pénitence fissent leur testament, de crainte qu'ils ne meurent sans avoir fait un acte aussi important pour assurer la légitime transmission des propriétés[3]. Il détruisait ainsi une cause incessante de procès, que les Frères doivent par dessus tout éviter. S'il s'élève entre eux une contestation, ils feront en sorte de la terminer par accommodement; s'ils n'y peuvent réussir, ils s'adresseront aux juges naturels et établis[4], car, à tout prix, il faut rétablir la paix; et pour cela, les Frères ne feront aucun serment : le serment, source de toute haine et d'esprit de vengeance, qui jette l'âme de l'homme au service d'un parti et l'abaisse au dernier degré de l'esclavage. Sans doute François ne condamne pas la sainte et légitime fidélité aux intérêts de la patrie et aux lois. Les véritables intérêts de la patrie et les lois sages et justes seront toujours d'accord avec les intérêts et les lois de la grande, l'éternelle patrie, l'Église de Jésus-Christ. Aussi l'homme, le jour où il vient dans ce monde, prête deux sermens solennels et irrévocables, son acte de

---

[1] Regula, cap. III.

[2] Ibid., cap. V.

[3] Omnes.... faciant testamentum.... ne quemquam illorum contingat decedere intestatum. Cap. IX.

[4] Regula, cap. XVII et X.

naissance à la patrie, son acte de baptême à Dieu; et il est traître s'il suit un drapeau où ne soient pas inscrits ces deux noms sacrés. Les Frères pourront prêter serment pour rétablir la paix, pour justifier leur foi, pour réfuter une calomnie, pour confirmer un témoignage, pour autoriser un contrat de vente ou de donation [1]. A mesure que nous avançons, il est facile de voir combien cette Règle, cette loi devient positive, et s'applique aux actes de la vie civile. Enfin elle frappe le dernier coup par cet article : « Les Frères ne porteront aucune arme offensive, si ce n'est pour la défense de l'Église romaine, de la foi catholique et de leur pays [2]. » Pour comprendre toute l'importance sociale de cette prescription, il faut se transporter en esprit au milieu de cette époque, dans l'Italie surtout, déchirée intérieurement par les Guelfes et par les Gibelins. Mettant de côté la question théologique, et ne considérant ces choses que sous le point de vue politique, le parti gibelin était anti-national; il combattait pour l'asservissement de l'Italie à une puissance étrangère; il appelait les Barbares, ces races blondes du Nord, qui jadis avaient épouvanté Rome, et qui étaient dans la main de Dieu une arme de vengeance terrible et implacable... Ils ont vaincu, les Gibelins, tu le sais, ô malheureuse Italie [3]! Les Guelfes étaient au contraire le parti des véritables intérêts nationaux; ils repoussaient énergiquement l'intervention et la domination étrangère. Le premier qui entra dans l'Ordre

---

[1] Regula, cap. XII.

[2] Impugnationis arma secum Fratres non deferant, nisi pro defensione romanæ Ecclesiæ, christianæ fidei, vel etiam terræ ipsorum. Cap. VII.

[3]   Italia mia!....
 .... Voi, cui fortuna ha posto in mano il freno
  De le belle contrade,
 Di che nulla pieta par che vi stringa;
  Che fan qui tante pellegrine spade?
   Perche 'l verde terreno
 Del barbarico sangue si depinga?
   Vano erro vi lusinga...
 .... Ben provide natura al nostro stato,
  Quando de l'Alpi schermo

de la Pénitence, Luchesio, était un guelfe passionné[1], et tous ceux qui s'y associèrent dans la suite furent obligés d'abandonner tout autre parti que celui de l'Eglise romaine, puisqu'ils prenaient l'engagement solennel de ne porter les armes que pour sa défense et celle de leur pays.

En même temps, saint Dominique établissait un Ordre pour les gens du monde, sur les mêmes bases, dans le même but, et sous le nom plus significatif encore de Milice de Jésus-Christ[2]. La bulle par laquelle Grégoire IX approuva en 1227 cette milice, ne laisse aucun doute sur l'importance politique qu'il attribuait à l'institution de ces Tiers-Ordres. Je crois servir l'histoire nationale de l'Italie et la cause de l'Église en rapportant ici cet acte à jamais glorieux de la puissance spirituelle.

« Grégoire, évêque, serviteur des serviteurs de Dieu, à ses chers fils, les frères de la milice de Jésus-Christ en Italie, salut et bénédiction apostolique.

« Les perfides hérétiques, semblables aux enfans d'Ismaël, se sont unis aux gentils, et abusant, pour faire le mal, de la puissance d'un roi superbe qui favorise leurs criminelles entreprises, ils ont introduit un autre Antiochus dans le temple du Seigneur. Ils font consister leur gloire à mépriser le lieu saint, le centre de l'unité et siége de la foi catholique; ils s'efforcent de dépouiller l'Église de Jésus-Christ de ses plus précieux ornemens; ils veulent que les enfans de l'alliance demeurent incirconcis, comme ils le sont eux-mêmes, et

> Pose fra noi, e la Tedesca rabbia...
> .... Le Lagrime del popol doloroso,
> Che sol da voi riposo
> Dopo Dio spera....
> .... Italia mia!
>
> PETRARCA, canzone XXIX.

[1] Bolland., aprilis, t. III, p. 598.
[2] B. Raymond de Capoue, Vie de sainte Catherine de Sienne, part. 1, chap. VIII.

comme ils cherchent à faire respecter leurs erreurs, ils ne permettent pas qu'on offre le sacrifice de louanges dans la maison de Dieu.

« Pour vous, à qui le Seigneur a inspiré la généreuse résolution de vous exposer à la mort plutôt que de laisser impunis les attentats de ces hommes sacriléges, vous faites revivre le zèle des Machabées, lorsqu'en véritables chevaliers de Dominique, vous vous exposez avec courage aux efforts des hérétiques et de tous les ennemis de l'Église. Vous avez sagement préféré à la gloire de servir un prince mortel celle de combattre pour Jésus-Christ, rendant au siége apostolique et à vos propres évêques l'obéissance qui leur est due. Puisque vous vous êtes engagés à suivre toujours nos ordres et ceux de nos successeurs pour défendre la liberté de l'Église, il est juste aussi que nous vous donnions des marques de notre bienveillance : c'est pourquoi nous prenons sous la protection des bienheureux apôtres saint Pierre et saint Paul, et sous la nôtre, vos personnes, et tous les biens que les frères et les sœurs possèdent déjà ou qu'ils possèderont légitimement à l'avenir. Nous voulons que tous ceux qui s'uniront à vous dans le même dessein soient aussi sous la protection particulière du Saint-Siége.

« Afin de pourvoir en même temps à votre repos et vous procurer une plus grande tranquillité, nous défendons, par notre autorité apostolique, à toutes sortes de personnes de vous inquiéter par des vexations ou des impôts injustes, d'exiger de vous des sermens illicites, ou de vous obliger de porter les armes contre les engagemens que vous avez pris, sauf en tout le droit des évêques et des Églises. Parce que les grâces du Saint-Siége doivent se répandre principalement sur ceux qui se dévouent à son service, par l'amour de celui qui a voulu se faire esclave pour le salut des hommes, nous accordons l'indulgence et la rémission des péchés à tous les fidèles qui embrasseront votre profession, et qui, dans les sentimens d'une véritable pénitence, exposeront leur vie pour la défense de la foi catholique et de la liberté. Donné à

Pérouse, le 11 des calendes de janvier, la première année de notre pontificat [1]. »

Le chancelier de Frédéric II, Pierre de Vineis, ne se méprit pas sur le résultat de ce mouvement imprimé aux populations italiennes par François et Dominique. Il écrit à son ami, à son maître : « Les Frères Mineurs et les Frères Prêcheurs se sont élevés contre nous dans la haine; ils ont réprouvé publiquement notre vie et notre conversation, ils ont brisé nos droits et nous ont réduit au néant.... Et voilà que, pour énerver encore plus notre puissance et nous priver du dévouement des peuples, ils ont créé deux nouvelles confréries qui embrassent universellement les hommes et les femmes. Tous y accourent, et à peine se trouve-t-il une personne dont le nom n'y soit inscrit [2]. »

Dans le midi de la France, les mêmes causes produisirent les mêmes effets : la puissance spirituelle, qui venait d'être menacée d'une manière si effrayante par l'anarchie albigeoise, prit des mesures énergiques pour protéger et défendre la dignité humaine, le droit contre la force brutale. L'Ordre militaire de la Foi et de la Paix fut érigé en 1229, et confirmé en 1231 par Amanève, archevêque d'Auch. Il est curieux d'étudier ses constitutions et de les rapprocher de celles des Tiers-Ordres. Comme toujours, le législateur commence par régler l'intérieur de la famille, la vie intime. Les Frères n'auront rien en propre et vivront dans une grande modestie; l'habitation des Frères sera séparée de celle des Sœurs, et ceux qui sont mariés pourront seuls aller dans la maison des femmes. Les enfans seront nourris aux frais de la communauté, les garçons jusqu'à quatorze ans, les filles jusqu'à douze. Alors ils se décideront à prendre un parti :

---

[1] Bullarium ord. Prædicatorum, t. I, p. 25. L'original de cette bulle se conserve dans le couvent de Saint-Dominique, à Sienne.

[2] Nunc autem ut jura nostra potentius enervarent, et a nobis devotionem præciderent singulorum, duas novas fraternitates creaverunt : ad quas sic generaliter mares et fœminas receperunt, quod vix unus et una remansit, cujus nomen in altera non sit scriptum. Petri de Vineis, lib. I, epist. 37.

ceux qui ne resteront pas dans l'Ordre entreront dans le monde avec une dot [1]. Après des dispositions remplies de délicatesse sur les devoirs de piété, de charité, sur l'élection des supérieurs, se trouvent des réglemens spéciaux et d'une utilité toute politique. Les Frères et les Sœurs ne pourront porter que des vêtemens simples et modestes, d'une étoffe blanche appelée estamfort; en hiver, ces habits seront fourrés de peau d'agneau. Sur leur chappe, leur manteau et leur scapulaire seront brodées en laine rouge les armes de l'ordre, une crosse croisée d'une épée. La crosse était le symbole de leur respect et de leur soumission à l'autorité spirituelle; l'épée marquait qu'ils ne devaient prendre les armes que par les ordres de l'Église, des évêques, et pour la défense de la liberté chrétienne [2]. Ce signe devait être aussi gravé sur l'armure. Je pourrais étendre le parallèle, mais je m'éloignerais trop de mon but. En voilà assez pour prouver combien grande, au moyen âge, était l'utilité politique de ces Tiers-Ordres et de ces confréries. Saintes et innombrables chevaleries qui ont combattu pour le droit contre le despotisme de la force, qui ont entretenu dans les peuples l'énergie morale, l'esprit de sacrifice et l'amour de la vérité, pendant qu'elles répandaient une grande douceur, une grande mansuétude dans ces âmes encore à demi barbares, dans ces mœurs rudes et voluptueuses, et qu'elles assuraient la propriété, la famille, toutes les relations de la vie civile. Sans doute qu'au milieu d'une telle entreprise il y a eu bien des souffrances, bien des calamités; les passions des hommes n'y ont pas toujours été étrangères; mais ces généreux efforts, ces durs et déchirans travaux d'une société qui enfante la civilisation, s'élèvent dans l'histoire et montent vers Dieu comme des actions saintes, et le chrétien s'incline avec un religieux respect devant cette pensée des vieux âges, cette

---

[1] Chapitres I, III, IV. Cette règle a été publiée par D. Martène, Voyage littéraire, t. 1, 2ᵉ partie, p. 25 et suiv., in-4º, d'après un manuscrit de la célèbre abbaye de Feuillent.

[2] Cap. x, p. 29.

noble croisade intérieure pour la sanctification, la pacification de l'Europe.

Lorsque les causes publiques du combat de l'Église et du siècle eurent disparu, ce qu'il y avait de militant dans les Tiers-Ordres disparut aussi, et ils restèrent seulement consacrés aux progrès de l'homme intérieur sous le nom de Frères et de Sœurs de la Pénitence. « De même, dit un éloquent écrivain, qu'on appartenait à une famille par le sang, à une corporation par le service auquel on s'était voué, à un peuple par le sol, à l'Église par le baptême, on voulut appartenir par un dévouement de choix à l'une des glorieuses milices qui servaient Jésus-Christ dans les sueurs de la parole et de la pénitence; on revêtait les livrées de saint Dominique et de saint François; on se greffait sur l'un de ces deux troncs, pour vivre de leur sève, tout en conservant encore sa propre nature; on fréquentait leurs églises, on participait à leurs prières, on les assistait de son amitié, on suivait d'aussi près que possible la trace de leurs vertus; on ne croyait plus qu'il fallût fuir du monde pour s'élever à l'imitation des saints. Toute chambre pouvait devenir une cellule, et toute maison une Thébaïde [1]. »

On se précipita dans le Tiers-Ordre avec un zèle qui n'a jamais diminué. Il se forma peu de temps après des congrégations de Tierçaires, où l'on vivait en communauté de biens, faisant les trois vœux de pauvreté, de chasteté et d'obéissance, et qui furent érigées en corps de religion. Ainsi, outre le Tiers-Ordre séculier, il y en eut un régulier de l'un et de l'autre sexe, que Léon X confirma par une bulle en 1521. Il abrégea la règle et la rendit conforme aux observances de l'état religieux. Mais c'est le véritable Tiers-Ordre que nous étudions, et pour le faire mieux connaître, nous entrerons dans quelques détails sur plusieurs saints personnages. Il en est qu'il suffit de nommer : saint Louis, roi de France; sainte Élisabeth de Hongrie; Bela IV, roi de Hongrie, et encore dans ce pieux royaume, la princesse Zinga

---

[1] Lacordaire, Vie de saint Dominique, chap. XVI.

et Charles Martel; Charles II et Robert, rois de Sicile et de Jérusalem; Sancia, reine de Sicile; Amédée VII, duc de Savoie; Charles IV, roi de Bohême, empereur d'Occident, et Élisabeth, sa femme; Marguerite de Lorraine, duchesse d'Alençon, et un très grand nombre de rois, de grands seigneurs ont voulu ceindre la corde franciscaine en signe d'humilité. Le cardinal de Trejo nous paraît avoir admirablement exprimé les pieuses intentions de ces illustres personnages dans cette belle lettre qu'il écrivait, en 1623, au père Wadding :

« Vous me louez avec admiration de ce qu'après avoir été revêtu de la pourpre du cardinalat, j'ai pris l'habit et fait solennellement profession de la règle du Tiers-Ordre de notre père saint François. Pouvais-je moins faire que de me dévouer entièrement à son ordre, moi qui reconnais que je lui dois tout ce que j'ai et tout ce que je suis? Est-ce que le cordon de saint François ne mérite pas de ceindre la pourpre, même royale? Saint Louis, roi de France, et sainte Élisabeth de Hongrie l'ont porté, aussi bien que plusieurs autres souverains et souveraines. De nos jours, Philippe III, roi d'Espagne, est mort avec l'habit de ce bienheureux père; la reine Élisabeth, femme de Philippe IV, et la princesse Marie, sœur de ce monarque, ont fait profession du Tiers-Ordre. Pourquoi vous étonnez-vous qu'un cardinal couvre sa pourpre d'un habit de couleur de cendre et se ceigne d'une corde? Si ce vêtement paraît vil, j'en ai d'autant plus besoin que, me trouvant élevé dans l'Église à un très haut degré d'honneur, je dois m'humilier davantage pour éviter l'orgueil. Mais l'habit de saint François, qui est couleur de cendre, n'est-il pas une véritable pourpre qui peut orner la dignité des rois et des cardinaux? Oui, c'est une véritable pourpre teinte dans le sang de Jésus-Christ et dans le sang qui est sorti des stigmates de son serviteur; elle donne la dignité royale à tous ceux qui la portent. Qu'ai-je donc fait en me revêtant de ce saint habit? J'ai joint la pourpre à la pourpre, la pourpre de la royauté à la pourpre du cardinalat. Ainsi, bien loin de m'être humilié, j'ai lieu de craindre que je me sois fait trop d'honneur et que je n'en tire trop de gloire. »

La science vint à son tour abaisser son front, aussi noble qu'un front royal, devant l'humilité de saint François : Raymond Lulle était du Tiers-Ordre, et plusieurs autres savans. Mais il est surtout curieux de contempler quelques âmes saintes et privilégiées, quelques unes de ces vies de femmes qui nous feront pénétrer bien avant dans l'intérieur du moyen âge ; on ne pourra réellement bien connaître la société de cette époque que par les vies de saintes qui renferment de profonds et d'intimes mystères d'amour, et c'est une des plus belles choses qu'on puisse lire, à ne la considérer même que sous le point de vue humain et artistique. Dans toutes les âmes de ces jeunes femmes, presque toujours enchaînées dès l'enfance à un joug qu'elles n'ont point souhaité, il y a une lutte perpétuelle entre leurs désirs, leurs espérances et la réalité de leur vie ; elles s'usent en d'incroyables efforts pour échapper à la tyrannie de leur position ; en elles, la grâce est plus forte que la nature ; elles éprouvent le besoin de la solitude et de la contemplation de cet Époux invisible qu'elles aiment uniquement.

A Florence, c'était cette bienheureuse Umiliana Cerchi : mariée à seize ans, elle vécut avec une telle sainteté que Dieu lui envoyait des consolations célestes. Veuve à vingt-un ans, elle mit sous ses pieds tous les embarras de la vie ; elle prit cette bonne part qu'on n'enlève jamais aux âmes saintes. Elle fit d'une chambre de la maison paternelle un mystérieux sanctuaire, et se mit sous la conduite du frère Michel de Florence, qui lui donna l'habit du Tiers-Ordre.

C'était, à Cortone, l'illustre pénitente Marguerite d'Alviano. Cette pauvre jeune fille, d'une beauté remarquable d'âme et de corps, abusa étrangement de tous ces dons célestes : elle aimait entre autres un chevalier de Monte-Politiano, dont elle eut un fils. Un jour, après quelque temps d'absence, elle voit pénétrer dans son appartement un levrier favori qui jamais n'abandonnait son maître. Il pousse de petits hurlemens plaintifs, il lèche les mains de Margue-

rite, et mordant sa robe, semble vouloir se faire suivre. Elle
le suit. De cruels pressentimens traversent son âme. Dans
un bois peu distant de la ville, le chien s'arrête, et redouble
ses cris lugubres près d'un monceau de branchages fanés,
mais récemment détachés de leur tronc. Marguerite écarte
le feuillage, et voit son amant assassiné et déjà la proie des
vers [1]! Elle revint alors à la maison paternelle, qu'elle avait
quittée comme un enfant prodigue; elle pleure, elle prie
sans cesse; elle va sur les grandes routes demander aux passans s'ils la croient tout-à-fait abandonnée de Dieu. Au milieu
des offices solennels, elle entre dans l'église la corde au cou,
elle se prosterne à la porte, demandant pardon à tous du
scandale qu'elle a donné. Elle croyait vivre ainsi à l'abri de la
protection de sa famille; mais Dieu permit que sa belle-mère
déterminât son père à la chasser. Elle sortit avec son petit
enfant. Dans ce dénuement absolu des choses de la terre,
elle alla s'asseoir sous un figuier du jardin, et dans l'amertume de son cœur, elle rappelait les souvenirs de sa jeunesse;
peu habituée encore à ces épouvantemens intérieurs de la
vie spirituelle, elle était, en face de l'innocence de ce malheureux enfant, sans consolation pour le passé, sans espérance pour l'avenir. Il se livrait dans son cœur comme un
grand combat, lorsque Dieu fit descendre sur elle un rayon
de miséricorde et de grâce [2]. Elle se lève, et oubliant ses
chagrins et la fatigue, elle prend la route de Cortone. Là,
agenouillée, elle reçut l'habit du Tiers-Ordre, et vécut d'aumônes avec une incroyable rigueur. Les Frères Mineurs
s'étaient chargés de l'éducation de son enfant : c'était la
seule affection qui restât dans le cœur de Marguerite, et encore l'avait-elle cachée au fond du sanctuaire. Elle lui écrivit
cette touchante lettre :

---

[1] Ferrari, Catalogus sanctorum Italiæ. Milan, 1615, in-4°. Wadding, an. 1277.

[2] Nam cum in amaritudine cordis sub ficu in horto suam miseriam deploraret... eam Dominus admonuit ut Cortonam pergeret, et pœnitentis habitum assumeret. Wadding.

« O mon fils, béni sois-tu du Seigneur, ton maître! Si, pour son amour, tu combats vaillamment dans l'armée de ses chevaliers, mon cœur restera près du tien, et je serai ta mère si tu suis mes conseils. Je t'exhorterai avant toutes choses, pour l'amour de Jésus-Christ, à planter dans ton âme l'obéissance d'une profonde humilité. Sois soumis aux Frères de l'Ordre; rends à chacun ce qu'exige son rang, sans distinction d'amitié particulière. Sois toujours reconnaissant des bienfaits de Dieu; ne murmure jamais contre tes frères. Selon la coutume de ton très saint Ordre, sois simple, évite les entretiens inutiles avec les personnes du monde, et fréquente les hommes pieux. O mon fils, que tes prières soient ferventes et ta vigilance infatigable pour ne pas tomber dans les embûches sans nombre de l'ennemi! Que ton âme s'ouvre tout entière à ton confesseur; n'aie pour lui rien de caché : le malade ne peut être guéri qu'autant qu'il montre ses blessures. Reçois avec plaisir les bons avis; cache-les au fond de ton cœur, pour les faire servir à ton avancement spirituel. Aux heures assignées par notre sainte mère l'Eglise, récite l'office avec un grand respect d'esprit et de corps. Quand un Frère t'aura averti de tes défauts, mets-toi de suite à genoux, la tête nue, et confesse ton péché. Dans toutes tes tribulations, réjouis-toi en pensant au Sauveur crucifié, et incline-toi devant la volonté de tes supérieurs, comme devant la volonté de Dieu. Que tes paroles soient toujours pures, pieuses et brèves. Examine soigneusement les mouvemens de ton âme, et dans toutes tes actions crains d'offenser Dieu... Lis souvent cette lettre; garde-la jusqu'à ta mort... Adieu, mon fils, pense à ta mère [1]. »

Il profita des prières de sa mère et lui mérita des grâces par sa vie sainte et apostolique. Cependant Marguerite, mortifiée et pénitente, vivait dans la plus intime familiarité avec Dieu. Il lui dit un jour qu'elle priait dans une église : « Souviens-toi, pauvre femme, de tout ce que j'ai fait pour ton âme, moi, ton père, ton époux, ton Seigneur. Souviens-toi

---

[1] Wadding.

que j'ai guéri les maladies de ton cœur en t'inspirant l'amour des privations et te donnant la grâce des larmes qui sont aujourd'hui pour toi de bien douces jouissances [1]. Dieu lui avait surtout donné un grand amour pour les pauvres; elle les assistait du produit de son travail, et chaque année, le jour de la fête de saint Jean-Baptiste, elle les conviait à un solennel banquet. Dans les grandes tristesses de son âme, elle se réfugiait au pied de la croix, frappait son corps avec une rude discipline, disant : O mon corps, pourquoi ne m'aides-tu pas à servir mon Sauveur? pourquoi ne mets-tu pas aux saints exercices de la pénitence la même ardeur que tu mettais jadis à l'offenser [2]! Sa chair, naturellement blanche et délicate, devint rouge et meurtrie. Mais lorsque la douleur surabondait, elle sortait et criait en pleurant : Lève-toi, lève-toi, peuple de Cortone, et chasse à coups de pierres cette malheureuse et indigne pécheresse. Des âmes charitables la calmaient un peu et la ramenaient dans sa petite maison, où elle tombait absorbée. Alors le Christ lui disait : Ne crains pas, ma bien-aimée fille Marguerite, je serai toujours avec toi [3]. En effet, son âme est avec Jésus-Christ dans le ciel, et son corps repose au milieu des prières et de l'amour des filles de Claire, dont le beau monastère, entouré de cyprès, occupe le sommet de la montagne de Cortone, semée de débris romains. De la porte de l'antique église bâtie par Nicolas et Jean de Pise, la vue est ravissante, et dans l'intérieur, on aime à contempler les vieilles fresques, si gracieuses, si naïves, qui racontent la vie de la sainte pénitente.

A Viterbe s'épanouissait dès l'aurore cette Rose si éclatante et si suave. Dans sa plus tendre enfance, elle levait ses

---

[1] Sed nec istud desinas recordari, quod tibi suavis exhibitur, tuos amaros fletus in dulces lacrymas mirabiliter commutavi. Bolland., februarii, tom. III, p. 501.

[2] O corpus meum, cur me non adjuvas tuo Creatori et Redemptori servire? cur non es forte ad ejus obsequium, sicut fueras olim in ipsius præceptorum transgressione? Bolland., pag. 509.

[3] Ne timeas, filia Margarita, nec dubites quia semper tecum ero. Bolland., p. 505.

yeux vers le ciel, et paraissait tout embrasée de l'amour divin. Ses premières paroles furent les noms de Jésus et de Marie; son premier mouvement libre fut d'aller s'agenouiller devant le crucifix et l'image de la Vierge. A l'âge de trois ans, elle supplia son père de lui permettre de vivre dans une petite cellule en priant et en travaillant. Souvent l'amour de Jésus-Christ consumait si fort son âme, que pendant la nuit elle était forcée de sortir de son lit et d'aller dans les rues et dans les places chanter d'une voix angélique les louanges de l'époux céleste¹. Dieu, pour attacher plus fortement cette admirable créature à la croix de son Fils, lui envoya une violente maladie; on croyait à chaque instant qu'elle allait expirer, lorsqu'on vit tout-à-coup une nuée brillante : la sainte vierge Marie, environnée d'anges et de saints, s'approcha du lit de Rose, la prit dans ses bras, la baisa avec une inexprimable tendresse, et lui commanda de prêcher la justice, la pénitence et la paix aux habitans de Poggio et de Viterbe, après avoir revêtu l'habit du Tiers-Ordre de Saint-François. Cette pauvre et faible enfant, animée d'un courage surhumain, obéit aussitôt. Alors, comme les prophètes d'Israël, elle parcourt les rues de Viterbe, prêchant la pénitence et appelant les bénédictions du ciel sur les défenseurs de l'Église romaine. A neuf ans, elle a l'insigne honneur d'être exilée par Frédéric II. A douze ans, son âme retourna au ciel. En peu de jours elle avait fourni une longue carrière; et, comme un symbole de sa vie, sur son tombeau il poussa des roses d'une merveilleuse beauté.

A Fuligno, était cette Angela dont nous avons les révélations intimes dans sa vie écrite par le frère Arnaldo. Jeune femme, mariée et mère de plusieurs enfans, elle voit la mort lui arracher une à une toutes les joies de sa vie. Alors elle se tourne vers Dieu, demandant les consolations célestes; et cette nature puissante et sensuelle lutte contre elle-même

---

¹ De lectulo surgebat de nocte, et per vicos et plateas civitatem circuibat, laudes divinas modulatis vocibus decantando. Bolland., IV septemb., p. 455.

avec une force de géant, et remporte une glorieuse victoire. Angela explique comment sa conversion arriva peu à peu par dix-huit degrés spirituels, commençant avec une crainte d'esclave, retenue par la pudeur, brisée par la contrition et le repentir, encouragée par la contemplation des miséricordes de Dieu et soutenue par la prière dans ce chemin de la croix. Le démon la tourmentait en la poussant sans cesse de la présomption de l'orgueil à l'abattement du désespoir : tantôt il excite en elle de violens accès de colère qu'elle déchaînait quelquefois contre elle-même; tantôt il allume dans son cœur le feu des désirs et la porte à des péchés qu'elle n'a jamais connus. A ces douleurs de l'âme se joignent les douleurs du corps : tous ses membres étaient cruellement torturés; elle fut toujours languissante [1]. Après de longues années de combat, après ce dur pèlerinage dans les angoisses intérieures, dans ces déserts sans eau, elle arrive enfin au but tant souhaité de l'union avec Dieu. Alors son âme déborde dans les transports du triomphe; elle nous fait reposer dans les onze stations de ce chemin spirituel. Elle rapporte avec la naïveté d'une jeune fille les douces paroles qu'elle a entendues de la bouche de Dieu, les symboles et les nombreuses images qu'elle a contemplés; et son visage s'illuminait d'un éclat divin et surnaturel, ses yeux brillaient comme des flammes. Elle dictait au Frère Arnaldo ses révélations divines, et il ne trouvait pas d'expressions, tant il était rempli de crainte et de respect. Un jour il lui lut ce qu'il avait écrit; elle répondit : Ces paroles réveillent bien en moi une légère réminiscence de ce que j'ai dit; mais dans cette écriture morte je ne reconnais pas ce que j'ai vu [2]. Il faut lire en entier cet admirable livre : la poésie du ciel ne s'analyse pas plus que la poésie de la terre.

[1] Et languore amoris ad suum Amatum efficiebatur tota languida, sicca et pallida, quod erat compassio videre. Bolland., iv januar., p. 187.

[2] Per ista, inquit, verba, recordor illorum quæ dixi; sed est obscura scriptura, quia ista quæ legis mihi, non explicant illa quæ cognovi. Bolland., iv januar., p. 187. Jean-Baptiste Boccolini a publié à part cette belle vie à Fuligno, 1714, in-4º.

En Portugal, sur le trône, c'était cette pieuse Elisabeth, mariée dès l'âge de onze ans à Denis, roi de Portugal, être ignoble et débauché, qui, après l'avoir déshonorée par sa vie infâme, en vint jusqu'à soupçonner sa vertu. Elisabeth était tout occupée des œuvres de charité. A Coïmbre, à côté de son palais, elle avait fait bâtir un hôpital ; elle nourrissait un très grand nombre de pauvres ; jamais elle n'a refusé une aumône. Elle pacifia les royaumes de Castille et d'Aragon avec des peines infinies ; aussi les peuples pleins de reconnaissance la saluaient Dame de la paix, Mère de la Patrie [1]. Lorsque Denis tomba malade, elle oublia tous ses chagrins et le soigna avec une charité infatigable. Aussitôt qu'il fut mort, elle brisa les liens qui l'attachaient au monde : elle se retira dans sa chambre, fit couper ses cheveux, revêtit l'habit de Sainte-Claire, puis retourna prier et pleurer auprès du corps de son mari. Après bien des années, le long sacrifice de sa vie, au milieu de ses enfans et des Filles de Claire, fut consommé le quatrième jour de juillet 1332.

En France, c'était Marie de Maillé, femme d'une admirable vertu. Dans son enfance, tout son bonheur était de réciter la salutation angélique, et d'aller cueillir des fleurs pour en faire des couronnes aux images des saints. Elle choisissait toujours pour compagnes les petites filles les plus pauvres, afin que se revêtant de leurs haillons, elle s'accoutumât de bonne heure aux pratiques de l'abjection et de l'humilité. Mariée à Robert de Silly, ils pratiquèrent ensemble toutes les œuvres de miséricorde. Un jour Robert se promenant seul trouva trois petits orphelins ; il les conduisit à Marie, disant : « Madame, Dieu ne nous donne point d'enfans ; en voici trois que je vous apporte. » Elle les éleva avec une grande sollicitude. Après la désastreuse journée de Poitiers, le château de Silly fut pris et dévasté par les Anglais ; Robert mourut en 1362, au milieu de cette grande désolation du royaume de France. Marie revêtit alors l'habit du Tiers-

---

[1] In regum discordiis componendis admirabilis fuit. Breviarium Romanum.

Ordre, édifia la ville de Tours pendant de longues années, et mourut saintement le 28 mars 1413 [1].

Ainsi ces fleurs merveilleuses croissaient et s'épanouissaient sur le bord des grands chemins du monde.

---

[1] De Vernon, Annales Tertii-Ordinis, p. 397, in-folio. Martyrologium Franciscanum, p. 120.

Chapitre xj.

1221 — 1223.

Sainte-Marie-des-Anges. — Indulgence de la Porziuncula.

> Orantes in loco isto, exaudi eos in cœlo, et dimitte peccata servorum tuorum.
>
> III. Reg., cap. iii.

> Sacrosancta synodus indulgentiarum usum Christiano populo maxime salutarem, et sacrorum conciliorum auctoritate probatum, in Ecclesia retinendum esse docet, et præcipit; eosque anathemate damnat, qui aut inutiles esse asserunt, vel eas concedendi in Ecclesia potestatem esse negant.
>
> Concile de Trente.

Après avoir traversé Spello, le pélerin découvre au milieu de la plaine une magnifique église et un vaste monastère, dont les proportions grandioses et pures rappellent le Bramante et Vignola. C'est Notre-Dame-des-Anges, non plus humble et pauvre, mais revêtue d'un manteau de reine. Sous le grand dôme, on retrouve la merveilleuse, la chère Porziuncula encore toute parfumée de la présence de François. C'est là où il a prié, où il a pleuré, où il a reçu de Dieu la grâce de fonder un grand Ordre dans l'Église. En vérité, ce lieu est saint! Toutes les générations y ont passé, et elles ont senti descendre sur elles la force, la résignation, l'espérance. Notre Seigneur Jésus l'avait promis à son serviteur François, et sa parole est éternelle.

C'était au mois d'octobre 1221. François, prosterné dans sa cellule, priait Dieu avec larmes pour la conversion des pécheurs, dont le malheureux état l'attristait profondément, lorsqu'il fut averti par un ange d'aller à l'église. Il y trouva notre Seigneur Jésus-Christ, sa très sainte Mère et une multitude d'esprits célestes. Le Christ lui dit : « François, vous et vos frères vous avez un grand zèle pour le salut des âmes ; en vérité, vous avez été placé comme un flambeau dans le monde et le soutien de l'Église. Demandez donc ce que vous voudrez pour le bien et la consolation des peuples et pour ma gloire[1]. » François fit cette prière : Notre Père très saint, je vous supplie, quoique je ne sois qu'un misérable pécheur, d'avoir la bonté d'accorder aux hommes, que tous ceux qui visiteront cette église reçoivent une indulgence plénière de tous leurs péchés, après s'en être confessés à un prêtre; et je prie la bienheureuse Vierge, votre Mère, l'avocate du genre humain, d'intercéder pour m'obtenir cette grâce. Marie inclina son cœur vers son Fils bien-aimé, et il se passa dans ce Paradis tout un mystère d'amour. Jésus dit à François : « Cela est grand, mais vous recevrez des faveurs encore plus grandes. Je vous accorde ce que vous demandez; mais que cela soit ratifié sur la terre par celui à qui j'ai donné

[1] Postula ergo quod vis circa salutem gentium, et consolationem animarum, et honorem deitatis, quia datus es in lucem gentium, et reparationem Ecclesiæ. Barthélemy de Pise, Liber aureus, lib. II, Fructus II. — Les mêmes détails se trouvent dans Mariana, lib. I, cap. XXII; Marc de Lisbonne, lib. II, cap. II; Petrus Rodulphius, Hist. Seraphic., pag. 251; Wadding, tom. II. Ces auteurs n'ont fait que recueillir ce qu'ils ont trouvé dans les archives de l'Ordre et les traditions antiques; car avant Barthélemy de Pise, en 1335, Gerard Odo, général de l'Ordre, écrivant aux religieux d'Assise à l'occasion de la grande procession du 2 août, ordonne que l'histoire de l'indulgence soit lue dans la communauté. Franc. Bartholi, ad Calc. Tract. — Voir pour la discussion et la valeur de toutes les autorités, l'histoire de la Porziuncula par le P. Grouwels.

le pouvoir de lier et de délier [1]. » Le lendemain, François, accompagné du frère Masseo de Marignan, partit pour Pérouse, où était le pape Honorius III. Il lui dit avec une grande simplicité de cœur : « Saint Père, il y a quelques années que j'ai réparé une petite église dans votre domaine; je vous supplie d'y accorder une indulgence qui soit libre, et sans obligation de faire aucune offrande [2]. » Cette chose parut difficile au pontife; il présenta quelques observations à François : « Mais, ajouta-t-il, pour combien d'années me demandez-vous cette indulgence ? — Qu'il plaise à Votre Sainteté, répondit François, de me donner non pas tant des années que des âmes [3]. — En quelle manière voulez-vous des âmes? répliqua le pape. — Je souhaite, poursuivit François, que, sous le bon plaisir de Votre Sainteté, ceux qui entreront dans l'église de Sainte-Marie-des-Anges, contrits, confessés et absous par un prêtre, reçoivent une entière rémission de leurs péchés pour ce monde et pour l'autre. — Le pape lui dit alors : François, vous demandez quelque chose de grand et tout-à-fait contre l'usage. — Saint Père, repartit François, je ne vous le demande pas en mon nom, mais au nom de Jésus-Christ, qui m'a envoyé. — Alors le pape, intérieurement inspiré, dit par trois fois : Qu'il soit fait selon votre désir. » Mais sur les observations de quelques cardinaux, il limita ainsi cette grande et inaccoutumée faveur : « Cette indulgence est pour tous les ans à perpétuité, mais seulement pendant un jour. » A ces paroles, François baissa humblement la tête. Comme il s'en allait, le pape lui demanda : « Où allez-vous, homme simple? quelle assurance avez-vous

---

[1] Satis grande est, quod petisti; sed majoribus dignus es, frater Francisce, et majora habebis. Barth. de Pise.

[2] On n'accordait pas d'indulgence sans obligation de faire des aumônes pour la gagner. Ces aumônes étaient toujours pieusement employées : elles soutinrent les croisades et les guerres saintes; lorsqu'elles avaient le but artistique de réparer les églises qui tombaient en ruine, elles prenaient le nom de manus adjutrices. Michel de Medina, de Indulg., cap. ult., edit. Venet, 1565.

[3] Placeat Sanctitati Vestræ non dare annos, sed animas. Barth. de Pise.

de ce que vous venez d'obtenir? — Saint Père, répondit-il, votre parole me suffit. Si cette indulgence est l'œuvre de Dieu, lui-même la manifestera. Que Jésus-Christ soit le notaire, la sainte Vierge la charte, et les anges les témoins : je ne demande point d'autre acte authentique [1]. » Et il revint à la Porziuncula, où il continua sa vie apostolique et mortifiée.

Deux ans après (1223), pendant une de ces longues nuits d'hiver si propres à la contemplation, François priait dans sa cellule. Le démon, qui veille sans cesse, souffla dans son esprit des pensées de tristesse et de découragement; il le sollicitait avec complaisance à ne point tant veiller, parce qu'à l'âge où il se trouvait le sommeil était nécessaire. Aussitôt François se lève, sort dans la campagne, et se jette dans les ronces, les épines et la neige : « Il vaut mieux, disait-il à son corps déchiré et tout en sang, il vaut mieux souffrir ces douleurs avec Jésus-Christ, que de suivre les conseils du tentateur. » Une grande lumière l'environna; il vit les buissons couverts de roses, et il entendit les anges prononcer ces paroles : « François, hâtez-vous d'aller à l'église; Jésus-Chrit y est avec sa sainte Mère. » Son habit devint très blanc; il cueillit douze roses blanches et douze roses rouges, et alla à l'église, dont le chemin lui semblait richement orné. Il se prosterna devant le Sauveur, et dit avec une grande expression de foi et de confiance : « Notre Père très saint, Seigneur du ciel et de la terre, Sauveur du genre humain, daignez, par votre grande miséricorde, déterminer le jour de l'indulgence que vous avez accordée pour ce saint lieu. » Jésus lui répondit qu'il voulait que ce fût depuis le soir du jour où l'apôtre saint Pierre se trouva délivré de ses liens jusqu'au soir du lendemain [2]. Et les chœurs des anges

---

[1] Ego autem nolo aliud instrumentum; sed tantum charta sit beata Maria, notarius sit Christus, et angeli sint testes. Barth. de Pise, fol. 198.
[2] Volo quod sit dies illa, in qua beatus Petrus fuit a vinculis absolutus; incipiendo a secundis vesperis illius diei, usque ad vesperas sequentis diei includendo noctem. Barth. de Pise, fol. 198.

chantèrent le Te Deum. François, suivant l'ordre de Jésus-Christ, prit, en l'honneur de la Sainte-Trinité, trois roses des deux couleurs, afin que ce fût un témoignage miraculeux auprès du pape¹. Dieu veut toujours que la nature participe à notre bonheur, et devienne le symbole, le signal des grâces spirituelles. Ainsi les reliques du premier martyr Etienne furent présentées à Lucien, prêtre de l'église de Jérusalem, sous la figure d'une corbeille d'or pleine de roses rouges; et les reliques des autres saints ensevelis dans le même lieu sous la figure de deux corbeilles d'or remplies de roses blanches². La plus touchante, la plus populaire des dévotions à la Vierge n'a-t-elle pas pour symbole une couronne de roses, ROSARIUM?

François partit pour Rome avec Bernard de Quintavalle, Pierre de Catane et Angelo de Rieti. Il raconta simplement au pape sa merveilleuse vision, et lui présenta les roses. Le pape ratifia cette indulgence, accordée aux prières d'un fils soumis de l'Eglise, et ordonna qu'elle fût solennellement publiée³. En effet la chose fut annoncée dans toute l'Italie, et même au-delà, et le deuxième jour d'août 1223, les évêques d'Assise, de Pérouse, de Todi, de Spolète, de Fuligno, de Nocera, de Gubbio, se rendirent à Sainte-Marie-des-Anges⁴ où était rassemblé un grand nombre de Frères Mineurs et une foule immense de fidèles, et du haut d'une tribune extérieure, ils publièrent l'indulgence plénière et perpétuelle. Nous possédons cet acte authentique.

« Au nom du Seigneur. Amen.

« Moi, frère Benoit d'Arezzo, qui ai été jadis avec le bienheureux François, pendant qu'il vivait, et que ce très

---

¹ De illis rosis quas detulerat de sylva accepit tres rubeas et tres albas, ad honorem sanctissimæ Trinitatis. Barth. de Pise.
² Epist. Lucian., n° 4, apud S. August., t. VII. Breviarium Romanum, 3 août.
³ Barthélemy de Pise.
⁴ Voir Ughelli, Italia sacra, édit. de Rome, 1644, in-folio.

saint père a reçu dans son Ordre par l'opération de la grâce de Dieu ; qui ai été le compagnon de ses compagnons, avec lesquels je me suis souvent entretenu durant la vie de notre père et depuis qu'il a quitté ce monde pour aller au Père céleste : je déclare avoir souvent entendu dire à un de ces compagnons nommé frère Masseo de Marignan, homme sincère et qui avait la confiance de tout le monde, qu'il se trouva à Pérouse à l'audience du pape Honorius, de sainte mémoire, lorsque le bienheureux François demanda une indulgence de tous les péchés pour ceux qui, étant contrits et confessés, viendraient à l'église de Sainte-Marie-des-Anges, autrement de la Porziuncula, depuis les vêpres du premier jour d'août jusqu'aux vêpres du jour suivant ; laquelle indulgence étant demandée avec autant d'humilité que d'instance, fut très libéralement et très gratuitement accordée par le souverain pontife, quoiqu'il dît que la coutume du siége apostolique n'était pas d'en accorder de semblables.

« Moi, frère Rainerio de Mariano, d'Arezzo, compagnon du vénérable frère Benoît, je déclare avoir souvent entendu dire les mêmes choses au frère Masseo, dont j'ai été aussi le compagnon ordinaire ; de même, Pierre Calfano a dit dans le couvent de la Porziuncula, en présence du frère Angelo, ministre, du frère Boniface, gardien, du frère Bertolo de Pérouse, et des autres frères, qu'il s'était trouvé à la consécration de l'église de Sainte-Marie de la Porziuncula ; qu'alors il entendit le bienheureux François prêcher long-temps en présence des vénérables évêques, tenant un papier à la main, et disant : « Je veux vous faire aller tous en Paradis. Je vous
« annonce une indulgence que je tiens de la bouche du sou-
« verain pontife. Vous tous, qui êtes venus aujourd'hui avec
« un cœur bien contrit, aurez la rémission de vos péchés ;
« et ceux qui viendront tous les ans à pareil jour avec la
« même disposition, l'auront aussi. Je souhaitais que cela
« durât huit jours, mais je n'ai pu l'obtenir[1]. »

[1] Etien. Baluze, Miscellanea, t. IV, p. 490, in-8°. Cette pièce publiée d'après un manuscrit de Colbert (n° 5575), avait déjà été publiée dans la

Saint Antonin rend à ce sujet un précieux témoignage avec toute l'autorité de son caractère; il regarde même les stigmates imprimées sur le corps de François comme une bulle du Roi très haut, qui autorise et l'institut franciscain et l'indulgence [1]. Bourdaloue, le plus grave et le plus savant des prédicateurs, résume ainsi la doctrine de Suarez et de Bellarmin : « Je prétends que de toutes les indulgences, celle de Notre-Dame-des-Anges est une des plus assurées et des plus authentiques qu'il y ait dans l'Église : pourquoi? parce que c'est une indulgence accordée immédiatement par Jésus-Christ. Il est vrai que le vicaire de Jésus-Christ peut accorder une indulgence; mais quelque autorité qu'il ait pour dispenser aux fidèles les dons de Dieu, l'indulgence qu'il accorde peut quelquefois être de nulle vertu, parce qu'elle peut manquer ou d'une cause suffisante ou d'une autre condition essentiellement requise : ainsi le déclare la théologie. Mais une indulgence directement et spécialement accordée par Jésus-Christ doit être infaillible : car cet Homme-Dieu ne connaît-il pas toute l'étendue de son pouvoir? n'agit-il pas toujours selon les règles de la sagesse éternelle? et d'ailleurs étant le maître absolu de ses grâces, n'est-il pas, dans la distribution qu'il en fait, au-dessus de toute loi, et n'en peut-il pas disposer comme il lui plaît [2]? »

Aussi tous les peuples sont venus au jour fixé demander à Dieu le pardon et l'indulgence. Certainement peu l'ont obtenu, car selon l'enseignement invariable de l'Église, fondé sur ce principe de foi : que Dieu ne remet point la peine du péché tandis que l'affection au péché persévère dans une âme; il est impossible de gagner une indulgence si l'on ne renonce non seulement au péché mortel, mais au véniel; non seulement à l'acte du péché, mais à toute affection au péché. S'il reste dans le cœur le moindre désir, la moindre at-

---

Chronique du frère mineur Mariana de Florence, d'après un manuscrit d'Italie.

[1] S. Antonin., Chronicon, part. III, tit. XXIV, cap. VII, § 4.
[2] Bourdaloue, sermon pour la fête de Notre-Dame-des-Anges.

tache criminelle et volontaire, fût-on de toutes les sociétés, eût-on part à toutes les dévotions, jamais on ne recevra le fruit d'une indulgence plénière. Mais un pèlerinage est toujours un acte de foi agréable à Dieu et utile à l'âme, et celui de Notre-Dame de la Porziuncula est une invincible preuve historique de la vérité de l'indulgence et de la sainteté de François d'Assise.

Il faut voir ces troupes de quinze mille, de vingt mille pèlerins arrivant de toutes les parties du monde, et campant dans la plaine deux ou trois jours avant l'heure sainte. La journée est ordinairement consacrée à visiter la basilique d'Assise, le tombeau de sainte Claire, Saint-Damian, tous les sanctuaires vénérés de ce paradis de l'Apennin; mais les bandes pieuses, en chantant des cantiques, aiment surtout à aller prier un instant dans l'humble et très ancienne chapelle Delle Carceri. Pour arriver à cette solitude chérie de saint François, il faut suivre une petite route qui serpente sur le flanc du Monte-Soubazio. Le pauvre couvent occupé par les Riformati est en partie adossé à un énorme rocher qui fait un des côtés du cloître. Au milieu d'une nature si pittoresque, si grandiose, en face de ce monument des saintes douleurs de la pénitence, l'homme qui aime Dieu verse des larmes bien douces et des prières bien ferventes.

Le soir, après que chacun a pris son repas en famille, car il y a des familles entières, ou avec des compagnons de route, les uns se reposent de leur long voyage, les autres racontent d'édifiantes histoires, quelques uns chantent en s'accompagnant des instrumens de leur pays. Sous ce ciel d'Italie, pendant ces nuits d'été si sereines, si calmes, les anges descendent sur la terre et recueillent, pour les présenter à Dieu, toutes ces joies confiantes et ces douleurs résignées. Les portes de l'église restent toujours ouvertes, et plus de trente confesseurs sont occupés à panser et à guérir les blessures de l'âme.

L'intérieur du couvent présente l'aspect d'un grand caravansérail où se serait arrêté une nombreuse caravane. Tous les bons paysans des environs, qui, plus d'une fois dans l'année, ont accueilli le frère quêteur, descendent de leurs montagnes et viennent demander à leur tour une hospitalité qu'ils n'ont jamais refusée. D'ailleurs le couvent est par excellence la maison du peuple ; il s'y établit comme chez lui : dans la cour, il met son âne, son cheval, et il se couche tranquillement dans les corridors, dans les cloîtres et sur les marches des escaliers. Tout le long de la route, de Pérouse à Spolète, à plusieurs milles, des marchands dressent leurs boutiques ; on y vend des vivres, des étoffes et surtout des chapelets, des médailles et autres petits objets de dévotion ; chacun veut emporter un souvenir, un gage qui doit charmer les embrassemens du retour [1].

Ce pélerinage, qui nous paraît encore si nombreux, n'est rien en comparaison de ce qu'il était dans les siècles de foi, alors qu'on ne pouvait rien lui opposer, et qu'il apparaissait aux peuples ennemis et en guerre, comme une véritable trêve de Dieu [2]. Bernabeo de Sienne, compagnon de saint Bernardin, raconte dans la touchante histoire qu'il nous a laissée, qu'étant venu à la Porziuncula pour gagner l'indulgence avec son saint ami, ils y trouvèrent plus de deux cent mille pélerins. « Quand je vis, dit-il, cette multitude innombrable, je doutais qu'il restât autant de monde dans toute l'Italie [3]. » En 1457, il y eut cent mille personnes [4] ; troupe immense d'hommes, de femmes, d'enfans, et jusqu'au vieillard :

---

[1] Innocent VIII ordonna en 1491, à Leonardo Cibo, gouverneur d'Assise, par un bref confirmatif de ses brefs précédens, d'obliger les religieux à laisser percevoir, par un procureur nommé à cet effet, les deniers que l'on tirait des marchands qui s'assemblaient en grand nombre autour de la Porziuncula, pour être employés à la réparation de la fontaine, des canaux et des chemins, en faveur du grand concours qui s'y faisait. Wadding, t. VII.

[2] En 1321, Assise était assiégée par les troupes de Pérouse ; le deuxième jour d'août on suspendit l'attaque, et les Frères Mineurs de Pérouse purent entrer dans la ville. L'acte de cette trêve est dans Pompeo Pellini, Historia di Perugia, Venise, 1664, in-4°.

[3] Bolland., Acta sanct. maii, t. V, p. 281.

[4] Donato Bossio, Chronic. Mediolan., in-folio, 1492, Milan.

« Tout blanc et chenu, il se sépare des lieux où il a fourni
« sa carrière, et de sa famille alarmée qui se voit privée d'un
« père chéri.

« Vieux, faible et sans haleine, il se traîne comme il peut,
« s'aidant de bon vouloir, tout rompu qu'il est par les ans,
« par la fatigue du chemin [1]. »

En 1309, le bienheureux Jean de l'Alvernia se trouvant à la Porziuncula pour confesser dans le temps de l'indulgence, entendit la confession d'un homme âgé de plus de cent ans, portant l'habit du Tiers-Ordre, qui était venu à pied du lieu de sa demeure, entre Assise et Pérouse. Le confesseur admirant son zèle, lui demanda comment il avait pu entreprendre ce voyage dans une si grande vieillesse. « Mon révérend Père, répondit-il, si je ne pouvais venir à pied, je me ferais amener, et même traîner, pour ne pas perdre le profit de ce saint jour. » Le confesseur ayant voulu savoir d'où lui venait une telle confiance : « C'est, poursuivit le vieillard, que j'étais présent lorsque saint François qui logeait souvent chez mon père, y vint un jour en allant à Pérouse, et nous dit qu'il allait demander au pape la confirmation de l'indulgence qu'il avait obtenue du Seigneur. Depuis ce temps-là, je n'ai pas manqué chaque année à venir dans ce saint lieu le jour de la rémission, et je n'y manquerai pas tant que je vivrai [2]. » Des rois, des princesses, de nobles chevaliers se sont agenouillés dans la Porziuncula, avec leurs vassaux, avec leurs sujets; ils ont confondu leurs larmes et leurs prières.

Au milieu du quatorzième siècle, une femme illustre entre toutes priait pendant la nuit de la rémission dans la Porziuncula; elle disait à Dieu : « Je suis troublée intérieurement de ce que quelques uns prétendent que ces indulgences fausses ont été supposées par saint François. » Le Christ lui répondit : « Ma fille, le mensonge ne se trouve point où habitent la vérité et le feu de la charité divine. Mon ami avait en lui

[1] Petrarca, Sonn. 14.
[2] Wadding.

la vérité, et ce qu'il a dit est vrai. Voyant la tiédeur des hommes pour Dieu et leur cupidité pour le monde, il me demanda une marque d'amour pour éteindre en eux le feu de la cupidité et y allumer celui de la charité. La marque que je lui donnai, moi qui suis l'amour, fut que tous ceux qui viendraient vides dans sa demeure seraient remplis de mes bénédictions et recevraient la rémission entière de leurs péchés[1]. » Or cette femme était la glorieuse servante de Jésus-Christ Birgitte.

Bien des peuples manquent maintenant à ce saint rendez-vous d'indulgence et d'amour, et ne viennent plus s'asseoir à ce banquet du père de famille; mais les Italiens sont restés fidèles. C'est là où il faut les voir avec leurs costumes si gracieux et si variés. Ce sont les paysans de la Toscane, les plus propres, les plus élégans de tous, surtout les femmes avec leur vêtement court, toujours bleu ou écarlate, sans manches, leurs cheveux ordinairement blonds, nattés en rond derrière la tête, leurs chapeaux de paille, et les longues touffes de rubans de diverses couleurs qui flottent autour d'elles. Ce sont les montagnards de l'Ombrie et des Abruzzes avec leurs brayes serrées, leurs justaucorps gris, leurs larges chapeaux et cette chaussure de grosse toile et de cuir liée avec des cordelettes; les femmes avec leur coiffure si riche, quoique grossière et simple, en toile blanche ou de couleur, leur corset de velours vert ou rouge, bordé de noir, leurs jupes larges à mille plis, et leur mantelette, longue pièce de drap ordinairement rouge ou bleu, bordée de quelque couleur voyante, et dont elles se drappent d'une manière pittoresque. C'est là, dans cette grande fête populaire, que le peuple italien apparaît réellement peuple-roi, roi de la grâce, de la poésie, de l'art; cette royauté vaut toutes les autres.

Cependant la cloche du Sagro-Convento donne le signal

[1] Amicus meus habuit et dixit veritatem... Cui potenti ex charitate, ego qui sum ipsa charitas dedi signum, scilicet quod omnes qui venirent ad locum suum vacui, implerentur benedictione mea, et solverentur a peccatis suis. S. Birgitt., revelation. extravag., cap. XC.

solennel que la journée du pardon s'ouvre dans le ciel et sur la terre [1]; tous les religieux de saint François, Conventuels, Observans, Riformati, Capucins, Tertiaires, qui s'étaient réunis dans le Sagro-Convento, défilent en longues processions sur la route d'Assise; l'évêque suit avec son clergé, tous les grands personnages ecclésiastiques et les magistrats. Les portes de Notre-Dame-des-Anges s'ouvrent avec cérémonie. On traverse la nef, on entre dans la Porziuncula, où l'on ne fait qu'une simple salutation; puis sortant par la petite porte pratiquée à droite, on se retire dans le cloître intérieur. Alors le peuple se précipite avec une passion, un délire dont il est difficile de se faire une idée. Ce sont des cris, des invocations, des cantiques : chacun, à sa manière, témoigne à Marie, reine des anges et des hommes, son amour, son respect, sa reconnaissance. Le chrétien, en contemplant ces choses, bénit Dieu dans son cœur, et rend de sincères actions de grâces à son infinie miséricorde, qui remet ainsi aux pécheurs de longues et pénibles satisfactions, et attache cette indulgence aux exercices du christianisme les plus ordinaires et les plus faciles : il est impossible de ne pas être ému profondément. Au milieu du chemin de la vie, quel est celui qui ne soupire pas après la source et le repos sous les grands arbres? quel est celui qui ne désire briser ses liens, s'affranchir de l'influence des lieux, des habitudes, faire un pèlerinage et orienter son âme à une vie nouvelle? Où est l'homme

---

[1] Le magnifique clocher du Sagro-Convento renfermait entre autres deux cloches très anciennes; l'une était appelée la cloche de la Prédication, c'est celle qui sonnait l'indulgence; elle portait cette inscription :

A. D. mccxxxix. F. Helias fecit fieri.
Bartholomæus Pisanus me fecit cum Coteringo filio ejus,
Ora pro nobis B. Francisce:
Ave Maria gratia plena, alleluia.

L'autre était appelée cloche de Prime. Il y a quelques années les religieux ont fait fondre toutes leurs cloches. La sonnerie est magnifique et imposante, mais je regrette ma vieille cloche du frère Élie. Qui nous donnera une histoire de la cloche catholique et de ses mystérieuses harmonies?

qui ne voudrait pas, entre les regrets du passé et les espérances de l'avenir, pencher sa tête endolorie et son cœur malade sur le sein glorieux de la Vierge qui a enfanté au monde le salut et la vie? O sainte Marie-des-Anges, refuge des pécheurs, priez pour nous!

Chapitre xij.

1208 — 1226.

Amour de saint François d'Assise pour la nature.

> Quia et ipsa creatura liberabitur a servitute corruptionis, in libertatem gloriæ filiorum Dei. Scimus enim quod omnis creatura ingemiscit, et parturit usque adhuc.
>
> S. Paul, Épître aux Romains, ch. viii.

> Si votre cœur était droit, toute créature serait pour vous un miroir de vie et un livre de sainte doctrine.
>
> Imitation de Jésus-Christ, liv. II, ch. iv.

> Vere hæc est quæ cunctas sibi creaturas confœderans valet ad omnia, promissionem habens vitæ, quæ nunc est, et futuræ.
>
> S. Bonaventura.

Béni soyez-vous, ô Jésus, qui avez racheté le monde!

Qu'elle était belle et harmonieuse la nature sortant des mains du Créateur! C'était le grand POÈME de Dieu, dont l'action marchait d'une éternité à une éternité, emportant avec elle les siècles et les hommes. L'homme, créé à l'image et à la ressemblance de Dieu, comprenait naturellement la puissance de son auteur et les merveilles de la création.

Dieu, dans son ineffable amour, lui avait dit : « Tu es mon fils, je t'ai engendré aujourd'hui. Demande-moi, et je te donnerai les nations pour héritage, et la terre pour empire¹. » Et l'homme était le roi de la création ; tout lui était soumis, parce que lui-même était soumis à Dieu. Dans cet état de grâce sublime, il était destiné à s'élever de degré en degré jusqu'à la vision béatifique. Mais, comme la création tout entière, l'homme se trouvait placé sous l'empire de deux jois : la loi de Dieu, qui n'est autre chose que les rapports indispensables qui rattachent celui qui reçoit la vie à celui qui la donne, le rayon à la flamme, le fini à l'infini ; et une loi individuelle, loi intérieure constituant son MOI, renfermée dans les limites de l'être qu'elle déterminait, et subordonnée par les rapports nécessaires de la créature au Créateur, à la loi de Dieu, centre universel. La condition du bonheur était une obéissance harmonique à ces deux centres d'attraction ; et l'homme avec sa volonté libre devait se gouverner de manière à ce que son obéissance au principe individuel ne devînt jamais une violation de l'obéissance au principe général, qu'en obéissant à lui-même, il obéît en même temps à Dieu, régulateur suprême. Or, l'homme accomplit, sous l'inspiration de la loi individuelle, un acte tel, qu'il ne pouvait pas remonter jusqu'à la loi générale pour recevoir la sanction nécessaire à sa justice, et s'harmoniser avec elle. Ainsi, brisant avec Dieu, l'homme mourut à la vision béatifique ; et dès cet instant une substitution destructive de l'ordre de la création eut lieu ; le MOI humain relatif s'était fait absolu : telle est la nature du mal, du péché. Alors l'homme se trouva isolé dans l'univers ; et la nature tout entière, n'ayant plus l'intelligence humaine pour l'élever vers Dieu, brisa l'harmonie de ses concerts, et ne laissa plus échapper de ses entrailles douloureuses qu'un gémissement immense².

---

¹ Psalm. 2.
² Scimus enim quod omnis creatura ingemiscit, et parturit usque adhuc. S. Paul.

Dieu eut pitié de son œuvre, de son POÈME; il annonça au monde le Christ, fils de son éternelle génération. Le VERBE, qui avait créé l'univers, s'incarna; il combattit, il triompha, et le monde fut sauvé. « Dieu, dit saint Jean de la Croix, a
« communiqué aussi aux créatures par son Fils l'être surna-
« turel, lorsqu'il a gravé le caractère de son image dans
« l'homme, qu'il a élevé jusqu'à sa ressemblance : car toutes
« les créatures étant renfermées dans l'homme, partagent
« avec lui cet honneur. C'est pourquoi Jésus-Christ dit que
« lorsqu'il sera élevé de terre, il attirera toutes choses à lui.
« De sorte que Dieu le Père a revêtu de gloire toutes les
« créatures dans le mystère de l'Incarnation et de la résur-
« rection de son Fils [1]. » Ainsi les créatures élèvent à Dieu ou elles en éloignent; elles sont soumises ou elles sont rebelles, suivant que l'homme est uni ou séparé de Dieu. L'homme charnel, l'homme animal, selon l'expression de saint Paul, ne comprend pas le monde; il ne voit dans les créatures que ce qui peut satisfaire ses sens; les créatures l'éloignent de Dieu. L'homme qui a tué la vie divine dans son âme, l'homme qui ne vit que rationnellement, qui ne va jamais au-delà de lui-même, ne comprend pas le monde; toutes les créatures sont la proie de sa curiosité et de son orgueil; et, pour le dire en passant, combien ces animaux de gloire ont détourné de leur véritable but les sciences naturelles! Un homme passera sa vie à dessécher une plante, à écorcher une fleur, et il appellera science botanique l'analyse de cette matière informe, sans couleur et sans parfums : c'est que tout a été matérialisé, et long-temps l'étude de l'homme aussi n'a été que l'étude d'un squelette : assurément, pour ceux-là, les créatures les éloignent de Dieu. L'homme purifié par les larmes de la pénitence, élevé au-dessus de la vie matérielle par la pratique humble et persévérante de toutes les vertus chrétiennes, élevé au-dessus de

[1] OEuvres de saint Jean de la Croix, édition d'Avignon, 1828, in-12, t. III, p. 172. Ses cantiques spirituels renferment les choses les plus élevées sur la beauté de la création.

la vie rationnelle par la contemplation; en un mot, l'homme SAINT, comprend excellemment ce que les créatures ont de beautés sensibles ou intellectuelles, et les contemplant dans le sein de Dieu, il reprend sur elles son empire; et Dieu permet souvent que pour le JUSTE la nature soit rétablie dans son harmonie primitive. Le saint se réjouit dans toutes les œuvres du Seigneur; par elles, il monte jusqu'à celui qui donne à tout la vie, le mouvement et l'être. Dans ce qu'il y a de beau ici-bas, il contemple celui qui est la beauté même, et aux vestiges qu'il a imprimés dans la nature, il suit partout le BIEN-AIMÉ. Les saints ne voient pas la nature comme nous; ils la voient délivrée de la servitude de la corruption et dans la liberté de la gloire [1]; et cela est indubitable d'après nos simples observations. Nous mêlons toujours quelque chose de nous aux lieux que nous voyons. Nous transformons au dedans de nous-mêmes l'impression physique reçue par nos sens, et nous créons dans notre intelligence une nature idéale en harmonie avec tout notre être. Si deux artistes, par exemple, peignent d'après nature le même paysage, leurs œuvres seront matériellement exactes; mais pourtant il y aura une différence indéfinissable; chacune sera empreinte d'un caractère directement émané de l'artiste, et c'est là ce qui les distingue entre elles. L'une nous laisse froids et insensibles; l'autre, imprégnée de poésie, nous attire irrésistiblement dans des espaces infinis, comme les œuvres de Claude Lorrain et de Salvator Rosa.

Les païens n'ont pas connu, n'ont pas aimé la nature; plongés dans le sensualisme des doctrines matérialistes, leur cœur était dépravé et leur intelligence obscurcie [2]. Il n'y a eu que de rares exceptions en faveur de ces âmes d'élite qui, par la poésie, se rattachaient aux traditions primitives. Au milieu de la rudesse judaïque, on trouve de délicates prescriptions légales en faveur de la nature : « Durant six ans,

---

[1] Quia et ipsa creatura liberabitur a servitute corruptionis, in libertatem gloriæ filiorum Dei. S. Paul.

[2] Tenebris obscuratum habentes intellectum. S. Paul.

tu sèmeras la terre, et en recueilleras les fruits ; mais à la septième année, tu la laisseras en repos, afin que les pauvres de ton peuple en mangent, et que les bêtes des champs trouvent ce qui reste : tu feras ainsi de ta vigne et de tes oliviers. — En six jours tu accompliras ton labeur ; mais au septième jour, tu te reposeras, afin que ton bœuf, ton âne, le fils de ton esclave et l'étranger se reposent. — Tu ne lieras point la bouche du bœuf qui foule les moissons dans l'aire. — Lorsque le bœuf, l'agneau, la chèvre, seront nés, ils seront sept jours sous la mamelle de la mère, et au huitième jour et après, ils pourront être offerts au Seigneur. — Soit un bœuf ou une brebis, ils ne seront pas immolés le même jour avec leurs petits. — Vous ne cuirez point le chevreau dans le lait de sa mère. — Si en marchant dans un chemin vous trouvez sur un arbre ou à terre le nid d'un oiseau, et la mère couchée sur ses petits ou sur ses œufs, vous ne retiendrez point la mère avec ses petits ; mais, ayant pris les petits, vous laisserez aller la mère, afin que vous soyez heureux et que vous viviez long-temps [1]. »

Nourris dans cette loi, les prophètes et les patriarches aimaient la nature avec transport ; Job chanta ses merveilles [2]. Daniel, dans la fosse aux lions, fit avec eux un traité, et il les reçut comme des esclaves éternels ; il se joua d'eux comme d'un passereau, et il les lia pour amuser les jeunes filles de Babylone [3]. Azarias et ses frères, au milieu des flammes, se promenaient comme sous le vent du matin, et appelaient la nature à la glorification de Dieu :

« Etoiles du ciel, bénissez le Seigneur !
« Pluie et rosée, bénissez le Seigneur !
« Vents et tempêtes, bénissez le Seigneur !
« Feux des étés, bénissez le Seigneur !

---

[1] Voir Exode, chap. XXIII. — Lévitique, ch. XXII. — Deutéronome, ch. XXII, XXV, passim.
[2] Job., ch. XXXVIII, XXXIX, XL.
[3] Numquid feriet tecum pactum, et accipies eum servum sempiternum ? Numquid illudes ei quasi avi, aut ligabis eum ancillis tuis ? Job., cap. XL.

« Froids des hivers, bénissez le Seigneur !

« Montagnes et collines, bénissez le Seigneur !

« Herbes et plantes qui germez dans la terre, bénissez le Seigneur !

« Sources et fontaines, bénissez le Seigneur !

« Poissons, qui respirez sous les eaux, bénissez le Seigneur !

« Oiseaux du ciel, bénissez le Seigneur !

« Animaux domestiques et sauvages, bénissez le Seigneur !

« Œuvres de Dieu ! bénissez le Créateur; louez-le, exaltez-le dans tous les siècles ! Amen [1]. »

David, dans les joies et les douleurs de sa vie, aimait la nature comme une sœur, une mère, une épouse; et nous, dans cette vallée de larmes, assis sur les bords des fleuves étrangers, nous répétons incessamment cet épithalame divin :

« O mon Dieu, vous envoyez des fontaines dans les vallons; leurs eaux coulent à travers les montagnes. Elles désaltèrent les bêtes sauvages; elles étanchent la soif de l'onagre. Sur leurs bords habitent les oiseaux du ciel; ils font entendre leurs voix au milieu des feuillages.

« Des hauteurs de votre séjour vous arrosez les montagnes; la terre est rassasiée des fruits que répandent vos mains.

« Vous faites germer pour les troupeaux l'herbe de la prairie, les moissons pour l'homme; vous faites naître de la terre le vin qui réjouit son cœur. Vous lui donnez les parfums qui embellissent son visage, et le pain qui le nourrit.

« Vous arrosez les arbres des forêts, les cèdres du Liban plantés par vos mains. Là sont les nids des oiseaux; là les sapins offrent un asile aux hérons; les sommets des montagnes sont les routes des chamois; les trous tortueux des rochers, le refuge des animaux timides.

« Voilà la mer qui s'étend au loin; là se meuvent des ani-

---

[1] Daniel, cap. III.

maux sans nombre, grands et petits; là se promènent les vaisseaux.

« Toutes les créatures attendent de vous leur nourriture au jour marqué. Vous donnez, elles recueillent; vous ouvrez la main, elles sont rassasiées de vos dons. Vous voilez votre visage, elles se troublent; vous retirez votre souffle, elles expirent et rentrent dans leur poussière. Vous envoyez votre esprit, elles renaissent, et la face de la terre est renouvelée.

« Louez le Seigneur, habitans de la terre; vous dragons; vous abîmes des eaux, feu, grêle, neige, glace, tourbillons et tempêtes, qui obéissez à sa parole; montagnes et collines, arbres fruitiers et cèdres, bêtes sauvages, troupeaux, reptiles, oiseaux du ciel, rois du monde, peuples, princes et juges de la terre, jeunes gens, vierges, enfans et vieillards, louez le nom du Seigneur : son nom seul est grand [1]. »

Lorsque l'esprit vint remplacer la lettre, l'amour de la nature augmenta dans le cœur des croyans. Le sang des martyrs apaisa la férocité des tigres et des léopards qui, au milieu du cirque, montraient de la compassion, du respect, de la sympathie pour les saints de Dieu. Sous Dioclétien, dans la Palestine, les animaux les plus furieux n'osaient pas approcher les martyrs; si, excités par les bourreaux, ils essayaient de s'élancer sur les victimes, reconnaissant leurs maîtres et leurs frères, ils se retournaient irrésistiblement contre les païens [2]. On avait jeté dans l'amphithéâtre les précieux corps des martyrs Andronicus, Tarachus et Probus; ils étaient brisés par les supplices et pouvaient à peine se tenir. On lâcha sur eux un ours sauvage et terrible; il avait déjà le même jour déchiré trois gladiateurs. Il vint s'asseoir à côté de saint Andronicus et il léchait ses plaies. Andronicus posa sa tête sur la tête de l'ours et l'excitait; celui-ci le caressait doucement. Maximus, furieux de cette

---

[1] Psalm. 103 et 148.
[2] Verum in alios quidem qui a fide nostra alieni ipsas instigabant, impetum suum converterunt. Acta Martyrum sincera; édition Westein, in-folio, 1713, pag. 509.

amitié entre le martyr et la bête sauvage, fit tuer l'ours aux pieds d'Andronicus. On fit venir ensuite une lionne ; ses rugissemens effrayaient les spectateurs ; mais elle vint se coucher comme une brebis aux pieds de Tarachus et semblait l'adorer. Maximus la fit exciter ; alors, rugissant, elle brisa la barrière, et le peuple épouvanté s'écriait : Ouvrez à la lionne [1] ! Non seulement les êtres animés, mais encore le feu et les autres élémens respectaient ces amans désespérés de la nature et de la mort [2] ; et quand les martyrs entraient dans les flammes, c'étaient comme des triomphateurs recevant les dons des vaincus [3] : c'était sainte Julitta montant sur le bûcher comme sur un lit nuptial [4]. Le marbre s'amollissait pour reprocher aux hommes leur dureté atroce, et la pierre pleurait la mort de ses amis les saints de Dieu [5] ; et lorsque Dieu s'était servi des animaux et des élémens pour consommer leur sacrifice, il envoyait les oiseaux du ciel protéger les reliques de leurs frères. Un corbeau, de la race de ceux qui nourrissaient le prophète Élie dans le désert, défendait le corps de saint Vincent, resté sans sépulture [6].

Dans les déserts, les saints moines entrèrent en communication plus directe avec la nature ; elle se montra plus obéissante, plus amie. Les lions vinrent pleurer la mort de saint

---

[1] Ἔρχεται πρὸς τὸν μακάριον Τάραχον, καὶ κύψασα τοῖς ποσὶν αὐτοῦ προσεκύνησεν. Acta martyrum, p. 446.

[2] Acta martyrum, pag. 358, 419.

[3] Tunc egressi ibant gaudentes ad flammam. Acta martyrum, p. 417.

[4] Acta martyrum, p. 516.

[5] Et ad immites ac barbaras hominum mentes convincendas, lapides ipsosque anima carentes his quæ fierent ingemuisse. Nec dubito quin hæc quæ dixi, pro nugis quibusdam et fabulis habituri sint posteri : at non itidem illi quibus præsentis temporis fides veritatem rei confirmavit. Acta martyrum, p. 328.

[6]
    Sed nulla dirarum fames,
    Aut bestiarum aut alitum
    Audet tropæum gloriæ
    Fœdare tactu squalido.

    Quin si qua clangens improbe,
    Circumvolarat eminus,

Paul et assister à ses funérailles ; ils léchaient les pieds et les mains de leur frère Antoine, qui, rendant des louanges infinies à Jésus-Christ de ce que ces animaux avaient quelque sentiment de sa divinité, dit : « Seigneur, sans la volonté duquel il ne tombe pas même une seule feuille des arbres, ni le moindre oiseau ne perd la vie, donnez à ces lions ce que vous savez leur être nécessaire[1] ! » Et lorsque les bêtes sauvages gâtaient son petit jardin, en venant boire à sa fontaine, il leur disait doucement : « Pourquoi me faites-vous du mal, puisque je ne vous en fais point? Retirez-vous, et au nom du Seigneur ne revenez jamais plus ici[2]. » Et elles ne revinrent plus. Quand saint Théon marchait la nuit dans le désert, il se faisait accompagner d'une troupe de buffles, de chèvres et d'ânes sauvages, et en récompense il leur donnait à boire l'eau de sa fontaine[3]. Pallade raconte cette touchante histoire : « Un jour, saint Macarius d'Alexandrie étant assis dans sa cellule et s'entretenant avec Dieu, une hyène lui apporta son petit, qui était aveugle. Elle frappa de sa tête contre la porte qui s'ouvrit ; elle entra et le jeta à ses pieds... Le saint fit sa prière et le petit loup fut guéri. La hyène lui donna à téter, et l'ayant repris elle s'en alla. Le lendemain, elle apporta à saint Macarius une grande peau de brebis. Le saint homme lui dit : Comment aurais-tu pu avoir cette peau, si

> Trucis volucris impetu
> Depulsa vertebat fugam.
>
> Nam corvus, Heliæ datus
> Olim ciborum portitor,
> Hoc munus implet sedule,
> Et irremotus excubat.
>
> Prudentius Peri Stephanôn, hymn. 5, éd. Elzevir, 1667.

Voir Acta martyrum, p. 371.

[1] Nec mora, in laudationem Christi effusus, quod muta quoque animalia Deum esse sentirent. S. Hieron., Vita S. Pauli.

[2] S. Athanase, Vie de saint Antoine.

[3] Dicebant autem quod et noctibus ad eremum progrediens, comitatu uteretur plurimo eremi bestiarum. Ipse vero hauriens aquam de puteo suo, et præbens eis pocula, obsequii earum remunerabat laborem. Rufin. Aquileiensis, dans la collection Rosweide, p. 459.

tu n'avais dérobé une brebis à quelqu'un? Ainsi je ne veux pas recevoir de toi un présent que tu ne me ferais pas, si tu n'avais fait tort à personne. Alors la hyène, baissant la tête et pliant les genoux devant le saint, continuait de lui présenter cette peau. Sur quoi il lui dit : Je proteste que je ne la recevrai point, si tu ne me promets de ne plus faire à l'avenir de tort aux pauvres en dévorant leurs brebis. A ces paroles, elle fit signe de la tête, comme si elle eût promis au saint d'obéir à ce qu'il lui commandait, et alors il accepta cette peau, que la bienheureuse servante de Jésus-Christ, Mélanie, m'a dit avoir reçue depuis en don de ce grand saint. Il la nommait le Présent de la hyène [1]. »

Sulpice-Sévère nous apprend que notre saint Martin avait un merveilleux empire sur tous les animaux. Un jour, se reposant avec ses disciples sur le bord de la rivière, il vit un serpent qui la passait à la nage ; il lui commanda au nom de Dieu de la repasser : le serpent se tourna aussitôt, et on le vit se rendre vers l'endroit d'où il était parti, avec la même vitesse qu'il était venu. Aussi il avait coutume de dire en se plaignant de l'insensibilité des hommes : Ils ne m'écoutent pas, tandis que les serpens m'obéissent [2].

Saint Columban travaillant à civiliser les Vosges, adoucissait les animaux sauvages. Il fallait bien montrer aux peuples barbares l'action puissante de Dieu sur la nature ; la férocité des animaux vaincue et amollie, voilà le signe qui était donné au monde. Il commandait au corbeau, et à sa voix l'ours de la montagne lui apportait les peaux de cerfs nécessaires pour sa chaussure [3]. Une de ses grandes jouissances était d'aller seul dans les immenses forêts contempler Dieu dans les beautés de la nature ; il appelait tous les animaux ; il les caressait avec une joie indicible ; les oiseaux venaient reposer

---

[1] Pallade, Vie de saint Macarius d'Alexandrie. Collection Rosweide, p. 725, in-folio, Anvers, 1628.

[2] Sulpice-Sévère, dialogue III, n° 12.

[3] Vita S. Columbani abbatis. D. Mabillon. Acta sanct. ord. S. Benedict, sæcul. II, pag. 15, 16.

sur ses épaules. Il affectionnait par dessus tout un petit écureuil qui descendait de ses grands arbres et venait se cacher dans le sein de son ami [1].

Voilà la puissance que les saints avaient sur la nature. Aucune hostilité n'existait plus contre eux dans le monde, parce qu'ils avaient vaincu le péché et rétabli leur âme dans la pureté de son origine; ils étaient en paix avec les animaux et avec les élémens, comme avec les hommes et avec eux-mêmes [2]. Et pendant que le sceau de l'anathème était partout brisé autour d'eux, les docteurs du christianisme, les Pères de l'Église, saint Basile et saint Ambroise avec leurs magnifiques commentaires sur l'œuvre des six jours, posaient les bases de la véritable histoire naturelle; et saint Grégoire de Nazianze, dans ses belles poésies inspirées par la solitude, s'élevait de toutes les créatures pour bénir Dieu.

Notre saint François d'Assise se distingue entre tous les bienheureux amans de la nature; il fut uni avec tout ce qui est innocent et pur. Dieu le revêtit d'une splendeur dont il n'avait pas voulu entourer son propre corps pendant son passage sur la terre. Après les traditions d'amour pour la nature que nous venons de dérouler, on ne trouvera rien de puéril, rien d'indigne dans la vie de saint François. Il était au milieu de la création ce qu'était Adam dans le paradis terrestre; il jouissait pleinement de l'amour des êtres et des choses sur lesquels il régnait en paix [3]. Selon l'ordre donné

---

[1] Ferusculam quam vulgo homines squirium vocant sæpe de arduis arborum culminibus arcessitam, manuque perceptam, suo collo impositam, sinumque ingredientem ac exeuntem sæpe vidisse supradictus vir testabatur. Vita S. Columbani, § 30, p. 17.

[2] Demonstratum est posse homines bestiis etiam dominari, si subdant obedientiam Conditori. S. Augustin., serm. 46, de tempore, edit. Froben.

[3] Illustre exemplum, imo speculum hujus humilitatis fuit S. Franciscus, qui proinde per eam gratiam, et gloriam Dei angelorum et hominum est adeptus; nam primo per eam adeo possedit terram cordis et corporis sui, ut illa mansuetudine hac animi plane imbuta subjaceret se spiritui ad omnes labores, et pœnitentias... Secundo per eam accessit ad primævam innocentiam, quam habuit Adam in Paradiso, ut animalia, etiam fera eum quasi

par Jésus-Christ à ses apôtres et à ses disciples, François parcourut le monde, prêchant l'Évangile à toute créature, et toutes les créatures l'écoutèrent avec tendresse [1]. Par un admirable sentiment de piété, il les appelait toutes ses frères et ses sœurs. Remontant, dit saint Bonaventure, jusqu'à la première origine des choses, il considérait tous les êtres comme sortis du sein de la Divinité, et reconnaissait qu'ils avaient tous le même principe que lui [2]. Un jour, près de Bevagno, il vit un grand nombre d'oiseaux rassemblés sur des arbres. Tout joyeux, il dit à ses compagnons : « Attendez-moi ici sur le chemin, je vais prêcher mes frères les oiseaux. » Tous les oiseaux s'approchèrent de lui; il leur dit avec amour : « Mes petits frères, vous devez toujours louer votre Créateur et l'aimer toujours, lui qui vous a revêtus de plumes, qui vous a donné des ailes avec la liberté de voler en tout lieu. Il vous a fait avant toutes ses créatures; il a conservé votre espèce dans l'arche de Noé, il vous a assigné pour séjour les régions pures de l'air : sans que vous semiez, sans que vous moissonniez, sans que vous ayez à vous en occuper jamais, il vous nourrit, il vous donne de grands arbres pour faire vos nids, et il veille sur vos petits. Ainsi donc, louez toujours le bon Dieu. » Et pendant ce discours les oiseaux ouvraient leurs yeux et leur bec, ils étendaient le cou et tenaient respectueusement leur tête baissée vers la terre, témoignant combien les paroles de leur frère saint François les avaient réjouis. Saint François admirait leur nombre, leur magnifique variété, leur attention, leur bonté; il leur donna sa bénédiction et ils s'envolèrent [3]. Et cet

---

herum agnoscerent, imo ab eo mansuefieri sinerent, aves et agni eum quasi fratrem ambiebant, nec recedebant nisi accepta benedictione. Cornelius à Lapide, Soc. Jesu, comment. in cap. III Eccles., num. 3, édition d'Anvers, in-fol.

[1] Euntes in mundum universum prædicate Evangelium omni creaturæ. S. Marc, chap. XVI.

[2] S. Bonaventura, cap. VIII.

[3] Dicendo loro S. Francesco queste parole, tutti cominciarono ad aprir gli occhi, e'l becco, e stendere i colli, e riverentemente inchinare i capi insino

homme simple et pur, revenu vers ses disciples émerveillés, se faisait des reproches de n'avoir jamais jusqu'à ce jour prêché les petits oiseaux qui écoutent avec un si grand respect la parole de Dieu [1]. Son disciple, son ami, Antoine de Padoue, continua cette prédication aux bonnes créatures de Dieu; il appelait les animaux pour l'instruction de l'homme. Je vais laisser parler son naïf historien. « Un jour que dans la Romagne il prêchoit les hérétiques, eux ne voulant écouter, parce que disputant contre eux, il les confondoit vivement, et estant hors la rive de la mer, près de l'embouchure de la rivière, il appela les poissons de la part de Dieu, à ce qu'ils vinssent ouïr sa sainte parole, puisque les hommes la refusoient, combien qu'il les eût rachetés par le sang précieux de Notre Seigneur Jésus-Christ, son fils unique. Ce fut une chose belle et admirable, qu'à ces paroles, l'on vit aussitôt paroir sur l'eau une quantité presque infinie de poissons de la mer et de ladite rivière, lesquels, s'assemblant peu à peu, s'unissoient selon leurs espèces et qualités, s'agençant d'eux-mêmes d'un ordre admirable, en sorte que les petits s'approchèrent de la rive, et ainsi les plus grands et plus gros de main en main, tellement que c'estoit chose très agréable à voir. Après qu'ils se furent bien accommodés, le saint leur fit le sermon suivant: « Mes frères les poissons, qui estans créatures du commun Créateur comme nous, estes aussi obligés à le louer, attendu que vous avés reçu de lui l'estre et la vie, et qu'il vous a donné pour demeure le noble élément de l'eau douce ou salée selon votre naturelle nécessité et maintien. Il vous a puis après en icelle donné des cachots et retraictes pour

---

a terra, e con riverenti atti dimostrare, che le parole del santo davano a loro gran diletto, e san Francesco insieme con loro rallegravasi molto di tanta moltitudine d'uccelli, e della loro bellissima varietà, e della loro attentione, e familiarità. Fioretti, di S. Francesco, cap. xv. S. Bonaventura, cap. xii.

[1] Cœpit se negligentiæ incusare, quod olim non prædicaverit avibus, postquam audirent cum tanta reverentia verbum Dei. Thomas de Celano, lib. I, cap. vii.

vous garantir des aguets de vos poursuivans. Il lui a pleu aussi que cet élément fût transparent, diaphane et clair, afin que vous puissiez plus aisément cognoistre ce que vous devez embrasser ou fuir : pour quoi il vous donna pareillement des aislerons et la force pour vous conduire où vous voudriez ; mais surtout lui estes-vous grandement obligés de ce que vous seuls de toutes les autres créatures fustes sauvés au déluge universel : pourquoi vous êtes creues en nombre sur toutes les autres. Vous fustes choisis pour sauver le prophète Jonas, et l'ayant gardé trois jours dans votre ventre, vous le rendistes vif sur terre. Vous avez payé le cens et tribut pour Notre Seigneur Jésus-Christ, et pour son premier apôtre saint Pierre. Vous avez aussi toujours été sa viande pendant sa vie et après sa mort, lorsqu'il ressuscita. Pour lesquelles raisons et autres dont je ne me souviens pas maintenant, vous estes extrêmement obligés à remercier Dieu. » Les poissons consentirent à ces paroles avec tous les gestes qu'ils peurent montrer, baissant leurs testes, remuant leurs queues et faisant signe de le vouloir approcher. Pour lesquels signes le saint Père se retourna vers les cœurs rebelles et diamantins des hérétiques, et leur dit en présence d'une grande multitude de peuple (qui s'estoit là assemblée pour la venue d'une telle quantité de poissons qui ne se bougeoient, attendant que le Saint les licenciât) : « Dieu soit loué de ce que les poissons mesme oyent bien volontiers sa parole ! Mais vous qu'attendez-vous à vous convertir ? Quel autre témoignage voulez-vous plus évident de la parole de Dieu ? N'avez-vous point honte de vous cognoistre moindres que les poissons qui n'ont point de raison ? » Lors tous les hérétiques là présens, sans attendre davantage, se convertirent à la foy, et les catholiques se confirmèrent de tant plus. Or les poissons ne se bougeoient, ains leur nombre s'augmentoit toujours sans aucunement confondre leur ordre, jusqu'à ce qu'ils eussent tous eu la bénédiction du saint Père, après laquelle ils se séparèrent, et alla chacun d'eux où il s'adonna, et saint Antoine rentrant dans Rimini, y convertit le reste des hérétiques qui y estoient, lesquels ne s'estoient trouvés au miracle [1]. »

Par dessus tous les oiseaux, saint François aimait les tourterelles. Un jour, il rencontra sur le chemin un jeune homme qui allait à Sienne vendre des tourterelles qu'il avait prises en vie. Le Saint lui dit: « O bon jeune homme! voilà d'innocens oiseaux à qui l'on compare dans la sainte Écriture les âmes chastes et fidèles; je vous prie instamment de ne les point mettre en les mains de gens qui les tueraient, mais de me les donner. » Elles lui furent données; il les mit aussitôt dans son sein, et il leur disait en les caressant : Tourterelles innocentes et chastes, pourquoi vous êtes-vous laissé prendre? Je vous préparerai des nids, où vous pourrez croître et multiplier. Il les porta dans son couvent de Ravacciano; là elles étaient dans une grande privauté avec leurs Frères les religieux ; elles venaient comme des poules prendre à manger dans leurs mains [2]. Le jeune homme aussi eut sa récompense; il entra dans l'ordre des Mineurs et y vécut saintement [3].

Saint François avait aussi une grande prédilection pour les alouettes. Il se plaisait à remarquer dans leur plumage la couleur grise et cendrée qu'il avait choisie pour son ordre, afin que l'on pensât souvent à la mort, à la cendre du tombeau. Montrant à ses disciples l'alouette s'élevant dans l'air et chantant dès qu'elle a pris sur la terre quelques grains : Voyez, disait-il avec joie, elles nous apprennent à rendre grâces au Père commun qui nous donne la nourriture, à ne manger que pour sa gloire, à mépriser la

[1] Les Croniques des Frères Mineurs, liv. V, ch. XVIII, in-8°, imprimées à Troyes, 1607.

[2] O buon giovane, io ti prego che tu mi dij quelli uccelli così innocenti, i quali nella Scrittura sono assimigliati alle anime caste, humili, e fideli, e non vengono alle mani de' crudeli, che le uccidano... ricevendole in grembo cominciò a parlar loro ; ò sciocche mie tortore innocenti, e caste, perche vi lasciate pigliare?... e stando domesticamente con san Francesco, e con gli altri frati, come se fossero state galline. Fioretti, cap. XXI.

[3] Imperoche il detto giovane si fece poi frate, e visse in gran santità. Fioretti.

terre et à nous élever au ciel, où doit être notre conversation. Près d'un couvent qui portait le doux nom de Mont-Colombe, il y avait un nid d'alouettes huppées ou crêtées, dont la mère venait tous les jours prendre à manger de la main du serviteur de Dieu, pour elle et pour ses petits; et quand ils furent un peu forts, elle les lui amena. Il s'aperçut que la plus forte des petites alouettes piquait les autres et les empêchait de prendre la becquée; cela lui fit une grande peine, et s'adressant à elle comme si elle eût pu l'entendre : Insatiable et cruelle, dit-il, tu mourras misérablement, et les plus avides animaux ne voudront point manger de ta chair. En effet, quelques jours après, elle se noya dans un vase où il leur mettait à boire; on la jeta aux chats et aux chiens, pour voir s'ils la mangeraient : pas un n'y toucha [1]. La vue des oiseaux engageait saint François à prier. Revenant de Syrie, il traversait les lagunes de Venise; il y avait une grande troupe d'oiseaux qui chantaient : Nos frères les oiseaux louent Dieu, dit-il à son compagnon, allons au milieu d'eux réciter l'office divin. Mais le gazouillement les empêchant de s'entendre, saint François se tourna vers eux et leur dit : Mes frères les oiseaux, cessez de chanter, jusqu'à ce que nous ayons payé à Dieu notre dette de prières. Ils se turent et ne reprirent leur chant que lorsque le Saint leur en eut donné la permission [2]. En mémoire d'un si touchant miracle, il bâtit une humble petite chapelle, qui est devenue plus tard un magnifique couvent.

Prêchant dans le bourg d'Alviano, et ne pouvant être entendu à cause du bruit des hirondelles qui avaient là leurs nids, il leur adressa ces paroles : Hirondelles mes sœurs, vous avez assez parlé; il est bien temps que je parle à mon tour. Écoutez donc la parole de Dieu et gardez le silence pendant que je prêcherai. Elles ne dirent plus un seul petit mot, et ne bougèrent de l'endroit où elles étaient [3]. Saint

---

[1] Chalippe, Vie de S. François, liv. V.
[2] S. Bonaventura, cap. VIII.
[3] S. Bonaventura, cap. XII.

Bonaventure, qui raconte ce fait, ajoute qu'un bon étudiant de Paris se trouvant interrompu dans son étude par le gazouillement d'une hirondelle, dit à ses condisciples : En voici une de celles qui troublaient le bienheureux François dans son sermon, et qu'il fit taire. Alors il dit à l'hirondelle : Au nom de François, serviteur de Dieu, je te commande de te taire et de venir à moi. Elle se tut dans le moment et vint à lui. Mais, dans la surprise qu'il en eut, il la lâcha, et n'en fut plus importuné. C'est ainsi qu'il plaisait à Dieu d'honorer le nom de son serviteur [1]. Un jour, comme saint François allait prendre son repas avec le Frère Léon, il se sentit intérieurement rempli de consolation au chant d'un rossignol. Il pria Léon de chanter alternativement les louanges de Dieu avec l'oiseau. Celui-ci s'en étant excusé sur sa mauvaise voix, le Saint se mit à répondre au rossignol, et continua jusqu'au soir, où il fut obligé de cesser, avouant avec une sainte envie que le petit oiseau l'avait vaincu. Il le fit venir sur sa main, le loua d'avoir si bien chanté, lui donna à manger, et ce ne fut que par son ordre, après avoir reçu sa bénédiction, que le rossignol s'envola [2].

Le long du lac de Rieti, un pêcheur lui donna un joli petit oiseau de rivière. Après l'avoir caressé, il l'excita à s'envoler ; mais ce fut inutilement. Alors levant les yeux au ciel pour louer Dieu dans ses créatures, il resta plus d'une heure dans ces oraisons extatiques qui lui étaient familières. Revenu à lui, il bénit l'oiseau en lui commandant d'aller chanter les louanges de Dieu, et tout joyeux il partit [3]. Dans sa première visite au mont Alvernia, saint François se vit environné d'une multitude d'oiseaux qui se mirent sur sa tête, sur ses épaules, sur sa poitrine et dans ses mains, battant des ailes et témoignant par le mouvement de leurs

---

[1] Et conversus ad hirundinem fiducialiter ait : In nomine servi Dei Francisci, præcipio tibi, ut ad me veniens continuò conticescas. S. Bonaventura, cap. xii.
[2] Fioretti di S. Francesco.
[3] S. Bonaventura, cap. viii.

petites têtes tout le plaisir que leur causait l'arrivée de leur ami. « Je vois, dit-il à son compagnon, je vois qu'il faut rester ici, puisque mes petits frères les oiseaux se réjouissent[1]. » Pendant son séjour dans ces montagnes, un faucon, dont l'aire était voisine, le prit en grande amitié : par son cri, il annonçait au saint l'heure à laquelle il avait coutume de prier ; il chantait à une heure plus avancée pour le ménager lorsqu'il était malade ; et si alors, vers le point du jour, sa voix, comme une cloche intelligente, sonnait au matin, il avait soin d'en modérer et d'en affaiblir le son[2]. C'était, dit saint Bonaventure, un divin présage des grandes faveurs qu'il devait recevoir dans ce lieu.

Pendant qu'il était malade à Sienne, un chevalier lui envoya un faisan. Dès que ce petit animal vit le saint et entendit sa voix, il s'affectionna tellement à lui qu'il ne pouvait plus en être séparé. Plusieurs fois on le porta dans les vignes pour lui donner la liberté ; mais toujours d'un vol rapide il revenait au Père. On le donna à un homme de bien qui venait souvent voir le malade ; le faisan ne voulut plus manger ; mais rapporté à saint François, il donna des marques de joie et mangea avec avidité[3]. Ainsi François aimait les petits oiseaux et en était aimé. A sa mort, ils eurent une bien grande joie, et chantèrent son triomphe. « Particulièrement les alouettes, ses bien-aimées, et qui lui étaient fort familières, se réjouirent de sa gloire, paraissant le lendemain de grand matin bonne troupe sur le toit de la cellule où était mort saint François, gringnotant un chant fort doux et extraordinaire, voire comme miraculeux, qui dura

---

[1] Cerno, frater, voluntatis esse divinæ, quod hic aliquandiu commoremur, tantum sorores aviculæ de nostra videntur præsentia consolari. S. Bonaventura, cap. VIII.

[2] Cum vero servus Christi infirmitate plus solito gravaretur, parcebat falco, nec tam tempestivas indicebat vigilias. Si quidem velut instructus a Deo, circa diluculum suæ vocis campanam levi tactu pulsabat. S. Bonaventura, cap. VIII.

[3] Qui continuo ut virum sanctum audivit et vidit, tanta ei amicabilitate cohæsit ut nullo modo pateretur ab ipso sejungi. S. Bonaventura, cap. VIII.

plusieurs heures, célébrant les louanges de leur glorieux saint et témoignant sa gloire [1]. » Entre tous les animaux, saint François aimait singulièrement ceux qui lui représentaient la douceur de Jésus-Christ, ou qui étaient le symbole de quelque vertu. Les agneaux lui rappelaient ce très doux Agneau de Dieu qui s'est laissé conduire à la mort pour la rédemption des péchés du monde. Lorsqu'il passait le long des pâturages, il saluait amicalement les troupeaux qui venaient à lui et lui faisaient fête à leur manière [2]. Apercevant une pauvre petite brebis qui paissait seulette au milieu d'un troupeau de chèvres et de boucs, il fut ému de pitié et dit à ses frères : « Ainsi notre doux Sauveur Jésus était au milieu des Juifs et des Pharisiens. » Ils résolurent d'acheter la brebis ; mais ils ne possédaient rien au monde que leur manteau. Arriva un marchand qui leur demanda le sujet de leur douleur et paya la brebis. Saint François la mena avec lui chez l'évêque de la ville voisine, qui s'émerveillait fort de la simplicité du saint. Quelques jours après, il déposa cette brebis dans un couvent de pauvres filles, qui, par amour pour le saint, moult bien la gardèrent, et de sa laine firent une robe que François baisait avec tendresse et montrait souvent [3]. Étant à Rome en 1222, il menait toujours avec lui un petit agneau. Lorsqu'il fut près de partir, il le confia à sa pieuse et illustre amie, Jacoba de Settesoli. Le petit animal, comme formé dans les exercices spirituels par notre saint, suivait cette dame à l'église, y demeurait et en revenait avec elle, sans jamais la quitter. Si elle était moins diligente à se lever, il allait à son lit, où, en bêlant, frappant de sa tête, et par d'autres petits mouvemens, il semblait l'avertir d'aller servir Dieu. Aussi la dame de Settesoli aimait et admirait ce petit agneau, et le conservait comme un disciple de saint François, devenu pour elle un maître dans la dévotion [4].

[1] Croniques des Frères Mineurs, liv. II, chap. LXXI.
[2] S. Bonaventura, cap. VIII.
[3] Voir dans l'APPENDICE la vie Mss., pag. lxxxii.
[4] Propter quod agnus Francisci discipulus, devotionis jam magister ef-

Saint François ne pouvait pas voir conduire les agneaux à la boucherie ; il pleurait et donnait ses vêtemens pour les racheter de la mort[1]. A Sainte-Marie-des-Anges, on lui fit présent d'une brebis ; il l'accepta avec bonheur. « Il l'admonestoit d'estre soigneuse de louer Dieu, et qu'elle se gardât d'offencer ou d'estre offencée des religieux : ce que ceste brebis gardoit et observoit à son possible : voire aussi curieusement que s'elle eut eu de la discrétion pour obéir à son maître. Lorsque les religieux alloient chanter au chœur, cette bestiolle alloit aussi, et les suivoit à l'église, où, sans que personne lui enseignât, elle s'agenouilloit ; puis, au lieu de chanter et prier, elle béloit devant l'autel de la vierge Marie et de son Fils, l'Agneau sans tache, comme les voulant saluer et louer. Et lorsqu'on eslevoit la sainte hostie à la messe, elle s'inclinoit, mettant les genoux contre terre, honorant et adorant son Créateur[2]. » Etant au monastère de Sainte-Véréconde, près de Gubbio, François maudit et voua à la mort une truie qui avait tué à coups de dents un pauvre petit agnelet presque au sortir du ventre de sa mère[3].

Pendant qu'il traitait bien amoureusement les agneaux et les brebis, il domptait la férocité des loups et faisait des pactes avec eux. Voyageant un jour entre Grecio et Cotanello avec un paysan, les loups vinrent le caresser comme font les chiens. A cette nouvelle, les habitans du voisinage supplient l'homme de Dieu de les délivrer de deux grands fléaux qui les tourmentaient, les loups et la grêle. Saint François leur dit : « A l'honneur et à la gloire de Dieu tout-puissant, je vous engage ma parole que si vous voulez me croire et avoir pitié de vos âmes, en faisant une bonne con-

---

fectus, ut mirabilis et amabilis a domina servabatur. S. Bonaventura, cap. VIII.

[1] Redemit frequenter agnos, qui ducebantur ad mortem. S. Bonaventura, cap. VIII.

[2] Croniques des Frères Mineurs, liv. II, chap. XXXVIII.

[3] Heu me, frater agnicule, animal innocens !... maledicta sit impia quæ te interfecit. S. Bonaventura, cap. VIII.

fession et de dignes fruits de pénitence, le Seigneur vous regardera d'un œil favorable, vous délivrera de vos calamités, et rendra votre pays abondant en toutes sortes de biens. Mais aussi je vous déclare que si vous êtes ingrats, si vous faites comme le chien qui retourne à ce qu'il a vomi, Dieu en sera plus irrité contre vous, et il doublera vos peines et vos tribulations. » Tant que les habitans de la vallée de Grecio demeurèrent fidèles à Dieu, les loups ne mangèrent pas leurs troupeaux, et la nuée grosse de grêle et d'orage se détournait de leur terre et allait fondre ailleurs [1].

Dans le temps que saint François demeurait dans la cité de Gubbio, un loup ravageait tout le territoire, et les citoyens armés marchaient contre lui comme contre un ennemi. Saint François, malgré les prières de ses frères, voulut aller seul à la rencontre du loup. Dès qu'il l'aperçut, il lui commanda au nom de Dieu de ne plus faire aucun ravage, et cet animal féroce, devenu doux comme un agneau, vint se coucher aux pieds du saint, qui lui parla ainsi : « Mon frère le loup, tu vas dévastant et tuant les créatures de Dieu, tu es un homicide, et toute cette contrée t'a en horreur. Mais je veux, frère loup, que tu fasses la paix avec elle. Comme c'est la faim qui t'a porté au mal, je veux que tu me promettes de ne le plus faire si on te nourrit. » Le loup, en signe de consentement, inclina profondément la tête. « Donne-moi un gage de ta parole, » reprit le saint en lui tendant la main. Le loup leva familièrement une patte de devant et la posa dans la main de son ami et de son maître, et il le suivit dans la ville. Saint François dit au peuple assemblé à cause d'une si grande merveille : « Entre autres choses, Dieu a permis ce fléau à cause des pécheurs; mais la flamme éternelle de l'enfer est plus redoutable aux damnés que la férocité d'un loup, qui ne peut tuer que le corps. Mes petits frères, tournez-vous vers Dieu et faites pénitence de vos péchés, et Dieu vous délivrera, dans le temps, du loup, et dans l'éternité, de l'enfer. Mon frère le loup, qui

[1] S. Bonaventura, cap. viii.

est ici, m'a promis de faire un pacte avec vous et de ne vous affliger en rien, si de votre côté vous promettez de lui donner chaque jour la nourriture nécessaire. » Le peuple s'engagea par acclamation. Le loup renouvela ses signes de consentement, et pendant deux années consécutives, il vint dans la ville demander sa nourriture à la manière des animaux domestiques; lorsqu'il mourut, les citoyens eurent une grande douleur, car il était pour eux un mémorial de la vertu et de la sainteté de François [1].

Un jour, à Grecio, un frère lui apporta un petit lièvre qu'il avait pris vivant dans un lacs. Saint François dit tout ému : « Mon petit frère le lièvre, viens avec moi ; pourquoi t'es-tu ainsi laissé attraper? » Et le petit lièvre courut vers le saint comme vers un gîte très sûr. Il le mit plusieurs fois à terre, afin qu'il pût retourner au bois; mais toujours il revenait auprès du saint, qui fut obligé de le faire porter au loin dans la campagne [2]. Saint Bernard aimait aussi à délivrer dans les bois les lièvres que les chiens allaient prendre, et les petits oiseaux menacés par l'épervier [3]. Un pêcheur du lac de Rieti présenta à saint François un grand poisson que l'on venait de tirer des filets. Il le garda quelque temps entre ses mains; puis il le remit à l'eau. Le poisson demeura au même endroit, jouant en sa présence, comme si par affection il n'eût pu le quitter [4]. Les plus petites choses

---

[1] ... E dopo il Lupo visse in Ugubio due anni, andando domestico per le case, essendo nodrito cortesemente, e dopo due anni mori, con gran dispiacere de' cittadini, che lo vedevano così mansueto andar per la città, e si ricordavano meglio della virtù, e santità di S. Francesco. Fioretti di san Francesco, cap. xx.

[2] Vie Mss. dans l'Appendice, et Thomas de Celano, lib. I, cap. vii.

[3] Vita S. Bernardi auct. Gaufrid. Lib. III, cap. vii, édit. Mabillon.

[4] Dictus piscis juxta naviculam ludens in aqua, non recedebat de loco, in quo eum posuerat. Thomas de Celano, lib. I, cap. vii. Ce délicieux lac de Rieti, que l'on nomme maintenant il Lago di pie di luco, laisse de doux souvenirs dans l'âme du voyageur amant de saint François; ses rivages ont conservé les traces des miracles de l'homme de Dieu, et les collines qui l'entourent en forme de croix portent la couronne franciscaine des couvents de Grecio, de Mont-Colombe, de Sainte-Marie-aux-Bois, et de Pudo-Buscone.

élevaient à Dieu le cœur de saint François. « Il y avoit un figuier à Notre-Dame-des-Anges sur lequel estoit une cigale qui souvent par ses cris réveilloit les âmes pour louer Dieu. Un jour entre autres notre saint père l'appela, et elle lui vola incontinent sur la main. Il lui commanda de louer Dieu par son chant; lors elle commença à chanter, et ne cessa qu'il ne lui eut commandé qu'elle se teut et qu'elle retournast à sa place. Estant retournée sur son figuier, elle venoit tous les jours voler sur les mains du saint à pareille heure. Il dit un jour à ses frères : Je veux que nous donnions congé à notre sœur la cigale; il y a assez long-temps que, nous réjouissant par ses chansons, elle nous excite à louer Dieu. — Alors elle s'envola et ne se vit plus depuis, comme bonne fille d'obédience [1]. » Comme il louait les petites alouettes de leur détachement de la terre, ainsi il blâmait les fourmis qui faisaient leurs provisions avec trop de soin [2]. Saint François, dans une pieuse simplicité, détournait avec amour le ver qui était sur le chemin, afin qu'il ne fût pas écrasé par les passans. N'était-il pas dit du Christ : Je suis un ver et non pas un homme [3]? Pendant l'hiver, il faisait porter aux abeilles du miel ou du bon vin pour les nourrir et les réchauffer [4]. Il aimait l'eau, parce qu'elle est le symbole de la pénitence et qu'elle a lavé notre âme dans le baptême ; « pour ce, quand il se lavait le visage ou les mains, il cherchait toujours un lieu où l'eau tombant ne pût être trépignée et souillée. Il révérait aussi les pierres, de façon que quelquefois il tremblait de marcher sur icelles, se souvenant de la pierre angulaire de l'Evangile [5]. » Il recommandait aux frères qui allaient couper le bois dans la montagne de laisser de forts rejets en mémoire de Jésus-Christ, qui a voulu mourir pour notre

---

[1] Croniques des Frères Mineurs, liv. II, chap. xxxix.

[2] Ibid., liv. II, chap. xliii.

[3] O pietas simplex, o simplicitas pia! circa vermiculos etiam nimio flagrabat amore. Thomas de Celano, lib. I, cap. x.

[4] Et apibus in hyeme, ne frigoris algore deficerent, mel, sive optimum vinum, faceret exhiberi. Thomas de Celano, ibid.

[5] Croniques des Frères Mineurs, liv. II, chap. xli.

salut sur le bois de la croix ; il voulait que toujours le jardinier réservât au milieu du grand jardin un petit jardinet tout composé de fleurs suaves, odoriférantes et belles à voir, afin qu'elles invitassent un chacun à louer Dieu par leur beauté. Les fleurs élevaient son âme à cette fleur sortie de l'arbre de Jessé, et dont le parfum réjouit le monde [1]. Et comme il s'était donné à Dieu avec un dévouement sans bornes, les élémens, qui sont aussi les serviteurs, les agens de Dieu, devenaient les serviteurs de François. Un jour que les médecins allaient lui appliquer un fer rouge aux tempes, il le bénit d'abord et lui dit : « Feu, toi qui es mon frère, le Très-Haut t'a fait avant toutes choses, et t'a fait beau, utile et puissant ; sois-moi donc favorable aujourd'hui, et Dieu daigne adoucir ton ardeur de telle sorte que je la puisse supporter. » Le fer fut appliqué, et le saint s'écria : « Mes frères, louez avec moi le Très-Haut ; le feu même ne brûle pas, et je ne sens aucune douleur [2]. » Un jour qu'il était à Gaëto sur le rivage de la mer, une grande multitude de peuple accourut pour le voir et l'entendre ; François entra dans une barque pour s'y cacher ; la barque alors s'éloigna du bord et s'arrêta immobile à une petite distance. « Dont connaissant la volonté de Dieu, se tournant vers le peuple qui était fort étonné, il leur fit une prédication très profitable ; puis il les bénit, comme ils désiraient, avec le signe de la croix, dont ils furent fort consolés. Lorsqu'ils se furent éloignés, la barque revint elle-même vers la terre, de façon que l'on pourrait dire que l'âme eût été bien obstinée, laquelle eût refusé d'obéir à celui auquel le bois sec obéissait [3]. » Qui pourrait raconter toutes les merveilles de la vie de notre

---

[1] Cum florum venustatis cerneret formam, et suavitatis olentiam persentiret statim ad illius floris pulchritudinem considerationis oculum deflectebat, qui lucidus in vernali tempore de radice Jesse progrediens, ad odorem suum suscitavit innumera millia mortuorum. Thomas de Celano, lib. I, cap. X.

[2] Croniques des Frères Mineurs, liv. II, chap. XL.

[3] Croniques des Frères Mineurs, liv. II, chap. XXXV. — S. Bonaventura, cap. XII.

saint? qui pourrait dire tout son amour pour la nature? « S'il avait été le maître, il aurait commandé à tous les gouverneurs des villes et bourgades qu'au jour de Noël ils fissent épandre et jeter du blé par les rues et par les champs, afin que les oiseaux eussent plus d'occasion de se réjouir en tel jour, ayant leur manger à souhait; et qu'en mémoire de ce que notre Rédempteur Jésus-Christ naquit entre un bœuf et un âne, ceux qui auraient de tels hôtes seraient contraints de leur donner ledit jour du foin et de l'avoine abondamment[1]. » Avant de mourir, saint François eut la consolation de donner une grande fête, à laquelle il convia les animaux. C'était à Grecio, le jour de Noël. Ce fut un triomphe de la simplicité, de la pauvreté, de l'humilité. Au milieu du bois, on avait préparé une étable; il y avait du foin, un bœuf, un âne; l'autel du sacrifice, c'était la crèche. Les Frères Mineurs d'un grand nombre de couvens voisins, suivis d'une foule de peuple portant des torches allumées et chantant des cantiques, descendirent des montagnes. Cette nuit qui a éclairé le monde ne devait pas être obscure. Saint François, plein d'allégresse, fit diacre à la messe et chanta solennellement l'évangile. Il prêcha le peuple sur la naissance du Christ et sur les grandes destinées de cette ville de Bethléem, petite entre toutes les villes de Juda. Par une tendresse amoureuse, il affectait d'appeler le Sauveur l'enfant de Bethléem, et en prononçant ce mot, il bêlait comme un mouton; en prononçant le doux nom de Jésus, il léchait ses lèvres comme s'il eût mangé du miel; et un des assistans, dont l'âme était pure, Vélita, le grand ordonnateur de la fête, vit dans la crèche un enfant d'une ravissante beauté qui dormait, et que François embrassait tendrement comme pour l'éveiller. La paille sur laquelle l'enfant avait paru couché eut la propriété de guérir différentes maladies des animaux[2].

Lorsque l'amour débordait du cœur de François, il parcourait la campagne; il appelait les moissons, les vignes, les

---

[1] Croniques des Frères Mineurs, liv. II, chap. XLI.
[2] Thomas de Celano, lib. I, cap. X.

arbres, les fleurs des champs, les étoiles du ciel, tous ses frères et ses sœurs de la nature à se joindre à lui pour bénir le Créateur, et sa tendresse radieuse et naïve s'élevant de degré en degré jusqu'au soleil, l'illuminateur et le fécondateur   m, un hymne s'élançait de son âme :

« Seigneur très haut, très puissant et très bon, à vous appartiennent la louange, la gloire, l'honneur et toute bénédiction.

« A vous seul elles sont dues, et nul homme n'est digne de prononcer votre nom.

« Loué soit Dieu mon Seigneur, ainsi que toutes les créatures, spécialement notre frère le soleil, qui nous donne le jour et la lumière : il est beau et rayonne avec une grande splendeur ; il est votre image, ô mon Dieu !

« Loué soit mon Seigneur pour notre sœur la lune et pour les étoiles ; il les a formées dans le ciel brillantes et belles.

« Loué soit mon Seigneur pour notre frère le vent, pour l'air, soit nuageux, soit serein, pour tous les temps par lesquels il donne leur subsistance à toutes les créatures.

« Loué soit mon Seigneur pour notre sœur l'eau, qui est utile, humble, précieuse et chaste.

« Loué soit mon Seigneur pour notre frère le feu, par lequel il illumine les ténèbres, et qui est beau, agréable, fort et puissant.

« Loué soit mon Seigneur pour notre mère la terre, qui nous nourrit et nous soutient, qui produit les fruits, les fleurs diaprées et les herbes [1]. »

Ses disciples allaient partout, chantant ce beau cantique, et le frère Pacifique, qui avait été troubadour lauréat de l'empereur, le portait toujours sur ses lèvres comme une branche d'olivier.

Saint François ayant appris que l'union était brisée entre

---

[1] Poésies de saint François d'Assise, cantico primo, dans l'APPENDICE.

l'évêque d'Assise et les magistrats de cette ville, ajouta ces paroles à son cantique :

« Loué soit mon Seigneur dans ceux qui pardonnent pour
« son amour, et supportent les souffrances et les tribula-
« tions.
« Heureux ceux qui persévèrent dans la paix; car ils se-
« ront couronnés par le Très-Haut. »

Et il dit à ses compagnons : « Allez avec confiance chez les magistrats, et dites-leur de ma part de se rendre chez l'évêque. Quand ils seront en sa présence, ne craignez pas, chantres de Dieu, chantez à deux chœurs le cantique de mon frère le soleil. » Et ces paroles si simples rétablirent la paix : les ennemis s'embrassèrent et se demandèrent mutuellement pardon. Enfin le dernier degré de l'amour, il le monta; il aima la mort, il la salua avec tendresse. Dans le couvent de Sainte-Marie-des-Anges à Fuligno, le vicaire-général, frère Élie, vit dans son sommeil un vénérable vieillard vêtu de blanc, avec des ornemens pontificaux, qui lui dit que François devait se disposer à souffrir avec patience encore deux ans; après quoi, la mort le délivrerait et le ferait passer à un parfait repos, exempt de toute douleur. Notre saint, qui avait eu la même révélation, fut rempli d'allégresse de ce qu'on lui promettait de nouveau un bonheur éternel, de ce qu'on lui annonçait la fin de sa captivité sur la terre. Il ajouta cette strophe à son cantique de l'amour de la nature :

« Loué soit mon Seigneur pour notre sœur la mort cor-
« porelle, à laquelle nul homme vivant ne peut échapper.
« Malheur à qui meurt dans le péché mortel !
« Bienheureux ceux qui se reposent dans ses très saintes
« volontés : la seconde mort ne pourra les atteindre.
« Louez et bénissez mon Seigneur, rendez-lui grâces, et
« servez-le avec une grande humilité. »

Depuis saint François, les touchantes traditions de l'amour de la nature n'ont point été perdues dans le monde : Dieu les a conservées dans le cœur de ses élus, et nous pourrions en suivre les traces jusqu'à nos jours. Sainte Rose de Viterbe, cette héroïne qui, à peine âgée de dix ans, au moment où le pape fugitif ne possédait plus rien en Italie, descendit sur la place publique de sa ville natale pour y prêcher les droits du pontife contre l'empereur, dont elle ébranla l'autorité ; cette jeune fille si courageuse était la bonne amie de la nature, et les petits oiseaux venaient familièrement prendre à manger dans sa main [1]. Le saint fondateur de la Compagnie de Jésus, Ignace de Loyola, admirait dans toutes les créatures la beauté, la sagesse, la puissance du Créateur ; il entrait en contemplation devant un insecte, devant une fleur, devant un brin d'herbe ; mais la vue du ciel surtout le ravissait en extase. Aussi ses regards y étaient presque toujours amoureusement fixés, et ceux qui ne savaient pas son nom disaient pour le distinguer : « C'est cet homme qui lève à toute heure les yeux en haut et qui parle toujours de Dieu [2]. » Un autre François, aussi grand et aussi admirable que celui dont nous écrivons la vie, saint François de Sales, comprit la nature et l'aima avec transport ; il se revêtit d'elle, et ses beaux livres sont comme le vieux voile d'Isis, où toute créature est brodée. J'ouvre au hasard et je lis :

« ..... Il avoit fort neigé et la cour étoit couverte d'un grand pied de neige. Jean vint au milieu, et balaya certaine petite place emmi la neige, et jeta là de la graine à manger pour les pigeons, qui vinrent tous ensemble en ce réfectoire-là prendre la réfection, avec une paix et respect admirables, et je m'amusai à les regarder. Vous ne sauriez croire la grande édification que ces petits animaux me donnèrent ; car ils ne dirent jamais un seul petit mot, et ceux qui eurent plutôt fait leur réfection s'envolèrent là auprès pour atten-

---

[1] Ad infantile solatium adeo habuit familiares aviculas, ut soli frequenter applaudentes advolarent atque e manu gremioque cibum assumerent. Wadding, ann. 1252.

[2] Vie de saint Ignace, par le P. Bouhours, liv. vi.

dre les autres. Et quand ils eurent vidé la moitié de la place, une quantité d'oisillons qui les regardoient vinrent là autour d'eux, et tous les pigeons qui mangeoient encore se retirèrent en un coin pour laisser la plus grande part de la place aux petits oiseaux, qui vinrent aussi se mettre à table et manger, sans que les pigeons s'en troublassent.

« J'admirois la charité; car les pauvres pigeons avoient si grand'peur de fâcher ces petits animaux auxquels ils donnoient l'aumône, qu'ils se tenoient tous rassemblés en un bout de la table. J'admirois la discrétion de ces mendians qui ne vinrent à l'aumône que quand ils virent que les pigeons étoient sur la fin du repas et qu'il y avoit encore des restes à suffisance. En somme, je ne sus m'empêcher de venir aux larmes de voir la charitable simplicité des colombes et la confiance des petits oiseaux en leur charité; je ne sais si une prédication m'eût touché si vivement. Cette image de vertu me fit grand bien tout le jour [1]. »

O mon Dieu! ces exemples de vos saints amans de la nature me feront du bien toute ma vie; il y a dans la nature des

---

[1] Lettre 324, à madame de Chantal, OEuvres de saint François de Sales, édition Blaise, in-8°. Avant la sensiblerie du dix-huitième siècle, on comprenait, on aimait la nature. Lisez encore dans saint François de Sales cette jolie description du nid des oiseaux de mer; écrivant à madame de Chantal sur le repos de nos cœurs dans la volonté de Dieu, il dit : « Je considérois l'autre jour ce que quelques auteurs disent des alcyons, petits oyselets qui pondent sur la rade des mers; c'est qu'ils font des nids tout ronds, et si bien pressés que l'eau de la mer ne peut nullement les pénétrer; et seulement au-dessus, il y a un petit trou par lequel ils peuvent respirer et aspirer. Là dedans, ils logent leurs petits, afin que la mer les surprenant, ils puissent nager en assurance, et flotter sur les vagues sans se remplir et submerger, et l'air qui se prend par le petit trou sert de contrepoids, et balance tellement ces petits pelotons et ces petites barquettes, que jamais elles ne se renversent. » Lisez les relations des missionnaires, lorsque le martyre ne les enlevait pas à la terre, et qu'ils avoient le temps de jeter un regard sur la nature, ils en font des descriptions ravissantes. Je ne citerai qu'une phrase du P. Dutertre, l'historien des Antilles; il dit en parlant des oiseaux-mouches, qui vont boire la rosée dans le calice des fleurs : « On croirait que ce sont les fleurs du ciel qui viennent visiter les fleurs de la terre. »

harmonies divines que les chrétiens seuls peuvent sentir. Rappelez-vous cette belle légende de sainte Jeanne de Portugal : quand elle mourut, toutes les fleurs des environs se fanèrent en même temps et s'inclinèrent sur le passage de son cercueil. Et la terre donnait des roses et des anémones au lieu où l'homme versait son sang, et des lys là où il laissait tomber des larmes. Toutes les créatures gémissent ; elles attendent leur délivrance des fils de Dieu. Oh ! quand viendra pour elles le jour de la liberté et de la gloire ! Les savans tiennent captive la science de la nature ; ils ont enfermé la nature chrétienne dans les formes du paganisme : Jupiter et Mercure sont encore dans le ciel ; les fleurs et les plantes, qui ne devraient exprimer que nos sentimens de tendresse pour Dieu et les saints de Dieu, se fanent et meurent au contact de leur main dure et glacée ; les nomenclatures scientifiques ne devraient être que de pieuses et sublimes litanies, et voilà qu'elles nous révoltent par leur barbarie et nous dégoûtent à cause de leur impudicité. Oh ! si nous, qui sommes les fils de Dieu, nous aimions un peu la nature, nous ferions une croisade contre les sciences impies, sacriléges, athées ! Dieu le veut, Dieu le veut !...

Béni soyez-vous, ô Jésus qui avez racheté le monde !

Chapitre xiij.

1223.

Exposition de la Règle de saint Francois. — Propagation de l'Ordre. — Détails sur les premières fondations. — Frère Elie. — Destinées de l'Ordre. — Ses diverses Réformes.

> Nimis honorificati sunt amici tui, Deus : nimis confortatus est principatus eorum. Dinumerabo eos, et super arenam multiplicabuntur.
>
> PSALM. 138.

> Hæc enim veluti lectissima militum manus undique christianorum lustrat exercitum : nunc istam, nunc illam partem tuetur : arcet insidias, impetum frangit hostium, semper armata, semper in vigili, semper in negotio, nobis ut otium pariat... tota christianitas his plena est.
>
> PII II. EPIST. 412.

Une nuit, François était en prière; il lui semblait avoir ramassé à terre de très petites miettes de pain pour les distribuer à plusieurs Frères affamés qui étaient autour de lui; et, comme il craignait qu'entre ses mains des miettes si menues ne s'échappassent, une voix céleste lui dit : « François, fais une hostie de toutes ces miettes, et en donne à ceux qui en voudront manger¹. » Il le fit ; et tous ceux qui ne recevaient pas dévotement leur part ou la méprisaient après l'avoir reçue, paraissaient infectés de lèpre. Le matin, il raconta tout ceci à ses compagnons, et il était affligé de n'en pas comprendre le mystère. Le jour suivant, comme il priait, une voix du ciel retentit dans son cœur : « François, les miettes de la nuit passée sont les paroles de l'Evangile ; l'hostie est la règle, et la lèpre l'iniquité². » Il comprit alors que la règle qu'il voulait faire approuver par le pape Honorius III, et qui n'était composée que des paroles de l'Evangile, devait être abrégée et mise dans un ordre plus précis. Il partit avec le Frère Léon et le Frère Bonzio, et se retira au couvent de Mont-Colombe. Là, dans le jeûne et la prière, il écouta les inspirations de l'Esprit saint, et fit écrire sa règle, constitution vraiment évangélique, que nous allons étudier avec quelque détail. « La règle et la vie des Frères Mineurs consiste à observer le saint Évangile de Notre-Seigneur Jésus-Christ, vivant en obéissance, sans biens propres et dans la chasteté. Le Frère François promet obéissance et respect à notre saint Père le pape Honorius et à ses successeurs canoniquement élus, et à l'Église romaine. » Le pape avait ajouté : « Que les autres Frères soient tenus d'obéir au Frère François et à ses successeurs³. » Les seuls ministres provinciaux ont le pouvoir d'admettre les novices après un examen sur la foi catholique et les sacremens de l'Église. Les postulans doivent vendre leurs biens, et, s'ils le peuvent, en distribuer le prix aux pauvres ; mais, sous aucun prétexte, les ministres provinciaux ne doivent se charger de cette affaire. Après une année d'épreuve, pendant laquelle les Frères s'exerceront à la pratique de toutes les vertus religieuses, et surtout à l'humilité, ne jugeant et ne

---

¹ Francisce, unam de micis omnibus hostiam facito, et manducare volentibus tribue. S. Bonaventura, cap. IV.

² Micæ præteritæ noctis, verba evangelica sunt : hostia, regula ; lepra, iniquitas. S. Bonaventura, cap. IV.

³ Regula S. Francisci, cap. I.

méprisant qu'eux-mêmes, ils seront admis à faire les vœux [1].
Après avoir recommandé le travail pour éviter l'oisiveté si
pernicieuse à l'âme, de telle sorte néanmoins que l'esprit de
la sainte oraison ne s'éteigne pas [2]; fixé les pénitences pour
les fautes graves [3]; réglé les offices, les prières [4], l'élection
du ministre général, l'assemblée des chapitres tant généraux
que provinciaux [5], et les relations des Frères Mineurs avec
les évêques pour l'exercice du saint ministère [6]; après quelques instructions spéciales sur les rapports des Frères avec
les Pauvres-Dames [7], sur les missions étrangères [8], et sur
l'administration intérieure du couvent [9], François pose la
pierre angulaire de son Ordre. « J'ordonne aux frères de ne
recevoir aucune monnaie, aucun argent, ou par eux ou par
une personne intermédiaire. Cependant, pour les nécessités
des malades et pour le vêtement des Frères, les ministres et
gardiens y pourvoiront avec un soin vigilant, ainsi qu'ils le
jugeront nécessaire, selon les temps, les lieux et les pays
froids, sauf toujours ce qui a été dit, qu'ils ne reçoivent ni
argent, ni aucune monnaie [10].... Les Frères n'auront rien en
propre, ni maison, ni champ, ni autre chose; mais, se regardant comme des étrangers et des voyageurs dans ce
monde, servant Dieu dans la pauvreté et dans l'humilité, ils
iront avec confiance demander l'aumône; et qu'ils n'en
rougissent point, puisque Jésus-Christ s'est fait pauvre
pour nous. Voilà, ô mes très chers Frères, quelle est
l'excellence de cette pauvreté sublime, qui vous fait héritiers
du royaume des cieux, qui vous a dénués des biens de la

---

[1] Unus quisque judicet et despiciat semetipsum. Regula, cap. II.
[2] Regula, cap. V.
[3] Ibid., cap. VII.
[4] Ibid., cap. III.
[5] Ibid., cap. VIII.
[6] Ibid., cap. IX.
[7] Ibid., cap. XI.
[8] Ibid., cap. XII.
[9] Ibid., cap. X.
[10] Ibid., cap. IV.

terre, mais qui vous a faits grands en vertu! Que ce soit là votre partage et votre viatique pour la terre des vivans; attachez-vous-y donc entièrement, et pour le nom de Notre Seigneur Jésus-Christ ne désirez jamais de posséder autre chose sous le ciel. Partout où les Frères seront et se rencontreront, qu'ils se montrent les serviteurs les uns des autres, et qu'ils se découvrent confidemment leurs besoins spirituels; car si une mère aime et nourrit son fils selon la chair, avec combien plus d'affection chacun doit-il aimer et nourrir son frère selon l'esprit! Et si quelqu'un d'eux tombe malade, il faut que les autres le servent comme ils voudraient eux-mêmes qu'on les servît [1]. » Enfin, il termine par ces belles paroles : « Toujours soumis à la sainte Église romaine, et abaissés à ses pieds, toujours inébranlables dans la foi catholique, pratiquons la pauvreté et l'humilité, et observons le saint Évangile de Notre Seigneur Jésus-Christ comme nous l'avons fermement promis [2]. » Telle est la règle de saint François dans toute sa simplicité et sans glose aucune. « Je n'y ai rien mis de moi-même, disait-il souvent à ses Frères, j'ai fait tout écrire comme Dieu me l'a révélé. » Honorius III l'approuva solennellement le vingt-neuvième jour de novembre 1223. Dieu, dans ses intimes communications avec la bienheureuse Birgitte, lui dit : « La règle de François n'a point été composée par l'esprit humain : c'est moi qui l'ai faite; elle ne contient pas un seul mot qui ne lui ait été inspiré par mon Esprit, et il l'a ainsi donnée aux autres [3]. » Le pape Nicolas III, dans une de ses décisions canoniques, dit que la règle de François porte en elle-même le témoignage de la Trinité; qu'elle est descendue du Père des lumières, qu'elle a été enseignée aux apôtres par les exemples et par

---

[1] Regula, cap. vi.
[2] Ibid., cap. xii.
[3] Ipsius Francisci regula quam ipse incepit, non fuit dictata et composita ab ipsius humano intellectu et prudentia, sed a me secundum voluntatem meam. Quodlibet enim verbum, quod in ea scriptum est a Spiritu meo fuit sibi aspiratum, et postea ipse aliis regulam illam protulit, et porrexit. S. Birgitta, Revelation., lib. VII, cap. xx.

la doctrine de son Fils[1]. François disait lui-même dans ses saintes instructions : « Mes Frères et mes chers enfans, on nous a fait une insigne faveur en nous donnant cette sainte règle; car c'est le livre de vie, l'espérance du salut, le gage de la gloire, la moelle de l'Evangile, le chemin de la croix, un état de perfection, la clef du paradis, le pacte d'une éternelle alliance. Personne de vous n'ignore combien la sainte religion nous est avantageuse : comme l'ennemi qui combat contre nous est extrêmement habile à inventer et à exécuter des malices, et qu'il nous tend toutes sortes de pièges pour nous perdre, il y en a beaucoup dont il aurait mis le salut en très grand danger, si la religion ne leur avait servi de défense. Sachez donc bien votre règle, vous tous, tant pour adoucir vos peines que pour vous ressouvenir du serment que vous avez fait de la garder. Il faut que vous vous en entreteniez vous-mêmes dans le fond de vos cœurs, que vous l'ayez toujours devant les yeux pour l'observer exactement, et que vous la teniez en mourant[2]. »

Cependant, l'Ordre se répandait dans le monde avec une merveilleuse rapidité. En Italie, les Frères Mineurs étaient partout. A Rome, Jacoba de Settesoli leur obtint des Bénédictins de l'abbaye de Saint-Côme, au-delà du Tibre, une partie de l'hôpital de Saint-Blaise, qui plus tard leur fut donné en entier, à la demande du pape Grégoire IX (1229). C'est aujourd'hui le couvent de San-Francesco-a-Ripa. La cellule occupée jadis par le saint fondateur a été changée en une chapelle où il fait bon prier. Encore quelques années, et nous verrons les Pauvres de Jésus-Christ monter au Capitole comme des triomphateurs et s'asseoir victorieux sur le trône de l'Eglise d'Ara-Cœli. Cette faveur leur fut accordée en 1250 par Innocent IV. O Sainte-Marie in Ara-Cœli, qui racontera toutes vos gloires ? Que vous apparaissez belle au pèlerin qui vous contemple élevée sur cette échelle de Jacob

---

[1] In 6°, de Verb. signif. Exiit qui seminat.
[2] Barthélemy de Pise, lib. I, Conform. IX, part. VI.

composée de cent vingt-quatre degrés de marbre [1]! Sous vos pieds sont les dépouilles du paganisme et du mahométisme vaincus [2]. Vous portez sur votre tête auguste le riche diadème des vingt-huit autels (ara) du Fils de Dieu : ainsi vous êtes couronnée reine de la prière, de la poésie et de l'art. Nous aimons à contempler vos belles peintures [3], à

---

[1] Ce magnifique escalier a été construit en 1348, comme le prouve cette inscription lapidaire, à main droite de la porte principale :

✠ MAGR. LAVRET.' SYMEONI
ANDREOTII. ANDREE. KAROLI. FA
BRICATOR. DE. ROMA. DE. RE
GIONE. COLVPNE. FVDAVIT.
PSECVT' E. ET COSVMAVIT.
VT. PNCIPAL. MAGR. H. OPVS.
SCALARV. INCEPT. ANNO. D. M.
CCC. XLVIII. DIE
XXV. OCTOBRIS.

[2] Outre les bas-reliefs mythologiques, les marbres, les inscriptions, on lit ces mots sur une des magnifiques colonnes de la nef :

A CVBICVLO AVGVSTORVM.

Singulière destinée! jadis ornement du repaire infâme de toutes les prostitutions, cette colonne est aujourd'hui consacrée à la Vierge très pure, au Lys d'Israël. C'est un symbole de l'histoire du monde. En mémoire de la célèbre victoire de Lépante, remportée sur les Turcs en 1571, M. Ant. Colonna, commandant de la flotte pontificale, offrit au Christ vainqueur (Christo victori), dans l'église de Sainte-Marie in Ara Cœli, une colonne rostrale d'argent doré (haute de cinq palmes).

[3] Parmi ces peintures, on remarque :

Un de ces très anciens portraits de la Vierge attribués à saint Luc, peint sur une table de cyprès. (Voir Andrea Vittorelli, Gloriose Memorie della B. V., p. 363.)

Une Vierge de Raphael, avec l'enfant Jésus, saint Jean-Baptiste et sainte Elisabeth. (Vasari parle d'un autre tableau du même peintre fait pour Sainte-Marie in Ara-Cœli, représentant « una nostra Donna in aria con un paese bellissimo, un S. Giovanni, e un S. Francesco, e S. Girolamo ritratto da cardinale (Sigismondo Conti.) » Anna Conti le fit transporter en 1565 à Foligno dans le couvent delle Contesse.

Un Saint-Jérôme pénitent, dans la chapelle de ce saint docteur, par Giovanni de Vecchi.

parcourir vos livres de chœur ornés de miniatures si délicieuses ¹, à voir tressaillir le peuple romain à la vue de l'image de Jésus enfant qui lui est présentée par de pauvres Frères Mineurs ². Nous aimons le soir entendre vos cloches sonner l'Ave Maria, lorsqu'en méditant les adorables desseins de la Providence sur le monde, nous parcourons les galeries du cloître si plein de tristesse et de sainteté, de grandeurs et de magnificences. Nous aimons surtout à entendre retentir sous les voûtes de votre église le chant des sibylles antiques qui annonçaient au monde la venue du Sauveur, et à Rome une gloire qui ferait pâlir sa gloire ³.

Bernard de Quintavalle, à la tête d'une sainte colonie, était allé s'établir en Espagne. Le premier couvent fut bâti

---

Les fresques de la chapelle de Sainte-Anne, par Benozzo Gozzoli, de la divine école ombrienne, et par Giovanni da Tagliacozzo.

Les fresques de la chapelle de Saint-Bernardin, par Pinturicchio.

Dans la sacristie, on voit une très ancienne statue en bois, de saint François recevant les stigmates.

Un Saint-Jacques de la Marche et un Saint-François Solano par Odoardo Vicinelli.

¹ Faites sous le pontificat d'Alexandre VI, par le Frère Mineur Antonio de Modoetia.

² Un Frère Mineur sculpta à Jérusalem, avec du bois d'olivier du jardin de Gethsemani, une petite statue de Jésus enfant, qui arriva à Rome après bien des aventures; elle est couverte d'or, de diamans, de saphir, d'émeraudes, de topazes, et le jour de l'Epiphanie, on la montre au peuple après la solennelle procession del Bambino.

³ Tous les soirs, après complies, les religieux viennent dans la chapelle de Sainte-Hélène, vulgairement appelée la Sainte-Chapelle, et ils chantent :

Stellato hic in circulo Sibyllæ tunc oraculo, te vidit rex in cœlo : o Mater Christi dirige nos, et ad bonum erige pulso maligno telo.

V. Ora pro nobis scala tangens astra,

R. Ne nos affligant damnatorum castra.

OREMUS.

Subveniat, quæsumus Domine, plebi tuæ in periculis inclinatæ, tua ut indiget miseratio copiosa; ad quod te moveant Dei virginis genitricis, et aliorum sanctorum in præsenti sarcophago sepultorum, merita veneranda, quorum memoriam devotione, qua possumus, frequentamus. — Voir, sur cette liturgie et sur toutes les antiquités de Sainte-Marie in Ara Cœli, le Memorie istoriche dal P. Casimiro Romano. Ord. Min. Roma, 1736, in-4°.

à Lerida en Aragon en 1216; celui de Saragosse en 1219, et bientôt le nombre s'accrut prodigieusement, surtout après le voyage de saint François lui-même. Les Frères qui étaient venus à Tolède obtinrent de la charité publique une pauvre petite maison hors de la ville, où le peuple venait les visiter et s'édifier de leurs vertus. Un jour qu'ils étaient à mendier leur chétive nourriture quotidienne, ils rencontrèrent des gentilshommes qui, suivant la coutume espagnole, conduisaient avec pompe un taureau au combat du cirque. Un de ces gentilshommes cria aux Frères : « Si vous avez le cœur et la hardiesse de prendre ce taureau, je vous le donnerai pour l'amour de Dieu. — Et moi, dit un autre, je vous donnerai la terre où nous sommes pour y bâtir un couvent. » Les bons Frères, remplis de foi et de confiance en la force du Tout-Puissant, prirent le taureau, qui devint doux comme une brebis, et, le tenant par les cornes, ils le promenèrent devant tout le peuple émerveillé; ils dirent ensuite aux gentilshommes : Maîtres, vous êtes obligés à tenir votre promesse. Ainsi fut fondé en 1217 le saint couvent de Tolède [1].

En Portugal, les Frères Zacharie et Gualtero, avec la protection d'Uraca, femme du roi Alfonse II, établirent les couvens de Saint-Antoine à Coïmbre, de Lisbonne et d'Alenquer (1217) [2].

En Sicile, le premier couvent avait été bâti à Saint-Léon, près de Messine, par trois femmes illustres, Violanta de Polizzo, Eleonora de Procida, et Beatrice de Belflore. C'est là où saint Antoine demeura quelque temps [3]. Le couvent de Nari fut bâti l'année même de la canonisation de saint François. Celui de Grateria existait à l'époque de saint Antoine; le couvent de Palerme fut construit d'après les ordres de Grégoire IX. Dans la province de Drepano, les

---

[1] Marc de Lisbonne, II⁰ partie, liv. I, chap. xxi.
[2] Wadding.
[3] On voit dans le chœur de l'église de ce couvent un magnifique candélabre d'airain, ouvrage de l'artiste Octaviano Præconio de Messine. — Petrus Rodulphius, Hist. Seraph., p. 280.

couvens de Noti et de Leontini sont du temps de saint François. Tous les autres couvens ont été fondés dans les siècles suivans, surtout un très grand nombre datent du seizième siècle [1].

En France, le Frère Pacifique et ses compagnons établissaient l'Ordre (1216). D'abord ils furent exposés à la faim, au froid, à toutes les autres incommodités que peuvent souffrir, hors de leur pays, des hommes inconnus, dénués de tout, et d'une vie extraordinaire. Pendant la nuit, ils allaient à l'office dans les églises, leurs seuls abris. Ils passaient la matinée aux pieds des autels; après quoi, si personne ne leur offrait à manger, ils allaient demander l'aumône de porte en porte. Le reste du jour était employé dans les hôpitaux à faire les lits des lépreux et des autres malades, à panser leurs plaies et leur rendre tous les services d'humilité et de charité qu'ils avaient appris de l'exemple et des leçons de François leur père. Une conduite si sainte attira les regards de tout le monde, gagna les cœurs, fit embrasser l'institut, et procura beaucoup d'établissemens. Le plus considérable fut celui de Paris. Là, ce sont encore les Bénédictins qui reçoivent les Frères Mineurs comme des hôtes et qui leur donnèrent leur premier couvent [2]. Saint Louis, en 1234, y fit construire des bâtimens considérables et surtout une église magnifique. Ce beau monument, contemporain et frère de la Sainte-Chapelle, fut en 1580 la proie d'un incendie [3]. Ange de Pise a été le premier gardien du couvent de Paris, qui, par ses soins et sous l'influence de son esprit, devint une école si fameuse qu'elle rivalisa avec l'Université. Le Frère Christophe et ses compagnons travaillaient heureusement à la mission de Guienne, qu'ils commencèrent par le couvent de Mirepoix; en 1217, on fondait le couvent de

[1] Petrus Rodulphius, p. 282.

[2] Ut ibi maneant tanquam hospites. — D. Bouillart, Hist. de l'abbaye de Saint-Germain-des-Prez, p. 119, in-folio.

[3] Dubreuil, Antiquités de Paris, liv. II. — La nouvelle église du couvent de l'Observance a été bâtie par les soins de Christophe et Jacques-Auguste de Thou.

Villefranche; dès lors le mouvement fut toujours ascensionnel, et les Frères Mineurs, après un siècle, instruisaient et sanctifiaient presque toutes les villes de notre France.

Frère Pacifique, que François avait institué ministre provincial de la mission de France, après avoir établi et envoyé des religieux en divers endroits du royaume, alla lui-même avec quelques compagnons dans le comté de Hainaut et en d'autres provinces des Pays-Bas, où, par les libéralités et sous la protection de Jeanne de Constantinople, il fit bâtir beaucoup de maisons. Celles de Lens en Artois, de Saint-Tron dans le pays de Liége, de Valenciennes, d'Arras, de Gand, de Bruges et d'Oudenarde, furent les premières. Ces fondations produisaient de merveilleux fruits de grâce et de sainteté. A Thorouth, ville de Flandre, un enfant de cinq ans, nommé Achaz, ayant vu, en 1219, l'habit des Frères Mineurs, pria ses parens de lui en donner un semblable. Ses instances et ses larmes les contraignirent de le satisfaire. Il fut donc vêtu en Frère Mineur, avec une grosse corde, les pieds nus, ne voulant point porter d'argent, pas même y toucher, pratiquant autant qu'il lui était possible les exercices des religieux. On le voyait faire parmi ses compagnons l'office de prédicateur, les détourner du mal, les exciter au bien par la crainte des peines de l'enfer, et par l'espérance de la gloire du ciel. Il leur apprenait à réciter l'Oraison dominicale et la Salutation angélique. Il reprenait ceux qui faisaient mal en sa présence. Lorsqu'il voyait son père boire outre mesure et qu'il l'entendait jurer, il lui disait, les larmes aux yeux : « Mon père, notre curé ne dit-il pas que ceux qui font de semblables choses ne posséderont point le royaume de Dieu ? » Etant à l'église un jour de fête avec sa mère, qui avait un bel habit rouge, il lui montra le crucifix comme la condamnation de sa vanité, et l'avertit de prendre garde que cette couleur ne la fit tomber dans les flammes de l'enfer. Depuis ce jour, sa mère ne porta que des habits fort simples. On admirait, à un âge si tendre, tant d'ouverture d'esprit, de maturité, de sagesse, de piété : il n'y avait personne qui ne prît un singulier plaisir à voir et à entendre cet aimable enfant. Dieu le retira de ce monde avant qu'il eût sept ans accomplis. Dans sa maladie, il se confessa et demanda la communion avec instance. Le curé ne put le satisfaire à cause de la défense des conciles. Alors il leva les mains au ciel et dit avec une grâce charmante : « Mon Seigneur Jésus-Christ, vous savez que tout ce que je désire au monde est de vous recevoir. Je vous ai demandé, j'ai fait ce que j'ai pu ; j'espère avec une ferme confiance que vous ne me priverez pas du bonheur de vous posséder [1]. » Il consola ensuite et exhorta ses parens et les autres, qui fondaient en larmes autour de lui, et il rendit à Dieu son âme toute pure. Après tous ces travaux, le bienheureux troubadour impérial, Pacifique, mourut dans l'humble et pauvre couvent de Lens [2].

En Angleterre, l'ordre se propagea par les soins des frères Ange et Albert de Pise, qui y vinrent après s'être arrêtés quelque temps à Paris. Etant arrivés dans une ferme de l'abbaye d'Abingdon, située au milieu d'un bois entre Cantorbery et Oxford, ils demandèrent aux religieux l'hospitalité. La pluie était froide et la faim les pressait. Un jeune moine les voyant si maigres, vêtus d'une façon si extraordinaire, et les entendant parler une langue douce et harmonieuse, les prit pour des jongleurs et des bouffons, et courut annoncer cette bonne fortune aux prieurs et aux autres dignitaires qui n'avaient rien de mieux à faire qu'à se divertir. Les Frères Mineurs furent introduits pour jouer et boire en leur présence. Mais ils firent entendre qu'ils étaient des religieux professant la vie évangélique [3]. Tout déconcertés, ces moines les firent mettre dehors avec des paroles

---

[1] Tu nosti, Domine Jesu Christe, quod meum summum desiderium est te habere. Petivi te, feci quod debui ; et spero quod tui presentia non frustrabor. Thomas de Cantiprato, lib. II, de Apibus, cap. xxviii.

[2] Hors du chœur, sur un très ancien monument, on lisait : Sub hoc lapide recondita servantur ossa sacra beati Pacifici, ordinis Minorum, qui ipse primus fuit provinciæ Franciæ minister. — Molanus, Natales sanctorum Belgii, 10 julii.

[3] Qui cum fuissent introducti, ut biberent, et luderent coram eis, res-

méprisantes. Un des plus jeunes moines eut pitié d'eux; il obtint du portier qu'il leur ouvrirait, lorsque le prieur serait couché, et les ferait entrer dans une grange. Cela fut ainsi; et nos Frères Mineurs étaient couchés sur le foin, quand ce jeune moine leur apporta du pain et de la cervoise, se recommandant à leurs prières [1]. Revenu dans sa cellule, il s'endormit profondément et eut cette terrible vision. Jésus-Christ, assis sur un merveilleux trône, jugeait le monde. D'une voix foudroyante il dit : « Qu'on fasse venir les maîtres de ce lieu. » On amena tous les moines de l'abbaye. Mais voilà qu'un homme pauvre et petit portant l'habit de Frère Mineur accourut, s'écriant: « O juge très juste ! vengez les Frères Mineurs qui ont failli succomber cette nuit par la cruauté de ces moines. Ils ont refusé à ceux qui ont tout quitté pour votre amour, et qui sont venus ici chercher les âmes rachetées par votre sang, le pain et l'hospitalité qu'ils n'auraient point refusé aux jongleurs et aux bouffons. » Alors le Christ dit au prieur: « De quel Ordre es-tu? De l'Ordre de saint Benoît, répondit-il. » Jésus se tournant du côté de saint Benoît, dit: « Est-il vraiment de votre Ordre ? » Le saint patriarche répondit: « Seigneur, cet homme et ses semblables sont les destructeurs de mon Ordre. Car je veux dans la règle que la table de l'abbé soit la table des hôtes; et ceux-ci refusent aux hôtes le nécessaire. » Jésus-Christ commanda aux exécuteurs de sa justice de pendre le prieur et ses moines au grand orme du cloître [2]. Se tournant ensuite vers le jeune moine qui avait exercé la miséricorde, il lui demanda à quel Ordre il appartenait. Tout tremblant, et effrayé du mauvais sort des religieux de saint Benoît, il répondit: « Seigneur, je suis de l'ordre de ce pauvre [3]. »

---

ponderunt Fratres se non esse joculatores, sed religiosos vitæ apostolicæ professores. S. Antonin, Chronic., tit. XXIV, cap. vii, § 2.

[1] Introductis igitur fratribus ad dormiendum super fœnum, monachus ille panem et cervisiam eis apportavit. S. Antonin.

[2] Tunc præcepit Christus, ut in ulmo, quæ erat in claustro, statim suspenderetur. S. Antonin.

[3] Considerans ille quomodo monachi Benedicti fuerant male tractati, totus

« Est-il vrai, demanda Jésus-Christ à François ? » car c'était lui qui assistait à ce jugement. « Il est à moi, répondit-il, je le reçois dès aujourd'hui; » et il embrassa très tendrement ce jeune religieux. Aussitôt à son réveil, il court dans les cellules des moines, et il les trouve morts étouffés. Il revint en toute hâte à l'abbaye où il raconta cette épouvantable histoire. Cependant les frères Ange et Albert de Pise et leurs compagnons étaient partis dès le matin; ils arrivèrent à Oxford où Henri III les établit avec une magnificence royale[1]; à Cantorbery, ils avaient été reçus par les Frères Prêcheurs qui déjà y avaient un couvent[2]. Le jeune moine et l'abbé d'Abingdon entrèrent chez les Frères Mineurs, ainsi que Rodulph, évêque d'Hereford, et un grand nombre de personnages de distinction. On vit ces hommes s'employer avec une profonde humilité aux plus vils travaux, et même porter les pierres pour la construction des couvens[3]. Le fameux docteur Robert Grosse-Tête forma l'école des Frères Mineurs d'Oxford d'où sortirent de savans hommes. Mais dès l'origine on voit combien l'esprit de saint François et de ses enfans était antipathique à l'esprit contentieux des écoles. Frère Ange de Pise revenant à Oxford après une longue absence, les frères avaient imaginé, afin de célébrer son retour, de faire en sa présence un combat scholastique, un de ces tournois spirituels, réjouissance obligée de cette époque. On disputa sur la valeur et la certitude de cette proposition : Dieu est[4]. Rempli d'indignation et de douleur, Ange s'écria :

---

tremebundus, et sibi pavens dixit Domino : Ego sum de ordine hujus pauperis. S. Antonin.

[1] Oxoniam venientes a rege Henrico sunt honorifice recepti. S. Antonin.

[2] A Fratribus Prædicatoribus qui jam ibi receperant conventum caritative sunt recepti. S. Antonin.

[3] Et tam humiliter conversati sunt, ut et ipse episcopus et abbas lapides portarent pro constructione conventus. S. Antonin.

[4] Fratribus gratulatorie ad ejus adventum scholasticum certamen ineuntibus..., de qualitate et certitudine hujus propositionis : Deus est. — Wadding, 1220.

« Malheur à moi ! voilà que les simples, les pauvres ignorans croient fermement en Dieu et l'aiment d'un grand amour ; tandis que nos frères les savans, qui voient chaque jour les miracles de sa bonté et de sa puissance, posent en question : Dieu est-il ? » Et il renvoya tous les livres [1]. Le couvent de Londres fut bâti en 1226. En Irlande, les Frères Mineurs étaient établis en 1230.

Au chapitre général de 1221, François était assis aux pieds d'Elie, et comme ses maladies l'empêchaient de se faire entendre, ce fut par l'organe de son vicaire qu'il proposa tout ce qu'il voulait communiquer à l'assemblée. Il le tira par sa tunique, et lui dit tout bas le dessein qu'il avait d'envoyer de nouveau des frères en Allemagne. La première mission avait été malheureuse ; les frères avec leur pauvre habit et leur langage étrange furent pris pour des hérétiques, accablés de coups, de mauvais traitemens, et enfin chassés [2]. Il en avait été de même en Hongrie, où les bergers lancèrent leurs chiens sur les pauvres frères, et les poursuivirent à coups de pierres et de houlettes [3]. Elie déclara publiquement les choses en ces termes : « Mes frères, voici ce que dit le FRÈRE (François était ainsi nommé par excellence) : il y a un pays, c'est l'Allemagne, dont les habitans sont chrétiens et remplis de dévotion. Ce sont eux que nous voyons passer dans notre pays sous l'ardeur du soleil, avec de longs bâtons et de larges bottes ; ils vont ainsi chantant les louanges de Dieu et des saints, visiter les lieux de pélerinages. Déjà j'ai envoyé chez eux de nos frères, qui en sont revenus après avoir été maltraités. C'est pourquoi je n'oblige personne à y aller ; mais si quelqu'un est assez animé du zèle de la gloire de Dieu et du salut des âmes, pour entreprendre ce voyage, je lui promets le même mérite d'obéissance, et encore plus grand que s'il

---

[1] Heu me ! simplices et illiterati ad Deum rapiuntur ; et isti litterati Deum esse ponunt in quæstione. Et ob hoc illud studium revocavit S. Antonin.
[2] Wadding, 1216, ix.
[3] Ib., 1219.

allait outre mer ¹. » Quatre-vingt-dix frères vinrent se jeter aux pieds de François, demandant cette grâce; ils espéraient le martyre. Cesarius, prêtre de Spire, que les sermons du frère Elie avaient attiré dans l'Ordre depuis quelque temps, et qui était lui-même un prédicateur célèbre, fut établi chef de la mission et ministre provincial d'Allemagne. Cesarius fit un choix entre ceux qui s'étaient offerts. S'approchant d'un pieux frère nommé Jordano, il eut une soudaine inspiration de l'emmener: « Jordano, dit-il, vous viendrez aussi avec nous. » « Moi, répondit Jordano, je ne suis point des vôtres; si je me suis levé, ce n'est pas pour partir, c'est pour embrasser ceux qui vont en Allemagne souffrir le martyre. » Or il avait une si grande frayeur que les Allemands par leur cruauté, et les hérétiques de Lombardie par leurs artifices ne lui fissent perdre la foi, qu'il demandait tous les jours à Dieu dans ses prières la grâce d'être préservé des uns et des autres. Cesarius continuant à le presser pour le voyage, et lui ne voulant point y consentir, on alla au vicaire-général, qui dit à Jordano : Mon frère, je vous commande par la sainte obéissance de vous déterminer absolument pour aller en Allemagne, ou n'y aller point. Ce commandement mit sa conscience dans un grand embarras. D'une part, s'il n'allait pas en Allemagne il craignait le reproche d'avoir suivi sa propre volonté, et de perdre une belle couronne; de l'autre, il était torturé par la peur des Allemands. Il consulta un frère qui avait beaucoup souffert dans la première mission en Hongrie. « Allez trouver le frère Elie, lui répondit-il, et témoignez-lui que vous ne voulez ni partir pour l'Allemagne, ni rester ici, mais que vous ferez tout ce qu'il ordonnera. Jordano suivit ce conseil. Élie lui commanda d'aller avec le frère Cesarius. Il

¹ Est quædam regio Teutonica, in qua sunt homines Christiani, et devoti qui, ut scitis, sæpe terram nostram cum longis baculis et largis ocreis sub rapidissimo sole sudoribus æstuantes, pertranseunt, ac limina sanctorum visitant, laudes Deo et sanctis ejus decantando. Wadding, t. II, p. 3. — Cette description est frappante pour quiconque a rencontré des pèlerins allemands.

obéit [1]. Cesarius choisit vingt-sept frères dévoués, douze clercs, et quinze laïques parmi lesquels il y avait des Allemands et des Hongrois. Ils partirent partagés en plusieurs petites troupes, et avant la fête de saint Michel ils arrivèrent tous successivement à Trente, où pendant quinze jours ils reçurent de l'évêque la plus généreuse hospitalité. Le jour de la fête, Cesarius prêcha au clergé, et frère Bernabeo au peuple. Un homme, nommé Pelerin, fut si touché du discours de Bernabeo, qu'il fit habiller de neuf tous les frères, vendit son bien, en distribua le prix aux pauvres et revêtit l'habit des Mineurs. Cesarius laissa quelques uns des siens à Trente, les exhortant à la pratique de la patience et de l'humilité, et il continua sa mission avec les autres. L'évêque de Trente qu'ils trouvèrent à Botzen, les retint encore quelques jours, et leur donna la permission de prêcher dans tout son diocèse. Pendant leur route, ils se mettaient bien plus en peine du spirituel que du temporel. Aussi, ils souffrirent beaucoup; ceux qu'ils avaient chargés du soin de leur vie, ne savaient pas mendier, et le peuple était peu généreux à leur égard [2]. L'évêque de Brixen les reçut fort charitablement. Mais dans les montagnes du Tyrol, qui alors étaient encore plus sauvages qu'aujourd'hui, leurs souffrances devinrent extrêmes. Après de longues journées de marches pénibles, ils étaient réduits à vivre de fruits sauvages; encore se firent-ils un scrupule d'en manger un vendredi matin, parce que c'était un jour de jeûne selon la règle. Et pourtant ils avaient couché en plein air sur les bords d'un petit ruisseau, sans avoir presque rien mangé [3]. A Mittenwald, ils obtinrent à grand peine quelques pauvres morceaux de pain : Dieu les soutenait. Ils arrivèrent à Augsbourg, où l'évêque les embrassa tous et leur donna des marques de singulière bienveillance. Son neveu leur céda

---

[1] Wadding.

[2] Et fratres mendicare nescirent. Wadding, t. II, p. 5.

[3] Peregerant eo die septem milliaria germanica, cumque de prætereuntis rivuli aquis hausissent, quieti se dederunt. Wadding, t. II, p. 5.

sa maison qui devint un couvent. En 1221, le seizième jour d'octobre, fête de saint Gall, Cesarius tint à Augsbourg le premier chapitre de l'Ordre en Allemagne avec environ trente de ses frères qu'il distribua en diverses provinces de ce vaste pays. Quelques uns allèrent à Mayence, à Worms, à Spire, à Cologne; ils y bâtirent des couvens, et firent beaucoup de fruit pour le salut des âmes. Jordano, que nous avons vu si timide et que Dieu avait fortifié d'un zèle immense, fut envoyé avec deux compagnons à Saltzbourg, où il fit grand bien sous la protection de l'archevêque. Trois autres allèrent s'établir à Ratisbonne. Cesarius presque toujours les suivait, les animant d'exemple et de parole. Étant à Wurtzbourg, il donna l'habit des Mineurs à un jeune homme de distinction nommé Hartmod, et le nomma André à cause de la fête de ce saint apôtre, qui se célébrait ce jour-là. Frère André, après avoir reçu les saints ordres, devint un grand prédicateur et fut le premier Custode de Saxe.

Mais les Frères Mineurs trouvèrent surtout une profonde sympathie et de sincères encouragemens auprès de la jeune duchesse de Thuringe, la pieuse Élisabeth. Elle leur donna tout l'appui qui était en son pouvoir; elle fonda aussitôt un couvent à Eisenach, et choisit pour confesseur le frère Rodinger, l'un des premiers Allemands qui eussent embrassé la règle séraphique; religieux distingué par son zèle, et qui lui conserva pendant toute sa vie un grand attachement. Par suite de ces relations nouvelles, tout ce qu'elle entendait raconter sur François lui-même enflamma son jeune cœur d'une ardente affection pour lui, et une sorte d'entraînement irrésistible l'excitait à marcher sur les traces de ce modèle suprême de toutes les vertus [1]. François eut une grande joie et une grande admiration en apprenant ces choses. Il prenait plaisir à entretenir le cardinal Ugolini de l'austère et

---

[1] Ipsa sancta cujusdam sincerissimæ dilectionis continua teneritudine trahebatur ad ipsum pauperem patrem Franciscum. Wadding, t. II, p. 139.

fervente piété d'Élisabeth et de son amour pour la pauvreté¹. Un jour, le cardinal recommanda au saint de faire passer à la duchesse un gage de son affection et de son souvenir ; et en même temps il lui enleva des épaules le pauvre vieux manteau dont il était couvert, en lui enjoignant de l'envoyer de suite à sa fille d'Allemagne, comme un tribut dû à l'humilité et à la pauvreté volontaire dont elle faisait profession, et en même temps comme un témoignage de reconnaissance pour les services que déjà elle avait rendus à l'Ordre ². Et Elisabeth reçut avec bonheur cette glorieuse bannière de la pauvreté ³.

En 1222, les Frères Mineurs et les Frères Prêcheurs pénétrèrent ensemble dans le royaume de Suède et dans les autres pays du Nord. Un des premiers qui embrassèrent l'institut des Mineurs fut Laurent-Octave, homme très illustre. Le pauvre habit qu'il portait, et qu'il honorait par la pratique de toutes les vertus, particulièrement par l'amour des souffrances, ne le rendait pas moins vénérable que son éloquence et sa doctrine ; il contribua beaucoup à l'affermissement du Christianisme dans ces contrées barbares ⁴. Élu archevêque d'Upsal en 1245, il obéit à l'ordre formel d'Innocent IV ; mais dans cette dignité il ne cessa point de vivre en vrai Frère Mineur. Il gouverna la Suède dans l'interrègne qui suivit la mort du roi Éric-Bald, et travailla à faire régner chrétiennement son successeur. Lorsque vint son dernier moment, il voulut reposer dans le couvent des Frères Mineurs (1267). Sa mémoire serait bénie du peuple suédois si l'hérésie n'avait pas arraché en lui jusqu'au dernier vestige de foi et tout véritable sentiment de grandeur nationale.

En 1219, Benoît d'Arezzo s'embarqua avec ses compa-

¹ De ipsius famulæ Dei Elisabethæ sanctitate tam famosa, paupertate tam stricta, et humilitate tam profunda familiariter conferebat. Wadding, 1226.

² Voir le chapitre x de la délicieuse Histoire de sainte Elisabeth de Hongrie, par le comte de Montalembert.

³ Velut felicissimum paupertatis vexillum. Wadding, 1226.

⁴ Hist. Upsal., lib. II, sub fine.

gnons pour aller en Grèce. Là ils servirent le Christianisme par la sainteté de leur vie, les miracles et la prédication; en peu de temps, les Frères Mineurs y eurent un grand nombre de maisons, et formèrent la province de Romanie. Électe, qui reçut plus tard la couronne du martyre, et le frère Egidius, furent les premiers apôtres franciscains de l'Afrique. Nous avons vu les heureux résultats de la mission de François en Orient, terre fertile, car elle était fécondée par le sang des martyrs. Après des siècles, lorsque Christophe Colomb aura doublé le monde, les Frères Mineurs aussi redoubleront de zèle; ils iront civiliser ces peuples nouveaux, et sur les bords de ces grands fleuves sans nom, le vieux tronc franciscain retrouvant toute sa vigueur primitive, produira saint François Solano.

La propagation de l'Ordre de saint François continua à suivre cette merveilleuse marche ascensionnelle, et voilà qu'ils remplissent la chrétienté: on trouva partout les Frères Mineurs au service de l'Église de Jésus-Christ. Aussi un grand pape leur rend ce solennel témoignage : « Comme une troupe choisie de chevaliers, ils parcourent l'armée chrétienne; ils défendent toutes les parties de la cité de Dieu; ils détruisent les embûches et brisent le choc des ennemis; toujours armés, toujours dans le travail, ils préparent le repos du monde [1]. »

O bienheureux François d'Assise, le Seigneur a véritablement imprimé son alliance dans votre chair; il vous a donné la gloire en votre race; il a multiplié votre postérité comme la poussière de la terre; il a élevé votre famille comme les étoiles, et il a étendu votre héritage d'une mer à l'autre, depuis le fleuve jusqu'aux extrémités du monde [2] !

Cette rapide et merveilleuse propagation de l'Ordre des Pauvres de Jésus-Christ ne peut s'expliquer rationnellement

---

[1] Pii II Epist. 412.

[2] In carne ejus stare fecit testamentum..., dedit illi gloriam in gente sua, crescere illum quasi terræ cumulum. Et ut stellas exaltare semen ejus, et hereditare illos a mari usque ad mare, et a flumine usque ad terminos terræ. Ecclesiastic., cap. XLIV, 21.

que par le vague besoin de changement, la soif ardente d'un avenir meilleur, le profond découragement qui s'était emparé de la société entière; car il est des époques tristes pour l'espèce humaine déjà si malheureuse par sa nature. Des siècles ont passé derrière nous, durant lesquels la protection divine semblait s'être retirée des peuples. Ils s'agitaient alors dans les crises de la douleur et de l'effroi, pour retomber dans l'abattement du désespoir ou s'endormir dans un honteux sommeil de l'intelligence. Toutes les âmes qui cherchaient à s'élever au-dessus de la terre et de ses vils intérêts par des élans sublimes de foi et d'amour aimèrent les pauvres Mineurs. Cette noble génération les reconnut pour ses enfans, pour ses frères; elle les abrita de sa tendresse; elle les réchauffa sur son sein; elle partagea avec eux le pain de chaque jour. Mais à fond de cale de l'humanité s'agitaient les passions viles et toujours égoïstes; elles ne comprirent pas le dévouement; elles maudirent les bénédictions et eurent de la haine pour la charité. Alors l'Église se leva de son trône éternel, et elle fit à la face du monde l'apologie des Pauvres (apologia Pauperum). Cette lutte entre l'esprit de sacrifice et l'égoïsme, entre la pauvreté et l'or; cette controverse entre la science orgueilleuse et la science selon l'esprit de Dieu, entre le dur et prosaïque Guillaume de Saint-Amour et saint Bonaventure, le docteur séraphique, est assez importante dans l'histoire de l'esprit humain pour que nous nous arrêtions un instant à en esquisser les traits principaux. Elle est d'ailleurs toujours vivante; on en retrouve partout dans le monde les impérissables élémens.

Pourquoi, au milieu d'un si grand nombre d'ordres monastiques, saint François est-il venu établir une règle nouvelle, comme si les autres n'étaient pas suffisantes?—Dans son ardent amour pour Dieu, il fut enflammé d'un triple désir : être parfait imitateur de Jésus-Christ, s'unir à Dieu dans une contemplation continuelle, gagner au ciel un grand nombre d'âmes : c'est pour réaliser ce désir qu'il a établi un Ordre où la vie contemplative est unie à la vie active, car l'exercice fidèle des bonnes œuvres pacifie la conscience, et l'enivrant, la tient élevée aux choses d'en haut. Ainsi saint François n'a pas voulu que ses religieux fussent obligés au soin des âmes par la nécessité du devoir, mais par l'affection d'une charité libre [1]. Les Frères Mineurs ne possèdent rien sur la terre pour onze raisons principales : 1° afin que nous puissions plus parfaitement suivre les vestiges de Jésus-Christ; 2° pour éviter les liens de l'avarice; 3° pour conserver la charité : les propriétés étant la source des procès, des divisions; 4° pour mériter le bonheur d'entendre au jour du jugement ces divines paroles : Bienheureux les pauvres; 5° pour avoir l'âme plus libre et plus légère dans les exercices spirituels; 6° afin de pouvoir plus entièrement nous livrer à la prédication; 7° pour annoncer à tous et sans crainte la parole de Dieu; 8° pour que les peuples apprennent par là à se confier plus vivement en Dieu; 9° afin qu'en sortant pour demander l'aumône nous ayons souvent l'occasion d'édifier le prochain; 10 pour que ceux qui nous élargissent les biens temporels nous demandent aussi avec plus de foi les biens spirituels; 11° afin d'être avertis de ne jamais donner de scandale, puisque nous avons besoin de la providence quotidienne des autres [2]. Les Frères Mineurs habitent dans les villes pour édifier les peuples et être à portée de recevoir d'eux la nourriture et la défense [3]. Ils ne travaillent pas des mains, parce qu'il ne leur resterait plus de temps pour le ministère ecclésiastique. Lorsqu'on viendrait appeler un religieux pour prêcher ou pour confesser, il serait obligé de répondre : Je n'ai pas encore achevé le travail qui doit me faire vivre aujourd'hui [4]. D'ailleurs, il n'y a pas un Frère oi-

---

[1] Noluit sanctus Franciscus esse fratres suos astrictos ad curam animarum ex debito necessitatis, sed ex liberæ caritatis affectu. Quæstio 1. — Determinationes quæstionum circa Regulam S. Francisci. S. Bonaventuræ Opera, tom. VII, in-folio. C'est dans cet ouvrage que la controverse est le mieux présentée.

[2] Quæst. iv.

[3] Quæst. v.

[4] Opus meum quo victui meo hodie deservire debeo, nondum explevi. Quæst. xi.

sif, et tous travaillent à étudier et à enseigner les peuples, à faire l'office divin et à chercher la nourriture; et si un Frère est mauvais, nous le gardons dans l'espérance qu'il se corrigera. Est-ce qu'on jette à la mer le malade du vaisseau tant qu'il y a espoir de guérison? Ne faut-il pas éviter le scandale? Dans le couvent, son péché n'est connu que des seuls religieux; dans le monde, il serait connu de tous les passans. Notre Seigneur Jésus-Christ connaissait bien Judas, et pourtant il ne l'a pas chassé de sa compagnie [1]. En général, les gens du monde jugent fort mal les religieux, d'abord parce qu'ils en ont une idée fausse, ensuite parce qu'ils leur prêtent toujours, dans toutes leurs actions, les intentions qu'ils ont eux-mêmes en faisant les mêmes actions [2]. On nous demande pourquoi nous honorons plus les riches que les pauvres. Nous répondons : Devant Dieu, tous les hommes sont égaux; il les a tous créés pour le salut éternel. Ainsi nous devons également les aimer, également travailler à leur bonheur. Si le pauvre est meilleur que le riche, nous devons l'aimer davantage. Néanmoins, nous devons honorer le riche pour quatre raisons : 1° Dieu a fait le riche puissant en ce monde; dans la gloire temporelle il l'a préféré au pauvre : ainsi nous devons nous conformer à cet ordre de Dieu, qui en cela les honore; 2° si nous ne les honorions pas, ils seraient pires; ils troubleraient nous et les pauvres : nous sommes donc tenus en conscience à les amener à un état meilleur; 3° la conversion d'un riche est de beaucoup plus grand profit que celle de plusieurs pauvres. Le salut du pauvre ne sert qu'à lui; mais l'amendement du riche est profitable à plusieurs, tant pour l'édification qu'il donne aux autres par son bon exemple, les provoquant au bien et à la vertu, que pour tous les biens qui se font par les mains du riche; la conversion du seul Constantin a plus servi l'Eglise que celle de plusieurs autres hommes; 4° nous rece-

---

[1] Quæst. xvii.

[2] Cum vident nos aliquando facere, æstimant quod tali animo facimus ut ipsi. Quæst. xxi.

vons des riches de plus grands secours et de plus grandes aumônes corporelles ; il est raisonnable que nous soyons à leur égard plus disposés, plus prompts à leur élargir les biens spirituels. C'est une dette. Etant pris dans les filets du monde, attachés par des liens innombrables, ils ont besoin de plus diligens, de plus fréquens secours [1]. On demande pourquoi les prêtres séculiers n'aiment pas les Frères Mineurs. Rien ne doit moins étonner. Ils craignent que nous les reprenions vigoureusement de leurs vices, de leurs excès, dont nous avons une pleine connaissance, voyant qu'ils ne sont pas tels qu'ils doivent être. Ils craignent que le monde, en les comparant aux religieux, ne les trouve inférieurs dans leur vie et dans leur doctrine, et ne les méprise [2]. Ils craignent, par-dessus tout, que nous ne leur enlevions une aumône, un gain temporel qu'ils préfèrent à tout bien spirituel [3]. Et c'est aussi pour toutes ces raisons que les bons prêtres nous aiment et nous favorisent; nous sommes pour eux des enfans et des compagnons dans l'administration de l'Église, nous partageons leur zèle et leur sollicitude des âmes; et nous sommes les coopérateurs de leur propre salut [4].

Mais c'est bien plutôt par la pratique de toutes les vertus, de tous les dévouemens, que par une controverse pleine de noblesse et de dignité, que les Frères Mineurs ont vaincu le monde. C'est la destinée des grandes choses de vivre pratiquement, de marcher toujours sans se perdre dans les stériles préoccupations de la métaphysique, sans s'arrêter à chaque pas pour se demander avec un orgueil insolent et timide : Pourquoi marches-tu? Suivons un instant cette marche providentielle des Frères Mineurs. Dès les commencemens on put remarquer dans

---

[1] Quæst. XXIII.

[2] Et ipsi comparati nobis appareant in vita vel in scientia viliores, vel etiam indoctiores in doctrina. S. Bonaventura, quæst. XXVII.

[3] Et hæc videtur potior esse causa pluribus, qui nos odiunt, scilicet si plus inhiant lucris pecuniarum à suis subditis, quam fructui animarum. S. Bonaventura, quæst. XXVII.

[4] Quæst. XXVII.

l'Ordre deux tendances bien distinctes. Les uns, dans toute la ferveur de leur sacrifice, voulaient pratiquer la pauvreté absolue ; les autres moins fervens, mais peut-être plus judicieux, comprirent que cet état de pauvreté ne pouvait pas durer toujours ; que les liens nécessaires qui attachent l'homme à la vie ne pouvaient être entièrement brisés sur la terre ; que cet enthousiasme sublime ne vivrait pas long-temps dans notre faible nature : et certes l'histoire est là pour prouver qu'ils ont eu raison. Les imitateurs parfaits de la vie de saint François, les parfaits observateurs de la règle (et qu'on entende ici le mot parfait dans son acception la plus stricte, la plus exacte), ont toujours été et sont encore d'honorables et saintes exceptions. Et la règle mal ou trop rigoureusement interprétée devenait impraticable dans d'autres pays que l'Italie, sous un autre ciel que le ciel méridional.

Les vues et l'administration de frère Élie me paraissent étrangement dénaturées par la pieuse partialité des chroniqueurs franciscains. Il faudrait rechercher dans les écrivains tout-à-fait désintéressés et en dehors de ces querelles monastiques le vrai côté de l'histoire. Nous jugeons les hommes et les événemens du point de vue catholique ; ainsi nous sommes trop élevés pour descendre dans les petites passions humaines et en tenir un compte détaillé. Nous commençons à condamner dans la conduite personnelle de frère Elie tout ce que les Souverains Pontifes et l'Eglise y ont condamné ; nous croyons même qu'au treizième siècle ses tendances eussent pu arrêter un essor généreux et utile. Mais tout en faisant une large part aux circonstances et aux fautes de frère Elie, nous ne pouvons nous empêcher de reconnaître qu'il était à tout prendre un des hommes les plus remarquables du treizième siècle ; et que c'est lui qui, humainement parlant, a organisé les Frères Mineurs. Exposons tout simplement sa vie ; nous laisserons au lecteur à appliquer le blâme et la louange.

Elie était né à Cortone ; d'abord simple frère, il fut fait, à cause de son mérite, ministre provincial de la Toscane. Lorsque François écrivit sa règle, Élie, Jean de Strachia, ministre provincial de Bologne, et plusieurs autres supplièrent le cardinal Ugolini de lui faire à ce sujet quelques observations. François prit respectueusement le cardinal par la main, le mena aux frères assemblés en chapitre, et leur dit : « Mes frères, mes frères, Dieu m'a appelé par la voix de la simplicité et de l'humilité, afin que je suive la folie de la Croix : c'est à sa gloire, à ma confusion et pour assurer vos consciences que je vais vous déclarer ce qu'il m'a dit : François, je veux que tu sois dans le monde un nouveau petit insensé, qui prêches par tes actions et par tes discours la folie de la Croix ; que toi et tes frères ne suivent que moi, que je sois leur seule forme de vie. » Et il se retira. Alors le Cardinal-protecteur admirant la sainteté, la simplicité de cet homme, dit aux frères : « Vous avez vu, ô mes bien chers, comment le Saint-Esprit a parlé par la bouche de cet homme apostolique ; sa parole est sortie comme une épée à deux tranchans, qui a pénétré jusqu'au fond du cœur ; ne contristez pas l'Esprit de Dieu, ne soyez point ingrats des biens qu'il vous fait, il est véritablement en ce pauvre, et vous découvre par lui les merveilles de sa puissance. » Le frère Élie et les autres provinciaux furent touchés de ce discours et obéirent à la sainte volonté de François. Lorsque François part pour sa mission de Syrie, c'est à Élie qu'il confie le gouvernement de l'Ordre [1]. Celui-ci modifia quelques unes des observances, qui paraissaient trop difficiles à garder, ainsi que des usages trop en dehors des mœurs et des habitudes du siècle ; il fit en même temps des réglemens très utiles pour l'administration des provinces [2]. Au chapitre général de 1220, François étant de retour en Italie, ôta aux frères Élie et Jean de Strachia toutes leurs charges dans l'Ordre, afin de satisfaire à quelques réclamations. Ils se soumirent avec une profonde humilité. Pierre de Catane, après un an

[1] Wadding.
[2] Bolland., IV oct., p. 830, 831.

de vicariat-général, reconnut que ce fardeau était trop pesant pour son caractère doux et sans énergie, il remit en plein chapitre ses pouvoirs, et frère Élie fut de nouveau établi pour le gouvernement de tout l'Ordre. Dans cette circonstance François agit d'après une révélation particulière de Dieu [1], et on trouve dans ses œuvres une pieuse lettre d'obédience donnée à Élie [2]. Nous verrons les soins affectueux prodigués avec un dévouement infatigable par frère Élie à François malade et mourant, et les grands travaux d'art exécutés à Assise par cet homme illustre. Comme sa vie n'a point encore été considérée sous ce rapport, nous aimerons à nous arrêter sur ce sujet d'une façon toute spéciale [3]. Après la mort du saint fondateur, le chapitre s'assembla à Rome en 1227, sous la présidence du cardinal Ugolini, pape sous le nom de Grégoire IX, pour élire un ministre général. La majorité des frères porta Élie, donnant pour principale raison qu'ayant été choisi par le bienheureux François, il devait gouverner l'Ordre [4]. Elie s'excusa publiquement : « Mes bien chers frères, dit-il, ne m'imposez point cette charge, car il m'est impossible de suivre la vie commune, je ne puis pas marcher à cause de mes infirmités. » A ces mots plusieurs s'écrièrent : « Mangez de l'or, s'il le faut, et ayez un cheval, pourvu que vous gouverniez l'Ordre [5]. » D'autres à la vérité auraient voulu le frère Jean Parent pour ministre général. Mais Grégoire IX voyant que la plus grande partie du chapitre était pour frère Elie, confirma son élection. En conséquence Elie prit le gouvernement. Il envoya des visiteurs dans toutes les provinces pour s'assurer de l'état de la tête et des membres; il révoqua impitoyablement de leurs charges un grand nombre de ministres provinciaux et

---

[1] Chalippe, liv. III.
[2] S. Francisci opuscula, p. 5.
[3] Voir notre chap. XVI.
[4] Quem beatus Franciscus ante mortem elegerat, esse gubernatorem ordinis. S. Antonin, tit. XXIV, cap. IX, § 1.
[5] Clamarunt quod aurum comederet, si expediret, et equum haberet, dummodo ordinem gubernaret. S. Antonin.

de gardiens. Il surveillait et prévoyait à tout [1]. Sous une administration si ferme et si zélée les études devinrent florissantes, et un très grand nombre d'hommes savans et de théologiens habiles entrèrent dans l'Ordre [2]. Et aussi beaucoup se sanctifiaient; après leur mort il se faisait des miracles à leur tombeau [3]. Dans le chapitre général de 1230, Grégoire IX, sur les plaintes de saint Antoine de Padoue et d'Adam de Marisco, déposa frère Elie. On lui reprochait deux grands crimes : contre la prescription formelle de la règle qui défend de recevoir de l'argent, ou par soi-même ou par des personnes interposées, il avait reçu et fait recueillir des aumônes considérables pour la construction de la basilique d'Assise ; dans ses voyages il se servait d'un grand cheval, et se faisait accompagner par deux serviteurs [4]. Voilà tout l'acte d'accusation ; aussi Grégoire qui connaissait l'intelligence élevée et les vues sages d'Élie, confirma avec plaisir sa nouvelle promotion à la dignité de ministre-général au chapitre de 1236. Le parti qui lui était opposé saisit dans sa conduite tout ce qu'on pouvait interpréter à son désavantage ; et il ne faut pas croire que lui, ou ceux auxquels il abandonnait une portion de son autorité, étaient irréprochables. Les deux partis avec leurs tendances diverses se portaient réciproquement à d'énormes excès. L'historien qui donnerait à cette époque une teinte doucereuse, et aux hommes une mansuétude inaltérable, serait dans une étrange erreur. Les mœurs naturelles étaient au treizième siècle encore empreintes d'une barbarie rude et souvent cruelle :

---

[1] Hic missis visitatoribus fecit sub arctitudine magna provincias visitari tam in capitibus quam in membris... Passim instituebat et destituebat provinciales ministros et custodes. Et de aliis providebat. S. Antonin.

[2] Sub isto generali Fratre Helia, tam multi docti viri ingressi sunt ordinem Minorum. S. Antonin.

[3] Multi Fratres claruere miraculis ex magna eorum vitæ sanctitate. S. Antonin.

[4] Multas enim eleemosynas pro illa ecclesia construenda procuravit. . Et cœpit habere equum magnum et domicellos. S. Antonin.

et un des plus grands bienfaits, je dirai plus, un des plus grands miracles du Christianisme est d'avoir mis de la douceur dans les relations sociales. Je me suis toujours représenté une âme profondément chrétienne du moyen âge comme ces arbres déjà forts que l'on plie avec beaucoup de peine; si le lien se brise, l'arbre retourne à son premier état avec une force, une violence que rien ne peut arrêter. Au milieu de nos sociétés actuelles qui sont plus vieilles de cinq siècles il est rare de trouver dans les âmes cette énergie primitive et un peu sauvage; mais dans une longue et sainte existence, la partie humaine ne prévaut-elle jamais sur la partie divine? Eh! mon Dieu, demandez à tous ceux qui vous entourent. Or donc voici ce qui arriva. Un bien saint homme, d'une simplicité peut-être trop présomptueuse, crut qu'il devait réformer l'Ordre. Vivre parfaitement dans la règle, c'était un droit de chaque religieux et même un devoir; mais vouloir se séparer, faire bande à part, se poser publiquement comme plus parfait, c'est un abus dans une congrégation, et il est du devoir des supérieurs de réprimer ces tendances dangereuses pour la vie une et forte de l'Ordre. Du reste, les Frères Mineurs étant encore dans toute la dévotion primitive n'avaient certes pas besoin de réforme, il fallait au contraire modérer la ferveur indiscrète. C'est ce que frère Elie voulut faire en dispersant une association qui s'était formée sous la direction du frère Cesarius de Spire, très saint religieux, mais dont les actions n'étaient pas alors inspirées par la prudence. Elie prit les ordres de Grégoire IX, qui lui donna à cet effet de très grands pouvoirs. Il dispersa les Césarins dans divers couvens, et comme Cesarius se montra opiniâtre, il le fit enfermer dans une prison. Un jour que le gardien de la prison était sorti, laissant les portes ouvertes, Cesarius qui souffrait avec une admirable patience sortit dans une petite cour, afin de se réchauffer aux rayons du soleil. Lorsque le Frère chargé de la prison revint et qu'il aperçut Cesarius, il crut qu'il voulait prendre la fuite. Il se précipite et lui décharge sur la tête un coup de bâton si violent que Cesarius expira sur l'heure [1].

En 1239, Élie fut déposé une seconde fois. Alors cet homme énergique ne put rester sans agir. Frédéric II le connaissant pour un des hommes les plus sages du monde et aussi des plus habiles, l'attira dans son parti [2]. Élie entrevit dans cette nouvelle position le moyen de servir l'Église, en ménageant un réconciliation entre le pape et l'empereur. Mais la malveillance ou d'autres causes firent que ses lettres ne furent point remises à Grégoire IX, qui mourut peu de temps après. Élie ne se découragea pas, et en 1244, après la mort de frère Haymon, il vint avec la permission d'Innocent IV au chapitre général. Le but avoué de ce voyage était la pacification des partis. Il devait présenter au pape des conditions de paix fort avantageuses; mais ses partisans ayant fait de grands efforts pour l'élire ministre-général une troisième fois, le parti opposé redoubla de zèle et ne trouva d'autre moyen de triomphe que de présenter, au pape, Élie comme un ambitieux, un fauteur du crime de Frédéric et un ennemi déclaré de l'Église. Innocent l'excommunia et lui ôta tout privilége clérical [3]. Ainsi humilié, Élie n'eut d'autre refuge que la protection de l'empereur, qui l'employa à plusieurs négociations importantes. Il fut chargé de faire un traité de paix et d'alliance entre Frédéric et l'empereur de Constantinople [4]. Au milieu de toutes les graves préoccupations de la politique et de la diplomatie, Élie n'avait rien perdu de son amour pour les arts. Il saisit avec empressement l'occasion d'aller visiter la seconde capitale du monde, où les empereurs chrétiens avaient amassé les trésors artistiques de l'Orient. Il en rapporta une croix merveilleuse,

---

[1] Dominic. de Gubernatis, orbis Seraphicus, t. I, lib. V, cap. IV.

[2] Fra Elia, il quale era riputato uno de' savi buomini del mondo, richiesto dal detto rè Federico. Fioretti, cap. XXXVII.

[3] S'accosto a lui... per la qual cosa fu scommunicato dal papa, e privato dell' habito di S. Francesco. Fioretti. — Cela lui attira aussi la haine de tous les historiens guelfes.

[4] Qui etiam imperator misit Fratrem Heliam ad imperatorem Constantinopolitanum, ut inter eos imperatores tractaret pacem. S. Antonin, § 5.

conservée encore au seizième siècle dans le couvent des Frères Mineurs de Cortone. On en admirait les caractères étranges et les filigranes délicats[1]. En 1250, après la mort de Frédéric, Élie vint demeurer à Cortone, sa patrie, où il partageait ses jours entre la prière et la pratique des arts. Il fit construire la grande et magnifique église des Frères Mineurs ; car sa pensée unique, comme son seul amour sur la terre, était l'Ordre de saint François. J'aime à contempler la glorieuse et imposante figure de ce vieillard se reposant dans les divines contemplations de l'art d'une vie longue, agitée et remplie par les actes forts et généreux d'un caractère énergique ; il est beau de le voir au milieu du délaissement des hommes imprimer dans un monument les saints et poétiques souvenirs de sa vie. Ses ennemis ont flétri sa mémoire, ont dénaturé ses actions, mais ils n'ont pas eu le courage de le damner. Ils croyaient simplement, d'après une tradition qui nous a été transmise, que saint François avait obtenu de Dieu le salut éternel d'Elie[2] ; aussi ils le font mourir comme un saint.

En 1253, il fut attaqué d'une maladie grave. Un de ses frères, qui était de l'Ordre des Mineurs, vint le visiter et lui témoigna toute sa douleur de le voir mourir séparé de l'Ordre et privé des grâces du Souverain Pontife. « Pour vous, disait-il, je m'exposerais à tous les dangers, je ne récuserais aucun sacrifice, aucune fatigue. » Élie répondit : « Je ne vois d'autre moyen que d'aller se jeter aux pieds du pape, le suppliant pour l'amour de Jésus-Christ de m'absoudre de mon excommunication publique et de me rendre le saint habit de l'Ordre[3]. » Le bon frère partit, et le pape se res-

---

[1] Ubi visitur hodie crux admiranda, quam ipse Constantinopoli detulisse fertur cum quibusdam characteribus expressis, nobis prorsus ignotis. Petrus Rodulphius, Historia Seraph., p. 177.

[2] Voir Marc de Lisbonne, Mariana de Florence, saint Antonin, Fioretti, cap. xxxvii.

[3] Io non vedo altro modo, se non che tu vadi al papa, e lo preghi per amor di Christo, che mi assolva dalla scommunica, e mi restituisca l'habito della Religione. Fioretti.

souvenant des anciens mérites d'Élie, lui pardonna tous ses péchés et consentit à ce que l'habit de l'Ordre lui fût rendu. Le frère revint en toute hâte exécuter les volontés du pontife et consoler Élie, qui s'endormit tranquillement dans le Seigneur, heureux d'aller rejoindre dans le ciel François, en qui il avait mis toute sa confiance et tout son amour sur la terre [1]. Après tout cela, il était naturel que frère Élie fût jugé fort diversement. Nous comptons pourtant en sa faveur les autorités les plus graves. Thomas de Celano en a parlé avec de très grands éloges; ces éloges sont répétés dans la vie manuscrite de saint François en vers français, contemporaine d'Élie. La vie écrite par les trois compagnons et saint Bonaventure, qui avait à un si haut degré le sentiment des convenances délicates et de la grandeur, ne parlent pas une seule fois de frère Élie pour le blâmer [2]. Si nous écoutons un écho des écrivains étrangers à l'Italie et aux passions de l'esprit de parti, nous entendrons Lucas de Tuy saluer deux fois le frère Élie homme très saint et très vénérable [3].

Saint Bonaventure peut être regardé comme le second fondateur de l'Ordre. Élu ministre-général en 1256, il fit dans les chapitres généraux de très sages constitutions. Ainsi, à Narbonne (1256), il ordonna de recueillir les constitutions de tous les chapitres généraux antérieurs: voici les

---

[1] Nel quale Fra Elia haveva havuto gran speranza. Fioretti.

[2] Pour donner une idée d'un mensonge de chroniqueur, je citerai cet exemple : François, après avoir écrit sa Règle, la communiqua à Frère Élie pour l'examiner et la faire examiner; elle s'égara par négligence involontaire (servandam suo vicario commisisset, et ille, paucis elapsis diebus, assereret per incuriam perditam. S. Bonaventura, cap. IV). Voilà le récit original et vrai. Barthélemy de Pise, ou son interpolateur (car d'après les observations des Bollandistes, p. 851, il est probable qu'on a ajouté plusieurs choses à ce livre), bâtissent là-dessus tout un récit malveillant pour Frère Élie, et sans aucun fondement réel. (Ea regula perlecta cum sibi non placeret, ipsam destruxit, dicens se per incuriam eam perdidisse, seu amississe. Lib. I, Conform. IX.)

[3] Viro sanctissimo Fratre Helia. Lib. III, cap. XIV. — Fratre Helia venerabili viro. Cap. XV, adversus Albigensium errores.

principales dispositions de l'ordonnance administrative qu'il y publia.

Les gardiens auront dans leur couvent les constitutions générales publiées d'après nos ordres; les anciennes non approuvées seront déchirées aussitôt [1]. Tous les religieux liront une fois par mois ces constitutions, principalement les sept premiers chapitres, qui traitent du commun bien de tous. Les ministres feront corriger avec soin les Bréviaires et les Missels, suivant un exemplaire corrigé et approuvé par l'Église [2]. Cette prescription toute liturgique a servi beaucoup à mettre dans les formes du culte de l'unité, de la pureté, et à préparer la grande réforme liturgique de saint Pie V. On ne bâtira pas de dôme dans les églises sans la permission du ministre-général, excepté sur le grand autel. Que les clochers ne soient plus bâtis en forme de tour. Qu'il n'y ait plus dans les églises de verrières peintes et historiées, hormis celle du principal autel, où l'on pourra représenter l'image du crucifix, de la vierge Marie, de saint François et de saint Antoine de Padoue [3]. Les retables d'autel ne seront point somptueux. Les encensoirs, les croix, les images, tout ce qui est d'or et d'argent sera ôté par obéissance, à moins que dans ces croix ne soient renfermées de précieuses et vénérables reliques, et que ces vases ne soient destinés à contenir le corps et le sang de Notre Seigneur Jésus-Christ. Les calices seront simples, sans ornemens, et pèseront deux marcs et demi. Chaque autel aura son calice; mais il y en aura un particulier pour la messe conventuelle [4]. Ces lois somptuaires monastiques qui nous

---

[1] Et istis publicatis veteres destruantur. Petrus Rodulph., Hist. Seraph., pag. 258.

[2] Studeant ministri, quod littera Breviariorum et Missalium corrigatur ad exemplar unius, quod habere poterunt, juxta ecclesiæ constitutiones. Petrus Rod., p. 258.

[3] Vitrinæ quoque historiatæ vel picturatæ de cætero nusquam fiant..., in principali vitrea post majus altare possint haberi imagines Crucifixi, B. Virginis, B. Francisci, B. Antonii. P. 238.

[4] Petrus Rodulph., 259.

paraissent un peu sévères étaient urgentes au treizième siècle ; une émulation, pieuse il est vrai, mais qui portait à enfreindre la règle fondamentale de la pauvreté, animait chaque couvent ; ils rivalisaient entre eux : c'était donc un devoir à saint Bonaventure de faire régner la loi. Afin que le développement fût successif et providentiel, il fallait conserver pour l'avenir l'esprit religieux, qui devait être le principe générateur de la science et de l'art.

L'ordre des Mineurs, par la seule raison qu'il présentait un idéal trop en dehors de la vie humaine, était déchu de sa première ferveur et tombé dans une sorte de découragement. Saint Bonaventure, par des livres presque divins, s'efforça de rallumer ou d'entretenir dans les âmes le feu sacré de la vie spirituelle. Il écrivit aux ministres provinciaux pour la réformation des religieux :

« Quoique je connaisse clairement mon insuffisance à porter la charge qui m'est imposée, à cause de la faiblesse de mon corps, de l'imperfection de mon esprit, de mon inexpérience pour le gouvernement et des contradictions de ma volonté, ce serait néanmoins une chose indiscrète de résister au désir d'une si grande congrégation et aux ordres du Souverain Pontife et du Dieu très-haut ; c'est pour cela que j'ai baissé les épaules sous un si pesant fardeau, me confiant dans la force de Dieu et dans votre amour si plein de sollicitude. Ainsi donc je compte sur votre zèle et sur votre dévouement pour détruire le mal, fortifier le bien, réchauffer les faibles et animer les forts. Etabli spéculateur dans la maison d'Israël, afin qu'on ne me demande pas compte du sang des âmes, j'ai délibéré de vous écrire des choses que j'aurais exposées plus volontiers dans un chapitre général. Puisque les temps mauvais, la perte des consciences et les scandales du monde nous pressent, notre Ordre, qui devrait être un miroir de toute sainteté, étant devenu en divers lieux inutile et méprisable, je vous déclare, moi, nonce de la vérité, ce qui m'a paru mauvais d'après le conseil des sages. Je ne dis pas même tout ; je n'ordonne rien de nouveau ; je ne veux imposer aucune obligation pesante.

Pourquoi la splendeur de l'Ordre s'est-elle obscurcie? pourquoi la pureté de conscience a-t-elle été souillée? C'est à cause de cette multitude d'affaires que l'on traite avec l'or, que l'on garde, que l'on manie avec complaisance. Je vois l'oisiveté des frères qui est la sentine de tous les vices; ils restent plongés dans un repos charnel, buvant le sang des âmes avec une cruauté monstrueuse. Je vois ce vagabondage presque général : pour le soulagement de leur corps, ils grèvent les lieux par où ils passent, et au lieu d'édifier, ils scandalisent les âmes. Je vois ces demandes importunes, cette rapacité qui fait craindre la rencontre des frères comme la rencontre des brigands. Je vois la construction somptueuse des bâtimens magnifiques; cela trouble la paix des religieux, charge les âmes, et fait que plusieurs jugent mal de nous. Je vois un grand nombre de ces familiarités coupables, défendues par notre règle, et qui font naître des soupçons, des infamies et des scandales. Je vois cette commission imprudente des offices qui impose à des frères peu mortifiés dans leur corps et ne connaissant pas la vie de l'âme, des charges qu'ils ne peuvent porter. Je vois cette invasion cupide sur les sépultures et les testamens; ce qui offense les prêtres. Je vois dans les couvens des mutations qui marquent l'inconstance et violent la sainte pauvreté. Je vois la superfluité des dépenses; les frères ne voulant plus se contenter de peu, comme la charité aussi s'est refroidie dans les peuples, nous leur sommes devenus onéreux, et nous le deviendrons chaque jour davantage si nous n'apportons un remède à ces abus. Et bien que tous ne soient pas coupables, cependant la malédiction les enveloppe tous..... Que le dévouement de nos cœurs soit donc excité avec toute la ferveur de notre zèle; chassons les marchands de la maison du Père céleste, et enflammons les frères à la pratique de la vertu et à la prière. Gardez-vous de recevoir tant de personnes inutiles dans l'Ordre; je veux que l'on observe étroitement la constitution faite à ce sujet. Brisez toutes les mauvaises coutumes, malgré toutes les résistances et les répugnances des frères à qui la chose peut paraître dure; mais sur la terre, la perfection de notre état le demande, ainsi que le douloureux état présent, et même les gens du monde; et dans le ciel le bienheureux François, le sang répandu de Jésus-Christ et Dieu nous l'ordonnent[1]. »

Dans son sein, cette institution des Mineurs portait, à cause de la faiblesse inhérente aux hommes, un germe de division et de dépérissement. Peu d'années après saint Bonaventure, les réformes commencèrent. La plus considérable est celle de l'Observance. Un saint religieux, nommé Paoluccio à cause de sa petite taille, en jeta les fondemens en 1368, dans l'ermitage de Bruliano, près de Fuligno. Ce religieux était fils de Vagnotio de Trinci, d'origine suédoise[2]; il eut pour son œuvre une autorisation spéciale du ministre-général, Thomas de Farignano. Les puissances spirituelles et temporelles soutinrent et encouragèrent cette réforme; aussi ses progrès furent rapides; elle s'étendit dans toute l'Italie, en France, en Espagne, en Portugal, en Allemagne, et jusque dans le Levant. Elle produisit de saints et illustres personnages, et par-dessus tout, trois hommes qui seront à jamais une des grandes gloires de l'Église : saint Bernardin de Sienne, saint Jean Campistran et saint Jacques de la Marche. A côté de la sainteté croissait la science. Cette réforme fut considérée comme une institution si importante, que le concile de Constance l'approuva solennellement et la favorisa en toutes choses[3]; elle eut même ses vicaires-généraux. Ainsi, de tous les membres qui composaient l'Ordre des Frères Mineurs, les uns modifiaient la pauvreté prescrite par la Règle, et prétendaient en avoir le privilége; les autres voulaient la garder exactement et à la lettre; mais aucun acte officiel ne portait atteinte à la pauvreté absolue; tous reconnaissaient pour supérieur le ministre-général, successeur de saint

---

[1] Epistola de reformandis Fratribus. S. Bonaventura, t. VII, p. 467.
[2] Wadding, 1323, n° XXI.
[3] Concil. Constant., sess. 19.

François. Il y avait une unité apparente, extérieure. En 1517, Léon X fit assembler à Rome un chapitre qu'il nomma Généralissime. Il était divisé en deux camps : les Observans[1], qui faisaient profession de garder la Règle à la lettre, auxquels se joignirent toutes les autres réformes de différens noms, et ceux qui gardaient la Règle avec de grandes modifications, et que l'on nommait Conventuels. Le projet du pape était d'établir une étroite union. Il fut impossible de s'entendre. Les Conventuels furent séparés par l'autorité du Souverain Pontife, et constitués en un corps particulier, sous le nom de Frères Mineurs Conventuels, dont le chef, appelé Maître général, serait confirmé dans son office par le ministre-général, successeur immédiat du saint fondateur. Il leur fut permis d'avoir des biens-fonds; ce qui a été autorisé par le concile de Trente[2]. Ainsi l'Ordre des Frères Mineurs se renouvela lui-même dans son propre sein, aux pieds du vicaire de Jésus-Christ. Mais cela n'arrêta que pour un instant les tendances diverses des esprits; l'Observance voulut avoir une étroite Observance, qui s'inaugura en Espagne sous la glorieuse protection de saint Pierre d'Alcantara; les Frères de cette nouvelle famille prirent en Italie le nom de Riformati, et en France celui de Récollets[3]. En 1525, il se forma encore dans l'Observance une nouvelle transformation de l'Ordre de saint François : les Capucins[4]. Ce vieux tronc Franciscain a conservé toute sa vigueur; il abritera encore de son ombre bien des générations faibles et souffrantes. Il a toute sa gloire; et dans ces derniers temps il présente au monde avec orgueil deux hommes revêtus de la pourpre romaine, et qui résument l'histoire de l'Ordre : le cardinal Micara, héritier de cette éloquence populaire qui distinguait le moyen âge et qui

---

[1] Connus autrefois en France sous le nom de Cordeliers.

[2] Sess. xxv, cap. III.

[3] Ce nom vient des couvens de Récollection, que l'on donnait dans l'Observance à ceux qui voulaient vivre plus parfaitement.

[4] Les Annales des Capucins, par Boverio, sont un des plus beaux livres qu'on puisse lire.

est restée vivante en Italie, Capucin puissant par ses vertus et par sa science; et ce cardinal Orioli, un des premiers théologiens de Rome, membre de plusieurs congrégations dont il est la lumière; intelligence vaste et forte, unie à un cœur simple et bon.

Chapitre xiv.

1224.

Le mont Alvernia. — Saint François reçoit les stigmates. — Ses hymnes d'amour.

> Ego enim stigmata Domini Jesu in corpore meo porto.
> S. Paul, ad Galatas.

> Deus charitas est : et qui manet in charitate, in Deo manet et Deus in eo.
> S. Joannes, Epist.

Un jour François, dans ses courses apostoliques, passait avec le frère Léon au pied du château de Montefeltro. Il y avait une affluence considérable de chevaliers, de marchands et de peuples des campagnes; la glorieuse bannière des comtes de Montefeltro flotte sur la grande porte, et du haut des remparts éclatent le son des trompettes et les cris de joie. La cour retentit sous les pas des coursiers, et dans les grandes salles gothiques les troubadours italiens et provençaux accordent leurs luths pour chanter la valeur et la gloire. La veille des armes était finie, et un jeune comte de Montefeltro, au milieu de sa famille et de tous les chevaliers du voisinage, allait recevoir dans l'antique chapelle les ornemens symboliques de la chevalerie[1], qui, dans son origine, était une institution toute religieuse, une sanctification de l'art militaire[2]. François aimait naturellement ces sortes de fêtes; elles rappelaient dans son esprit ses plus douces, ses plus vives ambitions de jeunesse; il dit à Léon : Allons à cette fête; nous y ferons, Dieu aidant, un chevalier spirituel[3]. Après l'office solennel, François monta sur un petit mur et commença à prêcher par ces paroles : È tanto il ben ch'aspetto che ogni pena m'è diletto (le bien que je désire est si grand, que toute peine m'est plaisir). Il cita l'exemple des apôtres, qui étaient pleins de joie d'avoir reçu des outrages pour le nom de Jésus-Christ, et celui des martyrs qui s'exposaient volontiers aux tourmens et à la mort pour conquérir le ciel. L'auditoire fut profondément ému, et tous les yeux étaient attachés sur le visage du prédicateur, comme s'il eût été un ange[4]. Parmi les chevaliers était Orlando de Chiusi di Casentino. Il avait entendu en Toscane raconter de François des choses merveilleuses, ce qui lui avait donné un grand désir de le voir. Aussitôt après la prédication, il l'aborde, et le tirant à l'écart, il lui dit : Père, je voudrais parler avec vous du salut de mon âme. François répondit : Cela me plaira beaucoup; mais à présent faites honneur à vos amis qui vous ont invité à la fête; mangez avec eux, et après le repas nous converserons ensemble tant que vous voudrez[5]. En ef-

---

[1] Voir le Vrai Théâtre d'Honneur et de Chevalerie, ou le Miroir héroïque de la Noblesse, par La Colombière, t. I, p. 296; Paris, in-folio, 1648. — Durand, dans son Rationale divinorum officiorum, fait un curieux parallèle entre les ornemens épiscopaux et les armes d'un chevalier. La similitude était plus grande encore avec le costume monacal.

[2] Voyez dans D. Martène, de Antiquis ecclesiæ ritibus, t. III, p. 231, in-4º, le Cérémonial liturgique de la bénédiction d'un nouveau chevalier.

[3] Andiamo qua su questa festa, peroche con l'aiuto di Dio noi faremo alcun frate spirituale. Fioretti, Consideratione intorno alle stimmate, p. 167.

[4] Vitale, Chronic. montis Alvernæ, in-4º, p. 28. Les mêmes détails se trouvent aussi dans Wadding, dans les Bollandistes, IV octob., p. 825, et dans Fioretti, que je suis toujours de préférence.

[5] Piace mi molto; ma và questa mattina, e honora gli amici tuoi, che

fet, après le repas il vint à François, et à la fin d'une longue et abondante causerie sur les dispositions de son âme, Orlando dit : J'ai en Toscane une montagne vraiment religieuse ; on l'appelle Monte-del-Alvernia ; elle est isolée, sauvage et très convenable à ceux qui voudraient faire pénitence loin du monde et mener la vie solitaire ; si elle vous plaît, je vous la donnerai volontiers et à vos compagnons pour le salut de mon âme. A ces paroles, François, tout joyeux, remercia Dieu dans son cœur, et dit à Orlando : Seigneur, quand vous serez retourné dans votre château, je vous enverrai quelques uns de mes disciples ; ils visiteront la montagne, et si elle est propre à la vie religieuse, j'accepte votre charitable offrande. Puis il se leva et continua son voyage ; et le chevalier Orlando revint à Chiusi-Nuovo, dont le voyageur aperçoit les murailles déchirées et les portes béantes sur les bords de la petite rivière de Rasina, à un mille de l'Alvernia.

De retour à Sainte-Marie-des-Anges, François envoya deux frères à Chiusi ; Orlando les reçut avec honneur et avec joie. Accompagnés de cinquante hommes armés à cause des bêtes sauvages et des brigands, ils visitèrent la montagne[1]. Ils choisirent, au-dessus d'immenses rochers, dans un lieu découvert, entouré de hêtres énormes, une place propre à bâtir un couvent. Avec l'aide de leurs guides, ils y construisirent des logettes en bois, en terre et en pierre, et un petit oratoire où ils récitèrent le saint office de l'Église. Ainsi, les pauvres Frères Mineurs prirent possession de la montagne par la prière. Cette sainte retraite, si propre à la vie contemplative, fut bien chère à François ; il alla souvent y reposer son âme et son corps des fatigues de l'apostolat. Il y fit un premier voyage avec les Frères Léon, Angelo et Masseo, qui était le gardien ; car toujours il avait coutume de choisir parmi ceux qui l'accompagnaient un supérieur auquel il obéissait humblement. Il prêcha partout où il passa, et n'eut

---

l'hanno invitato alla sua festa, e mangia con loro, e dopo mangiato parleremo insieme. Fioretti, p. 169.

[1] Chronica montis Alvernæ, p. 30.

d'autres soins que l'office, la méditation et les entretiens pieux. La première nuit se passa dans un couvent de l'Ordre. La deuxième nuit, la fatigue et le mauvais temps les obligèrent à chercher un abri dans une vieille église abandonnée. Les Frères s'endormirent profondément; François resta en prière. Alors il fut tourmenté par les démons avec une rudesse et une cruauté inouïes; ils se jetèrent sur lui pleins de fureur, le traînèrent sur le pavé, le brisèrent de coups. Au milieu des douleurs, il s'écriait : « O mon Seigneur Jésus-Christ, je vous rends grâces de tant d'amour et de tous vos bienfaits; celui-ci est une marque assurée de votre bonté pour moi; vous punissez mes péchés en ce monde pour m'épargner dans l'autre; je suis prêt, ô mon Dieu, à souffrir encore davantage, si c'est votre sainte volonté [1]. » Saint Bonaventure nous apprend que François fut souvent tourmenté de cette sorte par les démons, mais que ces esprits orgueilleux, ne pouvant vaincre sa constance, se retiraient confus [2]. Au matin, il se trouva dans une si extrême faiblesse, qu'il ne put continuer la route à pied; ses Frères allèrent au village voisin, où un bon laboureur offrit son âne, tout joyeux de faire quelque chose pour cet homme dont il avait entendu dire tant de bien. On se mit en marche, les Frères suivirent à quelque distance. François s'entretenait avec le paysan, qui lui dit dans toute sa franchise ombrienne : « Puisque vous êtes vraiment François d'Assise, appliquez-vous à être aussi bon que les gens le disent, afin qu'ils ne soient pas trompés dans leur confiance, je vous en avertis [3]. » François aussitôt se jette à terre, se met à genoux devant le paysan, baise ses pieds et le remercie de son bon et utile avis. En montant le sentier raide et abrupt qui conduit au sommet de l'Alvernia, par une de ces chaleurs étouffantes qu'on n'é-

---

[1] Fioretti, pag. 173.

[2] Quam mentis constantiam superbi dæmones non ferentes, abscedebant confusi. S. Bonaventura, cap. x.

[3] Hor ingegnati, disse il Villano, dunque d'esser cosi buono, come sei tenuto dalla gente; percioche molti hanno in te gran fede; e pero io ti ammonisco, che sij conforme a quello ch'in te si spera. Fioretti, p. 173.

prouve que dans les montagnes, le paysan s'écria : Je meurs, si je ne trouve à boire. François, après une courte prière, lui indiqua un peu d'eau dans un endroit où pourtant il n'y avait pas de fontaine. O surprenante bonté de Dieu, qui s'incline avec une si paternelle condescendance aux désirs de ses serviteurs [1]! Il s'assit un instant sous un grand chêne pour se reposer et contempler le magnifique paysage qui se développait sous ses yeux [2]. Orlando apprenant que François était à la montagne, y accourut avec des hommes qui portaient des pains et autres provisions. Il trouva nos pieux ermites en prières. François se leva aussitôt et reçut avec une joie bien affectueuse Orlando et sa compagnie. Il le remercia de ce beau présent de la sainte montagne, et le pria de lui faire construire une petite cellule couverte au pied d'un très beau hêtre, situé à peu près à un jet de pierre de l'endroit où étaient les cellules des Frères. Cela fut immédiatement exécuté. Comme venait le soir et qu'il fallait repartir, François dit quelques paroles et bénit cette petite troupe pieuse et dévouée. Au moment du dernier adieu, Orlando tira un peu à l'écart François et ses Frères et leur dit : Mes bien chers, je ne veux pas que, sur cette montagne sauvage, vous ayez aucune nécessité corporelle, afin que vous puissiez vous livrer entièrement à la contemplation; je veux, et je vous le dis à présent pour toujours, je veux que vous veniez chercher dans ma maison tout ce qui vous est nécessaire; si vous faites autrement, j'en aurai beaucoup de peine [3]; et il partit. François et ses compagnons s'assirent sur la mousse, et s'entretinrent des choses de l'âme. Le soleil avait disparu derrière les derniers sommets de l'Apennin, le ciel illuminé des innombrables étoiles, réfléchissait sur la terre une lueur douce et pacifiante qui permettait à l'œil de dessiner les contours indécis des grands arbres, et de plonger dans la

[1] Stupenda Dei dignatio, quæ servis suis tam facile se inclinat. S. Bonaventura, cap. VII.

[2] Estando sotto una quercia comincio a considerare la dispositione del luogo, e del paese. Fioretti, pag. 176

[3] Fioretti, p. 178.

plaine qui s'étendait au-dessous d'eux à des profondeurs vagues, mystérieuses, infinies. A cette heure solennelle, au milieu de ce silence sublime, la parole chrétienne qui a civilisé le monde se fit entendre dans ce lieu pour la première fois. Écoutons-la avec un religieux respect : « Ne vous appuyez pas trop sur l'offre charitable du seigneur Orlando ; prenons garde de blesser notre profession de pauvreté. Soyez sûrs que si nous sommes de vrais pauvres, le monde aura compassion de nous ; si nous embrassons bien étroitement la pauvreté, il nous donnera libéralement tout ce qu'il faut pour vivre. Dieu, qui nous a appelés dans la sainte religion pour le salut du monde, a fait ce pacte avec nous ; nous devons donner au monde de bons exemples, et le monde doit fournir à toutes nos nécessités. Persévérons donc dans notre pauvreté, parce qu'elle est la voie de la perfection et le gage des richesses éternelles [1]. » Chacun se retira dans sa cellule. Le lendemain, François voulut seul, en méditant et priant, visiter la montagne ; chercher les lieux les plus retirés et les plus secrets pour s'y cacher dans l'oraison, le jeûne et les larmes.

Cependant, Orlando avait amené des environs quelques pieux ouvriers qui bâtirent une petite église et un couvent selon le plan tracé par François. Ces journées saintes et calmes furent troublées par un événement bizarre. Un Sarmate, chassé de son pays à cause de ses crimes, avait cherché un refuge dans l'Apennin, qui alors surtout était le repaire de tous les hommes flétris par la société. Lorsqu'ils ne se mettaient pas au service d'un de ces ducs et comtes, brigands plus distingués dont on aperçoit encore les forteresses pendantes en ruines sur les rochers solitaires, ils parcouraient pour leur propre compte les vallées et les montagnes, rançonnant et pillant. Ce Sarmate, que ses ravages et sa cruauté avaient fait surnommer il Lupo, s'était établi au mont Alvernia. Entre les masses de rochers, il y en a une plus haute et plus énorme que les autres, dont elle est

---

[1] Fioretti, p. 179.

séparée par des abîmes ; on ne peut y parvenir que par un petit pont ; elle porte encore aujourd'hui le nom de Sasso di Fra Lupo (le rocher de Frère Loup). L'établissement des Frères Mineurs sur la montagne avait fort déplu à Lupo ; plusieurs fois il les avait menacés. Furieux, il vint un jour pour les chasser avec de terribles paroles. La patience et quelques mots de François le frappèrent ; sa fureur se calma, et prosterné aux pieds des pauvres Mineurs, il leur demanda de rester avec eux. François, pleurant de joie, serra dans ses bras ce loup changé en agneau, lui donna l'habit de l'Ordre, et le doux nom de Frère Agnello [1]. Les historiens rapportent plusieurs exemples de la victorieuse puissance de François sur la férocité des hommes, cent fois pire que la férocité des animaux [2].

Dans le cours de sa vie apostolique, François fit plusieurs voyages au mont Alvernia, et chaque fois il y eut avec Dieu d'intimes et inénarrables communications. Ame naturellement triste et rêveuse, il aimait à déposer un instant sur le bord du chemin le fardeau de la vie active et à monter dans la solitude pour y prier, pour y répandre son âme devant Dieu. Ainsi, dans les premiers temps de sa vie religieuse, après avoir prêché pendant deux mois à Cortone, il bâtit, dans une humble et solitaire vallée, le couvent de Cella ; et, se séparant encore davantage du monde, il se fit conduire par un brave batelier dans une île du lac de Pérouse, ce fameux Trasimène près duquel Annibal défit les Romains, commandés par le consul Flaminius. « Là il se fit lui-même une petite logette de rameaux d'arbres, où il demeura pendant le carême en continuelle et sainte conversation avec Dieu, les anges et les bienheureux saints... Comme une soigneuse abeille, il cueilloit les fruits et les fleurs de Dieu, par les moyens de l'oraison, pour en composer le doux miel des prédications, duquel il pût rassasier les enfans affamés de la parole sainte [3]. » Vers le milieu de l'année 1224, il partit de

---

[1] Vitale, Chronica montis Alvernæ, p. 49.

[2] Fioretti, cap. xxv.

[3] Croniques des Frères Mineurs, liv. II, chap. LIII. — On a bâti dans

Cella avec le Frère Léon, traversa le comté d'Arezzo et vint au mont Alvernia; il avait comme un pressentiment des choses admirables qui devaient lui arriver sur cette sainte montagne, image du Calvaire, et que le peuple croyait encore porter les marques du frémissement universel de la nature à l'heure de la mort du Christ [1]. L'amour de la douleur, de la mort, de la passion, de la croix, consumait les âmes les plus saintes et les plus élevées du moyen âge. Tous les monumens littéraires et artistiques de cette époque sont formulés, sont bâtis sur la croix, et du fond de leurs entrailles sortaient sans cesse les gémissemens inénarrables de l'Église; épouse éternelle de Dieu, elle languit d'amour au milieu de l'insensibilité des hommes.

« Dès le commencement de ma conversion, disait saint Bernard à ses Frères, j'ai fait un bouquet de myrrhe, composé des amertumes et des souffrances de mon Sauveur, pour suppléer aux mérites que je n'avais pas. Je l'ai mis dans mon sein, et personne ne me l'arrachera. J'y établis toute ma perfection, toute ma science, toutes mes richesses, et j'y trouve toute ma consolation. C'est ce qui apaise mon juge et me fait imiter mon Dieu [2]....... Vous savez que je parle sou-

---

cet endroit une église assez grande et un petit couvent occupé par les Observans; délicieuse retraite au milieu des belles eaux du lac qui baignent les murs du cloître. Le paysage est vraiment merveilleux; le lac, les barques des pêcheurs, les montagnes couvertes de bois, ces jolis villages à mi-côte et dans les vallées... et le ciel!... L'île est plantée d'oliviers et ne peut produire que quelques légumes; dans une de ses extrémités, il y a un petit village habité par les pêcheurs. Il faut entendre le soir, en se promenant sur l'eau, la belle cloche du couvent, la cloche des pêcheurs; c'est inexprimable. C'est de là aussi qu'il faut voir, la veille des fêtes populaires, celle de Saint-Pierre, par exemple, les grands feux de joie sur les montagnes. Chaque paysan, de chaque village, y apporte un fagot; on y met le feu. Ces flammes qui se reflètent dans les eaux, ces cris, ces salutations pieuses de peuple à peuple, cette joie immense qui se confond comme le mugissement des grandes eaux; c'est ce qu'on ne pourra jamais raconter. Il faut le voir, il faut l'entendre.

[1] Tum quoque Alverniæ montem in Etruria, et Caietæ promontorium scissum traditione constat plurimorum. Baronius, ad ann. 34, n° 124.

[2] S. Bernard, in Cant., serm. XLIII.

vent de la passion de Jésus-Christ, et Dieu sait que je la porte dans mon cœur. Ma plus haute philosophie est de savoir Jésus et Jésus crucifié. Tant que je vivrai, je rappellerai en mon esprit les outrages, les crachats, les soufflets, les dérisions, les clous, toutes les douleurs qu'il a endurées, afin d'avoir le courage de marcher sur ses traces et de lui ressembler. Si j'y manque, on me redemandera le sang du Juste répandu sur la terre, et je ne serai pas exempt de l'énorme crime des Juifs, pour avoir payé d'ingratitude une si grande charité, et pour avoir outragé l'esprit de la grâce. Quand je vivrais autant moi seul que tous les enfans d'Adam, et que je souffrirais toutes leurs peines, ce ne serait rien en comparaison de ce que le Seigneur a souffert. Que rendrai-je à ce Dieu de bonté pour tous les biens que j'en ai reçus [1]?... Méditez souvent la passion de Jésus-Christ, et qu'elle soit toujours gravée dans votre cœur; par ce moyen, vous porterez aisément le joug de la pénitence. Y a-t-il rien qui puisse paraître amer ou qui ne s'adoucisse, quand vous vous représenterez bien l'amertume des souffrances de notre Sauveur, quand vous serez bien convaincus que vous lui êtes redevables de toute votre vie, parce qu'il a donné la sienne pour vous faire vivre, et qu'il a enduré les plus rigoureux supplices pour vous en épargner d'éternels [2]? »

Notre François disait à ses disciples : « Considère, ô homme, quel est le degré d'excellence que Dieu t'a donné; il t'a créé et formé selon le corps à l'image de son Fils bien-aimé, et selon l'âme à sa propre ressemblance. Toutes les créatures qui sont sous le ciel servent leur Créateur, le connaissent et lui obéissent mieux que toi. Les démons n'ont pas crucifié le Sauveur : c'est toi qui l'as crucifié à leur instigation, et qui le crucifie encore en te délectant dans les vices et dans le péché. D'où peux-tu donc tirer sujet de gloire? Quand tu aurais l'esprit assez étendu et assez pénétrant pour tout savoir, tu ne pourrais pas t'en glorifier; car un seul démon en sait

---

[1] S. Bernard, serm. de Pass. Domini; fer. iv. hebdom. sanct., n° ii.
[2] S. Bernard, de divers. serm. xxii, n° 5.

plus des choses du ciel et des choses de la terre que tous les hommes, quelque connaissance qu'ils aient reçue de Dieu. Quand tu aurais toute beauté et toute richesse, quand tu ferais des miracles, tu ne pourrais pas encore t'en glorifier, puisque tout cela ne regarde point ton salut et même y peut mettre obstacle. Nous ne pouvons donc nous glorifier que de la croix de notre Seigneur Jésus-Christ, en la portant tous les jours et en souffrant avec lui[1]. » Et son âme était si pénétrée de la passion de Jésus-Christ, qu'il ne pouvait plus retenir ses plaintes et ses cris lamentables. Alors il fuyait la société des hommes; il cherchait quelque profonde solitude, et il parlait avec Jésus-Christ comme s'il l'eût vu de ses yeux corporels : .... Quoi, mon Jésus, vous êtes en croix et je n'y suis pas! Vous êtes l'innocence même et vous souffrez pour moi, criminel! Fallait-il tout cela pour expier la grandeur de mes crimes? Vois, ô mon âme, le ravage que tu as fait sur la personne de mon Sauveur!... Où mon cœur trouvera-t-il assez d'amour pour répondre à cet amour[2]! Tantôt parcourant la campagne, il appelait toutes les créatures à l'amour du Créateur crucifié. Oiseaux du ciel, ne chantez plus, mais gémissez; ne faites plus de concerts qui ne soient lugubres... Grands arbres, qui portez vos têtes si haut, abaissez-vous, rompez vos branches, et vous convertissez tous en des croix pour honorer celle de Jésus-Christ..... Et vous, rochers, brisez-vous, amollissez-vous, pleurez... Et voyant ces petits filets d'eau qui, après les grands orages, coulent sur les flancs des rochers de l'Alvernia, comme des larmes sur des joues flétries, il s'arrêtait, fondant en larmes. O mes frères les rochers, pleurons! criait-il de toutes ses forces, et l'écho de la montagne lui renvoyait : — Pleurons! Il redoublait plus fortement : Pleurons! pleurons! Et l'écho répondait avec une triple puissance : Pleurons! pleurons!

---

[1] S. Francisci, Verba sacræ admonitionis, cap. v.

[2] Voyez de très belles et très pieuses considérations dans l'admirable livre du P. d'Argentan, capucin, Grandeur de Jésus-Christ, conférence xxvi, in-4°.

Un chevalier l'aperçut une fois dans ce douloureux état ; il lui demanda ce qui l'affligeait de la sorte, et ce qu'il pourrait faire pour le consoler. François répondit en sanglottant : Pour toute consolation, pleurons ensemble sur la douloureuse et très amoureuse passion de notre Sauveur [1].

A l'approche de la fête de l'archange saint Michel, que François avait coutume de célébrer par un carême spécial, il dit au Frère Léon : Chère petite brebis de Dieu, va, ouvre trois fois sur l'autel, en l'honneur de la sainte Trinité, le livre des Évangiles. Et chaque fois, Frère Léon trouva la Passion de Jesus-Christ [2]. Il avait confiance dans ce simple présage qui fit dans son âme comme une impression divine. L'heure solennelle du sacrifice était arrivée. Son union avec Dieu devint plus intime, sa vie n'était qu'une longue extase. Ces opérations intérieures, qui ravissaient son âme, élevaient son corps en l'air, plus ou moins haut, à proportion de leurs degrés, comme si un extrême dégoût de la terre lui eût fait prendre l'essor vers la patrie céleste. Quand il n'était élevé qu'à la hauteur d'un homme, Frère Léon embrassait ses pieds et les mouillait de ses larmes, disant à Dieu du fond de son cœur : Mon Dieu, soyez propice à un pécheur comme moi par les mérites de ce saint homme, et daignez me donner quelque petite portion de votre grâce. Quand il ne pouvait ni l'atteindre, ni l'apercevoir, il se prosternait et priait où il l'avait vu s'élever [3]. On l'entendait parler avec Dieu tantôt avec crainte et tremblement, tantôt comme un ami parle à son ami ; plusieurs fois Frère Léon vit une lumière éclatante, symbole de la présence de Jésus-Christ dans l'humble cellule, et au milieu des soupirs de François il ne distinguait que ces paroles : Qui êtes-vous, Seigneur, et qui suis-je, moi [4] ? Un jour, après un de ces ravissemens, le Sauveur parut assis sur une

---

[1] D'Argentan.

[2] Vitale, Chronic. montis Alvernæ, p. 59.

[3] Chronica montis Alvernæ, p. 71. Voir sur les ravissemens de sainte Thérèse sa vie écrite par elle-même, chap. xx.

[4] Chi sei tu, o Dio mio dolcissimo, e chi son io. Fioretti, p. 192.

grande pierre plate qui servait de table à François. Il y eut une longue et intime communication; et François, se levant tout transporté, s'écria : Frère Léon, prépare des parfums et du baume pour consacrer cette pierre. Frère Léon lui apporta de l'huile qu'il versa sur la pierre, à l'exemple de Jacob, prononçant ces paroles : Cette pierre est l'autel de Dieu [1].

Le temps approche... Monte, monte toujours, ô François, tu n'es pas encore arrivé au sommet du Calvaire ! L'humilité, comme Véronique, essuie de son voile la poussière, la sueur et le sang sur sa face désolée; l'amour, comme Simon le Cyrénéen, veut porter sa part du fardeau; c'est en vain. François, découragé et tremblant, retombe sur ses mains meurtries; il s'écorche les genoux aux cailloux du torrent de Cédron; cette montée du Calvaire lui semble rude et longue; il appelle à grands cris la dissolution, la mort de son corps, afin d'être uni, d'être conforme à Jésus-Christ. La neuvième heure du jour va sonner sur le calvaire franciscain..... Il est des choses si pleines de mystères qu'il n'est pas permis à des pécheurs comme nous d'en parler. Écoutons saint Bonaventure :

« François, le serviteur et le ministre vraiment fidèle de Jésus-Christ, étant en prière sur l'Alvernia, s'élevant à Dieu par la ferveur séraphique de ses désirs, et se transformant par les mouvemens d'une compassion tendre et affectueuse en celui qui, par l'excès de sa charité, a voulu être crucifié pour nous, vit comme un séraphin, ayant six ailes éclatantes et toutes de feu, qui descendait vers lui du haut du ciel. Ce séraphin vint d'un vol très rapide en un lieu de l'air proche de François, et alors parut entre ses ailes la figure d'un homme crucifié, qui avait les mains et les pieds étendus et attachés à une croix; deux ailes s'élevaient sur sa tête, deux étaient

---

[1] Cette pierre, recouverte d'une grille de fer, est conservée dans un des sanctuaires du mont Alvernia, avec cette inscription : Mensa S. Francisci, super quam habuit mirabiles apparitiones, sanctificansque ipsam; fudit oleum desuper, dicens : Hæc est ara Dei.

étendues pour voler, et deux voilaient tout le corps. Voyant cela, François fut extraordinairement surpris; une joie mêlée de tristesse et de douleur se répandit dans son âme. La présence de Jésus-Christ, qui se montrait à lui sous la figure d'un séraphin d'une manière si merveilleuse, si familière, lui causait un excès de plaisir; mais au douloureux spectacle de son crucifiement, son âme était transpercée de douleur comme d'un glaive. Il admirait profondément que l'infirmité des souffrances parût sous la figure d'un séraphin, sachant bien qu'elle ne s'accorde pas avec son état d'immortalité; et il ne pouvait comprendre cette vision, lorsque Dieu lui apprit intérieurement, comme à son ami, qu'elle avait été présentée à ses yeux, afin de lui faire connaître que ce n'était point par le martyre de la chair, mais par l'embrasement de l'âme, qu'il devait être transformé tout entier en une parfaite ressemblance avec Jésus-Christ crucifié. La vision disparaissant, lui laissa dans l'âme une ardeur séraphique, et lui marqua le corps d'une figure conforme à celle du crucifix, comme si sa chair, semblable à de la cire amollie et fondue par le feu, avait reçu l'impression des caractères d'un cachet; car aussitôt les marques des clous commencèrent à paraître dans ses mains et dans ses pieds, telles qu'il les avait vues dans l'image de l'Homme-Dieu crucifié. Ses mains et ses pieds étaient percés de clous dans le milieu; les têtes des clous, rondes et noires, étaient au dedans des mains et au-dessus des pieds; les pointes, qui étaient un peu longues et qui paraissaient de l'autre côté, se recourbaient et surmontaient le reste de la chair dont elles sortaient. Il avait aussi à son côté droit une plaie rouge, comme s'il eût été percé d'une lance, et souvent elle jetait un sang sacré qui trempait sa tunique et ce qu'il portait sur les reins [1]. »

« Le grand serviteur de Dieu, s'écrie, après plusieurs

---

[1] Consultez la grande légende de saint Bonaventure, ch. XIII. La petite dans le Bréviaire franciscain et romain. — Thomas de Celano, lib. II, cap. IV. — Vita a Tribus sociis, cap. V, et tous les auteurs qui ont parlé de saint François.

siècles un autre François, ce grand serviteur de Dieu, homme tout séraphique, voyant la vive image de son Sauveur crucifié effigiée en un séraphin lumineux qui luy apparut sur le mont Alverne, s'attendrit plus qu'on ne sauroit imaginer, saisi d'une consolation et d'une compassion souveraines; car regardant ce beau miroir d'amour que les anges ne se peuvent jamais assouvir de regarder, hélas ! il pasmoit de douceur et de contentement ! Mais, voyant aussi d'autre part la vive représentation des playes et blessures de son Sauveur crucifié, il sentit dans son âme ce glaive impiteux qui transperça la sacrée poitrine de la Vierge mère, au jour de la Passion, avec autant de douleur intérieure que s'il eût été crucifié avec son cher Sauveur. O Dieu ! Théotime, si l'image d'Abraham, eslevant le coup de la mort sur son cher unique pour le sacrifier, image faicte par un peintre mortel, eut bien le pouvoir toutefois d'attendrir et faire pleurer le grand saint Grégoire évêque de Nysse, toutes les fois qu'il la regardoit : eh ! combien fut extrême l'attendrissement du grand saint François, quand il vit l'image de Notre-Seigneur se sacrifiant soy-même sur la croix ! Image que non une main mortelle, mais la main maîtresse d'un séraphin céleste avoit tirée et effigiée sur son propre original, représentant si vivement et au naturel le divin Roy des anges, meurtri, blessé, percé, froissé, crucifié.

« Cette âme doncques, ainsi amollie, attendrie et presque toute fondue en cette amoureuse douleur, se treuva par ce moyen extrêmement disposée à recevoir les impressions et marques de l'amour et douleur de son souverain amant; car la mémoire estoit toute destrempée en la souvenance de ce divin amour; l'imagination appliquée fortement à se représenter les blessures et meurtrisseures que les yeux regardoient alors si parfaictement bien imprimées en l'image présente; l'entendement recevoit les espèces infiniment vives que l'imagination lui fournissoit; et enfin l'amour employoit toutes les forces de la volonté pour se complaire et conformer à la passion du Bien-Aimé, dont l'âme sans doute se treuvait toute transformée en un second crucifix. Or, l'âme, comme forme et maîtresse du corps, usant de son pouvoir sur iceluy, imprima les douleurs des playes dont elle estoit blessée ès endroits correspondans à ceux esquels son amant les avoit endurées. L'amour est admirable pour aiguiser l'imagination, afin qu'elle pénètre jusques à l'extérieur..... L'amour donc fit passer les tourmens intérieurs de ce grand amant sainct François jusques à l'extérieur, et blessa le corps d'un même dard de douleur duquel il avoit blessé le cœur. Mais de faire les ouvertures en la chair, par dehors, l'amour qui estoit dedans ne le pouvoit pas bonnement faire : c'est pourquoi l'ardent séraphin, venant au secours, darda des rayons d'une clarté si pénétrante, qu'elle fit réellement les playes extérieures du crucifix en la chair, que l'amour avoit imprimées intérieurement en l'âme. Ainsi le séraphin, voyant Isaïe n'oser entreprendre de parler, d'autant qu'il sentoit ses lèvres souillées, vint au nom de Dieu luy toucher et espurer les lèvres avec un charbon pris sur l'autel, secondant en cette sorte le désir d'iceluy. La myrrhe produit sa stacte et première liqueur comme par manière de sueur et de transpiration ; mais afin qu'elle jette bien tout son suc, il la faut aider par l'incision. De même, l'amour divin de saint François parut en toute sa vie comme par manière de sueur ; car il ne respiroit en toutes ses actions que cette sacrée dilection. Mais pour en faire paroistre tout-à-fait l'incomparable abondance, le céleste séraphin le vint inciser et blesser ; et afin que l'on sceut que ces playes estoient playes de l'amour du ciel, elles furent faictes, non avec le fer, mais avec des raïons de lumière. O vrai Dieu ! Théotime, que de douleurs amoureuses et que d'amours douloureuses ! Car non seulement alors, mais tout le reste de sa vie ce pauvre sainct alla toujours traînant et languissant comme bien malade d'amour [1]. »

Cette passion, cette stigmatisation sur le mont Alvernia est le point culminant de l'histoire de saint François d'Assise..... TOUT EST CONSOMMÉ !... Que tous les bruits de la terre

---

[1] Saint François de Sales, Traité de l'Amour de Dieu, liv. VI, ch. xv.

se taisent; élevons nos âmes et écoutons les chants d'amour qui s'échappent du cœur enflammé de François.

« L'amour m'a mis dans un foyer; l'amour m'a mis dans un foyer, dans un foyer d'amour.

« Mon nouvel époux, l'amoureux petit agneau m'a mis un anneau au doigt, puis il m'a mis en prison, et m'a frappé d'un couteau qui m'a partagé le cœur.

« Il m'a partagé le cœur, et mon corps est tombé par terre. Le carquois de l'amour décoche des flèches dont le coup est terrible : il a changé ma paix en guerre : je me meurs de délices.

« Je me meurs de délices, ne vous en étonnez pas ; ces coups sont frappés par une lance amoureuse; le fer est long et large ; apprenez qu'il m'a traversé de cent brasses.

« Les traits sont tombés si épais, que j'en étais tout agonisant. J'ai pris un bouclier : ils ont redoublé et m'ont brisé les membres, tant leur force est grande !

« Il les a lancés si serrés, que j'ai voulu fuir pour échapper à la mort. Comme je lui criais : Tu abuses de ta force! il s'est mis à m'accabler de nouveau.

« Les traits qu'il lançait étaient de lourdes pierres dont chacune pesait mille livres : il les jetait en tel nombre, que je ne pouvais les compter, et aucune ne me manquait.

« Il ne me manquait jamais, tant il savait viser juste : j'étais renversé à terre, n'en pouvant plus : j'étais tout brisé et n'avais pas plus de sentiment qu'un homme trépassé.

« J'étais terrassé, non par la mort, mais par la joie : puis, retourné dans mon corps, je me suis senti si fort, que j'ai pu suivre ses traces, qui m'ont guidé vers la cour céleste.

« Après être revenu à moi, je me suis armé, et j'ai fait la guerre au Christ : j'ai chevauché sur son terrain, et me rencontrant avec lui, je l'ai attaqué aussitôt pour me venger.

« Après m'être vengé, j'ai fait un pacte avec lui, parce que le Christ m'a aimé d'un amour sincère : je suis devenu capable de contenir cet amour, et mon cœur, renouvelé, est consolé par le Christ.

« L'amour m'a mis dans un foyer ; l'amour m'a mis dans un foyer, dans un foyer d'amour. »

« Amour de charité, pourquoi m'as-tu ainsi blessé ? Mon cœur arraché de mon sein brûle et se consume : il ne trouve point d'asile : il ne peut fuir, parce qu'il est enchaîné : il se consume comme la cire dans le feu, il meurt tout vivant, il languit sans relâche : il veut fuir et se trouve au milieu d'une fournaise. Hélas ! où me conduira cette terrible défaillance ! C'est mourir que de vivre ainsi, tant l'ardeur de ce feu est grande !

« Avant d'avoir fait cette épreuve, je demandais au Christ son amour. Pensant n'y trouver que délices, je croyais m'y complaire dans une douce paix, à une hauteur où aucune peine ne m'atteindrait ; mais j'éprouve un tourment que je ne pouvais m'imaginer : la chaleur fait fondre mon cœur : je ne puis exprimer tout ce que je souffre ; je meurs d'amour, et je vis privé de mon cœur.

« Mon cœur, blessé par l'amour divin, n'est plus à moi : je n'ai plus ni jugement, ni volonté, ni faculté de jouir ou de sentir. Toute beauté me semble une boue infecte, les délices et les richesses une perdition. Un arbre d'amour, chargé de fruit, est planté dans mon cœur, et me donne la nourriture ; il fait en moi un tel changement, qu'il rejette au dehors tout ce qu'il y avait de volonté, d'intelligence et de vigueur.

« Pour acheter l'amour, j'ai donné le monde entier en échange : si tout ce qui est créé était à moi, je le donnerais sans balancer pour l'amour. Mais cet amour m'a trompé : car j'ai tout donné, et je ne sais où je suis entraîné. L'amour m'a anéanti : on m'a cru fou ; puisque je suis vendu, je n'ai plus aucun prix.

« Le monde croyait me faire revenir ; les amis qui sont hors de cette voie me rappelaient. Mais celui qui s'est donné ne peut plus se donner, ni l'esclave faire que sa servitude s'efface ; la pierre s'amollirait avant que l'amour cessât de régner en moi. Toute mon âme est si enflammée d'amour, si unie à lui, si transformée en lui, qu'elle se consume d'amour.

« Ni le feu, ni le fer ne l'en séparerait : la division ne peut entrer dans une telle union : la souffrance et la mort ne peuvent atteindre à la hauteur où elle est ravie : toutes les choses créées sont bien loin au-dessous d'elle, et elle est établie au-dessus de tout. O mon âme, comment es-tu arrivée à posséder de tels biens? c'est du Christ qu'ils te viennent : embrasse-le donc avec délices.

« Je n'ai plus d'yeux pour voir la créature ; toute mon âme crie vers le Créateur ; ni le ciel ni la terre n'ont rien qui me soit doux : tout s'efface devant l'amour du Christ. La lumière du soleil me paraît obscure quand je vois cette face resplendissante ; les chérubins et leur science, les séraphins et leur amour ne sont rien pour qui voit le Seigneur.

« Que personne ne me fasse de reproches si un tel amour me rend insensé. Il n'y a point de cœur qui ne se défende, qui puisse fuir les chaînes de l'amour. Comment le cœur ne se consumerait-il point dans une telle fournaise? Oh! si je pouvais trouver une âme qui me comprît, qui eût pitié de mes angoisses !

« Le ciel et la terre me crient, toutes choses me crient que je dois aimer. Chacun me dit : Aime de tout ton cœur celui qui t'aime et te désire si ardemment, qu'il nous a tous faits pour t'attirer à lui.

« Je voudrais aimer plus, si je pouvais plus ; mais mon cœur ne peut trouver davantage. Je ne puis donner plus que moi-même ; je me suis donné tout entier pour posséder cet amant, qui fait de moi un homme nouveau depuis que je t'ai trouvé, ô beauté ancienne et toujours nouvelle! ô lumière immense dont l'éclat est doux!

« A la vue de tant de bonté, je suis entraîné hors de moi sans savoir où ; mon cœur s'amollit comme la cire, et on y trouve l'empreinte du Christ. Jamais on ne vit une telle métamorphose : mon cœur transformé se dépouille de lui-même pour se revêtir du Christ.

« Mon âme doucement enchaînée se précipite dans les embrassemens du bien-aimé : plus elle contemple sa beauté, plus elle est hors d'elle-même : riche du Christ, elle met tout en lui, et n'a plus aucun souvenir d'elle-même.

« Transformée en lui, elle est presque le Christ lui-même! Unie à Dieu, elle devient presque toute divine : ses richesses sont au-dessus de toute grandeur : tout ce qui est au Christ est à elle ; elle est reine. Puis-je encore être triste en demandant la guérison de mes fautes ? Il n'y a plus en moi de sentine où se trouve le péché ; le vieil homme est mort et dépouillé de toutes ses souillures.

« Une nouvelle créature est née dans le Christ : je suis dépouillé du vieil homme et devenu un homme nouveau ; mais l'amour est si ardent que mon cœur est fendu comme par un glaive, et que les flammes le consument. Je me jette dans les bras du Christ, et je lui crie : O amour, faites-moi mourir d'amour !

« Je languis et brûle pour vous ; je soupire après vos embrassemens ; quand vous vous retirez, je me meurs : je gémis et pleure pour vous retrouver, et mon cœur se consume en efforts pour se transformer en vous. Ne tardez donc plus, venez à mon aide, tenez-moi attaché à vous.

« Voyez ma peine, ô mon amour ; je ne puis résister à de tels feux ; l'amour m'a pris, et je ne sais où je suis ; je marche comme un homme égaré dans sa route ; souvent la défaillance me prend ; je ne sais comment supporter un tel tourment.

« Vous m'avez dérobé mon âme : je ne puis voir ce que je dois faire ; ceux qui me voient demandent si un amour qui n'agit plus plaît au Christ : mais s'il ne vous plaît pas, que puis-je faire ? L'amour qui me domine m'ôte l'action, la volonté ; je ne puis plus ni sentir ni agir.

« Je savais parler, mais je suis devenu muet ; je voyais, et me voilà aveugle ; jamais il n'y eut plus mystérieux abîme. Je parle en me taisant ; je fuis et je suis enchaîné ; je tombe et je monte ; je tiens et je suis tenu ; je suis à la fois dedans et dehors ; je poursuis et je suis poursuivi. O amour sans mesure, pourquoi me rends-tu fou et me fais-tu mourir dans une ardente fournaise ?

LE CHRIST.

« Règle cet amour, toi qui m'aimes : il n'y a pas de vertus sans Règle : puisque tu désires tant me trouver, renouvelle ton âme par la vertu ; je veux que tu m'apportes un amour qui soit réglé ; l'arbre se juge par ses fruits ; c'est ainsi que se montre la valeur de toutes choses.

« Tout ce que j'ai créé est fait avec nombre et mesure, tout est ordonné pour sa fin. C'est par l'ordre que toutes les choses se conservent ; et la charité, par sa nature, est encore plus ordonnée que le reste. Si l'ardeur de ton âme va jusqu'à la folie, c'est qu'elle est sortie de l'ordre.

FRANÇOIS.

« O Christ, tu m'as dérobé mon cœur, et tu me dis de régler mon âme pour aimer ; mais depuis que je suis transformé en toi, comment puis-je être resté maître de moi? Comme le fer rougi au feu, comme l'air pénétré des rayons du soleil perdent leur forme et leur premier aspect, ainsi mon âme est revêtue de toi par le pur amour. C'est donc à toi, non à moi, qu'il faut imputer l'état où je suis.

« Pourquoi me mettais-tu dans un tel foyer, si tu voulais que je gardasse quelque modération? Quand tu te donnais à moi sans mesure, tu m'ôtais toute mesure à moi-même. Petit, tu me suffisais ; mais je n'ai pas le pouvoir de contenir ta grandeur. S'il y a faute, ô amour, elle est tienne et non mienne, parce que tu m'as fait cette voie.

« Tu n'as pas su te défendre de l'amour ; il t'a fait venir du ciel en terre. Par amour tu es descendu à cet abaissement ; tu as cheminé par le monde comme un homme méprisé ; tu n'as voulu posséder ni maison, ni champ ; mais tu as choisi la pauvreté pour nous enrichir. Dans ta vie et ta mort, tu as montré certainement un amour sans mesure.

« L'amour était maître de toi comme d'un esclave ; tu montrais toujours ton amour en toutes choses, toi qui criais dans le temple : Venez à moi, vous qui avez soif d'amour, je vous donnerai l'amour sans mesure, qui rassasie avec délices.

« Tu ne t'es point retenu avec sagesse lorsque tu as épanché ton amour avec tant d'abondance ; tu es né de l'amour, non de la chair, amour fait homme pour nous sauver ; c'est pour nous embrasser que tu as désiré la croix. Tu n'as pas parlé et tu ne t'es pas défendu devant Pilate pour accomplir cet échange sur la croix élevée par l'amour.

« La sagesse alors se cachait et l'amour seul se laissait voir ; la puissance ne se montrait plus ; la vertu était opprimée ; il était grand cet amour qui se répandait ainsi ne cherchant que l'amour, et du haut de la croix embrassant l'homme avec tant d'amour.

« Donc, Jésus, si je suis enivré d'amour, qui peut me reprocher d'être devenu fou, d'avoir perdu la raison et la force, puisque l'amour t'a enchaîné, t'a privé de toute grandeur ? Comment aurais-je la force de lui résister ?

« Cet amour qui me rend insensé, t'a ôté la sagesse : cet amour qui me fait languir, t'a ravi pour moi ta puissance. Je ne veux plus ni ne puis plus faire résistance. Ma sentence est rendue ; je dois mourir d'amour, et je ne veux d'autres consolations que cette mort [1]. »

Puis on n'entendait plus que le mot d'AMOUR, mot éternel qui fait tressaillir la nature. Tout ce qu'on peut dire de cette magnifique poésie est contenu dans ces paroles de saint Bernard sur le Cantique des cantiques : « L'amour chante dans ce cantique, et si quelqu'un veut le comprendre, il faut qu'il aime. En vain celui qui n'aime pas écoutera ce cantique d'amour : ces discours enflammés ne peuvent être compris par une âme froide ; cette langue est étrangère et barbare pour ceux qui n'aiment pas, et frappe leurs oreilles d'un son vain et stérile [2]. »

« Ah ! maintenant, brave chevalier de Jésus-Christ, s'écrie saint Bonaventure, portez les armes de votre invincible chef ; elles vous donneront la force de vaincre tous vos ennemis. Portez l'étendard du grand roi, dont la seule vue doit inspirer du courage à tous ceux qui combattent dans ses divines armées ; portez le sceau du grand pontife, qui fasse respecter de tout le monde vos actions et vos paroles, comme étant irréprochables et authentiques. A présent, personne ne doit vous faire de peine, puisque vous portez en votre corps les stigmates du Sauveur Jésus ; il faut, au contraire, que tous ses serviteurs aient pour vous une singulière dévotion. Les glorieuses marques que vous avez reçues très

---

[1] Voir le texte dans l'APPENDICE, p. xxxij et suivantes.
[2] S. Bernard, in Cant. serm. 79.

certainement, suivant le témoignage, non de deux ou trois personnes, ce qui aurait suffi, mais d'un très grand nombre par surabondance, donnent sensiblement en vous et par vous une nouvelle preuve des vérités divines; elles ôtent aux infidèles tout prétexte d'incrédulité, pendant qu'elles affermissent la foi des chrétiens, animent leur espérance et les embrasent du feu de la charité.

«C'est l'accomplissement de la première vision, où vous apprîtes qu'en qualité de chef dans la milice de Jésus-Christ, vous seriez revêtu d'armures célestes et honoré du signe de la croix. Au commencement de votre conversion, la vue de Jésus-Christ crucifié, qui vous apparut, vous pénétra de compassion, et vous eûtes l'âme transpercée d'un glaive de douleur. Dans une autre occasion, vous entendîtes une voix qui sortait de la croix, comme du trône et du propitiatoire de Jésus-Christ. Le frère Sylvestre vit une croix merveilleuse sortir de votre bouche; le bienheureux Pacifique vit deux épées lumineuses en forme de croix, dont l'une traversait votre poitrine; et Monaldo, cet homme angélique, vous vit vous-même en l'air comme en croix, pendant que saint Antoine prêchait sur l'inscription de la croix du Sauveur; et voilà qu'à la fin de votre vie on vous montre la figure sublime d'un séraphin jointe à l'humble image du Crucifié, qui vous embrase au dedans et vous marque au dehors. Vous êtes cet ange de l'Apocalypse qui montait d'où le soleil se lève, et qui tenait à la main la marque du Dieu vivant [1].»

François d'Assise portant réellement et visiblement dans son corps les marques, les stigmates du corps de Notre-Seigneur Jésus-Christ, voilà un des plus grands miracles de l'amour de Dieu, et en même temps un des faits historiques les plus certains. Pour le contester, il faudrait renoncer à toute créance humaine. Au-dessus de toutes les preuves historiques est l'autorité de l'Église : elle a jugé ce fait constant et indubitable, puisqu'elle a établi une fête annuelle pour en con-

---

[1] S. Bonaventura, cap. XIII.

server le souvenir (17 septembre). Ainsi un chrétien ne peut plus, selon sa volonté, le rejeter ou l'admettre; car saint Thomas et tous les théologiens assurent que le doute sur un fait canonisé serait téméraire, scandaleux et suspect d'hérésie [1]; et tout homme raisonnable ne peut rejeter ce fait comme faux qu'après avoir anéanti les témoignages; car, je le répète, un fait ne se prouve pas par des raisonnemens métaphysiques, mais il se prouve par des témoignages logiques et positifs. Pendant les deux dernières années de la vie de François, les plaies qu'il portait furent vues et touchées de plusieurs personnes; après sa mort, les populations entières les ont vues et baisées avec respect. Ces preuves ressortiront de la suite de notre récit. En 1226, le frère Élie, dans sa lettre-circulaire à l'occasion de la mort de François, s'exprime ainsi : « On a vu François, notre frère et notre père, quelque temps avant sa mort, dans un état de crucifié, ayant sur son corps cinq plaies semblables à celles de Jésus-Christ; des clous, de la couleur des clous de fer, perçant ses pieds et ses mains; son côté étant ouvert comme par un coup de lance, d'où souvent il sortait du sang [2]. » En 1227, il arriva à Assise un pélerin d'une grande distinction [3], Luc de Tuy, venant de Rome, de Constantinople et de Jérusalem. Il eut de longs entretiens avec le frère Élie sur la vie, les souffrances et la mort de saint François [4]; il recueillit tous les témoignages, et s'en servit, quelques années plus tard, dans son livre contre les Albigeois. Voulant prouver que Jésus-Christ a été attaché sur la croix avec quatre clous,

---

[1] S. Thomas, quodlibet IX, quæst. 8, art. 1. — Sylvius in opuscul. controv., lib. IV, quæst. 2, art. 14.

[2] Cette lettre était autrefois conservée en original dans les archives du couvent des Récollets de Valenciennes.

[3] Voir les éloges donnés à Luc de Tuy par Mariana, Hist. Hisp., lib. XII, cap. I et XII, et dans la préface des OEuvres de Luc de Tuy, dont il est éditeur. Biblioth. Patrum, Lyon, t. XXV, et édition in 4°, Ingolstadt, 1612.

[4] Quædam quæ narrante viro sanctissimo Fratre Helia. Lucas Tudensis, advers. Albig., lib. III, cap. XIV.

et qu'il a reçu le coup de lance au côté droit, il s'exprime ainsi :

« Produisons, pour mieux éclaircir cette vérité, les stigmates du bienheureux père François. On y voyait les marques des quatre clous de Notre-Seigneur, ainsi que la sainte légende le porte et que l'assurent beaucoup de religieux et de séculiers, de clercs et de laïques, qui ont eu le bonheur, il y a cinq ans, de les voir de leurs yeux et de les toucher de leurs mains. On lit aussi dans cette sainte légende, qu'après l'heureuse vision d'un séraphin crucifié, les marques des clous commencèrent à paraître dans les mains et dans les pieds du saint homme, conformément à ce qu'il avait vu. Ce n'était pas seulement des ouvertures faites par des clous, mais c'étaient des clous mêmes, formés de sa chair; et pour lui donner une parfaite ressemblance avec Jésus-Christ crucifié, son côté droit avait une plaie rouge, comme s'il eût été percé d'une lance, et il en coulait souvent un sang sacré qui trempait sa tunique avec ce qu'il portait sur les reins; en sorte qu'à sa mort les clous qui perçaient ses mains et ses pieds, et l'ouverture de son côté sanglant, le firent paraître comme s'il venait d'être détaché de la croix, représentant au naturel le crucifiement de l'Agneau sans tache qui lave les péchés du monde. Il est bien juste que la créature publie les louanges d'un saint que le Créateur a honoré de nos jours, entre tous les autres saints, par l'éminente prérogative de porter en son corps les marques des plaies que l'Homme-Dieu a reçues dans sa Passion [1]. »

En 1237, le cardinal Ugolini, Grégoire IX, ayant appris que par un faux zèle l'évêque d'Olmutz (en Bohême) avait défendu aux Frères Mineurs et aux fidèles de son diocèse de vénérer et de représenter saint François avec les stigmates, et qu'un Frère Prêcheur avait eu la hardiesse de dire publiquement à Oppaw (en Moravie) que saint François n'avait

---

[1] Decenter et pulchre a creatura laudatur, quem creator nostris temporibus tanta excellentia decoravit. Præ ceteris enim sanctis signis Passionis Dei et hominis antonomastice sublimatus. Luc Tudensis, lib. II, cap. xi.

point porté les stigmates en son corps, publia à ce sujet les trois bulles que nous insérons ici comme des témoignages de la plus grande valeur.

« Grégoire, évêque, serviteur des serviteurs de Dieu, à tous les fidèles de Jésus-Christ qui verront ces lettres, salut et bénédiction apostolique.

« Nous croyons inutile de vous exposer dans ces lettres les grands mérites qui ont conduit à la céleste patrie le glorieux confesseur saint François, puisqu'il n'y a guère de fidèles qui n'en soient informés; mais nous avons jugé qu'il convenait de vous instruire tous plus particulièrement de la merveilleuse et singulière faveur dont il a été honoré par Notre-Seigneur Jésus-Christ, qui est la gloire et la splendeur des saints. C'est qu'il a reçu, par une vertu divine, pendant sa vie, des stigmates aux mains, aux pieds et au côté, lesquels y sont demeurés après sa mort. La connaissance certaine que nous et nos frères les cardinaux en avons eue, aussi bien que de ses autres miracles, certifiés authentiquement par des témoins très dignes de foi, a été le principal motif qui nous ait portés à le mettre au catalogue des saints, de l'avis de nos frères les cardinaux et de tous les prélats qui étaient alors auprès de nous. Comme donc nous souhaitons fort que cela soit cru de tous les fidèles, nous prions et exhortons votre piété en Notre-Seigneur Jésus-Christ, vous l'enjoignant pour la rémission de vos péchés, de fermer les oreilles à tout ce qu'on pourrait vous dire de contraire, et d'avoir pour ce saint confesseur une vénération et une dévotion qui vous le rendent favorable auprès de Dieu, afin que, par ses mérites et par ses prières, le Seigneur vous fasse la grâce de prospérer en ce monde et d'être éternellement heureux en l'autre.

« Donné à Viterbe le deuxième jour d'avril, l'an onzième de notre pontificat [1]. »

---

[1] Raynaldi, ann. 1237, n° 60. — Wadding, 1237.

« Grégoire, évêque, serviteur des serviteurs de Dieu, pour être de mémoire perpétuelle, à notre vénérable frère l'évêque d'Olmutz, salut et bénédiction apostolique.

« Vous avez eu l'imprudence de confier à un homme sans modération, et malheureusement porté au blasphème, des lettres patentes que vous adressez à tous les fidèles de Jésus-Christ, exposant par ce moyen, aux yeux de toute la terre, les marques de votre présomption. Parmi quelques bonnes choses qui se trouvent dans ces letttres, nous en avons vu de fort mauvaises, comme celle-ci : « Que ni saint François, ni aucun autre saint, ne doit être peint dans l'église avec les stigmates; que quiconque soutient le contraire pèche et ne mérite point de créance, comme étant ennemi de la foi, parce que le Fils du Père éternel ayant été seul crucifié pour le salut des hommes, ce n'est aussi qu'à ses plaies qu'il faut rendre hommage, suivant la religion chrétienne. »

« Nous voulons bien examiner les raisons que vous pouvez avoir pour soutenir votre sentiment, afin de vous faire voir qu'elles ne sauraient être bonnes et de vous porter à les abandonner. Vous vous fondez peut-être sur ce que, dans le corps mystique, il ne sied pas à un membre de s'attribuer les marques d'honneur qui appartiennent au chef. Il fallait ajouter : A moins que, par une grâce spéciale, elles ne lui soient accordées pour ses mérites. Sur quoi nous disons que Dieu, dont la sagesse est infinie, n'ayant pas dédaigné de former l'homme du limon de la terre, à son image et à sa ressemblance, et de se rendre, par le mystère de l'Incarnation, semblable à l'homme pour le racheter de la mort, a voulu aussi honorer de l'impression des stigmates le bienheureux François qu'il chérissait. Quelle témérité y a-t-il et quel péché commet-on de représenter aux yeux des fidèles dans des tableaux un privilége si singulier, à la gloire de celui qui en est l'auteur? Sans parler de plusieurs autres peintures, ne représente-t-on pas le prince des apôtres attaché en croix, quoique d'une manière différente de Jésus-

Christ? C'est, dites-vous, parce que la vérité même ayant prédit ce qui arriverait à cet apôtre, et sa prédiction n'ayant pu manquer de s'accomplir, on a raison de dire qu'il a été crucifié et de le représenter sur la croix.

« Mais quelles preuves n'a-t-on pas que saint François, après avoir revêtu l'habit de pénitence, a crucifié sa chair par la pratique continuelle des vertus, et que les stigmates y ont été véritablement imprimés ? Beaucoup de personnes très dignes de foi, qu'il a plu à la bonté divine de rendre témoins de cette grande merveille, en certifient la vérité, et elle est autorisée par l'Église, qui a tiré de là et d'un grand nombre d'autres miracles très authentiques le principal motif de la canonisation du bienheureux Confesseur. Que répondre à ces choses qui sont publiques, et que par conséquent vous n'ignorez pas, sinon que vous préférez votre propre sentiment à tout ce que dicte la raison ? En quoi vous nous offensez, ou plutôt Dieu même, sans qu'il vous en revienne aucun bien, et par une extrême imprudence, vous troublez l'Ordre des Frères Mineurs, qui nous est fort cher, et ceux qui lui sont affectionnés. Rentrez donc en vous-même incessamment, vous qui avez ouvert votre bouche contre le ciel; ne tenez plus un pareil langage, prenez des sentimens de pénitence pour apaiser la colère du souverain Juge; hâtez-vous de faire vos efforts pour réparer, s'il est possible, le scandale que vous avez donné à tous les fidèles par vos lettres autant qu'il était en vous, et pour faire respecter, comme auparavant, les couvens des Frères Mineurs qui sont en Allemagne.

« Or, afin qu'une chose si conforme à la piété s'exécute ponctuellement par la grâce de Dieu et vous devienne salutaire, nous vous ordonnons et mandons, en vertu d'obéissance, par ces lettres apostoliques, que vous mettiez bien dans votre cœur de ne rien entreprendre désormais qui puisse irriter la majesté divine et déplaire au Saint-Siége. N'ayez pas la hardiesse de répandre davantage des faussetés contre le privilége des stigmates, accordé par la bonté de Dieu pour la gloire de son serviteur; mais, au contraire, appliquez-vous soigneusement à le rendre célèbre en Allemagne comme il l'est dans les autres pays, vous persuadant bien que le saint homme a été honoré de ces stigmates pendant qu'il vivait, que plusieurs personnes les ont vus, quoiqu'il s'efforçât toujours de les cacher par le mépris qu'il faisait des louanges humaines et par son attention à contempler les choses célestes, et qu'enfin, lorsqu'il quitta cette vie pour aller au ciel, ils furent exposés à la vue de tout le monde.

« Donné à Viterbe, le trente-unième de mars, l'an onzième de notre pontificat [1]. »

« Grégoire, évêque, serviteur des serviteurs de Dieu, aux prieurs et provinciaux de l'Ordre des Frères Prêcheurs.

« Nous avons appris, avec autant de douleur que de surprise, qu'un frère de votre Ordre, nommé Evechard, étant venu prêcher à Oppaw, ville de Moravie, et oubliant qu'il doit toujours y avoir dans les paroles des prédicateurs une certaine grâce et un sel qui les assaisonne, est devenu blasphémateur en prêchant, et a osé dire en public que saint François n'a point porté les stigmates de Jésus-Christ sur son corps, et que ce que ses disciples en disent doit être regardé comme une imposture. Que dirai-je de plus? Ne croyant en ce point ni Jésus-Christ, qui a honoré le saint homme du privilége des stigmates aux mains, aux pieds et au côté, ni Nous qui l'avons mis au catalogue des saints, y étant principalement porté par ce grand miracle, authentiquement vérifié avec tous les autres, il a été assez insensé dans son orgueil pour avoir l'imprudence de traiter les disciples de saint François d'hommes intéressés et de faux prédicateurs, assurant qu'il avait par notre autorité le pouvoir de les excommunier, eux et leurs semblables. Comme il n'a pas seulement proféré ces paroles pleines de méchanceté, mais qu'il y en a encore ajouté plusieurs autres aussi mauvaises, sans

---

[1] Wadding a publié cette bulle que Baronius avait vue dans les archives du Vatican, Martyrologium romanum, 17 septembre, Anvers, 1613, in-folio.

se mettre en peine ni de son salut ni du trouble qu'il causait parmi les fidèles, Nous vous ordonnons et mandons expressément, en vertu de l'obéissance, par ces lettres apostoliques, si votre prudence juge que la chose soit véritable, de suspendre ce religieux de la prédication, et de nous l'envoyer pour être puni comme il le mérite.

« Donné le trente-unième jour de mars, l'an onzième de notre pontificat[1]. »

En 1254, le souverain pontife Alexandre IV prêchant au peuple en présence de plusieurs frères et de saint Bonaventure, assura que pendant la vie de saint François il avait vu les sacrés stigmates de ses propres yeux [2].

En 1255, le même pape Alexandre IV, dans une bulle adressée à tous les évêques sur la sainteté et les miracles de François, s'exprime ainsi au sujet des stigmates :

« .... Comme toutes ces merveilles seraient d'un long détail, quand on n'en ferait qu'une relation abrégée, nous voulons seulement vous remettre devant les yeux ces admirables marques de la Passion du Sauveur qu'une main céleste imprima sur le corps du saint homme pendant qu'il vivait. Des yeux fort attentifs ont vu et des mains fort sûres de toucher ont senti que dans ses mains et dans ses pieds il y avait très certainement des clous bien formés, ou de sa propre chair ou d'une autre matière nouvellement produite; et il s'efforçait de les cacher pour éviter la gloire qui lui en serait revenue de la part des hommes. Après sa mort, on vit ouvertement à son côté une plaie qu'une main d'homme n'avait point faite et qui ressemblait à celle du Sauveur, d'où sortit le prix de notre rédemption et le symbole de nos sacremens. Des marques si belles et si merveilleuses doivent être une riche source de dévotion pour les chrétiens et de délices ineffables pour les âmes religieuses dans les banquets spirituels de l'Église catholique, puisque la foi sincère

---

[1] Wadding, 1237.
[2] S. Bonaventura, cap. XIII.

en Jésus-Christ nous fait comprendre par là que ceux qui, volontairement pour son amour, crucifient leur chair avec les vices et les convoitises peuvent participer à ses souffrances, quoiqu'il n'y ait point de tyrans qui les persécutent.

« Au reste, ce n'est point en nous conduisant par des fables et par des chimères que nous vous assurons des stigmates de saint François; car il y a long-temps que nous en avons une parfaite connaissance, Dieu nous ayant fait la grâce d'avoir une étroite liaison avec le saint homme lorsque nous étions de la maison du pape Grégoire IX, notre prédécesseur. C'est pourquoi, comme il faut bien prendre garde de ne pas recevoir en vain une si grande marque de protection que le ciel a donnée au monde, en la personne de ce saint Confesseur, par une faveur si extraordinaire, nous vous prions tous, vous avertissons, vous exhortons sérieusement et vous mandons par ces lettres apostoliques de solenniser tous les ans, au jour de sa fête, la mémoire de ces précieux mérites, et d'annoncer publiquement à ceux qui vous sont soumis la merveille de ses stigmates, leur inspirant de la vénération et de la dévotion pour ce divin privilége, afin que le saint Confesseur, implorant la miséricorde de Dieu sur tout le peuple chrétien, et particulièrement sur ceux qui l'invoqueront, son intercession leur obtienne à tous les grâces qu'ils ne peuvent obtenir par eux-mêmes.

« Ainsi, que l'on ne fasse plus de peine à saint François, puisqu'il porte en son corps les marques du triomphe de Jésus-Christ. Si quelqu'un, agité de l'esprit insensé d'une présomption téméraire ou envieux de la libéralité divine, ose entreprendre de combattre d'une bouche sacrilége cette détermination du Siége apostolique, ou d'attaquer par des discours malins et mordans le miracle des stigmates ou les autres, qui font éclater dans l'Église la sainteté du bienheureux Confesseur, Nous voulons et ordonnons que son prélat le punisse avec rigueur pour le faire revenir à son bon sens, en sorte que la sévérité du châtiment lui apprenne à ne plus blasphémer contre les œuvres de Dieu. Qu'aucun homme ne soit assez hardi et assez téméraire pour violer ou pour contredire cet écrit, qui contient ce que nous défendons, ce que nous confirmons et ce que nous voulons. Si quelqu'un présume d'y donner atteinte, qu'il sache qu'il encourra l'indignation de Dieu tout-puissant, et de ses bienheureux apôtres saint Pierre et saint Paul.

« Donné à Agnani le vingt-neuvième de novembre, l'an premier de notre pontificat [1]. »

En 1259, Alexandre IV adressa encore une autre bulle aux évêques sur la vérité des stigmates, qui était contestée dans les royaumes de Castille et de Léon [2].

En 1261, saint Bonaventure écrivait à la face du soleil le récit que nous avons rapporté, et qui est l'abrégé, l'écho fidèle des monumens originaux.

En 1279, le pape Nicolas III, dans sa lettre au chapitre général assemblé à Assise, dit que l'Ordre des Frères Mineurs est une source de science, qu'il est scellé des marques de la pauvreté et honoré des stigmates de Jésus-Christ, dans la personne de François [3].

En 1450, saint Antonin rend témoignage à la vérité des stigmates avec toute l'autorité de son caractère et de son talent [4].

A tous ces témoignages historiques il faut joindre la preuve des miracles faits à l'occasion des stigmates et rapportés par tous les historiens de l'époque, surtout par saint Bonaventure, qui termine son récit par ces paroles : « Ces miracles éclatans, et les témoignages constans de ceux qui ont vu et touché les stigmates, donnent à cette prodigieuse merveille un tel degré de certitude, qu'il ne doit rester dans les esprits aucun nuage de doute. Ainsi, qu'à cet égard personne n'ait l'œil malin, parce que Dieu est bon ; comme s'il ne convenait pas à sa bonté infinie de faire une telle faveur. Il n'y a

---

[1] Cherubini, Bullarium Romanum, t. I, p. 85, in-folio.

[2] Wadding, 1259.

[3] Wadding, 1279. le P. Chalippe, dans sa vie de saint François, a fort bien traité la question des stigmates.

[4] Chronic., tit. XXIV, cap. II.

personne de bon sens qui ne doive convenir que ce serait à la gloire de Jésus-Christ si, dans le corps mystique de l'Eglise, il se trouvait plusieurs membres qui fussent unis à leur chef par le même amour séraphique que saint François, qui fussent revêtus des mêmes armes dans la chevalerie spirituelle, et qui dussent être élevés à la même gloire dans le royaume des cieux [1]. »

Mais le témoignage authentique par excellence est le mont Alvernia : jusqu'alors tout-à-fait oublié dans l'histoire, il devient, aussitôt après le miracle des stigmates, un lieu important et sacré aux yeux des puissances de la terre et des simples fidèles. En 1255, Alexandre IV adressa à tous les Frères Mineurs la bulle suivante :

« Si nous considérons attentivement tout ce qui se publie dans l'Eglise militante à la gloire de saint François, qui porte les marques des victoires de Jésus-Christ, et si nous nous représentons bien la joie qu'en reçoit l'Eglise triomphante, nous devons nous sentir animés à rechercher autant qu'il est possible tous les vestiges de ce grand saint, les antres des montagnes et les cavernes de la terre qu'il a consacrés par sa présence, pour les honorer avec un profond respect. C'est pourquoi, nos chers enfans, nous affectionnons de tout notre cœur la célèbre et florissante montagne d'Alvernia, nous ressouvenant que c'est le lieu où l'amour dont son cœur était embrasé s'enflammant encore davantage à la vue du séraphin, et éclatant au dehors, il reçut ces merveilleuses plaies qui le firent paraître crucifié, et donnèrent à son corps, qu'elles ornaient comme autant de pierres précieuses, une dignité proportionnée à l'élévation de son âme.

« Qui peut aimer son salut éternel sans se plaire extrêmement en ce lieu, où le Roi des rois, par un excès de bonté, a voulu, dans la décadence des siècles, honorer son chevalier

---

[1] De sacris ergo stigmatibus nullus sit ambiguitati locus... S. Bonaventura, cap. xvi.

des marques royales, afin qu'il ranimât les troupes timides qui fuyaient devant l'ennemi, et que, par ses actions comme par ses paroles, il annonçât sa victoire en combattant sous les étendards de celui qui est venu d'en haut vaincre et triompher? Oh! combien de tristes soupirs et de sanglots amers saint François a-t-il tiré du fond de son cœur sur cette montagne? Oh! combien de fois prosterné sur sa bienheureuse poitrine a-t-il mouillé cette heureuse terre de ses larmes, quoiqu'il y fût quelquefois consolé par la présence des esprits célestes, et que souvent il y reçût de Dieu de hautes révélations sur l'Eglise militante? Nous qui mettons notre confiance dans les prières d'un si grand patriarche, prenons le mont Alvernia sous notre spéciale protection et employons tout notre pouvoir à le défendre. C'est pourquoi nous vous prions tous, vous avertissons, vous exhortons sérieusement, vous ordonnons et mandons expressément, en vertu d'obéissance, par ces lettres apostoliques, de destiner quelques uns des frères pour servir Dieu continuellement sur cette sainte montagne, ne voulant pas que cet établissement soit jamais détruit ni abandonné de l'Ordre pour quelque raison que ce puisse être.

« Donné à Naples le vingt-deuxième jour de mai, l'an onzième de notre pontificat [1]. »

En 1256, Guillaume, évêque d'Arezzo, qui, dans son diocèse, a l'honneur de posséder l'Alvernia, publiant la bulle d'Alexandre IV, y ajouta un mandement exprès, où il accorde de grandes grâces spirituelles à ceux qui visiteront la sainte montagne [2].

En 1260, il y eut au mont Alvernia une fête solennelle et imposante : c'était le vingtième jour d'août. La montagne était parée de son riche vêtement de verdure et de fleurs ; de chaque fente du rocher l'Impériale s'élançait sur sa tige élégante [3]. Une foule innombrable de pélerins se pressait dans

---

[1] Wadding, 1255.
[2] Wadding, 1256, n° 19.
[3] Une tradition populaire veut qu'un ange ait indiqué cette plante à l'em-

les raides sentiers et encombrait les cours et les portiques. Saint Bonaventure, alors maître général de l'Ordre, revenant du chapitre de Narbonne, était à l'Alvernia à la tête de près de mille religieux. Les évêques d'Arezzo, de Florence, de Fiesole, de Perouse, d'Assise, d'Urbino et de Citta di Castello, consacrèrent avec le beau cérémonial d'usage la principale église, sous le titre de Sainte-Marie-des-Anges et de Saint-François. Ensuite ils montèrent à cheval, et précédés du peuple portant des croix et des bannières, des religieux portant des cierges et chantant des hymnes et des psaumes, ils descendirent la montagne et en firent processionnellement le tour, la bénissant sous le nom de montagne Séraphique [1]. Depuis ce moment à jamais mémorable, tous les chrétiens ont désiré venir se reposer et prier un instant dans ce saint lieu.

L'empereur Henri VII passa en 1312 plusieurs jours sur la séraphique montagne, s'entretenant des choses du ciel avec le bienheureux Jean de Fermo, et il déclara par un acte public qu'il prenait l'Alvernia sous sa protection spéciale [2]. Jeanne, impératrice des Grecs, vint aussi à l'Alvernia, et ordonna par son testament que son corps y serait porté. « Quel est donc le fidèle, s'écriait sur la montagne Séraphique le cardinal Napoleo, légat du Saint-Siége, quel est donc le fidèle qui ne veuille visiter ce lieu consacré par de si grands témoignages? Ni la difficulté du chemin, ni la rigueur des saisons ne doit empêcher personne de monter à l'Alvernia, non seulement sans se plaindre, mais en volant avec une ardeur séraphique [3]. »

---

pereur Charlemagne pour guérir son armée de la peste. Matthiole, sur Dioscoride, liv. III, ch. IX, Venise, 1548, in-4°. En jargon scientifique, c'est le chamæleon blanc.

[1] Vitale, Chronica Seraphici montis, p. 188, in-4°. En 1498, l'église et le couvent de l'Alvernia furent indignement profanés par les armées vénitiennes, dans la guerre delli Marcheschi. Ces saints lieux furent réconciliés quelque temps après. Vitale, p. 194.

[2] Wadding, 1311.

[3] Ibid., 1260, n° 85.

L'Alvernia domine toute cette chaîne de l'Apennin, et à plusieurs milles on voit son imposante masse de rochers couronnés de hêtres immenses. Après quatre heures de montée dans des chemins raides, étroits, bordés de précipices profonds ou de quelques champs dont la glèbe blanchâtre atteste l'infécondité, on arrive sur le plateau incliné du sommet. Le couvent est irrégulier comme le sol; la porte basse et massive, posée sur des rocs, rappelle la porte des manoirs féodaux. Vous êtes dans une petite cour carrée; en face est un portique soutenu de deux colonnes : c'est l'entrée de l'église (minore), le plus ancien monument de l'Alvernia; sur la porte à plein cintre est un bas-relief antique représentant la stigmatisation de saint François; de chaque côté sont les armes du comte Orlando : une croix et trois fleurs de lys, glorieux souvenirs pour un Français. A droite est la porte du couvent, surmontée des armes de Florence, du pape Eugène IV et de cette puissante confrérie des artisans en laine, berceau des Médicis. Dans une partie du couvent sont les hospices des nombreux pèlerins qui chaque jour viennent vénérer la mémoire de la grande, l'incomparable merveille des stigmates. Personne n'a frappé à la porte sans être reçu. Noble et généreuse hospitalité, où l'on partage les aumônes des frères, où l'on est servi par des mains sacerdotales avec un dévouement qu'il est impossible de reconnaître. L'hospice des femmes est à un demi-mille au-dessous du couvent, à Val-Sainte [1].

L'église (minore) est basse, simple, divisée en trois parties par une fort belle grille en fer. Le maître-autel est décoré d'une magnifique Assomption en terre cuite émaillée, un des ouvrages les plus complets du célèbre Andrea della Robbia; sur l'autel, à gauche, il y a une Nativité en terre cuite, et

---

[1] On consomme par année mille moutons, des bœufs et des veaux en proportion. Le blé, le vin, l'huile se mesurent en quantités effrayantes. L'hospice des paysans est servi par des frères lais. Les différens hospices ont été construits par les soins et d'après les plans de frère Grégoire de Rasina.

aussi sur l'autel, à droite, une Descente de croix[1]. On entre de là dans l'église principale. Commencée en 1348 par Tarlat, comte de Chiusi et de Petremale, et par sa femme, Joanna, comtesse de Santa-Flore; elle ne fut terminée qu'un siècle après par le sénat de Florence, que le pape Eugène IV avait établi conservateur du mont Alvernia. Elle est éclairée, spacieuse, flanquée d'une tour bâtie en 1489, et entourée d'un portique d'où l'on découvre le plus immense paysage dont il soit possible de se faire une idée. D'un côté, ce portique se prolonge jusqu'à l'église des Stigmates, dont la voûte est tout azurée avec des étoiles d'or, et d'où pendent cinq lampes d'argent offertes en 1609 par le cardinal Montalto. Au milieu, sous une grille, est le lieu à jamais béni où François était agenouillé pendant sa stigmatisation. De chaque côté il y a vingt-quatre stalles en bois sculpté. Cette église a été bâtie en 1264 par Simon, comte de Battifolio et de Pup-

---

[1] On lit dans Vasari : Ancora che gli invetriati nelle figure di terra cotta non siano in istima grandissima, son molto utili e perpetui e necessarii : atteso che dove non possono reggere le pitture, o per gli ghiacci, o per gli umidi, o per i luoghi acquidosi, questa specie di figure serve come s'è visto al Sasso della Vernia in Casentino, che per tal colpa altro che gli invetriati non restano. Pag. 251, Vita di Luca della Robbia. — Luca et sa nombreuse famille répandirent beaucoup ces terres cuites, vernies ou plutôt émaillées. La renaissance de la peinture en émail date du quatorzième siècle, comme le prouve le magnifique reliquaire de la cathédrale d'Orvieto, œuvre admirable de l'orfèvre Ugolino Vieri de Sienne (1338). Ce n'est que sous François Ier qu'on vit paraître en France les émaux de Limoges, qui se rattachent à l'histoire de la peinture, tandis que les œuvres de la famille della Robbia se rattachent à la sculpture, n'étant pas peintes en couleur, mais revêtues seulement d'un émail blanc sur un fond bleu. Luca paraît avoir concouru à l'exécution des bas-reliefs des fameuses portes du baptistère de Florence. A San-Miniato, près de Florence, on voit de lui une Vierge tenant l'enfant Jésus; on ne pourrait assez louer la grâce de ce travail, non plus que les petites figures d'anges en demi-relief, exécutés par Andrea sous le portique de l'hôpital des Innocens, à Florence; et au Louvre, cette délicieuse image de la Vierge adorant Jésus. Luca, dit Vasari, fu molto costamente e savia persona, e alla religione christiana mirabilmente devoto. On voit dans leurs œuvres si naïves que la piété fut héréditaire dans cette famille; deux des fils d'Andrea embrassèrent la vie monastique dans le couvent de Saint-Marc, à Florence.

pio¹, et consacrée en 1310 sous le titre de la Sainte-Croix, des Saints-Anges et de Saint-François, par Renaldi, archevêque de Ravenne, et Aldobrandini, évêque d'Arezzo. Tous les jours après complies et toutes les nuits après matines, les religieux vont en procession de l'église principale à l'église des Stigmates. On reste profondément ému et sincèrement convaincu de la vérité de ce miracle quand on voit ces religieux avec leurs grands manteaux bruns défiler deux à deux sous les arceaux du portique, chantant des hymnes entrecoupés de repos, pendant lesquels on n'entend que le bruit des pas sur les dalles, le son de la cloche² et le murmure du vent, tantôt harmonieux et doux, tantôt violent et impétueux dans le feuillage des hêtres. A cette procession se rattachent de pieuses légendes. Un jour les frères aperçurent sur un hêtre la sainte Vierge les bénissant à mesure qu'ils passaient. Une autre fois, n'ayant pu faire la procession à cause d'une grande quantité de neige, des animaux de différentes espèces furent vus allant deux à deux de l'ancienne église à celle des Stigmates, comme pour reprocher aux religieux de n'y avoir pas été; ce qui les détermina à bâtir une galerie pour n'y jamais manquer³. Pendant l'office, lorsqu'on entend les divines harmonies de l'orgue, l'âme monte vers Dieu; les bruits de la terre se taisent, et il n'y a plus que le retentissement infini de ces concerts célestes, de ces

---

[1] On lit cette inscription sur une table de marbre attachée au mur :
Anno Domini 1264, feria 5, post festum Assumptionis gloriosæ virginis Mariæ; comes Simon filius illustris viri comitis Guidonis, Dei gratia in Thuscia Palatinus, fecit fundari istud oratorium, ad honorem beati Francisci, ut ipse cui in loco isto seraph apparuit, sub anno Domini 1223, infra octavam Nativitatis ejusdem virginis, et corpori ejus impressit stigmata Jesu Christi, consignet eum gratia Spiritus Sancti.

[2] Quand on se promène en rêvant dans tous les replis de l'Alvernia, on aime à entendre les cloches du couvent dont mille échos renvoient les sons argentins. La principale cloche a été apportée, en 1486, du château de Chiusi, où elle était dans la tour de la grande porte. Une plus petite a été fondue en 1494.

[3] François de Gonzague, de Origin. Seraph. Relig., part. II, Provinc. Tusc. Conv. 17, p. 256.

harpes éternelles des anges consolant et réjouissant François dans la solitude [1]. Chaque partie de la montagne est consacrée par une tradition vénérable : là priait et méditait saint Bonaventure; là, dans la petite chapelle de saint Sébastien, le démon voulait précipiter François dans l'abîme [2]; là est l'oratoire où le bienheureux Jean d'Alvernia conversait familièrement avec Jésus; là sont des hêtres contemporains de saint François; il aimait à se retirer dans cette grotte pour y contempler les adorables grandeurs du Christ... O mon Dieu! cette montagne est grasse et fertile... C'est la montagne que vous avez choisie pour y établir votre demeure... O mon Dieu! vous y demeurerez à jamais [3] !

[1] Nocte etenim quadam vigilante ipso et meditante de Domino, repente insonuit cithara quædam harmoniæ mirabilis et suavissimæ melodiæ. S. Bonaventura, cap. v. — L'orgue de l'Alvernia, si admirablement touché et dompté par un des Frères, a été d'abord construit par les soins de Frère Eusèbe de Mignano, gardien, en 1586.

[2] Dans cette petite et humble chapelle, on a transporté les corps d'un grand nombre des anciens Frères. Précieuses reliques!

[3] Mons coagulatus, Mons pinguis!... Mons in quo bene placitum est Deo habitare in eo : etenim Dominus habitabit in finem. Psalm. 67.

Chapitre xv.

1224 — 1226.

Dernières années de la vie de saint François. — Ses Souffrances. — Son Testament. — Sa Mort. — Ses Obsèques.

> Effundo in conspectu ejus orationem meam, et tribulationem meam ante ipsum pronuntio... Educ de custodia animam meam ad confitendum nomini tuo : me expectant justi, donec retribuas mihi.
> PSALM. CXLI.

François descendit de l'Alvernia portant avec lui l'image de Jésus-Christ crucifié, non tracée par la main d'un artiste sur des tables de pierre ou de bois, mais gravée sur sa propre chair par le doigt du Dieu vivant[1]. A Monte-Acutio il laissa au pieux comte, en mémoire de leur amitié, le pauvre habit dont il était revêtu. De là il alla à Monte-Casale par le bourg de San-Sepolcro; partout il faisait d'éclatans miracles. Enfin, après un mois de séjour à Castello, il revint à Sainte-Marie-des-Anges. François étant crucifié avec Jésus-Christ en esprit et de corps, non seulement il brûlait pour Dieu d'un amour de séraphin, mais il participait encore à la

---

[1] Non in tabulis lapideis vel ligneis manu figuratam artificis, sed in carneis membris descriptam digito Dei vivi. S. Bonaventura, cap. XIII.

soif du salut des âmes que le Fils de Dieu avait sur la croix. Comme il ne pouvait aller à son ordinaire à cause des clous qu'il avait aux pieds, il se faisait conduire tout languissant et à demi-mort, et répétait sans cesse ces paroles : « Jésus-Christ, mon amour, a été crucifié. » Souvent il parcourait ainsi en un seul jour quatre ou cinq des petites villes de l'Ombrie; son seul aspect était une éloquente prédication [1]. Dans la ferveur de son âme, il disait à ses frères : « Commençons à servir le Seigneur notre Dieu, car, en vérité, jusqu'à présent nous avons fait peu de progrès [2]. » Il désirait avec une incroyable ferveur revenir à ses premières pratiques d'humilité, servir les lépreux et réduire son corps en servitude, comme il avait fait au commencement de sa conversion [3]. Ses membres abattus par les travaux et les douleurs n'empêchaient pas qu'avec un esprit toujours fort et vigoureux, il n'espérât combattre encore et triompher de son ennemi. Sous la conduite de Jésus-Christ, il se proposait de faire des choses extraordinaires; car l'amour, quand il sert d'aiguillon, ne laisse ni négligence, ni lenteur; il presse toujours d'entreprendre quelque chose de plus grand. Arrêtons-nous un instant à contempler sur l'arbre de la vie ce fruit mûr pour le ciel. François était de petite taille; il avait la tête ronde, le visage un peu allongé, le front petit et uni, les yeux de médiocre grandeur, noirs et modestes, les cheveux bruns, les sourcils droits, le nez droit et fin, les oreilles petites et élevées, les tempes aplaties, la langue aiguë et ardente, la voix véhémente, douce et sonore, les dents serrées, blanches, égales, les lèvres fines et minces, la barbe noire et rare, le cou grêle, les épaules droites, les bras courts, les mains petites, les doigts effilés et les ongles

---

[1] Ita ut uno die quatuor aut quinque castella, vel etiam civitates, sæpius circuiret evangelizans unicuique regnum Dei, et non minus exemplo, quam verbo, ædificans audientes. Thomas de Celano, lib. II, cap. II.

[2] Incipiamus, Fratres, servire Domino Deo nostro, quia usque nunc parum profecimus. S. Bonaventura, cap. XIV.

[3] Flagrabat desiderio magno valde ad humilitatis reverti primordia. Thomas de Celano, lib. II, cap. II.

longs, la jambe maigre, le pied petit, tout le corps d'une excessive maigreur[1]. Ainsi sa chair était parfaitement d'accord avec son âme; elle était si soumise, si parfaitement obéissante, que, bien loin de lui résister, elle le prévenait en quelque manière et courait comme d'elle-même à la haute sainteté où il s'élevait. Oh! combien beau, combien splendide, combien glorieux apparaissait-il dans l'innocence de sa vie, dans la simplicité de ses paroles, dans la pureté de son cœur, dans son ardent amour pour Dieu et ses frères! Sa présence était angélique et pacifiante[2]. Dieu voulant qu'il eût ce comble de mérite qui ne vient que de la patience, le travailla par plusieurs sortes de maladies si graves, qu'à peine y avait-il une partie de son corps où il ne sentît de violentes douleurs. Elles le réduisirent à un tel état, qu'il n'avait plus que la peau collée sur les os; presque toute la chair était consumée; et ses souffrances les plus vives, il les appelait ses sœurs, pour montrer combien elles lui étaient chères[3].

François cédant enfin aux pressantes sollicitations du cardinal Ugolini et de frère Elie, qui avait pour lui l'affectueuse tendresse d'une mère, consentit à se reposer[4]. On le transporta dans une cellule très pauvre, proche de Saint-Damian, pour être plus à portée de faire préparer les remèdes par Claire et par ses sœurs. Il y demeura quarante jours avec les frères Masseo, Rufin, Léon et Angelo de Rieti. Le mal qu'il avait aux yeux devint si cuisant, qu'il ne pouvait prendre de repos ni jour ni nuit. Mais son âme restait toujours unie à Dieu, et il recevait de grandes consolations intérieu-

[1] Thomas de Celano, lib. I, cap. x. Le portrait par Giunta Pisano, que nous avons fait mettre à la tête de cette histoire, est exactement conforme à cette description.

[2] O quam pulcher, quam splendidus, quam gloriosus, apparebat in vitæ innocentia, et in simplicitate verborum, in puritate cordis, in dilectione Dei, in caritate fraterna! Thomas de Celano, lib. I, cap. x.

[3] Cumque duris corporis angeretur doloribus, illas suas angustias non pœnarum censebat nomine, sed sororum. S. Bonaventura, cap. xiv.

[4] Frater Elias quem loco matris elegerat sibi. Thomas de Celano, p. 711, apud Bolland.

res. Ses souffrances ayant un peu diminué, on le ramena à Sainte-Marie-des-Anges, où il fut languissant et malade pendant toute l'année 1225. Vers l'automne, on le conduisit près de Rieti à San-Fabiano, croyant que l'air des vendanges lui serait favorable. De là on le porta à Mont-Colombe, où les médecins lui firent avec un fer rouge une douloureuse opération pour tenter de guérir ses yeux. Ce mal incurable était le fruit de ses larmes continuelles. Le médecin lui disait un jour qu'il fallait les retenir, s'il ne voulait perdre entièrement la vue. François répondit : « Mon frère le médecin, pour l'amour de la vue corporelle qui nous est commune avec les mouches, il ne faut pas éloigner un seul moment les illustrations divines : car l'esprit n'a pas reçu cette faveur à cause du corps, mais le corps à cause de l'esprit. » Il aimait mieux purifier l'œil intérieur de son âme, qui doit contempler un Dieu très pur, que de conserver les yeux de son corps [1]. Il profita d'un court intervalle de convalescence pour se faire mener en divers endroits de l'Ombrie, du royaume de Naples et des provinces voisines, afin d'y gagner encore à Dieu quelques âmes. C'est dans cette course qu'il guérit un petit enfant de Bagnara. Cet enfant fut saint Bonaventure. L'évêque d'Assise fit amener l'homme de Dieu dans son palais, et l'y garda jusqu'au printemps de l'année 1226, le soignant avec une piété filiale. Mais comme son état devenait plus inquiétant, le frère Elie le fit transporter à Sienne dans les premiers jours d'avril ; l'air y était plus doux qu'à Assise, et il y avait plus de facilité pour les médecins. Les douleurs de François augmentèrent encore ; il eut pendant une nuit un vomissement de sang qui le réduisit à une telle faiblesse, qu'on crut qu'il allait rendre l'âme. Ses enfans désolés fondaient en larmes à genoux autour de son lit. François les regardait avec tendresse ; il fit approcher frère Benedict de Piratro, son infirmier, qui, pendant sa maladie, disait la messe dans sa chambre. « Prêtre de Dieu, lui dit-il, écrivez la bénédiction que je donne à tous mes frères, tant

[1] S. Bonaventura, cap. v.

à ceux qui sont présentement dans l'Ordre, qu'aux autres qui y entreront jusqu'à la fin du monde. Que tous s'aiment toujours les uns les autres, comme je les ai aimés et comme je les aime. Qu'ils aiment et qu'ils gardent toujours ma dame et maîtresse la pauvreté. Qu'ils ne cessent jamais d'être soumis et fidèlement attachés aux évêques. Que le Père, le Fils et le Saint-Esprit les bénissent et les protègent. Amen. » Lorsque sa faiblesse ne fut plus aussi grande, il fit écrire une humble et touchante lettre à tous ses frères absens [1]. Elie, qui avait sa famille à Cortone, lui proposa de le faire transporter au couvent de Celles, afin qu'il ne manquât de rien; mais après quelques jours, François demanda lui-même à retourner à Assise, où l'évêque voulut l'avoir dans son palais. Au milieu du redoublement de ses douleurs, il disait à ses frères : « Mes chers enfans, ne vous ennuyez point de la peine que vous prenez pour moi; car notre Seigneur vous récompensera en cette vie et en l'autre de tout ce que vous faites pour son petit serviteur. » Il trouva encore assez de force pour écrire une longue lettre à Claire et à ses filles. Dès qu'on sut dans Assise que le saint homme était près de mourir, les magistrats mirent des gardes autour du palais épiscopal, et veillèrent jour et nuit, de peur qu'on n'enlevât son corps dès qu'il aurait expiré, et que la ville ne fût privée d'un trésor si précieux.

Jean del Buono, médecin d'Arezzo, qui ne le quittait pas, l'avertit que la mort approchait. Son visage alors devint radieux, et il chanta les louanges de sa sœur la mort. Comme le patriarche Jacob, il fit venir ses enfans et il les bénit, les bras étendus l'un sur l'autre en forme de croix. Il demanda sur qui était sa main droite, car il ne voyait plus du tout; on lui répondit qu'elle était sur le frère Elie. « Cela est bien, dit-il; mon fils, je vous bénis en tout et par dessus tous. De même que sous votre main le Très-Haut a augmenté le nombre de mes frères et de mes enfans, ainsi je les bénis tous sur vous et en vous. Que Dieu, le souverain Seigneur de

[1] S. Francisci Opuscula, p. 8.

toutes choses, vous bénisse dans le ciel et sur la terre. Pour moi, je vous bénis autant et plus que je ne puis; mais que celui qui peut tout fasse en vous ce que je ne puis. Je prie Dieu qu'il se souvienne de votre travail et de vos œuvres, et qu'il vous donne part à la récompense des justes; que vous trouviez toutes les bénédictions que vous souhaitez, et que ce que vous demandez dignement s'accomplisse [1]. »

Voyant venir le jour où la tente de son corps devait être repliée, il demanda à être porté à Sainte-Marie-des-Anges pour rendre l'esprit qui avait animé sa vie dans le lieu où il avait reçu l'esprit de la grâce [2]. Quand on fut dans la plaine : « Tournez-moi, dit-il, du côté de la ville. » Et se soulevant de sa couche de douleur, il prononça ces solennelles paroles : « Soyez bénie du Seigneur, ville fidèle à Dieu, parce que beaucoup d'âmes seront sauvées en vous et par vous. Un grand nombre de serviteurs du Très-Haut demeureront dans l'enceinte de vos murailles et plusieurs de vos citoyens seront choisis pour la vie éternelle [3]. » Et il pleurait amèrement. Aussitôt qu'il fut arrivé à Sainte-Marie-des-Anges, il dicta la lettre suivante pour son illustre amie Jacoba de Settesoli :

« Vous saurez, ma bien chère, que Jésus-Christ, béni à jamais, m'a fait la grâce de me révéler la fin de ma vie : elle est fort proche. C'est pourquoi, si vous voulez me voir encore, partez dès que vous aurez reçu cette lettre, et hâtez-vous de venir à Sainte-Marie-des-Anges. Si vous arrivez plus tard que samedi, vous me trouverez mort. Apportez avec vous de l'étoffe, ou plutôt un cilice pour ensevelir mon corps et de la cire pour mon enterrement. Je vous prie aussi d'apporter de ces pâtes que vous me faisiez prendre à Rome quand j'étais malade [4].... » A ces mots, il s'arrêta, comme

---

[1] Super quem, inquit, teneo dextram meam ? Super Fratrem Eliam. Et ego sic volo, ait; te, fili, in omnibus et per omnia benedico. Thomas de Celano, lib. II, cap. III.

[2] Quatenus ubi acceperat spiritum gratiæ, ibi redderet spiritum vitæ. S. Bonaventura, cap. XIV.

[3] Ad planitiem sub civitatis declivio... Benedicta tu a Domino, civitas Deo fidelis. Barthélemy de Pise, lib. I, Conform. 6.

[4] S. Francisci Opuscula, p. 12.

préoccupé d'une pensée étrangère, et il dit : « Il est inutile d'envoyer cette lettre; la dame de Settesoli est en route [1]. » En effet, elle arriva peu de temps après, apportant tout ce que François désirait. Le vendredi, troisième jour d'octobre, il fit assembler ses frères, les bénit une seconde fois, fit un signe de croix sur un pain qu'il partagea à tous, comme un symbole d'union et de concorde fraternelle; il appela Bernard de Quintavalle, son fils aîné, et le frère Ægidius, disant : « Venez, mes fils, que je vous bénisse avant de mourir. » Tous les frères fondaient en larmes. Après un instant de repos, il dicta son testament, sa dernière instruction de pénitence et de paix.

« Le Seigneur m'a fait la grâce, à moi frère François, de commencer ainsi à faire pénitence. Lorsque j'étais dans l'état du péché, il me semblait fort amer de voir les lépreux; mais le Seigneur lui-même m'ayant amené parmi eux, j'exerçai la miséricorde à leur égard, et en les quittant, je sentis que ce qui m'avait paru si amer s'était changé en douceur pour mon âme et pour mon corps. Après cela, je demeurai peu dans le siècle; j'en sortis, et Notre-Seigneur me donna une telle foi dans les églises où il réside, que je l'y adorais simplement en disant : « Nous vous adorons, ô très saint Seigneur Jésus-Christ! ici et dans toutes vos églises qui sont par toute la terre, et nous vous bénissons d'avoir racheté le monde par votre sainte croix. » Il me donna aussi et me donne encore tant de foi aux prêtres qui vivent selon la forme de la sainte Église romaine, à cause de leur caractère, que s'ils venaient à me persécuter, ce serait à eux-mêmes que je voudrais avoir recours, et quand j'aurais autant de sagesse que Salomon en a eu, si je trouvais des prêtres pauvres selon le monde, je ne voudrais pas contre leur volonté prêcher dans les églises où ils demeurent. Je veux les craindre, les aimer, les honorer, eux et tous les autres, comme mes maîtres. Je ne veux point considérer en eux de péché, parce qu'en eux

---

[1] Disse al Frate che scriveva la lettera, che non scrivesse piu oltra, percioche non bisognava. Fioretti, p. 218.

je vois le Fils de Dieu, et par là ils sont mes maîtres. Ce qui fait que j'en use ainsi, c'est qu'en ce monde je ne vois rien de sensible du même Fils de Dieu le Très-Haut, que son très saint corps et son très saint sang qu'ils reçoivent, et qu'eux seuls administrent aux autres.

« Or, je veux que ces très saints mystères soient honorés et révérés par-dessus toutes choses, et qu'ils soient précieusement conservés. Partout où je trouverai en des lieux indécens les très saints noms et les très saintes paroles du Fils de Dieu, je veux les en ôter, et je prie qu'on les en ôte pour les placer en quelque endroit honnête. Nous devons encore respecter tous les théologiens et ceux qui nous dispensent la très sainte parole de Dieu, comme des ministres qui nous donnent l'esprit et la vie. Après que le Seigneur m'eut chargé de la conduite des frères, personne ne m'enseigna ce qu'il fallait que je fisse; mais le Très Haut lui-même me révéla que je devais vivre selon la forme du saint Évangile. Je la fis écrire en peu de paroles simples, et notre Saint-Père le pape me la confirma. Ceux qui venaient pour embrasser ce genre de vie donnaient aux pauvres tout ce qu'ils pouvaient avoir; ils se contentaient d'une seule tunique, rapiécée (rapeciata) en dedans et en dehors, avec une ceinture de corde et des brayes; et nous ne voulions rien davantage. Nous, qui sommes clercs, disions l'office comme les autres clercs; les lais disaient le Pater noster. Nous demeurions fort volontiers dans les églises pauvres et abandonnées; nous étions des gens simples et soumis à tout le monde. Je travaillais de mes mains, et je veux travailler; je veux fermement aussi que tous les autres frères s'appliquent à quelque travail honnête. Ceux qui ne savent point travailler, qu'ils apprennent, non par le désir d'être récompensés de ce qu'ils feront, mais pour le bon exemple et pour fuir l'oisiveté. Si l'on ne nous récompense point de notre travail, ayons recours à la table du Seigneur, demandant l'aumône de porte en porte. Il m'a révélé que nous devions nous servir de cette manière de saluer : « Le Seigneur vous donne sa paix ! » Que les frères prennent bien garde à ne recevoir, en aucune manière, ni églises, ni maisons, ni tout ce que l'on bâtit pour eux, si cela n'est conforme à la sainte pauvreté que nous avons promise dans la règle, et que toujours ils demeurent là comme hôtes, étrangers et voyageurs. Je défends étroitement par obéissance à tous les frères, quelque part qu'ils se trouvent, d'avoir la hardiesse de demander aucune lettre en cour de Rome, par eux-mêmes ou par une personne interposée, ni pour une église, ni pour un autre bien, ni sous prétexte de prédication, même pour la sûreté de leurs personnes en cas de persécution ; mais quand ils ne seront pas reçus dans un endroit, qu'ils s'enfuient dans un autre pour y faire pénitence avec la bénédiction de Dieu. Je veux absolument obéir au ministre général de cette Fraternité et au gardien qu'il lui plaira de me donner, et je veux être tellement lié entre ses mains que je ne puisse ni aller, ni rien faire contre sa volonté, parce qu'il est mon maître. Bien que je sois simple et infirme, je veux pourtant avoir toujours un clerc qui me dise l'office, comme il est marqué dans la règle ; que tous les autres frères soient tenus de même d'obéir à leurs gardiens et de faire l'office, selon la règle. S'il s'en trouvait quelques uns qui ne fissent pas l'office, ou qui voulussent y faire des changemens, ou qui ne fussent pas catholiques, que tous les frères, quelque part qu'ils soient et qu'ils en trouvent un de ceux-là, soient tenus par obéissance de le mener au gardien le plus proche du lieu où ils l'auront trouvé, et que le gardien soit tenu par obéissance de le garder nuit et jour comme un prisonnier ; en sorte qu'on ne puisse le lui enlever, jusqu'à ce qu'il le remette, en propre personne, entre les mains de son ministre ; que le ministre soit tenu étroitement par obéissance de le faire conduire par des frères qui soient en état de le garder nuit et jour comme un prisonnier, jusqu'à ce qu'ils le présentent au cardinal d'Ostie, qui est maître, protecteur et correcteur de cette Fraternité.

« Que les Frères ne disent point : C'est ici une autre règle ; car c'est un mémorial, un avertissement, une exhortation, et mon testament, que moi, Frère François, votre très petit serviteur, j'adresse à vous, mes Frères, qui êtes bénis de Dieu, afin que nous observions mieux, d'une manière catholique, la règle que nous avons promis au Seigneur de garder. Que le ministre général et tous les autres ministres et custodes soient tenus, par obéissance, de ne rien ajouter à ces paroles et de ne rien retrancher. Qu'ils aient toujours avec eux cet écrit joint à la règle, et que dans tous les chapitres qu'ils tiendront, lorsqu'ils liront la règle, ils lisent aussi ces paroles. Je défends encore absolument, par obéissance, à tous mes Frères clercs et lais, de mettre des gloses à la règle et à cet écrit, en disant : C'est ainsi qu'on les doit entendre. Mais comme le Seigneur m'a fait la grâce de les dicter purement et simplement, entendez-les de même purement et simplement, et sans glose, et les mettez en pratique jusqu'à la fin par de saintes actions. Quiconque observera ces choses, soit rempli au ciel de la bénédiction du Père céleste, le Très-Haut, et sur la terre, de la bénédiction de son Fils bien-aimé, et du très Saint-Esprit consolateur, avec l'assistance de toutes les Vertus célestes et de tous les Saints; et moi, Frère François, votre très petit serviteur en Notre-Seigneur, je vous confirme tout autant que je puis cette très sainte bénédiction, au-dedans et au-dehors. Ainsi soit-il [1]. »

« O testament de paix, s'écrie un pieux auteur, testament qu'on ne doit jamais oublier, qui doit être respecté en toute manière, contre lequel il ne faut rien établir de nouveau; testament valable non par la mort du testateur, mais par la gloire immortelle qui a été sa sanction. Heureux qui ne méprise point et ne rejette point ce testament incorruptible de charité, ce glorieux fief d'humilité, ce désirable trésor de pauvreté, héritage d'un père illustre [2] ! »

François voulut être mis sur la terre nue, et croisant ses

[1] S. Francisci Opuscula, p. 20.
[2] Beatus qui non spernit vel abjicit charitatis incorruptibile testamentum, fertile humilitatis feudum, desiderabilem paupertatis thesaurum, tanti patris sibi traditione legatum. Bibliotheca veter. Patrum, t. V, ad finem.

bras, il dit : « Adieu, mes enfans; je vous dis adieu à tous; je vous laisse dans la crainte du Seigneur, demeurez-y toujours. Le temps de l'épreuve et de la tribulation approche : heureux ceux qui persévèreront dans le bien qu'ils ont commencé ! Pour moi je vais à Dieu avec un grand empressement, et je vous recommande tous à sa grâce[1]. » Frère Léon et Frère Angelo vinrent, suivant son désir, chanter en chœur le cantique du soleil et de sa sœur la mort, puis il se fit lire la Passion de notre Seigneur Jésus-Christ, selon saint Jean. Après cette lecture, il commença lui-même à réciter d'une voix affaiblie cette hymne des tristesses du roi-prophète :

« Ma voix a crié vers le Seigneur; je lui ai adressé mes vœux !

« Je répands mes prières en sa présence; je lui dis mes douleurs, et mon esprit est près de défaillir.

« Seigneur, vous avez connu mes sentiers !

« Je regardais à ma droite, et je ne voyais personne qui me connût; la fuite m'était fermée, et nul ne défendait ma vie.

« C'est vous que j'implore, ô mon Dieu; et j'ai dit : Vous êtes mon espérance et mon partage dans la terre des vivans.

« Ecoutez ma prière, car je suis profondément humilié; délivrez-moi de ceux qui me poursuivent, car ils se sont fortifiés contre moi.

« Délivrez mon âme de sa prison afin que je puisse vous glorifier; voilà que les justes attendent votre jugement sur moi[2] ! »

Et sa bouche se ferma pour toujours; le mystère de la grâce était accompli. Or il avait quarante-cinq ans; c'était un samedi, quatrième jour d'octobre, dans une de ces soirées d'automne d'Italie, si parfaitement calmes, si paci-

---

[1] Ego vero ad Deum propero, cujus gratiæ vos omnes commendo. S. Bonaventura, cap. XIV.
[2] Psalm. 141.

fiantes, si embaumées. Un Frère vit une âme sous la figure d'une étoile fort brillante s'élever dans le ciel sur une nuée blanche et lumineuse [1]. Jacoba de Settesoli, aidée des Frères, lava le saint corps, le revêtit d'une tunique neuve ouverte au côté du cœur, et le plaça sur de riches tapis. Chacun put alors le contempler suivant sa dévotion. On voyait dans ses mains et dans ses pieds des clous noirs comme du fer, merveilleusement formés de sa chair par une vertu divine; ils y étaient tellement adhérens, que quand on les poussait d'un côté, ils avançaient de l'autre, ainsi que des nerfs durs, et d'une seule pièce. Rien n'empêchait de voir la plaie de son côté, qu'il cachait avec tant de soin pendant sa vie; cette plaie que la main de l'homme n'avait point faite, et qui ressemblait à l'ouverture du côté du Sauveur d'où sortit le sacrement de notre rédemption, de notre régénération. Sa couleur rouge et ses bords repliés la faisaient paraître comme une très belle rose [2]. Sa chair, qui était naturellement brune, et que les maladies et les fatigues avaient rendue très basanée, devint blanche comme les robes blanchies dans le sang de l'Agneau que revêtent les saints dans le ciel; ses membres étaient flexibles et maniables comme ceux d'un petit enfant. Entre tous les fidèles qui vinrent baiser les pieds et les mains de François, on remarqua un chevalier de grande réputation, nommé Jérôme, incrédule comme le Thomas de l'Évangile; il toucha et examina, plus curieusement, plus hardiment que les autres, chacune des plaies du corps saint, et en fut depuis un témoin très zélé [3]. Pendant toute la nuit, les Frères Mineurs chantèrent autour du corps des psaumes et des hymnes avec une si grande jubilation d'amour, qu'on aurait cru assister à une fête angélique dans le ciel plutôt qu'aux funérailles d'un homme [4]. Le lendemain dimanche fut

---

[1] S. Bonaventura, cap. xiv.

[2] Rosa quædam pulcherrima videbatur. S. Bonaventura, cap. xv.

[3] Incredulus quasi Thomas, ferventius et audacius movebat clavos. S. Bonaventura, cap. xv.

[4] Ita ut præ jubilationum charitate fore angelorum excubiæ viderentur. Thomas de Celano (témoin oculaire), lib. II, cap. iv.

le jour du triomphe[1]. Dès le matin, le clergé et les magistrats d'Assise vinrent à Sainte-Marie-des-Anges, où s'était réuni une foule immense des populations ombriennes. Les Frères Mineurs des couvens voisins étaient venus toute la nuit. Le convoi se mit en marche; le peuple portait des branches d'olivier; les Frères, sur deux longues lignes, tenaient des cierges allumés. Le saint corps, placé sur de riches tapis, était porté par deux magistrats et deux Frères Mineurs; le clergé fermait le cortége. Le chant des psaumes, des hymnes et des cantiques en langue vulgaire, chantés par tous les Frères et le peuple, n'était interrompu que par les sons éclatans des grandes trompettes guerrières, placées de distance en distance. On déposa le corps dans l'église de Saint-Damian, afin que les Pauvres-Dames eussent le bonheur de contempler une dernière fois les traits vénérés de leur Père. Ces pauvres orphelines laissèrent alors tomber, avec leurs larmes, ces tristes et touchantes paroles:

« Hélas! hélas! que ferons-nous? O Père! à qui nous laissez-vous en garde? — Hélas! qui nous conseillera dans nos grandes tribulations? dans la tentation, qui nous soutiendra? — Hélas! maudit soit ce jour rempli de tristesse et d'obscurité, qui enlève au monde le flambeau qui l'éclairait! Non jamais jour plus funeste ne se lèvera sur le monde! — O François! très honoré Père, pourquoi nous laissez-vous faibles et chétives, ensevelies seules dans ces murailles? — Hélas! nous étions si heureuses quand vous veniez au milieu de nous! Nous préférions votre pauvreté à toutes les richesses; votre douceur nous fortifiait, ô Père vénéré! — Hélas! nous avons tout perdu; mieux vaudrait la mort que la vie, puisque tout bonheur nous est arraché. — Doux Jésus, Fils de Marie, pourquoi donc nous avez-vous oublié? — O mon Dieu! pourquoi nous avez-vous ôté notre force? — O bon Jésus! cette douleur est plus forte que la mort! — O

---

[1] J'emprunte le récit des obsèques à la Vie inédite, en vers français. Cette partie est fort belle; elle complète le récit de Thomas de Celano. Voir APPENDICE, p. xciij.

François ! vous, notre Père ! vous, notre maître ! vous auriez dû nous envoyer devant, c'eût été pour nous une grande joie ; car, ô bon Père ! nous aurions mieux aimé mourir que de vous voir ainsi étendu, sans pouvoir, comme de coutume, nous adresser quelques paroles de consolation. — O maître débonnaire ! nous sommes abattues de douleur ! Cette porte va se fermer pour toujours. — Hélas ! nos péchés ont mérité ce malheur. — Vous nous quittez, ô Père ! et vous ne reviendrez plus nous visiter comme autrefois. — Hélas ! que ce départ est triste et douloureux ! — Bonne vierge Marie, avez-vous donc oublié vos humbles servantes ? — O François ! nous devons maudire la mort ; elle nous a fait trop grand tort, en vous enlevant le premier, ô très doux François ! »

Ce disant, elles baisaient avec une inexprimable tendresse les pieds, les mains et les vêtemens du saint patriarche ; Claire s'efforça même de tirer le clou d'une de ses mains. Devant cette scène de douleur, le peuple était profondément ému. Et aussi, à cinq siècles de distance, lorsque le voyageur chrétien s'arrête dans l'église haute d'Assise, en face de la fresque pieuse où le vieux Giotto nous en a conservé fidèlement les détails ; il sent son âme tressaillir et ses yeux se mouiller de douces larmes de dévotion et d'amour.

Le convoi traversa lentement les rues de la glorieuse cité d'Assise, décorées de draperies et de branches d'arbre jusqu'à l'église Saint-George, où le corps de François fut déposé après l'office solennel. Là où il avait commencé à étudier dans son enfance, là où il avait fait sa première prédication, là aussi devait être son premier lieu de repos [1].

---

[1] In eo siquidem loco puerulus litteras didicit, ibique postmodum prædicavit, postremo ibidem locum primum quietis accepit. S. Bonaventura, cap. XV.

Chapitre xvj.

1229.

Canonisation du bienheureux patriarche. — Magnificences de l'église d'Assise. — L'art et la poésie rayonnent autour du tombeau de saint François.

> Gloriosa dicta sunt de te , civitas Dei !
> PSALM. 86.

> Et erit sepulcrum ejus gloriosum.
> ISAIAS , 10.

Honorius III ne survécut pas long-temps au saint patriarche; il mourut le 18 mars 1227. Dès le lendemain, les cardinaux s'assemblèrent, et élurent tout d'une voix le cardinal Ugolini, qui, montant sur la chaire éternelle, prit le nom de Grégoire IX. A lui appartenait de proclamer la sainteté et le triomphe de François. Les commencemens de ce nouveau pontificat furent troublés par une sédition excitée dans Rome par les émissaires de l'empereur. L'aristocratie romaine, rêvant toujours une grandeur chimérique, avait conservé un instinct haineux contre la puissance des papes; incapable d'agir par elle-même, elle recevait presque toujours l'impulsion des empereurs, et la communiquait avec de l'or à une foule affamée et oisive au milieu des ruines glorieuses d'une génération forte et puissante. Le pape, forcé d'abandonner

Rome, vint à Assise, comme dans un refuge, après avoir habité quelque temps Rieti et Spolète. Il donna à tous les évêques de l'Ombrie la commission spéciale de faire dans toute l'étendue de leur juridiction des enquêtes sévères et détaillées sur la vie merveilleuse de François, et il nomma une commission de cardinaux qui devait soigneusement examiner tous ces rapports, sous la présidence du cardinal Raynaldi, son neveu, à qui il avait confié la charge, si chère à son cœur, de protéger l'Ordre des Pauvres de Jésus-Christ. Grégoire, pour se conformer aux usages de l'Église catholique, qui a toujours agi avec une si grande sagesse dans la canonisation des saints, voulut examiner lui-même en plein consistoire la validité de la procédure : il fixa la solennité de la canonisation pour le dimanche, seizième jour de juillet. Dès la veille, il arriva de Pérouse avec sa cour; de toutes les parties de l'Italie s'était assemblé une grande multitude de prélats, de seigneurs et de peuple; jamais la vieille cité d'Assise n'avait ouvert ses portes à tant d'empressement et d'amour.

Combien glorieux, au dimanche matin, se leva le soleil pour éclairer le triomphe de son frère François! La petite église de Saint-Georges, où tout enfant il avait appris à bégayer le nom de Dieu, dilata ses entrailles maternelles pour une si auguste solennité. Le tombeau étant ouvert, le pape, après une fervente prière, monta sur le trône qui lui avait été préparé, et dans l'ivresse de sa reconnaissance, sa parole s'élança comme une hymne [1] :

« Comme l'étoile du matin dans le milieu des nuages, comme la lune dans son plein, comme le soleil dans tout son éclat, ainsi il a brillé dans le temple de Dieu [2].

« La dernière tête du dragon, portant le glaive des ven-

---

[1] Prædicat primitus populo universo papa Gregorius, et affectu mellifluo, voce sonora, nuntiat præconia Dei; sanctum quoque Franciscum patrem nobilissimo sermone collaudat..., totus lacrymis madidatur. Thomas de Celano, lib. III, cap. 1.

[2] Ecclesiastic., L, vers. 6.

geances, agite le septième étendard; il s'élève contre le ciel et cherche à attirer une grande partie des astres au nombre des réprouvés.

« Mais voilà que du côté du Christ un nouveau légat est envoyé; sur son corps béni brille l'image de la croix.

« François, noble prince, porte un signe royal; il rassemble les peuples dans tous les pays du monde; contre la haine schismatique du dragon il organise trois milices de chevaliers armés à la légère pour disperser les hordes infernales sur lesquelles s'appuyait le dragon [1]!...

« Quoique le grand éclat de la sainteté de François suffise pour faire croire qu'il est dans l'Église triomphante, néanmoins l'Église militante ne l'aurait point encore déclaré saint, parce qu'elle ne juge point de ce qui n'est pas de son ressort; mais Dieu ayant honoré de plusieurs grands miracles, dont nous sommes pleinement informés, une vie si notoirement sainte, et qui nous est si bien connue par les liaisons intimes qu'il avait avec nous lorsque nous étions dans un moindre rang : de l'avis et du consentement de nos frères, Nous avons résolu de le mettre au catalogue des saints, ayant cette confiance que, par la miséricorde de Dieu, Nous et le troupeau qui nous est confié serons aidés par ses suffrages, et que nous aurons au ciel pour protecteur celui que nous avions pour ami sur la terre [2]. »

Alors le cardinal Octavian, cousin d'Innocent III, lut publiquement la relation des miracles examinés. La plupart de ceux sur qui ces miracles avaient été opérés se trouvaient présens; ils s'écriaient : « C'est à moi que cela est arrivé! » Le cardinal Rainerio Capoccio, qui avait eu des liaisons intimes avec Dominique et avec François, raconta ensuite tout ce qu'il savait de cet homme admirable. Sa voix était entrecoupée de vifs transports de tendresse; l'auditoire était ému

---

[1] Appendice, p. cxix.
[2] Nos et gregem Nobis commissum ejus suffragiis adjuvari, et quem familiarem habuimus in terris, habere patronum in cœlis. Bulla canonisationis. Cette bulle fut publiée à Pérouse, le 19 juillet.

jusqu'aux larmes¹. Enfin le souverain pontife se lève au milieu de l'attente silencieuse, et, les bras étendus, il prononce ces solennelles paroles :

« A la gloire de Dieu tout-puissant, le Père, le Fils et le Saint-Esprit, de la glorieuse vierge Marie, et des bienheureux apôtres saint Pierre et saint Paul, et à l'honneur de l'Église romaine, Nous avons résolu, du conseil de nos frères et des autres prélats, d'inscrire au catalogue des saints le bienheureux père François, que Dieu a glorifié dans le ciel et que nous vénérons sur la terre. Sa fête sera célébrée le jour de sa mort². » Les cardinaux et les Frères Mineurs chantèrent le Te Deum ; le peuple répondit par de grandes acclamations, et les trompettes guerrières, placées à l'extérieur de l'église, sonnèrent le triomphe. Descendu de son trône, Grégoire IX était prosterné devant le tombeau et y déposait son offrande. Tous les cardinaux et les chevaliers l'imitèrent, et le cercueil découvert fut placé au milieu du sanctuaire, décoré avec la plus somptueuse magnificence³. Le pape commença la messe. Tous les Frères Mineurs, portant des flambeaux et des branches d'olivier, formaient une couronne autour de l'autel⁴.

Cependant frère Elie, pour accomplir la dernière et prophétique volonté de François, avait obtenu, à l'orient d'Assise, le rocher appelé la Colline d'Enfer : c'était le lieu où l'on exécutait les arrêts de la justice humaine. Lorsqu'il fit cette proposition à l'assemblée des citoyens, il s'éleva une réclamation générale ; on trouvait ce lieu trop vil pour y déposer un si grand trésor. « Choisissez plutôt, lui disait-on, une place honorable dans la cité ; nous sommes prêts pour cela à vous céder nos propres maisons⁵. » Mais

---

¹ Thomas de Celano, lib. III, cap. 1.
² Ibid.
³ Albert, abb. Stad. Chronicon ad ann. 1228.
⁴ Celebrat mysteria, stat circa illum corona Fratrum. Thomas de Celano.
⁵ Sed expedire potius nobiliorem tutioremque civitatis partem ad id eligere ; rati omnes plateas, domos, et quidquid proprium vel commune ad

tous, sur les observations du ministre général, déclarèrent la Colline d'Enfer fief du Saint-Siége [1]. Aussitôt frère Elie ouvrit un concours entre tous les artistes italiens et étrangers, et après avoir examiné les plans, il choisit Jacques, célèbre entre tous les architectes d'Allemagne. Il avait amené avec lui un enfant qu'il initiait aux études artistiques, et qui devint plus tard le frère Filippo da Campello, dont nous apprécierons les œuvres. Le quinzième jour de mai 1228, on commença les travaux. Presque chaque ville de l'Ombrie avait envoyé des ouvriers; les Frères Mineurs eux-mêmes, encouragés par frère Elie, se mirent au travail avec une incroyable ardeur. On nivela d'abord le rocher, et on forma une immense surface propre à recevoir les constructions. Or, au moment de la canonisation, tous ces premiers préparatifs étaient achevés, et le lendemain du jour de la solennité, le pape, revêtu des ornemens pontificaux, suivi de toute sa cour et entouré d'une foule innombrable, vint bénir la première pierre de l'édifice et la montagne, qu'il nomma admirablement COLLINE DU PARADIS. Après avoir examiné les plans, Grégoire IX autorisa frère Elie à recevoir des aumônes extraordinaires; il accorda des indulgences à tous ceux qui contribueraient à ce monument, ou de leurs bras ou de leurs richesses. Presque tous les princes du monde envoyèrent leur offrande; les Allemands surtout se distinguèrent par leurs libéralités; la cité d'Assise donna de magnifiques carrières de marbre, d'où on tira une grande partie des matériaux. C'était un beau spectacle que celui de cette troupe immense d'ouvriers : les uns taillent les pierres; les autres les chargent sur les chariots, traînés par des bœufs; d'autres polissent le marbre, ajustent les pierres et

---

rem esset, se quam libentissime donaturos. Collis Paradisi amœnitas, seu sacri conventus Assisiensis historiæ libri II, a P. Francisco Maria Angelo a Rivo-Torto. Montefalisco, 1704, in-4. Mon bien-aimé Frère Lacordaire m'a envoyé ce livre de Rome; ainsi j'ai pu vérifier l'exactitude de mes anciennes observations.

[1] L'acte est du 30 mars 1228, signé du magistrat Simone Puzarelli. ARCHIVES D'ASSISE.

les ornent de sculptures délicates; d'autres élèvent les murailles; et au milieu de tout cela dominent les deux imposantes figures de frère Élie et de Jacques Allemand. C'est ce travail de la forme, ce sont ces poèmes en pierre élevés par tout un peuple, que célébrait le chantre italien par excellence, Virgile, surnommé par Dante le maître de ceux qui savent :

« On presse les travaux : les uns continuent l'enceinte des murs et roulent de grosses pierres à force de bras; d'autres jettent les fondemens et taillent dans les carrières d'énormes colonnes.... Telles, au retour du printemps, les abeilles dans les campagnes fleuries exercent leur labeur sous le soleil, elles font sortir des ruches les essaims qu'elles ont nourris, elles forment leur miel liquide et remplissent leurs cellules de ce doux nectar, elles reçoivent les fardeaux de celles qui arrivent.... On travaille avec ardeur.... Heureux peuple qui voit déjà ses murs s'élever [1] ! »

Au commencement du mois de mai 1230, une grande partie du couvent et l'église inférieure étaient entièrement achevés. Frère Élie y convoqua le chapitre-général pour la fête de la Pentecôte, et après avoir pris les ordres de Grégoire IX, il fit annoncer partout que le saint corps du patriarche serait à la même époque porté dans la nouvelle église. Le nombre des pélerins fut si considérable qu'ils cam-

---

[1]
>Instant ardentes... pars ducere muros,
>. . . . Et manibus subvolvere saxa ;. . . .
>Fundamenta locant alii, immanesque columnas
>Rupibus excidunt,. . . .
>Qualis apes æstate nova per florea rura
>Exercet sub sole labor, quum gentis adultos
>Educunt fetus, aut quum liquentia mella
>Stipant, et dulci distendunt nectare cellas,
>Aut onera accipiunt venientum,. . .
>Fervet opus ;. . . .
>O fortunati, quorum jam mœnia surgunt !
>
>VIRGILII, Æneis, lib. I.

pèrent en plein air dans toute la plaine et sur le penchant de la colline d'Assise. Grégoire IX fut privé d'assister à cette fête, à cause de la gravité des événemens politiques; il envoya trois légats pour le représenter et porter en offrande sur ce glorieux tombeau une croix d'or ornée de pierreries, renfermant un morceau de la croix de Jésus-Christ; des vases sacrés en or et en argent; un retable d'autel en or, semé de pierres précieuses; des ornemens sacerdotaux d'une grande richesse, et une somme d'argent considérable pour l'achèvement de l'édifice [1]. Le 25 mai, veille de la Pentecôte, la cérémonie commença. Frère Élie lut publiquement au peuple les lettres apostoliques données à cette occasion. Grégoire IX y laissait parler son cœur :

« Au milieu des maux dont nous sommes accablés, nous trouvons un sujet de joie et d'actions de grâces dans la gloire que Dieu répand sur le bienheureux François, notre père et le vôtre, et peut-être plus le nôtre que de vous tous. Outre les merveilles éclatantes dont il a été l'instrument, nous avons des preuves authentiques que, depuis peu, un mort est ressuscité en Allemagne par son intercession. C'est ce qui nous anime de plus en plus à publier de toutes nos forces les louanges de ce grand saint, avec cette confiance que, nous ayant si tendrement aimés lorsqu'il était dans le monde, où il vivait comme hors du monde, il nous aime encore davantage maintenant qu'il est plus uni à Jésus-Christ, qui est amour, et ne cesse point d'intercéder pour nous. Espérant aussi que vous, qu'il a engendrés en Jésus-Christ et qu'il a laissés héritiers des richesses de son extrême pauvreté, vous que nous portons dans les entrailles de notre amour avec un désir ardent de procurer le bien de votre Ordre, emploierez vos prières pour obtenir de Dieu que nos tribulations soient utiles à notre salut [2]. »

Ensuite le saint corps fut levé de terre, au bruit des trom-

---

[1] Conventus Assis. hist., p. 11.

[2] Wadding. Cette bulle est datée de Saint-Jean-de-Latran, 17 des kalendes de juin, 1230.

pettes et des acclamations du peuple, et porté, par les trois légats et frère Élie, sur un char décoré avec une variété merveilleuse, et traîné par des bœufs couverts de caparaçons d'écarlate, sur lesquels étaient brodés en or des plantes et des oiseaux. Toutes ces draperies avaient été envoyées, l'année précédente, par l'empereur des Grecs; on en fit plus tard des ornemens sacrés [1]. Les Frères Mineurs marchaient sur deux longues files, portant des palmes et des flambeaux. Autour du char étaient les trois légats, frère Elie, les évêques, le clergé et ceux des frères spécialement désignés par le pape pour être ses vicaires apostoliques dans cette glorieuse circonstance. Les magistrats, suivis d'une troupe de citoyens armés, fermaient la marche, et comprimaient les flots du peuple qui se pressait de toutes parts. On chanta des psaumes et des hymnes composés par le pape lui-même.

« Une race est sortie du ciel, faisant de nouveaux prodiges; elle découvre le soleil aux aveugles, elle ouvre des chemins dans la mer desséchée.

« Les Egyptiens sont dépouillés; le riche devient pauvre, sans perdre ses biens et son nom; il est heureux dans le malheur.

« François avec ses apôtres monte, comme le Christ, sur la montagne de la lumière nouvelle dans les richesses de la pauvreté.

« Suivant le vœu de Simon, faites trois tentes où résidera éternellement le Très-Haut.

« A la loi, au prophète, à la grâce, rendant un hommage de reconnaissance dans une fête solennelle, il célèbre l'office de la Trinité.

« Tandis que l'hôte, par ses vertus, répare le triple hospice, et consacre au Christ le temple des esprits bienheureux.

« O François! notre père, visitez la maison, la porte et le

---

[1] Archives d'Assise.

tombeau, et arrachez au sommeil de la mort l'infortunée race d'Ève.

« Saint François, hâtez-vous! venez, ô Père! venez secourir ce peuple qui gémit sous le fardeau et est accablé par la boue, la paille et la brique; ensevelissez l'Egypte sous le sable, amortissez nos vices et délivrez-nous [1]. »

Dans ces dernières lignes se reflète tout entière l'âme triste et mélancolique de Grégoire IX, qui avait survécu à ses deux saints amis pour porter, presque centenaire, au milieu des tribulations, le pesant fardeau de la sollicitude de toutes les Eglises.

Arrivés à la Colline du Paradis, les habitans d'Assise virent un mouvement, un empressement de la foule; ils crurent qu'on allait enlever leur trésor. Ils se précipitèrent sur le char, prirent tumultuairement le saint corps, entrèrent dans l'église, fermèrent les portes, et placèrent ce sacré dépôt dans le lieu où il devait être, sans qu'il fût permis aux prêtres, aux frères et au peuple de lui rendre aucun honneur. Le pape, informé de ce grave désordre, fut douloureusement irrité; il écrivit aux évêques de Pérouse et de Spolète : « J'ai comblé les habitans d'Assise de bienfaits; ils devaient en avoir de la reconnaissance, surtout dans une occasion qui m'était si sensible; et les ingrats m'ont outragé! Sachant qu'après avoir canonisé saint François, je fais bâtir en son honneur une église dont j'ai mis la première pierre de mes propres mains; que je l'ai illustrée de plusieurs titres qui honorent leur ville; que j'y fais transporter, par l'autorité apostolique, le corps du Saint; que j'ai établi mes vicaires à cet effet, le ministre général des Frères Mineurs, et d'autres bons religieux du même Ordre; et que j'y ai attaché de grandes indulgences. Comme Oza, ils ont été assez insensés pour mettre leurs mains profanes et sacrilèges sur ce qui ne pouvait être touché que par des ministres sacrés; ils ont empêché de rendre au Saint l'honneur qui lui est dû;

[1] Appendice, p. cvij et cxv.

ils ont troublé toute la fête [1]. » La ville d'Assise envoya aussitôt des députés à Rome pour faire satisfaction, et tout fut pardonné.

Cet événement, peu important par lui-même, a jeté un voile mystérieux et impénétrable sur la vraie position du corps de saint François d'Assise. Le moyen âge avait bâti là-dessus de belles légendes, consacrées par la peinture : François, les bras étendus vers le ciel, était debout au fond d'un riche sanctuaire, souterrain [2]. Ce n'est que dans notre siècle qu'on a connu l'exacte vérité : c'est Pie VII, en 1818, qui a comblé la basilique d'Assise de cette splendeur de gloire et de dignité qui paraissait manquer encore à son entière et parfaite illustration. Il permit au frère de Bonis, ministre général de l'Ordre des Mineurs conventuels, de faire des recherches sous le maître-autel. Paul V l'avait autrefois défendu expressément. Le travail fut entrepris en secret, prolongé pendant cinquante-deux nuits, et poussé avec une vigueur incroyable. Après avoir brisé et rompu des roches, des massifs, des murs, on trouva une grille en fer qui renfermait un squelette humain, couché dans un cercueil de pierre; et il s'exhalait une odeur très suave. Le souverain pontife délégua les évêques d'Assise, de Nocera, de Spolète, de Pérouse et de Foligno, pour en faire l'examen juridique et en constater l'authenticité; et ensuite, conformément au décret du concile de Trente, il nomma une commission de cardinaux et de théologiens, et le 5 septembre 1820, du haut de la chaire de toute vérité, il déclara dans un Bref solennel :

« Bénissant le Père de toute consolation, et animés de la vive confiance que la merveilleuse découverte du corps de saint François Nous est un éclatant témoignage et une nouvelle assurance de la protection et de l'assistance salutaire que ce grand saint Nous accordera dans des circonstances aussi difficiles : de notre autorité apostolique, nous

[1] Wadding.
[2] Conventus Assis. hist., p. 8.

déclarons, par la teneur de ces présentes, qu'il conste de l'identité du corps récemment trouvé sous le maître-autel de la basilique inférieure d'Assise, que ce corps est véritablement celui de saint François, fondateur de l'Ordre des Frères-Mineurs. »

Au moment où nous écrivons ces lignes, nous apprenons que le successeur de Grégoire IX, le vénérable et à jamais bien-aimé pontife qui gouverne l'Eglise, se dispose à faire un pélerinage dans les sanctuaires de l'Ombrie, et à déposer sur le tombeau de saint François ses ferventes prières et ses vœux pour le salut et la paix de la chrétienté.

Frère Elie, au milieu de toutes les vicissitudes de son existence, avait cependant terminé son poème, le couvent et la double église de la Colline du Paradis, et même il avait ordonné à Jacques Allemand de dresser les plans pour la reconstruction de l'église de Saint-Georges, qu'après de grandes difficultés il avait obtenue des chanoines d'Assise, et que le pape avait donnée à sainte Claire et à ses filles. Ce projet fut exécuté, et cette belle église gothique prit plus tard le nom de Sainte-Claire. Elle était ornée des plus ravissantes compositions de l'art et des fresques de Giotto; mais elle n'a pas trouvé grâce devant les vandales du dix-septième siècle.

Innocent IV voulut lui-même consacrer l'église et le couvent de Saint-François.

« Mes frères, disait saint Pierre Damian, à l'approche d'une semblable fête, je vous annonce une grande joie. La maison du Seigneur est édifiée; le moment est venu où l'arche sainte ne résidera plus sous les tabernacles du désert. Que chacun donc se prépare à la solennité de la dédicace; ils seront grands et sublimes les mystères de ce jour. Effrayé de leur profondeur immense, je me trouve contraint de m'écrier, comme un docte évêque des temps anciens : Quel homme, de sa faible et vacillante parole, osera jamais tenter d'éclairer les ténèbres sacrées qui recouvrent tant d'ineffables merveilles [1]? »

---

[1] In Dedicatione ecclesiæ, serm. III.

Le pape arriva à Assise dans les premiers jours d'avril 1243; il habitait la partie septentrionale du couvent. Après tous les préparatifs de cette grande cérémonie liturgique, le dimanche 25 mai, le souverain pontife, au milieu d'une foule immense de pèlerins, assisté de ses cardinaux, de plusieurs évêques et des ministres provinciaux des Frères Mineurs, rassemblés en chapitre, fit le tour de l'édifice à l'intérieur et à l'extérieur, jetant de l'eau bénite, brûlant de l'encens, et prononçant ces paroles :

« Arrosez-moi avec l'hysope, et je serai purifié ; lavez-moi, et je deviendrai plus blanc que la neige. »

Les frères chantaient :

« La maison du Seigneur a été bâtie sur le sommet des montagnes; elle a été élevée sur les collines. Tous les peuples viendront et ils diront : Gloire à vous, ô mon Dieu ! Ils viendront, portant les gerbes de l'abondance.

« Voilà la maison de Dieu solidement bâtie et bien fondée sur la pierre ferme.

« Je me suis réjoui dans cette parole qui m'a été dite : Nous irons dans la maison du Seigneur.

« Nous nous sommes arrêtés dans tes parvis, ô Jérusalem! Jérusalem, toi qui es bâtie comme une ville dont les diverses parties forment un admirable ensemble.

« Là monteront les tribus, les tribus du Seigneur; témoignage d'Israël pour louer le nom du Seigneur.

« Demandez la paix pour Jérusalem. O cité sainte ! que ceux qui te chérissent goûtent les douceurs de la paix.

« Que la paix règne sur tes remparts, et la félicité dans tes palais.

« Patrie de mes frères et de mes amis, mes paroles sur toi sont des paroles de paix.

« Quand vous reposerez dans votre héritage, vous serez comme la colombe aux ailes argentées dont les plumes réfléchissent l'éclat de l'or.

« Bénissez le Seigneur, vous qui descendez des sources

d'Israël; son temple va s'élever dans Jérusalem. Les rois de la terre vous apporteront des présens, ô mon Dieu. Là les pauvres auront une demeure; ils obtiendront un héritage.

« Vous aimez la justice et vous haïssez l'iniquité. C'est pourquoi votre Dieu vous a sacré d'une onction de joie. La myrrhe, l'ambre, le sandal s'exhalent de vos vêtemens et de vos palais d'ivoire.

« Les filles de Tyr viendront vous offrir des présens, et les grands de la terre imploreront vos regards.

« Toute la gloire de la fille du roi vient de son cœur; ses vêtemens sont resplendissans d'or et de broderie.

« Il vous est né des enfans; vous les établirez princes sur toute la terre; ils perpétueront le souvenir de votre nom dans toute la suite des âges, et les peuples vous glorifieront dans tous les siècles et dans l'éternité.

« Les murs et les tours de Jérusalem sont bâtis de pierres précieuses.

« Voilà Jérusalem, cette grande et céleste cité, parée comme l'épouse de l'Agneau; elle est le tabernacle de l'alliance. Alleluia! alleluia! »

Le souverain pontife rentra ensuite dans l'église haute, marquant les magnifiques portes de bois sculptées, avec ces paroles : «Voilà le signe de la croix que toutes les mauvaises visions fuient! Paix à cette maison!

« Que la croix victorieuse demeure sur le seuil avec les marques de votre grâce; que votre clémence, ô mon Dieu! donne à tous ceux qui visiteront cette maison la paix avec l'abondance, la sobriété avec la modestie, la richesse et la miséricorde; que tout malheur et toute inquiétude s'éloignent, à cause de votre visite, avec la famine, la peste, les maladies et les ravages des esprits mauvais; que la grâce de votre visite s'étende dans les cloîtres, dans les parvis et partout; que la purification par l'eau pénètre dans les coins les plus obscurs; que toujours ici soient la joie du repos, la grâce de l'hospitalité, l'abondance des biens, le respect de la religion et la plénitude du salut; que nous méritions d'avoir avec nous l'ange de la paix, de la pureté, de la vérité, de l'amour, pour nous garder, nous protéger et nous défendre. Amen. » (Pontificale Romanum.)

Les frères chantaient :

« Ouvrez-vous, ô portes éternelles ! et le roi de gloire entrera. Paix éternelle à cette maison ; que la paix éternelle, le Verbe du Père, soit la paix de cette maison ; que l'Esprit consolateur donne la paix à cette maison. »

Le pontife s'arrêta à la croisée, et, les bras étendus vers la porte, il chanta :

« Il est digne, juste et salutaire que nous vous rendions des actions de grâces, Seigneur très saint, Père tout puissant, Dieu éternel. Soyez présent à nos prières et à nos travaux ; que votre miséricorde descende dans cette maison et dans ce temple que nous consacrons sous l'invocation de votre nom sacré, en l'honneur de la sainte croix sur laquelle votre Fils coéternel, Notre-Seigneur Jésus-Christ, a voulu souffrir pour la rédemption du monde, et à la mémoire de saint François ; qu'elle regorge de l'abondance de la grâce septiforme de votre esprit ; que chaque fois que votre saint nom y sera invoqué on soit exaucé. O bienheureuse et sainte Trinité qui purifiez et ornez toutes choses ! ô sainte majesté de Dieu qui remplit, qui contient et qui dispose tout ! ô bienheureuse main de Dieu qui sanctifiez, qui bénissez, qui enrichissez toutes choses, nous vous supplions, ô Dieu ! saint des saints, nous vous supplions très humblement de purifier, de bénir, de consacrer à jamais ce temple, par notre ministère, en l'honneur de la croix sainte et victorieuse, et à la mémoire de saint François. Ici les prêtres offriront le sacrifice de louanges ; ici le peuple fidèle remplira ses vœux ; ici les pécheurs déposeront leur fardeau et répareront leur chute. Dans cette maison, par la grâce de votre Saint-Esprit, ô Seigneur ! les malades seront guéris, les boiteux marcheront droit, les lépreux seront purifiés, les aveugles seront illuminés et les démons chassés, et chacun se réjouira dans les dons de votre miséricorde. »

Après avoir consacré l'autel avec les belles prières d'usage, le pape y déposa des reliques précieuses ; et ensuite, précédé de la croix et de ses assistans, il marqua les murs, comme on marque un front royal, des onctions du saint chrême, en prononçant ces paroles saintes : « Que ce temple soit sanctifié et consacré, au nom du Père, du Fils et du Saint-Esprit, en l'honneur de Dieu, de la glorieuse vierge Marie et de tous les saints, sous le nom et à la mémoire de saint François. Paix à toi ! » Et il brûla trois fois de l'encens. Le couvent entier fut consacré par la même cérémonie, et on voit encore sur ses vieilles murailles le reste des grandes croix rouges de l'onction sainte. Dès ce jour, il fut appelé par excellence le Sagro-Convento, et l'église eut le titre de Chapelle papale. Aussi dans le fond du sanctuaire s'élève, sur six degrés de marbre de Paros, où sont admirablement sculptés le lion, le dragon, l'aspic et le basilic, le trône en porphyre de celui qui marche sur l'aspic et le basilic, et foule aux pieds le lion et le dragon. C'est de ce trône qu'Innocent IV proclama, en 1252, la sainteté du martyr Stanislas, évêque de Cracovie ; c'est sur le tombeau de François que devait être célébré un des plus beaux triomphes de la Pologne.

Arrêtons-nous maintenant à contempler les magnificences de ce glorieux tombeau, autour duquel ont rayonné l'art et la poésie des siècles de foi. Frère Elie est le fondateur de ce monument, construit, sous sa direction, par l'architecte allemand Jacques. L'Italie, préoccupée des souvenirs classiques de l'antiquité, et ayant sans cesse sous les yeux ces admirables édifices de l'art grec, n'entra jamais complètement dans les voies nouvelles ouvertes par le Christianisme : elle consacra au vrai Dieu les temples du paganisme, et conserva dans ses mœurs un élément païen qui s'est dilaté dans une immense extension sous la domination à jamais déplorable des Médicis. Qu'on ne se méprenne pas sur la valeur de notre pensée : nous croyons que la Renaissance a arrêté le développement harmonique de toutes les parties de l'esprit chrétien dans la littérature, dans l'art, dans l'économie politique. Le Christianisme, après une lutte longue et acharnée avec les puissances mauvaises de ce monde, avait remporté une grande et solennelle victoire; il régnait complètement sur l'esprit humain et en sanctifiait tous les produits. La Renaissance a brisé la croix au sommet des intelligences; elle a comprimé les forces vitales du Christianisme en les enfermant dans les formes froides et impures du paganisme; elle a repoussé la société quinze siècles en arrière; car la Rome des Césars apparut comme le type de toute civilisation, tandis que saint Léon et les Pères de l'Eglise n'avaient considéré l'antiquité tout entière que comme une préparation évangélique, et la gloire de la Rome impériale comme le crépuscule du jour glorieux de la Rome éternelle.

L'an 1000 est une grande époque de l'histoire du monde. Il y avait une immense douleur cachée au fond de l'âme des peuples; les troubles qui agitaient l'Europe avaient produit une sourde fermentation : on trouvait partout un vague besoin de changement. L'univers s'ébranlait; ce grand édifice où l'humanité s'était cru établie pour toujours se mit à chanceler; enfin tout présageait une de ces crises violentes qui renouvellent soudainement la face des empires. « Le monde, dit Guillaume de Tyr, paraissait décliner vers le soir, le second avénement du Fils de l'Homme était proche, et la création entière allait rentrer dans le chaos antique [1]. » Le Christianisme, établi socialement par Grégoire-le-Grand et par ses illustres successeurs, qui donnèrent aux peuples nouveaux tout ce qui leur manquait, allait faire à la face des nations l'acte de foi des croisades, et en même temps allait surgir radieuse la première forme de l'art chrétien, l'architecture.

---

[1] Videbatur sane mundus declinasse ad vesperam, et Filii hominis secundus adventus fore vicinior..., et in chaos pristinum mundus videbatur redire velle. Will. Tir., Hist. Hierosolym., lib. I, cap. VIII. — Un grand nombre d'actes de ce temps commencent par la formule : Appropinquante mundi termino.

« Trois ans après l'an 1000 de la Passion, dit Radulph Glaber, les basiliques furent renouvelées dans l'univers, surtout en Italie et dans les Gaules, quoique la plupart fussent assez bien conservées pour ne point exiger de réparations ; mais les peuples chrétiens semblaient rivaliser pour élever des églises plus élégantes et plus magnifiques les unes que les autres : on eût dit que le monde entier, par un seul mouvement, avait secoué les haillons de sa vétusté pour revêtir la robe blanche des églises. Les fidèles ne se contentèrent pas de reconstruire en entier presque toutes les églises épiscopales ; ils embellirent aussi les monastères dédiés aux saints, et jusqu'aux chapelles de village reçurent de nouveaux ornemens [1]. » Pour exécuter ces immenses travaux, il se forma une société d'hommes de tous états qui, par dévouement, se firent ouvriers, artistes; ils parcouraient l'Europe en compagnies, sous la direction d'un chef qui laissait le nom de sa famille pour le nom symbolique de Maître des pierres vives [2]. C'est par un de ces maîtres, Jacques Allemand, que l'église d'Assise a été bâtie ; c'est aussi l'Allemand Arnolf qui a été l'architecte de Santa-Maria-del-Fiore de Florence ; et après trois siècles, Ludovic Sforza demandera encore à l'Allemagne des architectes pour fermer les voûtes de la cathédrale de Milan.

Assise est le premier monument gothique de l'Italie ; on y retrouve le symbolisme profond des églises du Nord. Elle est double : dans le bas, la tristesse, la pénitence, les larmes ; et les délicieuses petites chapelles bâties plus tard par l'architecte franciscain Frère Filippo da Campello ; dans le haut, la jubilation, la transfiguration et la gloire. Bâtie

---

[1] Erat enim instar ac si mundus ipse excutiendo semel rejecta vetustate passim candidam ecclesiarum vestem indueret. Radulp. Glaber, lib. III, cap. IV.

[2] Magister de vivis lapidibus. Storia e descrizione del duomo di Milano, da Gaetano Franchetti, in-folio, 1821. — Voir, sur la confrérie des Maîtres-Maçons, des détails intéressans dans une lettre d'Haymon, abbé de Saint-Pierre-sur-Dive, aux moines de Tewksbury en Angleterre. Historiens de France, t. XIV, p. 318.

sur la croix, elle offre de plus dans sa partie inférieure la figure mystérieuse du Tau imprimé sur le front de saint François. Dédiée à Marie, reine des anges, et aux saints apôtres, elle a ses murs de marbre blanc, pour signifier la pureté de Marie et des anges, et ses douze tourelles de marbre rouge en mémoire du sang répandu des apôtres [1]. L'esprit chrétien qui avait animé, qui avait creusé la figure de François, qui avait courbé son corps sous le poids de la vie intérieure, prit peine aussi à façonner son tombeau; il y dit son histoire; il raconta toute sa vie dans de merveilleuses fresques; rien n'y manqua : ses souffrances, ses joies, ses miracles et son amour. L'église basse représente François souffrant et dans l'âme et dans le corps; l'église haute est le symbole de François éternellement glorifié dans le ciel [2].

Ce n'est pas sans une disposition spéciale de la Providence, que la peinture chrétienne commença à prendre son véritable caractère au treizième siècle, sous l'influence immédiate du renouvellement des institutions monastiques par saint Dominique et saint François d'Assise. L'Italie si inférieure aux autres pays du Nord dans l'architecture, surpassa toutes les autres nations dans la peinture chrétienne à laquelle elle a su donner un charme ineffable. Sans la Renaissance, sans la malheureuse invasion du naturalisme, nous croyons que l'art chrétien aurait surpassé la merveilleuse beauté de l'art antique : car il faut toujours juger l'art, la littérature, la poésie, dans leurs rapports avec la foi, avec les croyances. Ainsi l'art chrétien avait sur l'art païen toute la supériorité du Christ sur Jupiter. Mais qu'on y prenne garde, l'art ne peut plus remonter au moyen âge, sa destinée n'est pas une imitation servile de ce qu'ont fait nos aïeux. Ce serait alors une fausseté et un mensonge.

---

[1] Ob id albo marmore structos parietes, et rubeo duodecim ejus referunt turres; quod candor virginalem, et angelicam præ se ferat puritatem, rubedo sanguinem apostolicum. Hist. sacri conv. Assis., p. 26.
[2] Voir au Musée du Luxembourg le bel intérieur de M. Granet.

Les artistes chrétiens exprimaient simplement ce qu'ils sentaient, ce qu'ils éprouvaient au milieu de la société où se développait leur génie. Nous, ne vivant plus dans le même monde, nous n'éprouvons plus les mêmes émotions; après la rude et malheureuse éducation des deux siècles incrédules qui nous ont précédés, nous ne pouvons plus avoir la naïveté de l'enfance; nous sommes entrés dans la sévérité grave et forte de l'âge viril; et nous ne pourrons travailler à la régénération de l'art chrétien qu'en joignant une étude approfondie de la forme, une grande perfection du dehors, à la sainte illumination du dedans, à l'incessante contemplation de nos vieux maîtres catholiques.

Le sanctuaire d'Assise devint un centre d'inspirations et de pélerinage; là, tous les artistes de quelque renom se sont prosternés l'un après l'autre, et ont tracé sur les murs du temple le pieux hommage de leur pinceau. Loin de la multitude, loin des pas tumultueux du vulgaire, ils sont venus demander la paix à la solitude sainte qui est l'ange inspirateur de tout génie humain. Courbés sur leur pinceau, ils ont sué bien des jours. Quand ils ont vu tomber la nuit sur leur palette, ils ont croisé les deux bras, ils se sont étendus dans la couche sculptée du tombeau; ils ont fermé gravement leurs yeux mélancoliques et se sont endormis dans le Seigneur, en pensant que la gloire éternelle de François d'Assise rejaillirait sur leurs œuvres.

Evoquons les apparitions de ces pieux artistes.

Au treizième siècle, c'est Giunta Pisano, l'ami du frère Elie qu'il représenta à genoux au pied d'un grand crucifix [1].

---

[1] On lisait cette inscription :

F. Helias frcri fecit,
Jesu Christe pie,
Miserere precantis Heliæ.
Giunta Pisanus me pinxit.
Anno D. 1236. indict. Nona.

Cette peinture n'existe plus.

Giunta est le premier peintre italien qui brisa les formes raides et froides des Grecs, et lança l'art dans une voie de régénération et de progrès, comme le prouve le magnifique portrait du saint patriarche peint d'après les souvenirs des premiers disciples et de Frère Elie sur la porte de la grande sacristie. Le style grec se retrouve encore dans les fresques du Franciscain Mino da Turrita et de cet artiste qui s'est efforcé de joindre, à la gravité un peu rude des maîtres grecs, la grâce ineffable de Guido de Sienne dans la vie de Jésus-Christ, qu'il avait représentée sur tout un côté de l'église basse. Frère Mino da Turrita avait peint du côté gauche la vie de saint François [1]. Ainsi, l'art traça la première esquisse du livre des Conformités, que Barthelémy de Pise devait si magnifiquement compléter et élever à la dignité de l'histoire.

Cimabue vint à Assise vers l'an 1250. Il y trouva les artistes grecs appelés par Innocent IV; ils eurent sur sa manière une influence marquée; il peignit dans l'église supérieure les quatre docteurs saint Ambroise, saint Augustin, saint Grégoire et saint Jérôme enseignant le peuple, et les grandes fresques de l'Ancien et du Nouveau-Testament [2]. Mais « ne crois pas, ô Cimabue, tenir le sceptre de la peinture ! [3] » Ta grande gloire est d'avoir amené dans le sanctuaire d'Assise celui qui devait être le peintre Franciscain par excellence et le véritable régénérateur de l'art. Ce pauvre petit berger, que tu trouvas un jour dans la plaine de Vespigniano, dessinant sur une pierre plate une brebis de son troupeau, eh bien ! il

---

[1] Comme les chapelles ont été ouvertes depuis, il ne reste que quelques fragmens de ces peintures de chaque côté de l'entrée des chapelles.

[2] Rumohr, Italiœnische Forschungen, t. I, § 8, et Rio, Poésie chrétienne, p. 61, n'apportent aucun fait positif pour soutenir leur opinion, qui me paraît complètement fausse. Pour ce qui regarde Giotto, elle est encore plus insoutenable. Voir l'excellent livre de Rosini, Storia della pittura Italiana, t. I, p. 191, Pise, 1839.

[3]   Credette Cimabue nella pittura
    Tener lo campo.
        DANTE, Purgat. XI.

changera l'art de fond en comble en le faisant latin de grec qu'il était [1]. Il sera l'ami de Dante, les poètes le célébreront avec orgueil, et Pétrarque mourant, léguera au seigneur de Padoue, comme l'objet le plus digne de lui être offert, une madone de Giotto, devant laquelle les maîtres de l'art restaient muet d'étonnement [2]. Giotto a peint dans l'église supérieure, au-dessous des fresques de Cimabue, toutes les scènes de la vie de saint François. Dans l'église inférieure, dans de grandes fresques symboliques et idéales il a représenté les vertus chrétiennes et monastiques : la sainte Obéissance, la sainte Prudence, la sainte Humilité, la sainte Pauvreté, la sainte Chasteté, et dans le fond la Glorification de François, assis sur un trône d'or, rayonnant de lumière, revêtu de la riche tunique de diacre et entouré des chœurs des anges qui célèbrent et chantent son triomphe. En un mot, la vie de saint François d'Assise a été la matière, le fond de tous les travaux de Giotto; c'était un type qu'il portait avec amour dans son cœur et qu'il se plaisait à reproduire, à répandre avec profusion, chez les Franciscains de Vérone, de Ravenne et de Rimini, à Florence dans une chapelle de Santa-Croce et jusque sur les armoires de la sacristie [3]. Nous possédons au Louvre un beau tableau de Giotto, représentant la stigmatisation de saint François. Dans le gradin, il y a trois compartimens vraiment merveilleux, dont l'un représente François prêchant aux petits oiseaux. Il appartenait à un pauvre berger de comprendre et d'exprimer par l'art la vie du Pauvre de Jésus-Christ. Loin de restreindre le nombre de ses ouvrages à Assise, nous pensons que les vitraux représentant les grandes figures des patriarches, des prophètes et des apôtres ont été faits d'après les dessins de Giotto et de Cimabue, et dans nos Monumens, nous espérons prouver cela jusqu'à l'évidence [4]. Le maître verrier Bonino était d'Assise;

---

[1] Lasciò la rossezza de' greci, rimutò l' arte del dipignere di greco in latino. Ghiberti.

[2] Magistri autem artis stupent. Petrarch. testam.

[3] Vasari, Vie de Giotto.

[4] Dans l'église inférieure, il est impossible de douter que les vitraux

c'est sur le tombeau de saint François qu'il forma une société d'artistes auxquels se joignirent plus tard Angeletto et Pietro da Gubbio, qui composèrent les grandes verrières du dôme d'Orviéto et de celui de Sienne. Les vitraux des chapelles de l'église inférieure ont été faits d'après les dessins des différens artistes qui étaient chargés de la décoration de ces chapelles.

Simon Memmi, l'élève de Giotto, que Pétrarque place à côté du maître, et une des gloires de l'école Siennoise, vint à Assise pour y peindre dans la chapelle de Saint-Martin quelques scènes de la vie de ce saint moine, protecteur de la France. Dans le grand réfectoire il peignit une madone entourée de quatre saints, et un tableau pour l'autel de sainte Élisabeth de Hongrie [1]. Margaritone et Pietro Cavallini vinrent à leur tour s'agenouiller et payer le tribut de leur art. On attribue au premier les gigantesques figures que l'on voit dans l'église supérieure sur les côtés d'une fenêtre; le second peignit ce magnifique crucifiement de l'église inférieure. Ces deux ouvrages sont là comme une énergique protestation des vieux types byzantins en face des innovations progressives de Giotto. Le romain Cavallini était d'une piété si fervente qu'il fut presque regardé comme un saint; et c'est un de ses crucifix qui parla à sainte Birgitte dans l'église de Saint-Paul-hors-des-Murs. Margaritone mourut de dégoût et de chagrin en voyant les types grecs dédaignés et les honneurs rendus aux peintres de la nouvelle école [2]. Enfin, pour que rien ne manquât, la sculpture eut aussi au treizième siècle un illustre représentant à Assise : le Florentin Fuccio sculpta le tombeau d'une fille de la France, Hécube de Lusignan.

---

représentant les miracles de saint Antoine de Padoue n'aient été dessinés par Giotto. — Hist. convent. Assis., p. 38.

[1] Cet autel n'existe plus.

[2] Infastidito d'esser tanto vissuto, vedendo variato l'età e gli onori ne gli artefici nuovi. Vasari. On lisait cette inscription dans le vieux dôme d'Arezzo :

      Hic jacet ille bonus, pictura Margaritonus,
      Cui requiem Dominus tradat ubique pius.

Au quatorzième siècle, Puccio Capanna, de l'école de Giotto, peignit dans l'église basse une déposition de la croix, le tombeau de Jésus-Christ et divers traits de la vie du Sauveur. Puccio ne pouvait plus quitter le sanctuaire d'Assise ; il se maria dans la cité séraphique, et au seizième siècle, la famille des Puccini existait encore honorablement. Il décora de peintures la petite chapelle de la Porziuncula et presque toutes les églises d'Assise : aussi il y vécut entouré de la vénération et de l'amour de ses concitoyens [1]. Giottino, qui pour la forme nous paraît bien supérieur à Giotto, avait peint la vie de saint Antoine de Padoue dans la chapelle qui lui est dédiée, mais le temps a entièrement effacé cette œuvre. Au fond de la croisée droite de l'église inférieure, il peignit la chapelle de saint Nicolas de Bari. Dans la salle du chapitre, au-dessous des appartemens pontificaux, il a peint un Crucifix entouré d'anges et de saints tristes et pleurant; saint François et sainte Claire sont prosternés de chaque côté et adorent. C'est dans ces peintures d'Assise et dans les belles fresques de Santa-Croce, à Florence, qu'on peut réellement apprécier la parfaite harmonie des couleurs, qui est son caractère distinctif et le sentiment admirable qu'il donne à la figure humaine [2]. Giottino cultiva la peinture avec un grand désintéressement ; un tableau était pour lui un acte de foi. Il chérissait la solitude et mourut de tristesse à la fleur de son âge. Taddeo Gaddi a admirablement peint dans la croisée droite de l'église inférieure l'histoire de Jésus-Christ et de la très sainte Vierge : la Visitation, la Nativité, l'Epiphanie, la Purification, le Massacre des Innocens, la Fuite en Egypte, le Voyage à Jérusalem, Jésus au milieu des docteurs; et un Crucifix au pied duquel François est prosterné avec ses disciples. Ces fresques sont très belles et très touchantes. En 1320, Pontani, évêque d'Assise, appela Buonamico Buffalmacco pour peindre dans l'église basse la première chapelle à droite dédiée à sainte Marie-Magdeleine. « Nous au-

---

[1] Conv. Assis. hist., p. 34.
[2] L'unione dei colori era il proprio di questo pittore. Vasari.

tres peintres, disait-il, en travaillant dans ce sanctuaire des beaux arts, nous ne nous occupons d'autre chose que de faire des saints et des saintes sur les murs et sur les autels, afin que par ce moyen, les hommes, au grand dépit des démons, soient plus portés à la vertu et à la piété [1]. » Stefano Fiorentino, après une longue maladie, vint déposer l'offrande de sa reconnaissance sur le tombeau de saint François; il peignit avec un grand soin, et avec un amour tout particulier, une fresque, ou pour parler dans le style du temps, une histoire (una storia) qui, bien que non achevée, était de tous ses ouvrages celui que Vasari admirait le plus [2]. Jean de Melano peignit dans l'église basse quelques scènes de la jeunesse de Notre-Seigneur Jésus-Christ. Ce peintre vraiment religieux, dédaigné par Vasari et que Rumohr a réhabilité, est sans contredit, de tous les artistes de cette époque, celui qui a apporté la plus grande, la plus agréable amélioration des formes.

Cependant l'école mystique, née dans les montagnes de l'Ombrie, poursuivait sans relâche le but transcendental de l'art chrétien, l'idéalisation des types; œuvre grave et difficile au milieu du développement progressif du naturalisme [3]. Il semblait qu'une bénédiction spéciale fût attachée aux lieux particulièrement sanctifiés par le bienheureux François d'Assise et que le parfum de sa sainteté préservât les beaux arts de la corruption dans le voisinage de la Colline du Paradis. De là s'étaient élevées, comme un encens suave vers le ciel, des prières ferventes et efficaces; de là étaient descendues, comme une rosée bienfaisante, sur les villes plus corrompues de la plaine, des inspirations de pénitence qui avaient gagné de proche en proche le reste de l'Italie [4]. L'ami, le condisciple de Raphaël, Aluigi d'Assise, connu dans l'histoire de la

---

[1] Rio, p. 88.

[2] La quale lavorò con somma diligenzia, e con sommo amore. Vasari, Vita di Stefano.

[3] Rio, chap. vii.

[4] Nell' anno 1260, una subita compunzione invase prima i Perugini, e poi quasi tutti i popoli dell' Italia. Osservatore Fiorentino, t. V, p. 85.

peinture sous le nom d'Ingegno, peignit avec une grâce merveilleuse les quatre prophètes et les quatre sibylles, dans la chapelle des saints Louis, roi de France, et Louis, évêque de Toulouse, bâtie aux frais du cardinal Gentile. Nicolas de Foligno, le véritable peintre élégiaque et pathétique de l'école Ombrienne, peignit dans l'église basse ces belles scènes de la Passion, dont Vasari admirait tant les anges en pleurs, qu'il défiait les premiers maîtres de l'art d'en surpasser l'expression. Foligno envoya à Assise un second missionnaire de l'art, le religieux Pierre Antoine, qui peignit dans la chapelle de l'hôpital un trait miraculeux de la vie de saint Jacques. Mais nous devons le dire, c'est avec peine que nous n'avons trouvé dans le sanctuaire d'Assise aucun hommage artistique du Pérugin et de Raphaël. C'est de la même époque que datent les admirables chaires du chœur de l'église haute, au nombre de cent deux, sculptées par Dominichino de San-Severino (Ombrie), d'après les ordres du Frère Sanson de Brescia, ministre général [1].

Combien pieuse et touchante était la dévotion des peintres d'Assise, qui tous ont voulu puiser des inspirations et déposer une offrande dans le sanctuaire protecteur de leur cité ! François Vagnutio peignit la chapelle de saint Antoine, abbé, bâtie par les ducs de Spolète [2]. Martelli d'Assise peignit dans la croisée droite, à côté de la chapelle des saints Louis, un Père éternel, des anges et une Crucifixion. Giorgetto d'Assise peignit le martyre de saint Sébastien dans la chapelle qui lui est dédiée, et dans la sacristie, la Foi, l'Espérance, la Charité et la Prudence. Martinelli d'Assise peignit de petites fresques dans la chapelle de saint Antoine de Padoue. Cesare Sermei d'Assise peignit les fresques de cette même chapelle : les immenses travaux de Giottino ayant été effacés par le temps et l'humidité. A l'entrée de l'église inférieure, il peignit d'un côté l'Annonciation de la sainte Vierge et la Naissance du Christ ; de l'autre, un Ange annon-

---

[1] Petrus Rodulphius, p. 249.
[2] Ces peintures ont entièrement disparu à cause de l'humidité.

çant à Picca la naissance de son fils, et François naissant dans une étable ; dans le chœur, il a représenté la Divine Comédie de Dante, le Paradis, l'Enfer et le Purgatoire. Certainement ces œuvres sont inférieures à celles des grands maîtres, et ne portent point l'empreinte du génie ; mais elles sont un témoignage de la piété, de la reconnaissance de ces artistes. Adone Doni d'Assise peignit les actes du premier martyr saint Étienne. Dans le double cloître gothique bâti par Sixte IV, il a peint toute la vie du saint patriarche, et les magnifiques grisailles représentant les personnages illustres de l'Ordre des Mineurs. Dans le grand réfectoire, il a peint une Crucifixion ; dans le fond, on voit Jérusalem et Assise, et au pied de la croix saint François et sainte Claire ; et dans le petit réfectoire la Cène. Ce même sujet a été traité par Solimène, dans le grand réfectoire. C'est sans contredit un de ses plus élégans et rapides ouvrages. Lamparelli de Spello fit dans l'église haute, au-dessus du trône papal, le tableau assez médiocre de l'Assomption de la Vierge. Benedetto Forgnoni d'Imola peignit le retable de la chapelle de saint Nicolas de Bari. Au seizième siècle, Giulio Dante de Pérouse, très habile élève d'Antoine de Saint-Gall, cisela en cuivre argenté et doré l'incomparable ciborium du grand-autel de l'église basse.

Ainsi, le tombeau de saint François d'Assise apparaissait aux populations du moyen âge comme le plus glorieux, le premier, après celui de Jésus-Christ[1], et tandis que les artistes y apportaient le tribut sacré de leurs pinceaux, la poésie, sœur aînée de l'art, venait y puiser de pures et nobles inspirations : elle voulut refléter les saintes illuminations de ce soleil fécondateur que Dante salua à son lever. Déjà nous avons entendu l'épithalame incomparable du mariage mystique avec la dame Pauvreté, chanté par le vieux poète de Florence, errant et exilé dans les montagnes de l'Ombrie. Entre tous les poètes qui ont célébré saint François, nous en choisirons deux seulement : B. Jacopone de

---

[1] Sachetti, Novel. 207.

Todi et Lope de Vega. Nous aurions eu pourtant de bien douces jouissances à faire entendre à nos frères tant de ravissantes mélodies, et surtout les douces et pieuses canzone du Tasse [1].

Dieu avait préparé à Todi, dans les montagnes saintes de l'Ombrie, un poète fransciscain. Jacopone de Benedictis s'adonna d'abord à l'étude de la jurisprudence, et devint un avocat fort habile. Il prit une femme très vertueuse. Un jour qu'elle était allé avec quelques unes de ses amies à un spectacle public, la galerie où elle se trouvait assise s'écroula, et elle fut tuée. Jacopone vit ainsi son existence à jamais malheureuse dans le monde. Il quitta tout pour suivre la folie sublime de la croix. En effet, dans les premiers temps de sa conversion, il donna des marques d'une exaltation morale bien extraordinaire. Au milieu d'une grande multitude de peuples venus à Todi pour une fête, il parut tout-à-coup marchant sur ses pieds et sur ses mains, portant un bât et ayant un mors dans la bouche. N'était-il pas écrit : « Voilà, ô Seigneur, que je suis comme une bête de somme devant vous [2] ! » Une autre fois, dans un grand repas de noces, il apparut couvert de plumes de différens oiseaux. Un jour, rencontrant un de ses amis qui portait une paire de poulets, Jacopone lui dit : « Fiez-vous à moi, je vais les porter dans votre maison. » Son ami les lui cède. Jacopone va droit à l'église de San-Fortunato, où était le tombeau de la famille de cet ami, et cache les poulets dans le monument; puis prenant son ami, inquiet à cause de la préparation d'un repas, il le conduit auprès du sépulcre : « N'est-ce pas là votre maison? dit-il. » Ces choses ne me paraissent pas plus extravagantes que les actions symboliques des prophètes juifs. Bientôt cette effervescence se calma, et Jacopone entra dans l'Ordre des Frères Mineurs, où il s'appliqua tout entier à la pratique de l'humilité. Il s'employait aux plus vils offices du couvent. Ja-

---

[1] Sonnets XIII et XX, troisième partie de Rime.
[2] Psalm. 72. On trouve de curieux détails sur le B. Jacopone dans le Viridarium Sanctorum du jésuite Raderus.

mais il ne voulut être élevé au sacerdoce. Par sa simplicité, il fut un bien digne fils de François. Comme lui, il avait de ces impétueuses ivresses d'amour : son âme paraissait hors de ses sens corporels. Il chantait, il pleurait, il poussait de profonds soupirs ; quelquefois s'éloignant de tout contact avec les hommes, il entrait en communication directe avec la nature, et dans la solitude il embrassait un arbre, fondant en larmes et s'écriant : « O Jésus très doux ! ô Jésus très aimant ! » C'est dans ces ravissemens que l'hymne s'élançait de son âme ardente avec une grandeur et une magnificence dont il est difficile de se faire une idée. Il chanta sa maîtresse, la dame Pauvreté, avec une prédilection toute spéciale.

> Doux amour de Pauvreté,
> Combien nous devons t'aimer !
>
> Pauvre petite Pauvreté !
> L'Humilité est ta sœur :
> Il vous suffit d'une écuelle
> Pour boire et pour manger.
>
> La Pauvreté veut seulement
> Du pain, de l'eau, des racines,
> Et s'il lui vient quelque chose du dehors,
> Ce sera d'y joindre un peu de sel.
>
> La Pauvreté marche tranquille ;
> Elle n'a aucune inquiétude ;
> Elle n'a pas peur que les voleurs
> La puissent dépouiller.
>
> La Pauvreté frappe à la porte ;
> Elle n'a ni sac ni bourse ;
> Elle ne porte avec elle aucune chose,
> Sinon la nourriture qu'on lui donne.
>
> La Pauvreté n'a pas de lit,
> Ni de maison, ni d'abri ;
> Elle n'a ni manteau, ni table :
> Elle s'assied à terre pour manger.
>
> La Pauvreté meurt en paix ;
> Elle ne fait pas de testament ;

Ni amis, ni parens
Ne se disputent son héritage.

La Pauvreté a un amour joyeux
Qui méprise tout le monde ;
Elle ne va pas autour de ses amis
Pour avoir leur héritage.

Pauvre petite Pauvreté,
Citadine du ciel,
Aucune chose de la terre
Tu ne peux désirer.

La Pauvreté marche triste
Si elle désire les richesses ;
Elle vit toujours affligée,
Et ne se peut jamais consoler.

La Pauvreté fait l'homme parfait ;
Elle vit toujours avec son bien-aimé.
Tout ce qui pourrait la rendre esclave,
Elle le méprise.

La Pauvreté ne gagne rien ;
De tout son temps elle est prodigue ;
Elle ne garde rien
Pour le soir ou pour le lendemain.

La Pauvreté s'en va légère ;
Elle vit joyeuse, sans arrogance,
Et pour tout viatique
Elle ne veut rien porter.

La Pauvreté, qui n'est point trompeuse,
A coutume de toujours faire le bien,
Et dans le ciel elle attend le moment
De redemander son avoir.

Pauvreté ! grande monarchie,
Tu as tout le monde sous ton autorité,
Tu as la haute seigneurie
Sur toutes les choses que tu as méprisées.

Pauvreté ! haut savoir
De mépriser les richesses,

Autant tu abaisses ta volonté,
Autant tu t'élèves dans la liberté.

Au vrai pauvre de profession,
Le grand royaume est promis ;
C'est la parole même du Christ !
Qui ne peut jamais tromper.

Pauvreté ! haute perfection,
D'autant plus croît ta raison,
Que déjà tu as en possession
Le gage de la vie éternelle.

Pauvreté gracieuse,
Toujours abondante et joyeuse,
Qui peut dire que ce soit chose indigne
D'aimer toujours la Pauvreté ?

Pauvreté ! plus celui qui t'aime
Te goûte, plus il te désire ;
Car tu es cette fontaine
Qui ne diminue jamais.

Pauvreté ! tu vas criant,
Et à haute voix prêchant :
« Mettez de côté les richesses,
« Que nous devons abandonner.

« Méprisez les richesses,
« Et les honneurs, et les grandeurs.
« Oh ! dites : Où sont les richesses
« De ceux qui sont passés ? »

Que celui qui veut la Pauvreté
Laisse le monde et ses folies,
Et au dedans comme au dehors,
Qu'il se méprise lui-même.

La Pauvreté n'a aucun avoir ;
Elle ne possède rien ;
Elle se méprise elle-même ;
Mais elle régnera avec le Christ.

O pauvre François !
Patriarche nouveau,

Tu portes l'étendard nouveau
Marqué au signe de la croix [1].

Jacopone chanta toutes les vertus religieuses dont François avait été le modèle. Il fut aussi le chantre vraiment inspiré de Marie, reine et princesse de toutes les vertus et de l'Ordre séraphique. Il a composé le *Stabat mater*. Il était bien digne de comprendre et d'exprimer la plus sainte des douleurs. Ami et contemporain de Dante, il eut la même indépendance de caractère. Tous deux ils pleurèrent sur les malheurs de l'Italie et le triste état de l'Eglise [2]. L'admirable liberté de Jacopone déplut à la rudesse de Boniface VIII, qui le fit mettre en prison. Son âme ne fut point captive; il continua à donner au pape de sévères leçons. Il se félicitait d'avoir gagné en cour de Rome un si bon bénéfice [3]. Boniface lui demanda un jour : Quand veux-tu donc sortir de prison? — Quand tu y entreras, répondit le Franciscain. En effet, lorsque le pape fut pris à Agnani, Jacopone s'évada [4]. Il mourut saintement, après avoir reçu les derniers secours de la religion des mains du bienheureux Jean d'Alvernia, et l'Eglise a permis qu'il soit appelé le Bienheureux. Ses reliques sont vénérées dans l'église des Frères Mineurs de San-Fortunato à Todi.

Saint François eut en Espagne un fils bien-aimé qui chanta les gloires de son père : Lope de Vega était du Tiers-Ordre. Après une vie bien troublée, bien calamiteuse, il se reposa dans l'humilité et la prière. C'est assurément une des plus curieuses biographies qu'on puisse étudier que celle de ce grand poète [5]. Je me suis plu à en suivre les traces

---

[1] Voir l'APPENDICE, p. xlvj, où nous avons publié plusieurs chants de Jacopone.

[2] Lib. III, cantic. III et IV.

[3]
```
       En corte Roma ho guadagnato
       Così buon beneficione.
                      Lib. I, Sat. XVI et XVII.
```

[4] *Martyrologium Franciscanum*, p. 590.

[5] Voir pour tous les détails les recherches de Fauriel et de lord Holland.

dans cette espèce de drame en cinq actes, la Dorothée. Ce sont ses mémoires, ou plutôt ses confessions; le poète y met à nu les égaremens de son cœur, qu'il devait racheter par l'expiation du repentir et du génie. Mais c'est surtout dans ses poésies lyriques qu'on retrouve la physionomie morale de Lope; c'est là qu'il a retracé jour par jour ses pensées, ses joies et ses douleurs, ses souvenirs et ses espérances : c'est comme un écho fidèle de tous les événemens de sa vie. Dans une âme aussi naturellement poétique que celle de Lope, toutes les impressions qui l'agitaient devaient se manifester subitement et comme d'elles-mêmes sous la forme sensible d'un hymne, d'une exclamation, d'un soupir, d'une prière.

Sur le revers septentrional des monts Asturiens s'ouvre la magnifique vallée de Carriedo, arrosée par la Pisuerga et peuplée de quinze villages, au nombre desquels est celui de la Vega, patrie de Lope; le fief antique de ses nobles ancêtres. Là il passa son enfance, là se développa son génie précoce. Avant de savoir écrire, il dictait à ses camarades plus âgés des vers, qu'il compare aux piaulemens des petits oiseaux. A dix ans, il commença ses études universitaires à Alcala de Henarès; il ne les avait pas encore terminées, lorsqu'il perdit son père et sa mère. Un créancier impitoyable ruina ce pauvre orphelin. Que faire? Tout simplement le tour du monde avec un enfant de son âge. Mais le monde s'allongeait démesurément devant eux; ils se découragèrent à Astorga, et revinrent à Madrid. Lope trouva, pour son malheur, un asile chez une de ses parentes. Sa jeunesse fut violemment agitée par les passions et assombrie par la misère. Il se mit au service du duc d'Albe, le petit-fils du fameux gouverneur des Pays-Bas; il y était encore en 1584, lorsqu'il se maria. Veuf après peu de temps, ses goûts religieux et chevaleresques l'engagèrent dans la fameuse Armada. Le spectacle des préparatifs de l'expédition, le mouvement de cette flotte de sept cent trente voiles, les émotions et la majestueuse beauté du départ firent sur l'âme poétique de Lope une vive et durable impression; et pour que la tristesse de son âme fût complète, il revint à Cadix avec les débris de la flotte invincible. Alors il mena pendant quelque temps une vie errante : il parcourut les différentes contrées de l'Espagne pour récolter en chemin des images, des impressions, des tableaux. Ce temps de course et de vie sauvage fut pour son génie comme une époque de retraite, pendant laquelle il se prépara à la mission poétique qu'il devait accomplir. A Madrid, il fut obligé de recommencer la vie insipide de favori et de secrétaire de grand seigneur. La noblesse de son esprit avait en horreur ce servage intellectuel : aussi, devenu indépendant par le travail, il ne remit plus jamais le pied dans le palais des grands ; il savait trop combien ils méprisent ce qu'ils appellent le reste de l'espèce humaine. « Si je n'avais été bien convaincu, dit-il, que les personnages des tapisseries qui décorent les murailles des palais sont complètement privés de sentiment, j'en aurais eu une pitié bien sincère. »

C'est vers cette époque qu'il épousa Juana, sage et discrète personne qui lui promettait un tranquille bonheur. En effet, comme époux et comme père, il fut heureux. Cette félicité domestique l'éleva, le purifia, le rendit plus sérieux et plus grave ; et en 1600 s'ouvre sa grande renommée dramatique. Mais ce bonheur tenait à quatre vies fragiles que le moindre choc pouvait briser.... La mort vint. Son fils aîné, le bien aimé San-Carlos, mourut, et emporta les riches espérances que l'imagination du poète et le cœur du père avaient conçues. Dona Juana mourut.... Et Lope, accablé, reconnut dans son malheur le châtiment providentiel de ses désordres passés. Les sentimens religieux, qui n'avaient jamais été effacés en lui, se réveillèrent tout-à-coup dans ce cœur souffrant, et tout en pleurant comme homme le malheur qui le frappait, il bénit comme chrétien la main sévèrement miséricordieuse qui châtie ceux qu'elle veut sauver. Eût-il jamais songé, au milieu de son bonheur, qu'il avait un passé de désordres à expier, des fautes sans nombre et mortelles pour l'âme à racheter par la pénitence ? Lope fut pénitent ; pénitent, il fut prêtre et se consacra tout entier à faire le bien, à édifier les hommes.

Ce changement de vie se refléta dans ses œuvres, et on remarque que sa passion dramatique devint plus vive à mesure que son cœur se purifiait et que son âme s'élevait dans les mystérieuses profondeurs de la foi. Il vivait calme et paisible dans sa maison de Madrid, située près d'une porte de la ville et entourée d'un petit jardin, où il y avait deux arbres, un peu d'eau dans une rigole, et huit fleurs. Ses mœurs étaient simples et ses besoins modestes ; ses plus grandes jouissances, il les demandait à la prière et à la nature, à une journée de campagne, à l'eau pure de la source, au parfum d'une fleur, à la forme d'un nuage. Il aimait les arts, les beaux livres, et par-dessus tout les prodigalités de la bienfaisance. Chapelain d'une confrérie qui avait pour but le soulagement matériel et moral des pâtres indigens, on vit plus d'une fois l'illustre poëte ensevelir les pauvres. Il remplissait tous ses devoirs de prêtre avec le zèle le plus scrupuleux ; ceux de ses amis qui assistaient ordinairement à sa messe racontent avec émotion ses élans, ses larmes, sa ferveur. Enrôlé dans la victorieuse milice des Pauvres de Jésus-Christ, il porta toujours le saint habit franciscain et la corde de la pénitence. Il aima saint François d'Assise avec transport ; il chanta les merveilles de sa vie, et pour cela, il retrouva dans son âme toute la pureté de l'innocence, et son mâle génie, éprouvé par tant de tristesse, eut des accens d'une ineffable douceur.

AU SÉRAPHIQUE PÈRE SAINT FRANÇOIS.

Un jeune marchand voulut se marier en son pays ; on lui propose deux belles demoiselles.

L'une se nomme l'Humilité, l'autre la Pauvreté, dames que Dieu a tant aimées, qu'il naquit et mourut avec elles.

L'Humilité lui a promis le siége que par orgueil Luzbel a perdu dans le ciel.

L'autre lui promet en dot la vie éternelle ; après que Dieu s'est donné lui-même, peut-elle offrir un plus grand trésor ?

Il les épouse toutes deux ; l'entremetteuse de cet heureux mariage est la Chasteté, à laquelle il est voué.

C'est le Christ qui est le parrain ; pour gage de la dot, il donne à François ses cinq plaies ; c'est tout ce qu'il a gagné sur la terre.

On passe le contrat ; Dieu lui-même écrit sur les pieds, le côté et les mains du marié tout ce qu'il aura de sa fortune.

Oh ! qu'il est riche ce jeune marchand, puisque le Christ lui-même atteste par cinq signatures de sang qu'il a payé sa dette !

A la noce, à la noce, ô belles vertus ! François se marie, il y a de grandes fêtes !

———

A l'heure où l'Aube pleure sur les muguets et les lis, où elle écrit en lettres de diamant sur les feuilles de l'hyacinthe ;

Dans les montagnes que l'Alvernia couronne d'âpres rochers, formant pour arriver jusqu'au ciel des obélisques de neige ;

Sur les rameaux et dans leurs nids les oiseaux faisant silence ;

. . . .
et les fontaines faisant taire leur bruissement sonore :

. . . .

François brûlant d'amour pour le Christ, demandait au Christ, comme c'est l'office de celui qui aime, de lui donner des peines.

Alors rompant les airs, un séraphin crucifié, percé de cinq plaies et voilé de six ailes, s'approcha de sa poitrine ;

François quittant le sol, tout ravi dans une divine extase, livre ses cinq sens à cinq flèches d'amour.

Embrasé, dans son être infini, d'un feu ardent, le séraphin se faisant tout entier comme un sceau,

Imprima sur cette page qu'il voyait si pure une divine estampe ; il imprima sur son corps le Christ mort, et dans son âme le Christ vivant.

Telle la cire obéissante montre à son maître l'antique écusson gravé en un instant sur l'enveloppe flottante [1].

---

[1] L'on se servait anciennement d'un fil pour lier les lettres : le sceau était apposé sur ce fil.

François demeura consacré comme ce voile divin sur lequel le Christ imprima son sang ; mais ici il a imprimé ses douleurs mêmes.

Le Christ reçut ses plaies de la main de l'homme ; par une faveur plus grande, comblé de plus d'honneur dans son martyre, François a reçu les siennes de Dieu lui-même.

O sublime Séraphin ! ô François, vous êtes glorifié avant de mourir, car le Christ ne reçut la plaie du côté qu'après sa mort.

Et s'il montra, vivant, toutes ses blessures, ce ne fut que lorsque glorieux et triomphant de la mort, il revint avec les dépouilles du limbe.

Vous êtes monté par l'humilité sur le trône que Lucifer perdit par orgueil dans le ciel ; ainsi vous êtes la lumière du ciel empyrée.

Vous-même, vous vous êtes fait petit ; mais Dieu vous a rendu si grand, que le sol foulé par vos pieds croit se sentir foulé par le Christ lui-même.

Dieu s'ajustant avec vous, comme autrefois Élie avec l'enfant mort, a ressuscité l'humilité que vos fils professent.

Quels exemples qu'un Bonaventure, un Antoine, un Bernardin, un Diégo, un Julien, et tant de pontifes et d'archevêques !

Votre Ordre est un ciel dont vous avez été le soleil ; et vous voulez que ce soleil ait une lumineuse compagne, Claire, plus claire encore que son nom.

Des martyrs sans nombre sont ses étoiles innombrables.

Comme les plaies, il semble que vous ayez partagé l'empire ; et c'est pourquoi tant de rois ont mis votre bure, comme un vêtement plus précieux, par-dessus leurs riches brocarts.

Votre cordon, ô François ! est l'échelle de Jacob ; ses nœuds sont des degrés par lesquels nous avons vu monter jusqu'au ciel empyrée,

Non les géans, mais les humbles ; car le divin bras élève les cœurs abaissés, et humilie les poitrines superbes.

Lorsque le grand précurseur, vêtu de peaux rudes, les cheveux en désordre et hérissés, parut sur les bords du Jourdain sacré, on lui demanda s'il était le Christ promis.

Comme lui, ô François, vous êtes ceint d'une peau sauvage, mais vous êtes blessé aux mains, au côté et aux pieds ; vous êtes transformé dans le Christ par l'amour, vous êtes semblable au Christ par votre corps et par votre sang.

De quel nom, en vous voyant, Israël vous aurait-il nommé ? Et vous, pour ne point démentir votre humilité, quelle réponse lui auriez-vous faite ?

Qui peut douter que François n'eût répondu : « Je ne suis point le Christ, mais il s'est imprimé en moi, et ce n'est plus moi qui vis, mais c'est le Christ qui vit en moi ! »

Ce chérubin aussi beau que le cèdre et le palmier, qu'il tombe ! Qu'il tombe celui dont la naissance se confondit avec celle de l'Aurore, celui qui eut de l'audace là où tout pouvoir s'abaisse et s'anéantit.

Qu'il tombe, perdant la victoire et la palme ! qu'il soit renversé du mont sublime où il portait témoignage, et qu'à cette même place l'humilité vous élève, humble François, en corps et en âme.

Lorsqu'au divin séraphin crucifié vous renvoyez les rayons dont il vous perce, vous êtes un clair miroir dans lequel il se contemple ;

Il trouve en vous son image ; il voit un nouveau séraphin s'élevant pour remplacer celui qui est tombé. Si vous n'étiez qu'un ange, il ne s'étonnerait point ; mais il considère vos plaies, et il s'émerveille [1] !

François était devenu le séraphique inspirateur de la poésie de Lope, il était son seul amour... J'oubliais sa fille Marcella, enfant de génie, auquel le poète dédiait ses chefs-d'œuvre, que Guilhem de Castro prenait pour l'ange tutélaire de son premier volume, que le père aimait avec une tendresse in-

---

[1] Voir le texte dans l'APPENDICE, p. lxii.

exprimable, que le prêtre franciscain vénérait comme une sainte. A quinze ans, cette fleur alla s'épanouir dans les solitudes du Carmel.

Ainsi l'art et la poésie rayonnent autour du tombeau de saint François d'Assise; et lorsque le pieux pèlerin arrivant de Pérouse s'arrête sur le pont de San-Vittorino, saisi d'admiration à la vue du colossal édifice, de l'imposant ensemble du Sagro-Convento, tous les souvenirs du moyen âge, de l'art, de la poésie, de l'histoire surgissent dans son âme; il monte la Colline du Paradis, il entre dans l'église inférieure, après avoir traversé les immenses galeries gothiques : le frémissement de l'esprit est inexprimable. Ce lieu est véritablement la porte du ciel; il s'en exhale un parfum de Christianisme, une odeur de pénitence et de componction, qui vous saisit, vous pénètre, vous imprègne en quelque sorte. Les murs racontent les magnifiques histoires de Jésus-Christ et de son serviteur François. Les rayons du soleil n'y descendent qu'à travers l'auréole des vitraux aux mille couleurs. La voix puissante de l'orgue, qui tantôt mugit, tantôt soupire et prie dans une religieuse extase, vous ébranle jusqu'au fond de l'âme. Du sanctuaire retentissent, en l'honneur de François, les chants liturgiques dans les graves modulations grégoriennes; vous êtes sous un charme divin. Si les beautés de ces chants sont généralement ignorées ou méconnues, si des hommes heureusement doués y demeurent insensibles, c'est qu'il ne suffit pas pour les comprendre d'une organisation musicale et d'un goût exercé; il est encore une autre condition.... il faut retrouver au fond de son âme au moins quelques vestiges de la foi chrétienne. Ici l'harmonie vient du dedans; car le rhythme y est si vague, si indistinct, si confus, qu'il disparait presque entièrement à l'oreille. C'est pour cette raison que ces mélodies prédisposent si puissamment à la méditation et à la prière. Presque toutes écrites dans une tonalité indécise et flottante, elles n'apportent à l'âme que de plaintives et douloureuses inflexions; ajoutées les unes aux autres dans une succession capricieuse, comme des soupirs, des sanglots, des élans de cœur, c'est quelque chose d'intérieur, qui n'a pas de formes ni de contours, qui traverse les organes, pour ainsi dire, sans les toucher, et dégage l'âme de tout lien. Alors, oublieuse des temps et des lieux, elle se plonge dans des contemplations infinies. C'est quelque chose de fluide, d'éthéré, de vaporeux, de transparent, comme la fumée de l'encensoir que le lévite balance devant l'Hostie qui a sauvé le monde. La voix de l'homme ne s'élève plus seule et timide; ma prière ne se perdra pas dans l'espace immense qui sépare le ciel de la terre : escortée de toute la communion des saints, elle pénétrera les cieux pour se consommer dans l'Unité de la prière divine du Sauveur.

Au fond de la chapelle du Crucifix deux portes s'ouvrent dans un double cloître gothique : c'est le cimetière, le Campo-Santo de la basilique franciscaine. C'est là où l'on retrouve le respect et l'antique affection pour les morts : des mains fraternelles y roulent le linceul; la tombe a sa place dans la demeure, au sein des habitudes de la vie. C'est un avertissement continuel. Les vivans viennent prier et pleurer dans les galeries de ce cloître, dont les nombreuses inscriptions sont comme un écho de l'autre monde; ils saluent les morts comme on salue les vivans. La règle protège le souvenir du mort et perpétue l'hommage qu'on lui doit. Le nom inscrit sur la dalle est religieusement répété dans le Memento de la messe. C'est là où l'on comprend l'égalité de la tombe; elle est solennelle, complète.... Qui oserait, après cela, aspirer à la vanité du tombeau?

Les quatre cloîtres sont grandioses et d'un aspect imposant. La partie occidentale du couvent plonge dans un rapide et abrupt précipice, au fond duquel roule un torrent. Les religieux ont ménagé sur toute la pente de la colline de délicieuses promenades dans un taillis. Mais ce qu'il y a d'incomparable, c'est la galerie gothique du midi. De là on voit toute la vallée de l'Ombrie, avec l'horizon bleu des hautes montagnes de l'Apennin. La plaine est admirablement cultivée; elle apparaît comme un jardin séparé du monde, et préparé pour le bonheur de ceux qui l'habitent. La vigne est suspendue en guirlandes au tronc des ormeaux. Le pâle olivier adoucit partout les teintes; son feuillage léger donne à la campagne quelque chose de transparent, d'aérien. Autour des habitations champêtres, des bouquets de peupliers et de cyprès. L'eau des petites rivières qui tombent des montagnes coule rapide dans son lit. Sur la même ligne qu'Assise s'élèvent en amphithéâtre les villes pittoresques de Spello et de Trévi; çà et là, dans les renfoncemens de la montagne, d'antiques châteaux ruinés. Au milieu de la plaine, sur un mamelon isolé, Monte-Falco dessine ses tours sur l'azur du ciel; au fond, Spolète et sa forteresse; Pérouse, à l'extrémité opposée.... L'aspect général est si singulièrement pittoresque qu'il ne peut être comparé qu'au paysage idéal des vieux tableaux catholiques.

La physionomie de la ville d'Assise est toute religieuse : à chaque pas vous trouvez un sanctuaire. C'est l'église de Sainte-Claire; c'est l'église de la Minerve; c'est la cathédrale de San-Rufino, avec sa grande tour et son curieux portail; c'est l'église Neuve, bâtie sur l'emplacement de la maison paternelle de saint François. A l'extrémité orientale, près des vieilles murailles flanquées de tours crénelées, c'est l'humble couvent des Capucins. Les rues sont silencieuses, et bordées de maisons des quatorzième et quinzième siècles, peintes à l'extérieur. Il y a des morceaux d'architecture d'une grande beauté; les Madones surtout sont remarquables. C'est une perpétuelle prédication, un sujet d'étude très curieux. Et le grand débris féodal de la citadelle.... O vieille cité d'Assise! très douce, très calme, le voyageur racontera de vous des choses glorieuses!

« O bienheureux François d'Assise! que ceux qui sortent d'Egypte vous suivent donc avec assurance; ils diviseront les eaux de la mer Rouge avec le bâton de la croix de Jésus-Christ, ils traverseront les déserts, et après avoir passé le fleuve du Jourdain par la mort, la merveilleuse puissance de la croix les fera entrer dans la terre de promission, dans la terre des vivans, où nous introduise le véritable conducteur du peuple de Dieu, Jésus-Christ crucifié, notre Sauveur, par les mérites de son serviteur François, à la louange et à la gloire d'un seul Dieu en trois personnes, qui vit et règne dans tous les siècles des siècles [1]. » Amen.

[1] S. Bonaventura, cap. xvi.

FIN.

www.ingramcontent.com/pod-product-compliance
Lightning Source LLC
Chambersburg PA
CBHW070840230426
43667CB00011B/1876